21世纪会计系列教材

江苏省"十二五"重点专业类建设项目

U0650901

政府与事业单位会计 第2版

Accounting for Government and Public Institution

+ 管亚梅 主编

人民邮电出版社

北京

图书在版编目（CIP）数据

政府与事业单位会计 / 管亚梅主编. -- 2版. -- 北
京：人民邮电出版社，2017.8（2019.1重印）
21世纪会计系列教材
ISBN 978-7-115-46644-0

Ⅰ. ①政… Ⅱ. ①管… Ⅲ. ①单位预算会计－高等学
校－教材 Ⅳ. ①F810.6

中国版本图书馆CIP数据核字(2017)第197642号

内 容 提 要

　　本书的内容分为四篇。第一篇为政府与事业单位会计概述，主要介绍政府与事业单位会计的基本概念、特征、基本前提与一般原则、组成体系、核算对象和会计要素等；第二篇为政府财政会计，系统介绍政府财政资产、财政负债、财政净资产、财政预算收入、财政预算支出的核算和财政会计报表的编制等；第三篇为行政单位会计，系统介绍行政单位资产、行政单位负债、行政单位净资产、行政单位收入、行政单位支出的核算和行政单位会计报表的编制等；第四篇为事业单位会计，系统介绍事业单位资产、事业单位负债、事业单位净资产、事业单位收入、事业单位支出的核算和事业单位会计报表的编制等。

　　本书可作为高等学校财经各专业开设政府与事业单位会计（预算会计）等课程的教材，也可作为政府财政部门总预算会计与行政事业单位财会人员的自学参考书。

◆ 主　　编　管亚梅
　　责任编辑　刘向荣
　　责任印制　周昇亮
◆ 人民邮电出版社出版发行　　北京市丰台区成寿寺路 11 号
　　邮编 100164　电子邮件 315@ptpress.com.cn
　　网址 http://www.ptpress.com.cn
　　固安县铭成印刷有限公司印刷
◆ 开本：787×1092　1/16
　　印张：17.25　　　　　　　　2017 年 8 月第 2 版
　　字数：491 千字　　　　　　2019 年 1 月河北第 4 次印刷

定价：49.80 元

读者服务热线：(010)81055256　印装质量热线：(010)81055316
反盗版热线：(010)81055315
广告经营许可证：京东工商广登字 20170147 号

前 言 Preface

会计分为企业会计和非企业会计两大体系。政府与事业单位会计是非企业会计最重要的组成部分，它包括政府财政会计、行政单位会计和事业单位会计三大组成部分。"政府与事业单位会计"是建立在管理学、财政学、预算学等学科基础上的一门综合性的会计应用学科，它是高校财经类专业的骨干课程，也是管理学、会计学专业的必修课程，它融系统理论性强、实务操作性强、学科交叉性强等特点于一体。而一本高质量的"政府与事业单位会计"教材对专业人才的培养具有一定的推动作用，也是我们编写这本书的动力所在。本书体现以下 4 个特征。

（1）与时俱进。本书政府财政会计部分根据 2016 年 1 月 1 日实施的最新的《财政总预算会计制度》编写而成；行政单位会计部分根据 2014 年 1 月 1 日实施的最新的《行政单位会计制度》编写而成；事业单位会计部分根据 2013 年 1 月 1 日实施的最新的《事业单位会计制度》编写而成。

（2）适用面广。本书在核心知识安排方面，尽可能地吸收当代政府与事业单位会计理论与实务的最新发展成果，是普通高等院校财经类、经管类本科的合适教材。

（3）结构新颖。本书体例完整、思路清晰、内容新颖、重点突出。通过学习目标、知识链接、复习思考题、关键术语等栏目的介绍将理论性、实践性和前瞻性恰当结合，有助于学生加深对相关知识与技能的理解和运用，从而提高综合分析和解决问题的能力。

（4）注重能力。本书在政府与事业单位会计的理论方面，突出应知应会；在政府与事业单位会计的实务方面，突出专业动手能力的培养。全书所选例题都具有较强的可操作性，注重训练实务技能。

本书的写作参阅和借鉴了许多作者的文献，他们对于本书的形成功不可没。我们在参考文献中已尽可能列出所有的文献，但难免有挂一漏万之处，在此对还未列入的参考文献的作者表示歉意，并对所有被引用的文献的作者表示衷心的感谢。必须指出的是对于漏列的参考文献，我们将在本书修订时补正。

本书在审定过程中荣幸得到了南京财经大学王开田教授、南京理工大学徐光华教授、东南大学陈志斌教授的诸多宝贵意见和建议。

本书的出版得到了江苏省高校品牌专业（会计学）建设工程资助项目、江苏省"十二五"重点专业类建设项目的资助和南京财经大学方方面面的大力支持，在此一并表示感谢。

由于作者水平有限，本书的不足之处在所难免，恳请读者批评指正。

编 者
2017 年 6 月

目录 Contents

第一篇

政府与事业单位会计概述

第一章 | 政府与事业单位会计基本理论

【学习目标】
1. 了解政府与事业单位会计同企业会计的差别；
2. 熟悉政府与事业单位会计的基本分类和组成体系；
3. 理解政府与事业单位会计的基本前提和一般原则；
4. 掌握政府与事业单位会计的对象；
5. 熟知政府与事业单位会计的六大要素。

第一节 | 政府与事业单位会计的概念和特征

政府与事业单位会计主要由政府财政会计、行政单位会计和事业单位会计组成。

一、政府与事业单位会计的构成和概念

（一）政府与事业单位会计的构成

政府与事业单位会计属于非企业会计。会计按其适用范围和核算对象分为两大类：一类是企业会计，反映和监督社会再生产过程中生产、流通领域的企业经营资金的活动，这些企业的主要特征是以营利为目的；另一类是非企业会计，即政府和非营利组织会计，反映和监督社会再生产过程中分配领域、精神生产和社会福利领域的政府财政机关、行政单位的财政资金及事业单位、其他非营利组织业务资金的活动。这些单位的主要特征是不以营利为目的，而以社会效益为目的。

在政府与非营利组织会计中，政府会计以政府总预算会计、行政单位会计为主要组成部分，这也是这本书将要重点介绍的内容。此外，政府会计中还有参与总预算执行环节的会计（收入征缴会计、国库会计等）、政府性基金会计、财政托管基金会计等，这些内容本书将不会涉及。

在政府与非营利组织会计中，非营利组织会计包括公立非营利组织会计（即事业单位会计）和民办非营利组织会计。因此，政府与事业单位会计是政府与非营利组织会计的重要组成部分。本书不包括民办非营利组织会计。

（二）政府与事业单位会计的概念

政府与事业单位会计是各级政府财政部门和行政事业单位采用一定的技术方法，反映、监督政府财政资金和事业单位业务资金活动过程及结果的一种管理活动。它是政府预算管理的基础和重要组成部分。它以货币为主要计量单位，对各级政府财政资金和各类事业单位业务资金活动的过程和结果，进行完整、连续、系统的反映和监督，借以加强预算管理和财务管理，提高资金的使用效益。它是政府宏观管理的重要信息系统，也是各单位经济管理的重要组成部分。

政府与事业单位会计采用设置会计科目和账户、复式记账、填制和审核会计凭证、登记会计账簿、进行财产清查、编制会计报表等一系列会计核算方法，对各级政府财政部门以及行政事业单位的资金活动过程和结果进行连续、完整、系统的反映和监督。

政府与事业单位会计通过对政府财政资金和单位业务资金的反映和监督，保护社会财产的安全、

完整，合理安排与调度社会建设事业资金的使用，促进政府预算收支任务圆满完成，保持国民经济健康、稳定、协调发展。为了搞好国民经济的预算管理，保证政府预算收支任务的完成，认真积极地开展政府与事业单位会计工作，是政府预算管理工作中的一个重要环节。

政府与事业单位会计的主体是各级政府财政部门和行政事业单位。政府财政部门包括中央财政部和地方各级财政机关；行政事业单位是行政单位和事业单位的总称。行政单位是人民行使国家权力，管理国家事务，进行各项行政管理工作的机关；事业单位是直接或间接地为上层建筑服务，为生产建设和改善人民生活服务的单位。一般来说，行政事业单位都是非物质生产部门，不直接从事物质产品的生产和销售活动。

二、政府与事业单位会计的业务范围

财政、行政、事业等单位的业务活动，不同于企业的生产经营活动，表现为处于非物质生产领域，以社会效益为基本目的，其资金活动过程与企业也不一样。这样，在财政、行政、事业单位中反映和监督资金活动的会计也就有了自己的特点。政府与事业单位会计，就是适用于财政、行政、事业单位的，以政府财政资金和事业单位业务资金为对象的一种会计。

（一）政府财政会计的适用范围

政府财政机关是各级政府中负责组织国家财政收支，办理国家预算、决算的工作部门，它以各级政府为会计主体，对各级政府的财政收支进行管理和核算。组织财政性资金的运行，除财政部门以外，还有其他一些部门参与。各级政府财政部门担负着各级政府预算收支管理的任务。一方面，财政部门根据事先编制的政府预算，从国民经济各部门取得政府预算收入，包括税收收入、社会保险基金收入、非税收入、贷款转贷回收本金收入、债务收入等；另一方面，财政部门又要按照编制的预算，把集中起来的预算资金分配出去，形成政府预算支出，包括一般公共服务支出、外交支出、国防支出、公共安全支出、教育支出、科学技术支出、文化体育与传媒支出、社会保险和就业支出等。政府收支预算执行的结果表现为预算资金的结余或超支。财政部门在执行政府预算的过程中，还会发生一些与预算收支相关的暂收暂付业务活动。

在我国，财政资金的收入、拨出和留解，是由中国人民银行代理的国库经办的，财政收入主要是由税务机关、海关、国有资产监管机构征收解缴的。因此，中国人民银行办理国库业务的国库会计，税务机关、海关、国有资产监管机构办理税款和国有资产收益征解的收入征解会计，也是政府会计必不可少的分支。另外，国有资产监管机构的国有资本金会计、政府委托管理机构的社会保障基金会计、国家重要物资储备部门的战略物资储备会计，也是财政管理和政府会计的重要内容。

（二）行政单位会计的适用范围

行政单位是指管理国家事务、组织经济建设和文化建设、维护社会公共秩序的国家机关及其派出机构，包括国家立法机关、行政机关、审判机关、检察机关，设有单独财务系统的军队也属于这里所说的行政机关。政党组织和社会团体不属于行政单位，但在预算管理上比照行政单位管理。行政单位会计按国家机关性质，可以分为立法机关会计、行政机关会计、审判机关会计、检察机关会计和军队会计。此外，党派、社会团体的会计核算从会计业务处理程序来看，也适用行政单位会计。

各级行政单位按照核定的预算，从同级财政部门或上级单位领取经费。这些单位取得收入以后，必须按照政府预算规定的资金用途和开支标准支付工资福利支出、商品和服务支出、对个人和家庭补助支出、转移性支出、赠与支出、债务利息支出、基本建设支出等。单位预算的执行结果，表现为单位预算资金的结余或超支。行政单位在执行预算的过程中，也会发生一些暂收暂付业务活动。

（三）事业单位会计的适用范围

事业单位是指不具有物质产品生产和国家事务管理职能，主要以精神产品和各种劳务形式，向社会提供生产性或生活性服务的单位。其主要包括科学、教育、文艺、广播电视、信息服务、卫生、体育等科学文化事业单位，气象、水利、地质、环保、计划生育等公益事业单位，孤儿院、养老院等社会福利救济事业单位。事业单位会计涉及的范围甚广，按其主要行业来看，可以分为科研单位会计、教育单位会计、文艺单位会计、医院会计、体育单位会计、农林水利事业单位会计、城市维护建设事业单位会计等。至于事业单位下属的经济实体，如学校开办的工厂、科研院所开办的公司等，则适用企业会计，不采用事业单位的会计处理程序。

各级各类事业单位按照核定的预算，从同级财政部门或上级单位领取经费，还可以根据国家规定取得事业收入。这些单位取得收入以后，必须按照政府预算规定的资金用途和开支标准支付工资福利支出、商品和服务支出、对个人和家庭补助支出、对企事业单位补助支出、转移性支出、赠与支出、债务利息支出、基本建设支出等。单位预算的执行结果表现为单位预算资金的结余或超支。事业单位在执行预算的过程中，也会发生一些暂收暂付业务活动。

三、政府与事业单位会计的特征

政府与事业单位会计的特征是与企业会计相比而言的。政府与事业单位会计与企业会计相比，由于会计核算的对象、任务和业务性质等方面的不同而具有其自身的特点。

财政、行政、事业等单位属于非营利组织，是非企业部门，其主要的任务是完成业务工作。其业务目标在于谋求最广泛的社会效益。它们的资金来源除事业单位有不同种类的资金来源外，大都直接或间接来自纳税人及其他出资者的无偿出资，属于政府财政预算的收支体系。政府与事业单位会计的特点具体表现在以下几个方面。

（一）出资者关注资金的限制性，不关注营利性

企业的投资者要求投资回报和投资回收，即要求按各个投资者提供的出资额获得投资收益，并在一定条件下收回投入的资财。为此，企业会计不仅要按各个投资者分期核算资本金的增减变化，而且还要着重核算资本增值和收益分配情况，上市公司则要经常关注股票的市场价格，研究企业价值的变化。

政府与事业单位的资金供给者称为出资者，涉及纳税人、捐赠人、受益人等广大的利益群体，他们要求资金使用者按照法律规定或者出资者的意愿把资金耗费在指定的用途上。在政府财政会计中，取得的政府性基金预算收入、专用基金收入等，都规定有专门的用途。在事业单位会计中，不但事业基金、专用基金具有特定的用途，而且财政补助收入、上级补助收入、捐赠收入等，也有特定的用途。资金使用者必须按照国家规定和出资者的意愿把资金使用到指定的用途上，不能挪作他用。

为了开展政务与事业活动，政府财政会计主要通过取得税收收入、行政事业费收入等，用于财政支出，出资人既不要求增值，也不要求回报。在行政事业单位会计中，除了取得财政补助收入、上级补助收入、捐赠收入以外，一部分事业单位还可以取得业务收入。这些收入都将被必要的业务活动所耗用，出资人不要求取得资金的回报和增值。

政府和事业单位的出资者不要求投资回报和投资回收，但要求按法律规定或出资者的意愿把资金用在指定用途上，即要求资金有限制性。资本金的增值性体现了企业投资者的权利，而基金的限制性则体现了政府和事业单位出资者的权利。为此，政府与事业单位会计要按不同的项目核算基金的使用情况，尽管对各项基金不一定要分别核算有关的资产、负债、收入、支出等科目，但必须提供各项基金的收支结余情况，以便考核各项基金的使用效果。

（二）政府与事业单位会计的确认基础并不统一

会计确认基础有两种，即收付实现制和权责发生制。

权责发生制对于收入和费用是以其是否体现本期经营成果和生产消耗为标准来确定归属期的。凡是体现本期经营成果的收入和体现本期生产消耗的支出，不论款项是否实际收进或付出，都作为本期收支计算。权责发生制的处理与权利和责任的形成相联系，而不考虑货币资金的收支是否发生。为了正确划分各个会计期间的收入和费用，应设置与应收款项、预收款项、应付账款、预付账款等相关的科目。在企业会计中，为了正确核算各个会计期间的成本和盈亏，应采用权责发生制这种收支确认原则。收付实现制是以收入和费用是否发生货币资金的收付为标准来确定其归属期的。凡是本期实际收进款项的收入和本期实际支出款项的费用，不论是否体现本期的工作成果或劳动消耗，都作为本期收支计算。收付实现制的处理，同货币资金的收付紧密联系，而不考虑权利和责任是否发生。实行收付实现制，不采用预收、预付的相关科目，也很少使用应收、应付的相关科目，只是在某些情况下使用暂存、暂付的相关科目。

在政府财政会计中，为了如实反映当期预算收入和预算支出的货币金额，平时都以收付实现制为会计确认基础。但是，到了年末，为了准确反映当年的预算收支结余，对特别业务则需要以权责发生制为会计确认基础进行账务处理。比如，当年政府预算已经安排了财政支出，但由于用款进度缓慢等原因而使款项尚未拨出，应以权责发生制为会计确认基础列为当年支出，否则，就容易造成当年财政支出数字虚减和财政结余数字虚增。

行政单位除了财政拨款收入以外，一般没有业务收入。有些行政单位虽然可以按照国家规定取得一些收入，如公安部门收取的身份证制作费等收入，但是这些收入具有代收性质，必须如数上缴财政，作为应缴财政款进行核算。因为行政单位当月取得的财政拨入经费，用于满足当月的各项开支，所以，应以收付实现制为会计确认基础核算当月的收入和支出。

事业单位除了取得财政补助收入以及政府给予的其他补助收入以外，大多情况下都可以取得业务收入；还有一些事业单位不享受财政补贴，完全依靠自身取得的事业收入弥补其支出。为了对收入、支出进行配比核算，考核业务成果，充分反映事业单位在财务活动中的权利和义务，可以采用权责发生制为会计确认基础进行会计核算。对事业单位的非经营性经济业务，可以采用收付实现制为会计确认基础进行会计核算。

由此可见，政府财政会计和行政单位会计原则上执行收付实现制，事业单位会计可以同时以收付实现制和权责发生制为会计确认基础。权责发生制和收付实现制在应用上并不是绝对的，在实际工作中还有修正的权责发生制和修正的收付实现制。各单位可以根据具体情况有选择地加以规范。权责发生制和收付实现制在一定条件下同时并用，是政府与事业单位会计的一个特点。

第二节 政府与事业单位会计的基本前提与一般原则

政府与事业单位会计的基本前提和一般原则是政府与事业单位会计理论体系的基础。

一、政府与事业单位会计的基本前提

会计核算的基本前提就是基本假设。政府与事业单位会计的基本前提是对会计活动的服务对象、核算期间、不确定条件等做出的假定，是会计核算的前提条件。政府与事业单位会计的基本前提有

4个：会计主体假设、持续运营假设、会计分期假设和货币计量假设。

（一）会计主体假设

会计主体是指会计必须为之服务的特定单位。需要单独核算收入、支出和结余以及对外编制会计报表的任何经济实体，都可以构成一个会计主体。政府财政会计以进行政府预算管理的本级人民政府为会计主体，行政事业单位会计以各级各类行政事业单位本身为会计主体。

（二）持续运营假设

持续运营是指在可以预见的未来，会计主体的业务活动将持续不断地进行下去。严格来说，任何一个经济实体的持续期间都是不确定的。各级财政机关、行政和事业单位一旦设立，很少会因为市场经济条件下的竞争机制而淘汰，使得各级财政和行政事业单位的持续运营虽是假定，却具有较强的真实性。与企业相比，行政单位、事业单位也存在着被撤销或合并而终止运营的可能性，但是发生的频率相对较低。

（三）会计分期假设

会计分期是对会计主体的持续运营活动设法确定出间隔相等的时间段落，以便从会计上能够及时地分期核算运营活动。《中华人民共和国会计法》规定，我国以公历年制为会计期间。政府财政会计以及行政事业单位会计与企业会计一样，以每年的1月1日至12月31日为一个会计年度，季度、月份的起讫日期也采用公历日期。

（四）货币计量假设

货币计量是指政府与事业单位会计应使用货币单位计量、记录经济业务及编制会计报表。我国政府财政会计和行政事业单位会计均以人民币为记账本位币，外币收支业务，在登记外币金额的同时，应根据中国人民银行公布的人民币外汇汇率折算成人民币记账。使用货币单位作为会计的统一计量尺度，必须假定货币本身的价值不变，在记账时对货币购买力的波动不予考虑。

二、政府与事业单位会计的一般原则

会计原则在会计准则中居于主导地位，指导着会计要素的确认计量和会计方法的选择。政府与事业单位会计的一般原则，是会计核算的基本规范和要求，是进行会计确认、计量、记录和报告的一般标准和依据。会计原则大体上可划分为两类：一是会计信息质量要求；二是会计确认计量要求。

（一）会计信息质量要求的原则

会计信息质量要求是对会计信息的基本要求，是衡量信息质量的标准或控制信息质量的要求。政府财政会计、行政单位会计和事业单位会计都必须满足如下的会计信息质量要求。

1. 相关性原则

相关性原则是指会计所提供的信息应当满足政府加强预算管理和国家宏观经济管理的需要；满足有关方面了解政府预算执行情况及结果的需要；满足行政事业单位加强内部财务管理或经济管理的需要。会计信息要满足以下3方面的需要：一是符合预算管理和国家宏观管理的要求；二是满足上级主管部门和有关各方了解单位财务状况和收支情况的需要；三是满足单位内部加强管理的需要。

2. 客观性原则

客观性原则是指会计核算必须以实际发生的经济业务为依据，如实记录和反映各项财政财务收支情况和结果，做到内容真实、数字准确、资料可靠。首先，会计反映的结果应同实际情况一致，不能弄虚作假，隐瞒谎报；其次，经济业务的记录和报告，要以客观事实为依据，不受主观意念的支配；再有，依据可靠的合法的凭据来复查数据的来源及数据的加工过程。

3. 可比性原则

可比性原则是指会计核算应当按照规定的会计处理方法进行，会计指标应当口径一致，相互可比。会计信息的可比性，首先要求不同单位在重要问题上的核算口径一致；其次要求在所选择的处理方法上可以比较，以便分清先进落后。根据可比性原则的要求，各级政府财政会计以及行政事业单位会计应当使用相同或类似的会计处理程序与会计处理方法，使会计信息使用者在阅读各级政府财政会计报表以及行政事业单位会计报表时能够进行合理的比较。不同的单位，处理同一业务问题要使用相同的程序和方法。

4. 一致性原则

一致性原则是指任一会计主体前后各期的会计处理程序和会计处理方法必须保持一致，以便于单位对前后各期的会计资料进行纵向比较。具体地说，一致性原则要求政府财政会计和行政事业单位会计采用的会计处理方法和会计报表指标的编报口径、核算内容、编制规则应保持前后各期一致，保证不同会计期间具有连贯性。实行一致性原则，并不意味着一个单位的会计核算方法一旦实行以后就绝对不能变动。当发现原有核算方法不适应本单位经济活动或不足以反映变化了的经济业务时，可在下一会计年度进行变更，但必须对变更的情况、变更的原因及变动后对单位财政财务收支的影响在会计报表说明中表述清楚。

5. 及时性原则

及时性原则是指会计核算应当及时进行，讲求时效，以便于会计信息的有效利用。及时性包含两个要求：一是经济业务的会计处理应在当期内进行，不得跨期；二是会计报表应在会计期间结束后按规定日期报告，不得拖延。失去时效的会计信息，便成了历史材料，对决策的有用性将大大降低。严格执行及时性原则，便于信息使用者及时作出正确的评价和决策。

6. 清晰性原则

清晰性原则是指会计记录和会计报表必须清晰、明了，数据记录和文字说明要能够一目了然地反映经济活动的来龙去脉，便于会计信息使用者理解、检查和利用。对于有些不易理解的问题，应在财务情况说明书中作出说明。

7. 重要性原则

重要性原则是指会计报告应当在全面反映各级政府以及行政事业单位财政财务收支情况及其结果的同时，对于重要的经济业务应当单独反映，并在会计报表中作重点说明。对于数额较小的经济业务，可与其他项目合并列示；而对于次要的会计事项，在不影响会计信息真实性的情况下，则可以适当简化，合并反映。因此，重要性的判断标准有两个：一是金额；二是对决策的影响程度。

（二）会计确认计量要求

会计确认计量要求，是对会计信息处理方法和程序的要求，它规定对会计要素确认计量的基本原则。

1. 收付实现制和权责发生制

收付实现制要求以实际收到或付出的货币资金为标准来确定本期的收入或支出。凡是本期实际收到或付出的款项，都应作为本期的收入或支出处理；反之，未收付款项的业务都不能作为本期的收入或支出处理。权责发生制要求以收入的实现期和支出的效益期为标准来确定收入和支出的归属期。凡是本期实现的收入，不论是否收到款项，都应列作本期收入；凡是应该由本期负担的支出，即使尚未付出款项，也应列作本期支出。

政府会计原则上实行收付实现制；事业单位会计原则上实行权责发生制。不同单位实行不同的收支确认原则，而且在执行中还可能有一定程度上的差别。这是政府事业会计原则方面的一个重要特点。

2．专款专用原则

专款专用原则是指对于有指定用途的资金应按照规定的用途使用，并单独反映，即限制性原则。

按规定用途使用资金，是政府事业会计原则方面的又一个重要特点。财政部门取得的政府预算收入，行政单位、事业单位取得的财政部门或上级单位拨款收入，一般都有特定的用途，都必须按照规定用途使用。政府与事业单位会计必须按照资金的规定用途使用，并且专门设立账户进行核算，以保证各项专用资金达到预期使用效果。

3．历史成本原则

历史成本原则是指行政事业单位会计对各项财产物资按照取得时的实际成本计价，即使物价发生剧烈变动，也不得随意调整账面记录。采用历史成本原则是以整个经济活动中的币值稳定为前提的，如果物价发生巨大波动，历史成本就不能确切反映企业财产物资的状况。虽然历史成本原则有这种局限性，但它依然是目前比较可行的办法。当物价变动时，除国家另有规定者外，不得调整账面价值。

4．配比原则

配比原则是指在有经营活动的事业单位里，对一个会计期间的收入与其相关的费用支出应当配合起来进行比较，在同一会计期间登记入账，以便计算收支结余。之所以采用配比原则，还因为有关收入和支出的发生的因果关系，即收入是因为支出一定的费用而产生的。在行政事业单位，按照项目预算取得的财政拨款收入，与支出中的项目支出必须按项目一一对应，以提供项目预算执行情况和项目结余情况的信息。应计入本期的收入和费用支出，不能脱节，也不能任意提前或错后。

第三节　政府与事业单位会计的组成体系

政府与事业单位会计包括政府会计和事业单位会计，而政府会计又包括政府财政会计和行政单位会计。

一、政府与事业单位会计的组成

政府与事业单位会计的组成体系与政府预算组成体系是一致的，而政府预算组成体系又与国家政权结构和行政区的划分是一致的，都是一级政权建立一级政府预算，有几级政府就有几级预算。我国的政府预算由中央预算和地方预算组成，其中，中央预算由国务院直属各部门的预算组成，地方预算由省、自治区、直辖市及以下各级人民政府的预算组成。国家预算按照预算收支管理范围，又分为总预算和单位预算。总预算是指一级政府全部财政资金的收支预算；单位预算是指列入总预算的国家机关和其他单位的收支预算。因此，根据国家预算的组成体系和分类，政府和事业单位会计分为政府总会计和行政事业单位会计。政府总会计是各级人民政府财政部门反映和监督总预算执行情况的会计，由于设在政府财政部门，又称政府财政会计；各个行政单位、事业单位采用部门预算制度，由各个基层单位编制单位预算，然后逐级汇总为部门预算，行政事业单位会计是各级人民政府所属行政事业单位反映和监督单位预算执行情况的会计，它也是同级政府会计的组成部分。政府与事业单位会计从总的方面来看由政府财政会计、行政单位会计和事业单位会计3部分组成。

同时，中国人民银行在办理国库业务过程中设立的国库会计，中国建设银行在办理基本建设拨贷款过程中设立的基建拨贷款会计以及税务部门在办理税款征解过程中设立的税收会计等，在执行政府预算业务过程中，均担负一定的会计任务，因此，它们也属于财政会计。

二、政府与事业单位会计的分级

（一）政府财政会计的分级

按照我国政府的行政体制，政府分为中央政府和地方各级政府，各级政府按照"统一领导，分级管理"的方式，贯彻"划分各级政府事权、财权，事权与财权相匹配"的原则。我国政权划分为中央、省（自治区、直辖市）、市、县、乡镇五级。各级政府会计都以本级政府为会计主体，进行会计核算和提供财务报告。因此，政府财政会计也相应划分为五级，在财政部设中央财政会计，在省（自治区、直辖市）财政厅（局）设省财政会计，在市（地区）财政局设市（地区）财政会计，在县（自治县、市辖区）财政局设县（区）财政会计，在乡（镇）财政所设乡（镇）财政会计。

（二）行政事业单位会计的分级

行政事业单位会计组织系统主要依据预算经费的管理层次来进行设置，因此与预算的管理层次相对应。根据国家机构建制和经费领报关系或财务隶属关系，行政事业单位会计可以分为主管会计单位、二级会计单位和基层会计单位三级。我国目前的预算经费拨付方式有两种：传统的划拨资金支付方式和国库单一账户体系下的支付方式。

在划拨资金的方式下，向同级财政部门领拨经费，并对下一级会计单位转拨经费的行政事业单位，为一级会计单位；向上一级会计单位报领经费，并对下一级会计单位转拨经费的行政事业单位，为二级会计单位；向同级财政部门或上一级会计单位报领经费，没有下级会计单位的行政事业单位，为基层会计单位。

在国库单一账户体系下，资金不再通过各级会计单位的账户层层下拨，而是由财政国库统一管理和支付。各预算级次单位的财务关系亦有所变化。一级预算单位是指向财政部门汇总报送分月用款计划、提出财政直接支付申请的预算单位。二级预算单位是指向一级预算单位汇总报送分月用款计划、提出财政直接支付申请并有下属单位的预算单位。基层预算单位是指只有本单位开支，无下属单位的预算单位。一级、二级预算单位的本单位开支，视为基层预算单位管理。以上三级会计单位都要成立单位预算，实行独立的会计核算，负责管理本部门、本单位的全部会计工作。

政府与事业单位会计的组成体系与分级如图 1-1 所示。

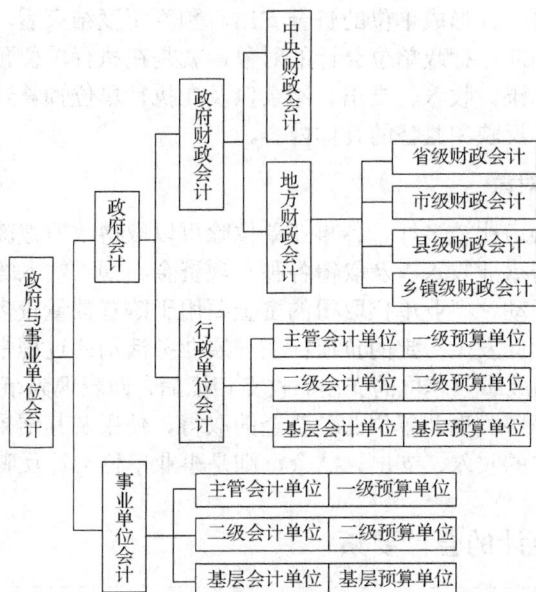

图 1-1　政府与事业单位会计组成体系与分级

第四节 | 政府与事业单位会计的对象和会计要素

政府财政部门和行政、事业单位的资金运动过程和结果各不相同。

一、政府与事业单位会计的对象

政府与事业单位会计的对象，是政府财政资金和事业单位业务资金活动的过程和结果。由于政府财政部门和行政、事业单位的业务活动和收支范围不尽相同，所以，政府财政会计、行政单位会计和事业单位会计的对象就要分别加以研究。

（一）政府财政会计的对象

各级政府执行国民收入的集中和分配。为了履行宪法赋予的使命，保障和推进经济社会持续健康协调发展，各级政府通过编制和执行政府收支预算有计划地集中一部分国民收入，并按照政府的施政方针以及国民经济和社会发展计划进行再分配，主要来源有各种类型企业和经济组织的税金、国有资产收益和其他缴款等，这些收入形成政府的预算收入。政府集中的各种收入，通过预算拨款和经费使用的方式，有计划地分配给企业、事业、行政等单位，由它们按照规定的用途进行经济建设、发展社会文化事业、支付国家军政费用等，形成政府的预算支出。每年政府预算执行的结果，即为政府财政的收支结余。因此，政府财政会计的对象，就是在执行总预算过程中，各级政府财政资金的集中、分配及其结果。收入、支出、结余以及在执行总预算过程中形成的资产、负债、净资产，则是政府财政会计反映和监督的具体内容。

（二）行政单位会计的对象

行政单位的资金是由各级政府财政部门从本级政府预算集中的资金中分配和拨付的。行政单位通过编制单位预算和部门预算，需要按照核定的预算向财政部门领取经费，形成单位的资金收入。行政单位取得的经费除转拨下级单位所需经费以外，要用于购置行政工作所需的设备和材料物资，支付人员经费、公用经费等，并形成单位的资金支出。预算年度结束后，尚未使用完毕的资金，就是行政单位的经费结余。因此，行政单位会计的对象，就是在执行单位预算过程中各级行政单位财政资金的领拨、使用及其结果。收入、支出、结余以及在执行单位预算过程中形成的资产、负债、净资产，则是行政单位会计反映和监督的具体内容。

（三）事业单位会计的对象

事业单位的资金来源渠道比较多样。各事业单位除可以取得政府拨款和有关机构的拨款外，还可以依靠开展业务活动取得事业收入以及取得各种专项资金、捐赠收入等，从而形成事业单位的业务资金。为开展各项业务活动，事业单位取得的资金要用于购置数量较多的设备和材料物资，形成事业单位的实物资产，并由此发生一定的负债；在开展业务活动的过程中，要发生各项业务支出，并对附属单位拨付资金，形成事业单位的支出。收支相抵后，即表现为事业单位的收支结余。因此，事业单位会计的对象，就是各类事业单位业务资金的取得、使用及其结果。资产、负债、净资产以及在进行业务活动中所发生的收入、支出、结余，则是事业单位会计反映和监督的具体内容。

二、政府与事业单位会计的会计要素

会计要素也就是会计核算的具体对象。政府与事业单位会计的具体对象是资产、负债、净资产、

收入、支出和结余 6 个会计要素。会计要素是对会计对象的基本分类，有助于设置会计科目；会计要素构成会计报表的基本结构，有助于设计会计报表的种类、格式和列示方式；会计要素是对会计客体科学分类的结果，有助于构建会计准则理论框架。政府与事业单位会计的会计要素是政府财政资金和事业单位业务资金的活动过程和结果，亦即政府与事业单位的资金运动。资金运动包括静态资金运动和动态资金运动两种运动方式。静态资金运动涉及资产、负债、净资产 3 个会计要素，动态资金运动涉及收入、支出、结余 3 个会计要素。

（一）资产

资产是指由一级财政掌管或控制的以及行政事业单位占有或使用的能以货币计量的经济资源。该资源具有服务功能或能带来经济利益。资产必须满足 3 个条件：资产应是会计主体现在拥有的或者能够加以控制的资源；资产应是由于过去的经济业务或会计事项而产生的结果；资产必须是具有为会计主体业务服务功能的资源。

一级财政掌管或使用的资产包括财政存款、有价证券、应收股利、借出款项、暂付及应收款项、预拨经费、应收转贷款和股权投资等。行政单位占有或使用的资产包括货币资金、往来性质的债权、存货、固定资产、政府储备物资、公共基础设施等。事业单位占有或使用的资产包括货币资金、有价证券、应收及预付款项、存货、对外投资、固定资产、无形资产等。

（二）负债

负债是一级财政和行政事业单位承担的能以货币计量，需以资产或劳务偿还的债务，它是将来需要以资产或劳务偿还的责任。负债必须满足如下条件：负债是由于过去的经济业务或会计事项而产生的；负债是会计主体承担的现时义务；负债这种现时义务的履行预期会导致经济利益流出会计主体，通常要以资产或劳务来偿付。

政府与事业单位会计中，负债是一级财政和行政事业单位承担的能以货币计量，需以资产或劳务偿还的债务。一级财政的负债包括应付国库集中支付结余、暂收及应付款项、应付政府债券、借入款项、应付转贷款、其他负债、应付代管资金等。行政单位的负债包括应缴款项、应付款项、受托代理负债等。事业单位的负债包括短期借款、应付及预收款项、应付职工薪酬、应缴款项、长期借款、长期应付款等。

（三）净资产

净资产是资财供给者提供的，会计主体用以执行公共事务，开展业务活动及其他活动的基本资金来源。政府与事业单位的净资产是一级财政和行政事业单位资产扣除负债以后的余额。净资产具有如下特点：净资产是资财供给者提供的，对剩余资产没有要求权，但有资金使用的限制权；净资产具有长期使用的性质，资财供给者不能抽走资金；净资产是政府和事业单位资产的基本来源，政府单位收支结余，会使净资产增加。

在政府与事业单位会计中，一级财政的净资产包括各项结余、预算周转金、预算稳定调节基金、资产基金和待偿债净资产等。行政单位的净资产包括财政拨款结转、财政拨款结余、其他资金结转结余、资产基金等。事业单位的净资产包括事业基金、专用基金、财政补助结余、非财政补助结余等。

（四）收入

收入是指一级财政和行政事业单位为了实现其职能或开展业务活动依法取得的非偿还性资金，包括一级财政的预算收入和行政事业单位的收入。政府与事业单位的收入具有以下特点：收入是政府和单位经济利益的增加；收入具有非偿还性。

在政府与事业单位会计中，一级政府的财政收入是纳入政府财政预算管理的，根据法令和法规所筹集的财政资金，包括一般公共预算本级收入、政府性基金预算本级收入、国有资本经营预算本级收入、财政专户管理资金收入、专用基金收入、转移性收入、债务收入、债务转贷收入等。行政单位收入是为了开展业务活动及其他活动依法取得的非偿还性资金，包括财政拨款收入和其他收入。事业单位收入是为开展自身业务活动及其他活动依法取得的非偿还性资金，包括财政补助收入、事业收入、上级补助收入、附属单位上缴收入、经营收入和其他收入等。

（五）支出

支出是指一级财政和行政事业单位为实现其职能或开展业务活动，对财政资金的再分配所发生的资金耗费和损失，包括一级财政的支出和行政事业单位的支出。政府和事业单位支出的特点，在于它与收入在数量上没有严格的比例关系。

在政府与事业单位会计中，财政支出是一级政府为实现其职能对财政资金的再分配，包括一般公共预算本级支出、政府性基金预算本级支出、国有资本经营预算本级支出、财政专户管理资金支出、专用基金支出、转移性支出、债务还本支出、债务转贷支出等。行政单位支出是保证机构正常运转和完成工作任务所发生的各项资金耗费及损失，包括经费支出和拨出经费。事业单位支出是为开展业务活动及其他活动所发生的资金耗费和损失，包括事业支出、对附属单位补助支出、上缴上级支出、经营支出和其他支出等。

（六）结余

结余是净资产的重要组成部分，因此，也可以不单独设置"结余"这一会计要素，而是将结余包括在净资产要素当中。结余是政府和行政、事业单位各项收入与支出相抵后的余额。目前包含在净资产要素中的结余仅属于累计结余，并不是指当期结余。

在政府与事业单位会计中，财政结余是财政收支的执行结果，包括一般公共预算结转结余、政府性基金预算结转结余、国有资本经营预算结转结余、财政专户管理资金结余、专用基金结余等。行政单位结余是指当年预算工作目标已完成或者因故终止而剩余的资金，一般称为经费结余。事业单位结余是在一定期间内各项收入与支出相抵后的余款，主要是事业结余和经营结余。

三、会计要素之间的关系

会计要素之间的关系，即会计要素等式。它是复式记账建立的基础，也是设计会计报表结构的基本依据。

（一）会计基本等式

政府与事业单位的资产供给者有两种类型：一种是出资人，政府与事业单位的出资人提供资金给政府与事业单位永久使用，不要求收回资金，但是限定资金的使用范围；另一种是债权人，债权人直接向政府与事业单位供应资金，或者在业务往来中向政府与事业单位暂时提供其应收的款项，偿还所欠款项时，通常还要按一定利率定期取得利息。因此，有一定数额的资产，就必然有一定数额的负债和净资产；反之，有一定数额的负债和净资产，就必然有相等数额的资产存在。资产与负债和净资产之间这种相辅相成的关系用公式表示为：

$$资产=负债+净资产$$

这一会计方程式，反映了预算资金运动的静态方式。

（二）经济业务变动对等式的影响

在政府与事业单位业务过程中发生的经济活动，会引起各个会计要素发生增减变动。在一定时期内发生的经济业务可以分为两类：一类是只涉及资产和负债（基金）的经济业务；另一类是涉及收入和支出的经济业务。

只涉及资产和负债（净资产）的各种经济业务，都会引起会计等式中各有关会计要素的增减变动。但这种会计要素的增减变动，不外乎有以下4种类型。

（1）一项资产增加，一项负债、净资产增加，会计等式左右两方等额增加，等式不变。

（2）一项资产减少，一项负债、净资产减少，会计等式左右两方等额减少，等式不变。

（3）资产方面一个项目增加，另一个项目减少，会计等式左右两方总额不变，等式不变。

（4）负债、净资产方面一个项目增加，另一个项目减少，会计等式左右两方总额不变，等式不变。

由此可见，任何只涉及资产和负债、净资产的经济业务，引起有关会计要素发生增减变动，都不会破坏会计等式的平衡关系。

涉及收入和支出的经济业务，收入减去支出，便是结余（或超支）。因此，在政府与事业单位的各项经济业务中，除了只涉及资产和负债、净资产的以外，还有不少是与收入和支出有关的。

在一定时期内所获得的收入大于所发生的支出，其差额即为结余；若收入小于所发生的支出，其差额即为负结余，又称超支。由此，可以得到收入、支出和结余3个会计要素的等式如下。

$$收入-支出=结余$$

这一会计方程式，反映了预算资金运动的动态方式。

预算资金的运动是静态运动方式和动态运动方式的统一体，这个统一体可以反映出所有会计要素之间存在的有机联系。政府财政会计与行政单位会计，除年末将有关的收入、支出类账户的当年累计发生额结转为各项结余形成净资产以外，其余各个月份的收入、支出账户都连续记录着当年的累计发生数。因此，作为净资产组成部分的各种结余在日常的业务活动中未能及时揭示出来。在这种情况下，会计各要素之间的关系用公式表述为：

$$资产+支出=负债+净资产+收入$$

这一会计方程式可以称为反映资金静态和动态运动的会计方程式。公式的左边称为资产部类会计要素；公式的右边称为负债部类会计要素。

综上所述，基本会计等式将有所扩展。

在会计年度开始之际，基本的会计等式即为：资产=负债+净资产。

在会计年度期间，基本的会计等式就转化为：资产+支出=负债+净资产+收入

在会计年度结束之后，将收入与支出相减，结算出结余（或超支）。此项结余（或超支）与年度开始时的净资产归并在一起。于是，会计年度终了结账之后，会计等式又恢复为期初的形式，即：

$$资产=负债+净资产$$

知识链接

政府会计改革

复习思考题

一、单项选择题

1. 政府财政会计适用于【　　】。

　　A．各级国家行政机关　　　　　　　　B．各级政府财政机关

　　C．各级国家权利机关　　　　　　　　D．各类预算执行单位

2. 凡是向同级财政部门领报经费，并发生预算管理关系或者财务隶属关系的事业主管单位所实行的独立会计核算，称为【　　】。

　　A．行政主管单位会计　　　　　　　　B．事业主管单位会计

　　C．二级事业单位会计　　　　　　　　D．基层事业单位会计

3. 凡是向事业主管单位领报经费，并发生预算关系或者财务隶属关系，且有下属单位的事业单位所实行的独立会计核算，称为【　　　】。

　　A. 行政主管单位会计　　　　　　　　　　B. 事业主管单位会计

　　C. 二级事业单位会计　　　　　　　　　　D. 基层事业单位会计

4. 凡是向上级事业单位领报经费，发生预算管理关系或者财务隶属关系，且无下属单位的事业单位所实行的独立会计核算，称为【　　　】。

　　A. 行政主管单位会计　　　　　　　　　　B. 事业主管单位会计

　　C. 二级事业单位会计　　　　　　　　　　D. 基层事业单位会计

5. 政府与事业单位会计实行的结账基础【　　　】。

　　A. 权责发生制为主，兼有收付实现制　　　B. 收付实现制为主，兼有权责发生制

　　C. 权责发生制　　　　　　　　　　　　　D. 收付实现制

二、多项选择题

1. 下列各会计分支，属于政府与事业单位会计范畴的有【　　　】。

　　A. 政府财政会计（总预算会计）　　　　　B. 行政单位会计

　　C. 事业单位会计　　　　　　　　　　　　D. 基本建设会计

　　E. 税收会计

2. 下列会计要素中，在政府与事业单位会计和企业会计中名称相同的有【　　　】。

　　A. 资产　　　　　B. 负债　　　　　C. 收入

　　D. 费用　　　　　E. 所有者权益

3. 下列各会计分支，属于政府与事业单位会计且只实行收付实现制的有【　　　】。

　　A. 政府财政会计（总预算会计）　　　　　B. 行政单位会计

　　C. 事业单位会计　　　　　　　　　　　　D. 基本建设会计

　　E. 税收会计

4. 下列政府与事业单位会计要素中，属于财务收支动态表现方面的有【　　　】。

　　A. 资产　　　　　B. 负债　　　　　C. 收入

　　D. 支出　　　　　E. 结余

三、简答题

1. 政府与事业单位会计与企业会计的差别是什么？

2. 政府与事业单位会计的会计要素与企业会计的会计要素有哪些差别？

3. 政府与事业单位会计核算的基本前提是什么？

4. 政府与事业单位会计核算的一般原则有哪些？

5. 政府与事业单位会计的组成体系是什么？

6. 政府与事业单位会计的特征有哪些？

关键术语

政府会计	government accounting
事业单位会计	institution accounting
会计假设	accounting hypothesis
会计原则	accounting principles
会计要素	accounting element

第二篇

政府财政会计

第二章 政府财政会计概述

【学习目标】
1. 了解政府财政会计的概念；
2. 熟悉政府财政会计的核算对象；
3. 理解政府财政会计管理体制；
4. 掌握政府财政会计的核算任务；
5. 熟知政府财政会计的具体账务处理体系。

第一节 政府财政会计的概念及核算对象

政府会计分为政府财政会计和行政单位会计，本章主要介绍政府财政会计。

一、政府财政会计的概念

政府财政会计，也称财政总预算会计，是各级政府财政部门反映和监督政府财政资金活动情况和结果的一种管理活动。政府财政会计在整个政府与事业单位会计组成体系中居于主导与核心地位。政府财政会计的会计主体是各级政府，其执行机构为各级政府的财政机关。

财政机关是组织国家财政收支，办理国家预算、决算的专职管理机关。财政机关的职能决定了财政会计的对象和内容。财政机关的主要任务是将一部分国民收入以税收、上缴利润和其他缴款方式集中起来，形成政府的财政资金。财政机关集中各项财政资金形成的财政收入，是一级财政的资金来源；再根据国家的社会发展规划和国民经济发展计划，通过预算的形式有计划地进行分配，为国家的行政管理、国民经济建设、国防建设以及教科文卫体等各方面事业的发展服务。以拨款和支出的形式分配使用财政资金形成财政支出，是财政资金的运用；在执行财政收支后，尚未使用的资金形成各项资金结余，是一级政府财政预算执行的结果。这种财政资金的收支、结存活动就是财政会计反映、监督的基本内容。因此，财政会计的对象就是各级政府的财政资金收支活动，是财政机关在执行总预算过程中，各项财政资金集中、分配及其执行的结果。

我国的国家预算是按照统一领导、分级管理的原则建立的，因此，每一级政府设立一级总预算。政府财政会计的体制决定于国家预算体系和预算执行内容。国家预算分为中央预算、省（自治区、直辖市）预算、设区的市（自治州）预算、县（自治县、不设区的市、市辖区、旗）预算、乡（民族乡、镇）预算五级预算。因此，政府财政会计也设置五级，即中央政府财政部设立中央财政总预算会计，地方各级政府财政机关设立地方财政总预算会计。它们共同构成五级政府财政会计核算体系。

二、政府财政会计的核算对象

财政部门管理的财政资金内容决定了政府财政会计核算的对象。政府财政部门管理的财政资金内容也就是政府财政会计的核算对象，其主要包括以下内容。

（一）一般公共预算资金

一般公共预算资金是国家为了实现其职能，通过国家权力所集中的、没有特定来源和用途的资金。一般公共预算资金是由各级政府财政部门组织的纳入预算管理的各项资金。一般公共预算资金的来源主要是国家税收、非税收入等，用于国家进行经济建设、社会管理、维护国防安全、发展各项文化事业的各个方面。一般公共预算资金全部纳入国家财政预算管理，又与政府性基金预算资金并称"预算内资金"。

（二）政府性基金预算资金

政府性基金预算资金是按政府的规定收取、转入或通过当年财政安排的，由各级财政管理并具有指定用途的资金。政府性基金预算资金收入的来源主要是纳入本级政府性基金预算管理的非税收入。政府性基金预算资金全部纳入国家财政预算。政府性基金预算资金虽然同一般公共预算资金一样同属于"预算内资金"，但是，它是一种收入和用途都有特定要求的资金，各个基金收支自求平衡。政府财政会计对政府性基金预算资金要分别核算、单独报告。

（三）专用基金

专用基金是各级政府财政机关根据法律法规等规定设立的、从一般公共预算资金中安排、具有专门用途的资金。目前财政部门管理的专用基金主要是各级政府设立的粮食风险基金、国际级开发区专项建设基金、国家级生态建设基金、重点大学教育与建设基金，等等。这些基金多用于国家级战略项目或国家鼓励发展项目。

专用基金与政府性基金预算资金在管理要求上的相同之处在于它们都是专款专用，不能随意改变用途的，而且它们都是先收后支，量入为出的。但是，它们的不同之处在于其资金的来源渠道、来源方式以及管理方式不同：政府性基金预算资金是财政部门按规定收取的纳入预算管理的资金，而专用基金是财政部门按规定设置或取得，并在政府性基金预算资金之外单独管理的资金；政府性基金预算资金一般需要缴入国库，而专用基金一般要求开立财政专户。

（四）财政专户管理资金

财政专户管理资金是指地方政府依据法律、法规取得的没有纳入国家预算管理的教育收费等资金收入。由于我国目前经济发展不平衡，各个地区的社会经济发展情况不同。因此，对于一些数额不大、零星分散的收支，国家没有全部纳入预算管理，而是划归地方政府财政部门自收自支，以弥补国家预算的不足，这部分财政资金就形成了地方政府的财政专户管理资金。财政专户管理资金作为政府预算资金的补充，对发展地方经济起到一定的积极作用。但是，由于缺乏预算管理，财政专户管理资金在运用与管理上都存在一定的问题。因此，从长期来看，国家应当逐步完善预算管理，将财政专户管理资金纳入国家的预算管理。

（五）国有资本经营预算资金

国有资本经营预算资金是指政府财政筹集的纳入本级国有资本经营预算管理的非税收入，是以所有者身份依法取得的国有资本收益。我国从 2007 年开始实施国有资本经营收支预算制度。建立国有资本经营制度，对增强政府的宏观调控能力，完善国有企业收入分配制度，推进国有经济布局和结构的战略性调整，集中解决国有企业发展中的体制性、机制性问题，具有重要的现实意义。

（六）社会保障基金

社会保障基金是指由财政部门及政府社会保障机构管理的各项社会保险资金，目前包括基本医疗保险资金、基本养老保险资金、失业保险资金、工伤保险资金、生育保险资金等。社会保险基金预算资金会计核算不适用《2015 财政总预算会计制度》，由财政部另行规定。

第二节 政府财政会计的管理体制与任务

根据《财政总预算会计制度》的规定，政府财政会计有独立的管理体制、任务和工作组织。

一、政府财政会计的管理体制

政府财政会计的会计主体是各级政府，政府财政会计的执行机构是各级政府财政机关的预算管理机构。

政府财政机关是各级政府中负责组织国家财政收支，办理国家预算决算的工作部门，它以各级政府为会计主体，对各级政府的财政收支进行管理和核算。组织财政性资金的运行，除财政部门以外，还有其他一些部门参与。在我国，财政资金的收入、拨出和留解，是由中国人民银行代理的国库经办的，财政收入主要是由税务机关、海关、国有资产监管机构征收解缴的。因此，中国人民银行办理国库业务的国库会计，税务机关、海关、国有资产监管机构办理税款和国有资产收益征解的收入征解会计，它们也是政府会计必不可少的分支。另外，国有资产监管机构的国有资本金会计、政府委托管理机构的社会保障基金会计、国家重要物资储备部门的战略物资储备会计，也是财政管理和政府会计的重要内容。

我国国家预算的组成体系，根据国家政权结构和行政区划建立，包括中央预算和地方预算。中央预算由国务院直属各部门的预算组成，地方预算由省、自治区、直辖市及以下各级人民政府的预算组成。国家预算按照预算收支管理范围，又分为总预算和单位预算。总预算是指一级政府全部财政资金的收支预算；单位预算是指列入总预算的国家机关和其他单位的收支预算。各个政府部门所属单位的单位预算汇总，形成政府各个部门的部门预算，进而成为总预算的组成部分。

政府财政会计的体制是由政府预算体系和预算执行内容决定的，因此，我国政府财政会计体系与政府预算体系是一致的。我国的政府预算按照"统一领导、分级管理"的原则建立，一级政府设立一级总预算，政府预算分为中央预算、省（自治区、直辖市）预算、设区的市（自治州）预算、县（自治县、不设区的市、市辖区、旗）预算、乡（民族乡、镇）预算五级预算。与之相对应，每一级政府财政预算都要设立相应的财政会计，分别反映和监督本级财政资金活动情况和结果。中央政府财政部设立中央财政会计，地方各级政府财政机关设立地方财政会计。

二、政府财政会计的任务

根据《财政总预算会计制度》的规定，各级政府财政会计在执行政府预算过程中担负的基本任务包括以下几个方面。

（一）进行会计核算

政府财政会计负责组织政府财政各项收支、资产负债的会计核算工作，反映政府财政预算执行情况和财务状况。

（二）严格财政资金收付调度管理

政府财政会计组织办理财政资金的收付、调拨，在确保资金安全性、规范性、流动性前提下，合理调度管理资金，提高资金使用效益。

（三）规范账户管理

政府财政会计负责加强对国库单一账户、财政专户、零余额账户和预算单位银行账户等的管理。

（四）实行会计监督

政府财政会计通过会计核算和反映，进行预算执行情况分析，并对总预算、部门预算和单位预算执行实行会计监督。

（五）协调业务关系

政府财政会计负责协调预算收入征收部门、国家金库、国库集中收付代理银行、财政专户开户银行和其他有关部门之间的业务关系。

（六）组织汇总工作

政府财政会计负责组织本地区财政总决算、部门决算编审和汇总工作。

（七）指导工作

政府财政会计负责组织和指导下级政府总会计工作。

三、政府财政会计的工作组织

国家财政资金的收支，反映财政部门活动的范围和方向，反映国家财经方针、政策的执行情况。政府财政会计在核算总预算收支情况的同时，必须按照财政财务收支计划，以国家有关方针、政策、法令和制度为依据进行严格的检查。要认真研究收入是否及时、足额缴库，是否符合政策；支出是否按预算拨付，有无挪用预算收入，乱拉乱用预算资金，任意支付计划外开支，违反财经纪律等行为发生；资金结余如何分配；各项资金形成的财产物资是否安全保管和合理使用等。

各级政府财政会计的执行，涉及方方面面。政府财政机关与中国人民银行、中国建设银行、中国农业银行、税务机关及其他征收机关之间的业务关系极为密切，形成了一个有机整体。为此，政府财政会计对国库会计、税收会计、专业银行拨贷款会计负有具体的组织、协调处理的责任，使其共同参与反映和监督政府预算的执行。

只有及时掌握资金收、支、存的情况，才能妥善地调度资金，对该收进的款项，督促有关部门及时、足额地缴入国库，以充实库存；对该支拨的款项，分别轻重缓急，保证重点，控制一般，限制暂可不用的开支，以确保在年度中任何时点上的收支平衡。

为了从组织上保证政府财政会计任务的完成，加强政府预算管理的基础工作，各级政府财政部门应当根据《中华人民共和国会计法》的规定，本着"精兵简政"的原则，建立与其工作任务相适应的政府财政会计机构。各级财政机关应选派具有一定政策水平、业务水平和专业技术职务的人员担任政府财政会计工作，负责组织和管理全国或一个地区的政府与事业单位会计工作。

第三节

政府财政会计的法规体系与账务处理体系

政府财政会计有一套完整的法律法规体系和完善的账务处理程序。

一、政府财政会计的法规体系

（一）政府财政会计的基本法律

政府财政会计的基本法律包括《中华人民共和国会计法》和《中华人民共和国预算法》两部法律。

1. 中华人民共和国会计法

《中华人民共和国会计法》（简称《会计法》）是 1985 年 1 月经全国人民代表大会审议通过，于同年 5 月 1 日开始执行的。现行的《会计法》于 2000 年 7 月 1 日开始实施。国家机关、社会团体、企业、事业单位以及其他经济组织，都必须严格按照《会计法》的规定办理会计事务。《会计法》是规范会计行为的基本法律，是其他会计法规的"母法"。

2. 中华人民国和国预算法

《中华人民共和国预算法》（简称《预算法》）由中华人民共和国第十二届全国人民代表大会常务委员会第十次会议于 2014 年 8 月 31 日通过，自 2015 年 1 月 1 日起施行。《预算法》是政府与事业单位编制和执行预算，组织财政财务活动，进行财务管理的基本法律。

（二）政府财政会计的行政法规

政府财政会计的行政法规由国务院发布，或者经国务院批准财政部发布的各种单项规定。政府财政会计的行政法规主要包括财政部颁发的《财政总预算会计制度》等。

（三）政府财政会计的规章制度

政府财政会计的规章制度主要包括政府采购制度、国库集中收付制度等。

1. 政府采购资金财政直接拨付管理办法

财政部与中国人民银行于 2001 年 2 月 28 日颁发并规定从当日开始实施的《政府采购资金财政直接拨付管理办法》，详细规定了政府采购资金的管理办法，并以附录的方式规定了政府采购资金的会计核算办法。

2. 财政国库管理制度改革试点方案

2001 年 3 月 16 日，财政部与中国人民银行联合制定并发布了《财政国库管理制度改革试点方案》，该方案主要是推行国库集中收付制度，将财政收入直接缴入国库或者直接缴入财政指定的商业银行账户，财政支出均从国库单一账户直接拨付给商品或劳务供应者。该方案还规定了国库单一账户体系的设置与使用方法，以及相应的会计核算方法。

3. 政府收支分类科目

财政部为了加强政府预算管理，每个财政年度都要颁发《政府收支分类科目》，规定各级财政以及各预算单位编制预算时必须使用的预算收入、预算支出科目及其编号、名称和内容。除了编制预算以外，还必须以《政府收支分类科目》为准设置会计科目，并进行会计核算以及编制会计报表。

二、政府财政会计的账务处理体系

（一）会计科目

政府财政会计的会计科目，是对会计要素进一步分类的具体项目，它是设置账户和核算经济业务的依据。

政府财政会计的会计科目是反映和监督各级政府预算资金的集中、分配和结果的一种科学分类。它是设置账户和核算、归集各项经济业务的依据，也是汇总、检查政府预算资金活动情况和结果的项目依据。

政府财政会计的会计科目分为资产、负债、净资产、收入、支出、结余 6 类总账科目，在各总账科目下面需要设置若干明细科目。明细科目的设置一般有 3 种情况：对预算收入和预算支出类科目，按照《政府收支分类科目》设置；对结算资金和金融机构存款类科目，按结算单位或个人名称设置；对财产物资类科目，按实物类别或名称设置。

政府财政会计的每个会计科目都有其自身所核算的特殊内容，为了保证会计核算资料的统一性、真实性，各级政府财政会计必须严格按照每个会计科目规定的内容进行核算，不能随意增设总账科目或改变核算内容。

对每一个会计科目，除了统一名称以外，通常都要为每个科目编制一个代用符号，这个代用符号称为会计科目的编号。

政府财政会计的会计科目采用"数字编号"方法，即采用有规律和系统的数字作为科目代号。在我国，现行的《财政总预算会计制度》的总账科目采用三位数编号方法，如财政会计资产类会计科目的编号为：101 国库存款、102 其他财政存款等。其中，从左至右，第一位数码表示会计科目性质，如"1"表示资产类科目；"2"表示负债类科目；"3"表示净资产类科目；"4"表示收入类科目；"5"表示支出类科目。因为结余最终归结为净资产，所以会合并到"3"当中。第二、第三位数码表示会计科目在该类中的顺序号。

本书使用的会计科目以现行《财政总预算会计制度》为基础，政府财政会计适用的总账科目如表 2-1 所示。

表 2-1　　　　　　　　　　会计科目表

序号	编码	科目名称	序号	编码	科目名称
一、资产类			20	2017	应付代管资金
1	1001	国库存款	21	2021	应付长期政府债券
2	1003	国库现金管理存款	22	2022	借入款项
3	1004	其他财政存款	23	2026	应付地方政府债券转贷款
4	1005	财政零余额账户存款	24	2027	应付主权外债转贷款
5	1006	有价证券	25	2045	其他负债
6	1007	在途款	26	2091	已结报支出
7	1011	预拨经费	三、净资产类		
8	1021	借出款项	27	3001	一般公共预算结转结余
9	1022	应收股利	28	3002	政府性基金预算结转结余
10	1031	与下级往来	29	3003	国有资本经营预算结转结余
11	1036	其他应收款	30	3005	财政专户管理资金结余
12	1041	应收地方政府债券转贷款	31	3007	专用基金结余
13	1045	应收主权外债转贷款	32	3031	预算稳定调节基金
14	1071	股权投资	33	3033	预算周转金
15	1081	代发国债	34	3081	资产基金
二、负债类			35	3082	待偿债净资产
16	2001	应付短期政府债券	四、收入类		
17	2011	应付国库集中支付结余	36	4001	一般公共预算本级收入
18	2012	与上级往来	37	4002	政府性基金预算本级收入
19	2015	其他应付款	38	4003	国有资金经营预算本级收入

序号	编码	科目名称	序号	编码	科目名称
39	4005	财政专户管理资金收入	49	5002	政府性基金预算本级支出
40	4007	专用基金收入	50	5003	国有资本经营预算本级支出
41	4011	补助收入	51	5005	财政专户管理资金支出
42	4012	上解收入	52	5007	专用基金支出
43	4013	地区间援助收入	53	5011	补助支出
44	4021	调入资金	54	5012	上解支出
45	4031	动用预算稳定调节基金	55	5013	地区间援助支出
46	4041	债务收入	56	5021	调出资金
47	4042	债务转贷收入	57	5031	安排预算稳定调节基金
五、支出类			58	5041	债务还本支出
48	5001	一般公共预算本级支出	59	5042	债务转贷支出

政府财政会计除了按表 2-1 规定的会计科目设置账户进行总分类核算以外，还必须按照《政府收支分类科目》等设置明细账户并进行明细分类核算，以反映政府预算执行的具体情况，为会计分析和科学管理提供详细资料。

（二）会计凭证

财政部门在办理收纳各项预算收入、拨付各项预算支出和发生往来款项时，都应当取得或填制正确、合法的会计凭证，做到收支有凭有据，然后才能根据审核无误的会计凭证登记账簿。因此，正确填制和严格审核会计凭证，就成为政府财政会计的会计人员的一项重要职责，成为监督政府预算执行情况的一个重要环节。

政府财政会计的会计凭证，包括原始凭证和记账凭证两类。

1. 原始凭证

（1）原始凭证的种类。政府财政会计只办理政府预算资金的收支，不直接支付现金，不直接办理财产物资的购置结算。因此，原始凭证多为国库、主管会计单位和监督拨款的银行报送的各种缴款拨款书、预算收支报表等。

各种原始凭证的格式不完全相同，但一般应具备以下基本内容：凭证的名称、填制凭证的日期、接受凭证的单位名称，经济业务的内容，经济业务的计量单位、实物数量、单价和金额，填制凭证单位的名称、填制人员和经办人员的签章。

政府财政会计的原始凭证主要包括：国库报来的"预算收入日报表""分成收入计算日报表"及其附件"缴款书""收入退还书"等；各种支付、转账和拨款凭证，如"财政直接支付凭证""财政授权支付额度通知书""财政拨款凭证"等；主管会计单位报来的各种非包干专项拨款支出报表和基本建设支出月报；其他足以证明会计事项发生经过的凭证和文件。

（2）原始凭证的审查。各级政府财政会计对于经办业务的原始凭证，应该从以下几个方面进行审查。

第一，合规性审查。国库的收款凭证是否符合《中华人民共和国国家金库条例实施细则》的规定，收入的分成是否符合规定的留解比例，预算收入级次的划分和政府收支科目的使用是否正确，有无错用收支科目、错划预算级次和错计分成收入情况，有无占用国库资金情况。

第二，程序性审查。各项预算拨款凭证所记载的事项是否符合核定的预算，临时性借款是否符合规定的审批手续。各级政府财政会计对原始凭证审查无误后，再加以归类整理，据以编制记账凭证。

2. 记账凭证

记账凭证应当具备名称、填制日期、编号、摘要、金额、所附原始凭证张数以及制证、稽核、记账人员的签章等基本内容。政府与事业单位会计使用的记账凭证，可以分专用记账凭证和通用记账凭证两类。记账凭证的基本格式、具体内容、填写方法等与企业会计相同。

记账凭证是根据审核无误的原始凭证填制的，用来确定经济业务应借、应贷会计科目及其金额的会计凭证，是登记会计账簿的依据。

（1）记账凭证的编制。

第一，根据原始凭证编制记账凭证。各级政府财政会计都应根据审核无误的原始凭证，归类整理编制记账凭证。记账凭证的各项内容必须填列齐全，经复核后凭以记账，制证人必须签名或盖章。属于预拨经费转列支出、年终结账和更正错误的记账凭证可以不附原始凭证，但应由会计主管人员签章。

第二，按照时间顺序编制记账凭证。记账凭证应按照会计事项发生的日期，按顺序整理、制证、记账。按照制证的顺序，每月从第 1 号凭证开始至最后一张凭证结束编一个连续号。

第三，按照正确方法编制记账凭证。记账凭证日期，应按以下规定填列：月终尚未结账前，收到上月份的收入凭证，可以填列所属月份的最末一日。结账后，按实际处理账务的日期填列；根据支出月报列示的支出数额编制的记账凭证，填制会计报表所属月份的最末一日；办理年终结账的记账凭证，填列实际处理账务的日期，并注明"上年度"字样。凭证编号仍按上年 12 月的顺序号连续编列；其余会计事项，一律按发生的日期填列。

（2）记账凭证的格式。政府财政会计可以采用通用记账凭证，也可以采用专用记账凭证。其中，通用记账凭证的格式如表 2-2 所示。

表 2-2

记 账 凭 证
年　月　日
凭证编号：

摘要	结算方式	票号	借方科目		贷方科目		金额	记账符号
			总账科目	明细科目	总账科目	明细科目		
附单据　　张			合　计					

会计主管人员：　　　记账：　　　　　稽核：　　　　制单：　　　出纳：　　　　缴款人：

（三）会计账簿

1. 会计账簿的种类

政府财政会计的账簿一般分为总账、明细账和日记账 3 种。

（1）总账是根据总账科目设置的用于记录各会计要素总括情况的账簿。利用总账可反映预算资金收支的总括情况，也是控制、核对各明细账以及编制会计报表的依据。总账一般采用订本三栏式账簿。

总账用以核算财政资金活动的总括情况，以及平衡账务、控制和核对各种明细账。总账格式采用三栏式账簿，按会计科目设置账户。三栏式账页的格式如表 2-3 所示。

表 2-3　　　　　　　　　　　　　　账 户 名 称

20××年		凭证		摘要	借方金额	贷方金额	借或贷	余额
月	日	字	号					

（2）明细账是根据明细科目设置的用于记录各会计要素详细情况的账簿。明细账对总账起分析说明的作用，是用于结算往来账款和编制会计报表详细资料的依据。明细账可以根据不同的需要按有关规定设置。明细账一般采用三栏式、数量金额式和多栏式账簿。

（3）日记账是按经济业务发生时间的顺序逐日逐笔登记资金收支情况的账簿，如各行政事业单位使用的库存现金日记账、银行存款日记账等。日记账一律使用订本账，不得使用活页账。

2．会计账簿的设置

政府财政会计主要设置收入明细账、支出明细账和往来款项明细账。

（1）收入明细账包括一般公共预算本级收入明细账、政府性基金预算本级收入明细账、专用基金收入明细账、上解收入明细账等。

（2）支出明细账包括一般公共预算本级支出明细账、政府性基金预算本级支出明细账、专用基金支出明细账、补助支出明细账等。

（3）往来款项明细账包括暂付款明细账、暂存款明细账、与下级往来明细账等。

知识链接

政府会计准则——基本准则

复习思考题

一、单项选择题

1．下列各项不属于财政会计内容的是【　　　】。

    A．成本费用的核算　　　　　　　　B．预算收入的核算

    C．预算支出的核算　　　　　　　　D．预算结余的核算

2．财政会计主要适用于【　　　】。

    A．各级政府财政机关　　　　　　　B．各类预算执行单位

    C．各级政府部门　　　　　　　　　D．各类事业单位

二、多项选择题

1．下列能作为财政总预算会计原始凭证的有【　　　】。

    A．国库报来的各种收入日报表及其附件　　B．各种拨款和转账收款凭证

    C．非包干专项拨款支出日报表　　　　　　D．基本建设支出月报表

    E．收款收据

2．财政会计中不设置的会计科目有【　　　】。

    A．有价证券　　　　B．固定资产　　　　C．库存现金

    D．上解支出　　　　E．库存材料

三、简答题

1. 政府财政会计与行政事业单位会计的差别是什么？
2. 政府财政会计的核算对象是什么？
3. 政府财政会计的核算任务是什么？
4. 政府与事业单位会计核算的一般原则有哪些？
5. 政府财政会计账簿的设置有哪些？
6. 政府财政会计的管理体制是什么？

关键术语

政府财政会计	government financial accounting
核算对象	accounting object
核算任务	accounting task

第三章 财政资产的核算

【学习目标】
1. 了解财政性存款的内容；
2. 熟悉国库单一账户制度的概念；
3. 理解国库单一账户体系的内容；
4. 掌握财政性资产的核算。

第一节 财政性存款的核算

财政性存款包括国库存款、国库现金管理存款、其他财政存款等内容。

一、财政性存款的概念和管理原则

（一）财政性存款的概念

财政性存款的支配权属于各级政府财政部门，是财政部门代表政府所掌管的财政资金，包括国库存款、国库现金管理存款、其他财政存款等。财政性存款来源于国家的财政收入并存放于国家金库中，经过各级国家金库按规定收纳、划分、报解和上下级财政之间的调拨，形成各级财政部门的财政性存款。它是各级财政部门的可支配资金，用于各方面的预算支出。财政性存款的支配权属于同级财政部门，并由政府财政会计负责管理，统一收付。

（二）财政性存款的管理规则

政府财政会计在管理与核算财政性存款时，应当遵循以下管理规则。

1. 财政性存款由国库统一调度

根据财政国库管理制度的规定，各种财政资金都应由国库集中收付，统一调度。应由财政部门掌管的各种资金，必须纳入政府财政会计的存款账户。各级财政应建立一个统揽所有财政性资金的账户体系，即国库单一账户体系。各项财政收入应直接缴入国库或财政专户，各项财政支出应通过国库单一账户体系以直接支付方式或授权支付方式支付给商品或劳务供应者或用款单位。在资金调度过程中，应根据核定的年度预算和季度分月用款计划，结合各单位的事业进度和资金使用情况拨付资金，保证满足计划内各项正常支出的资金需要，不得办理超预算、无用款计划的拨款。实行财政性资金集中收付，统一调度，有利于提高财政资金的利用效率，有利于财政分配任务的完成，有利于发挥政府财政会计的核算和监督作用。在财政资金调度中，应首先根据事业进度和资金使用情况，保证满足计划内各项正常支出的需求，其次要把资金用活用好，充分发挥资金使用效益。

2. 各预算单位不得擅自开设财政性存款账户

财政部门按照国库管理制度的规定建立国库单一账户体系，所有财政性资金都应当存入国库或财政专户，各预算单位不得擅自开设财政性存款账户。各级财政的预算资金除财政部有明确规定以外，一律由政府财政会计统一在国库或指定的银行开立存款账户，不得在国家规定之外，将预算资金或其他财政性资金任意转存其他金融机构。只有这样，才能保证财政资金的集中管理和有效使用，防止财政资金的截留、挤占和挪用，有效控制财政收入流失问题。政府财政会计账户的开立，一般采取"自开证明"的方式办理，即由财政部门开具证明，加盖公章，提交印鉴卡，到同级国库或开户银行办理开户，待第一笔预算收入或拨入款项收到后，该账户即开始成立。

3. 严格控制资金的使用方向

各预算单位要根据批准的部门预算和用款计划，向财政国库部门提出拨付资金申请。政府财政会计在拨付各种款项时，也应根据审批的部门预算或单位用款计划拨付资金，不得办理超预算、无计划的拨款。只有按预算和计划拨款，才能保证财政预算的执行，发挥财政的监督职能，提高资金使用效率。

4. 转账结算，不提现金

财政部门的出纳机关是国家金库，财政会计不提取现金和花费现金，因此，财政部门只设置财政会计岗位，不设置"出纳"岗位。因为财政的职能是分配资金，不直接使用资金。虽然财政机关也经办一些直接支出，但是这些直接支出并不是财政的"直接消费"，它与预算单位的花钱办事有着本质上的区别。政府财政会计在办理各项支出时，应采用转账结算方式，不得提取现金。财政资金的支付主要使用财政直接支付凭证、财政授权支付凭证和国库支票等工具。为此，政府财政会计不能使用企、事业单位会计通用的现金支票和转账支票，而是使用特定的"预算拨款凭证"和"收入退还书"等原始凭证。这些支付都只能用于转账结算，不能用于提取现金。

5. 掌握余额，不能透支

我国实行委托金库制，由中国人民银行代理国家金库。中国人民银行代管的财政资金和掌握的银行信贷资金是集中和分配资金的两个重要渠道。从存款客户和银行之间的关系来看，存入银行财政性款项的财政部门，只是银行的一个存款客户。银行与客户之间只是一种信用关系，财政部门交入国库的各种存款，只能在存款余额内支取，银行不能透支垫付。

二、国库单一账户制度

（一）国库单一账户制度的背景

传统的财政资金是采用资金划拨方式来使用的，也就是通过征收机关和预算单位设立多重账户分散进行的。但是，这种财政资金管理体制的弊端越来越明显，主要存在如下问题：一是多重账户分散进行收支核算，导致财政收支信息反馈迟缓，使预算编制不及时，分析和宏观调控能力受阻；二是收支核算账户庞杂，导致财政收支活动透明度不高，不利于实施有效管理和全面监督；三是收支核算监管不严，退库不规范，财政流失问题比较严重；四是预算单位出现截留、挤占、挪用财政资金的问题，既降低了财政资金使用效率，又容易诱发腐败现象。

基于上述原因，我国财政国库管理建立和完善了国库单一账户制度。为此，2001年3月，财政部和中国人民银行发布了《财政国库管理制度改革试点方案》，决定从2001年开始在中央部门进行改革试点，"十五"期间在中央和地方全面实施国库单一账户制度。国库单一账户制度，也称国库集中收付制度，是指通过设立国库单一账户体系对财政性资金的缴库和拨付实行集中管理的国库管理制度。我国现阶段主要采用国库集中收付制度收纳和支付财政性资金，财政部门在经办国库业务的银行开设国库账户，所有财政性收入都要缴入国库账户，所有财政性支出均由国库支付的财政资金管理模式。

建立和完善国库单一账户制度具有如下重要意义。

1. 国库单一账户制度有利于加强资金统一管理

实行国库单一账户制度后，预算单位不再开设过渡性账户，财政资金都集中存放在国库单一账户中。国库集中收付使库款调度更加灵活，资金支付更加及时，提高了财政资金的运行效益，并能有效降低财政筹资成本。

2. 国库单一账户制度有利于全面监督预算资金

国库单一账户制度改变以往将资金拨付到预算单位账户上，由预算单位自行支付的做法，从而使预算监督方式由过去的事后检查、"秋后算账"转变为事前审核监督、事中实时控制、事后考核评价的全面监督方式。国库集中收付可以从机制上保证财政收入及时、足额缴入国库或财政专户，提高了预算执行信息的全面性、准确性和及时性。

3. 国库单一账户制度是公共财政运行的有力保证

财政国库管理制度贯穿于公共财政管理全过程，国库单一账户制度通过国库集中进行财政资金的收付，保证了各预算单位对财政资金的需求，通过控制财政资金按规范流入和流出各个公共机构的过程来控制预算执行过程，能更好地为公共财政服务。

（二）国库单一账户体系

国库单一账户制度要求建立一套统揽财政资金收付行为的账户群，就是建立一个统揽所有财政性资金的账户体系，即国库单一账户体系。所有财政性资金的收入和支出都应当纳入这个账户体系中，由国库实行集中收付，各个征收机关和预算单位不再设立过渡性资金账户。国库单一账户体系主要包括国库单一账户、零余额账户、预算外资金财政专户和特设专户4个账户。各账户的开设方法及其核算内容都有明确的规定。

1. 国库单一账户

国库单一账户是国库的财政性存款账户，由财政部门在中国人民银行各级分行开设，未设中国人民银行分支机构的地区在金库代理银行开设。国库单一账户用于记录和反映纳入预算管理的财政收入和支出活动，以及与零余额账户进行清算，实现支付。国库单一账户按收入和支出设置分类账，收入账按预算科目进行明细核算，支出账按资金使用性质设立分账册。这个账户是国库单一账户体系中的核心账户。

2. 零余额账户

零余额账户，也称夜晚零余额账户，是预算资金的日常支付账户，用于记录和反映预算资金的日常支付活动，并与国库单一账户进行清算。零余额账户分为两类，即财政部门零余额账户和预算单位零余额账户。

（1）财政部门零余额账户用于财政直接支付，由财政部门在商业银行（代理银行）开设。直接支付就是根据事先的预算以及需要支付资金时，用款单位经过一定的申请、审批等手续后，由商业银行把款项直接支付给预算单位的供应商或收款人。零余额账户每个营业日发生的借方或贷方余额在营业日终了时都要通过与国库单一账户清算而扫平归零。也就是商业银行根据财政部门签发的支付令，事先代为垫付款项，事后立即与国库单一账户清算，由国库单一账户归还商业银行垫付的资金。之所以称为"零余额账户"，是因为商业银行垫付款项以后，当天就可以与财政部门的"国库单一账户"进行资金清算，要求归还垫付资金。该账户的设置，保证了财政资金在实际支付发生前不流出国库单一账户。

（2）预算单位零余额账户主要用于财政授权支付，是财政部门在商业银行为预算单位开设的账户。在授权支付方式下，预算单位根据年初批复的预算和用款计划，按月提出用款申请。用款申请经财政部门审批以后，财政部门将预算单位的用款额度通知给代理商业银行、预算单位、中国人民银行国库部门3个单位，但不给代理银行任何款项，只给用款额度。财政部门给予预算单位在规定限额内使用这个户头的款项的权利，预算单位既可以提取现金，也可以办理转账业务。代理银行在用款额度以内将无条件地代为垫付款项。代理银行垫付款项以后，当天就可以与国库单一账户结算，要求归还垫款。

3. 预算外资金财政专户

预算外资金财政专户是财政部门在代理银行开设的，用于记录和反映预算外收入和支出活动，并对预算外资金的日常收支进行清算。目前预算外资金来源较为复杂，还有一部分财政性资金未纳入预算管理，短期内也难以纳入国库单一账户体系，所以仍需要设置财政专户进行管理。预算外资金财政专户由财政部门在商业银行开设，一般按预算单位或资金性质设置收入分类账户，按预算单位设置支出分类账户。但是，随着改革的不断深化，预算外资金也将逐步纳入国库单一账户进行管理。

4. 特设专户

特设专户由财政部门在代理银行为预算单位开设。特设专户是指经国务院和省级人民政府批准或授权财政部门开设的特殊过渡性专户。该账户用于记录和反映预算单位的特殊专项支出活动，并用于与国库单一账户清算。由于现阶段政策性支出项目还比较多，对某些需要通过政策性银行封闭运行的资金支出，还需要设置特殊专户管理，如粮食风险基金、社会保障基金等。

因为财政资金的支付方式主要有两种，即财政直接支付和财政授权支付。因此，上述 4 类账户中，国库单一账户和零余额账户是财政资金收支的基本账户。预算外资金财政专户和特设专户是根据我国具体国情开设的财政资金专户。开设预算外资金财政专户的原因，主要是考虑到目前仍有相当规模的财政性资金还难以全部纳入国库单一账户管理，无法纳入预算管理。因此，暂时对这部分预算外资金实行财政专户管理，随着财税改革的逐步深化，预算外资金的规模将逐步缩小，最终所有财政性资金都将纳入国库单一账户管理。

三、财政性存款的核算

财政性存款包括国库存款、国库现金管理存款、其他财政存款等。财政性存款应分别设置"国库存款""国库现金管理存款""其他财政存款"等科目进行核算。

"国库存款"属于资产性账户，用来核算各级政府财政会计在国库的预算资金（含一般公共预算和政府性基金预算）存款。该账户的借方登记国库存款增加数，贷方登记国库存款减少数，期末借方余额反映国库存款的结余数。"国库存款"账户设置"一般公共预算存款""政府性基金预算存款"两个明细账户，其中，"政府性基金预算存款"明细账户核算纳入政府性基金管理的预算资金存款，"一般公共预算存款"明细账户核算除政府性基金预算存款之外的预算资金存款。国库存款的主要账务处理如下：收到预算收入时，借记"国库存款"科目，贷记有关预算收入科目。当日收入数为负数时，以红字记入（采用计算机记账的，用负数反映）；收到国库存款利息收入时，借记"国库存款"科目，贷记"一般公共预算本级收入"科目；收到缴入国库的来源不清的款项时，借记"国库存款"科目，贷记"其他应付款"等科目；国库库款减少时，按照实际支付的金额，借记有关科目，贷记"国库存款"科目；"国库存款"期末借方余额反映政府财政国库存款的结存数。

"国库现金管理存款"属于资产性账户，核算政府财政实行国库现金管理业务存放在商业银行的款项。国库现金管理存款的主要账务处理如下：按照国库现金管理有关规定，将库款转存商业银行时，按照存入商业银行的金额，借记"国库现金管理存款"科目，贷记"国库存款"科目；国库现金管理存款收回国库时，按照实际收回的金额，借记"国库存款"科目，按照原存入商业银行的存款本金金额，贷记"国库现金管理存款"科目，按照两者的差额，贷记"一般公共预算本级收入"科目；"国库现金管理存款"期末借方余额反映政府财政实行国库现金管理业务持有的存款。

"其他财政存款"科目属于资产类科目，用来核算各级政府财政会计未列入"国库存款"科目的各项财政性存款，包括未设国库的乡（镇）财政在专业银行的预算资金存款以及部分由财政部指定存入专业银行的专用基金存款等。该科目借方登记其他财政存款增加数，贷方登记其他财政存款减少数。该科目借方余额反映其他财政存款的实际结存数，其年终余额结转下年。政府财政会计核算其他财政存款收入时，应根据经办银行报来的收入日报表或银行收款通知入账；核算其他财政存款支付时，应根据有关支付凭证的回单入账。为了便于分类管理，"其他财政存款"科目应按交存地点和资金性质分设明细科目。其他财政存款的主要账务处理如下。财政专户收到款项时，按照实际收到的金额，借记"其他财政存款"科目，贷记有关科目。其他财政存款产生的利息收入，除规定作为专户资金收入外，其他利息收入都应缴入国库纳入一般公共预算管理。取得其他财政存款利息收入时，按照实际获得的利息金额，根据以下情况分别处理：按规定作为专户资金收入的，借记"其他财政存款"科目，贷记"应付代管资金"或有关收入科目；按规定应缴入国库的，借记"其他财政存款"科目，贷记"其他应付款"科目。将其他财政存款利息收入缴入国库时，借记"其他应付款"科目，贷记"其他财政存款"科目；同时，借记"国库存款"科目，贷记"一般公共预算本级收入"科目。其他财政存款减少时，按照实际支付的金额，借记有关科目，贷记"其他财政存款"科目。"其他财政存款"期末借方余额反映政府财政持有的其他财政存款。

另外，在单设财政国库支付执行机构的地区，财政国库支付执行机构会开设"财政零余额账户存款"科目。"财政零余额账户存款"科目属于资产类科目，用来核算财政国库支付执行机构在代理银行办理财政直接支付的业务。财政国库支付执行机构未单设的地区不使用该科目。财政零余额账户存款的主要账务处理如下：财政国库支付执行机构为预算单位直接支付款项时，借记有关预算支出科目，贷记"财政零余额账户存款"科目。财政国库支付执行机构每日将按部门分"类""款""项"汇总的预算支出结算清单等结算单与中国人民银行国库划款凭证核对无误后，送总会计结算资金，按照结算的金额，借记"财政零余额账户存款"科目，贷记"已结报支出"科目。"财政零余额账户存款"当日资金结算后一般应无余额。本书的财政总预算会计的会计主体是各级政府财政部门，因此，这里不再赘述"财政零余额账户存款"。

【例题】某市财政实行国库集中收付制度，2016年6月发生下列有关经济业务，据以编制会计分录。

【例3-1】收到市中心支库报来的"一般公共预算收入日报表"及所附的"缴款书"回执联，计列当日本级一般公共预算收入67 000 000元。

　借：国库存款——一般公共预算存款　　　　　　　　　　　67 000 000
　　　贷：一般公共预算本级收入　　　　　　　　　　　　　　　　　67 000 000

【例3-2】收到市中心支库报来的"政府性基金预算本级收入日报表"，计列各种政府性基金预算收入429 000元。

　借：国库存款——政府性基金预算存款　　　　　　　　　　429 000
　　　贷：政府性基金预算本级收入　　　　　　　　　　　　　　　　429 000

【例3-3】接到受托专业银行的收款通知，系收到粮食风险基金收入600 000元。

　借：其他财政存款——粮食风险基金存款　　　　　　　　　600 000
　　　贷：专用基金收入　　　　　　　　　　　　　　　　　　　　　600 000

【例3-4】收到财政国库支付执行机构报来的《预算支出结算清单》，系发生一般公共预算本级支出441 000元，并与中国人民银行国库划款凭证核对无误。

　借：一般公共预算本级支出　　　　　　　　　　　　　　　441 000
　　　贷：国库存款——一般公共预算存款　　　　　　　　　　　　　441 000

【例3-5】收到代理银行汇总的预算单位零余额账户授权支付数，系发生一般公共预算本级支出45 000元、政府性基金预算本级支出13 000元，与中国人民银行国库汇总划款凭证及财政国库支付执行机构汇总的《预算支出结算清单》核对无误。

借：一般公共预算本级支出 45 000

  政府性基金预算本级支出 13 000

   贷：国库存款——一般预算存款 45 000

     ——基金预算存款 13 000

【例3-6】财政总预算会计根据财政国库支付执行机构报来的预算支出结算清单，支出30 000元，系支付市教育局行政经费。财政总预算会计编制如下会计分录。

借：一般公共预算本级支出——市教育局 30 000

  贷：国库存款——一般预算存款 30 000

【例3-7】某市财政局的国库现金管理存款发生如下业务。

（1）按照国库现金管理有关规定，将库款700 000转存商业银行。

借：国库现金管理存款 700 000

  贷：国库存款 700 000

（2）3个月后，收回国库现金管理存款本金700 000元，利息6 000元。

借：国库存款 706 000

  贷：国库现金管理存款 700 000

   一般公共预算本级收入 6 000

第二节 有价证券的核算

有价证券也是政府财政会计的一项资产，类似于企业会计的投资性质的账户。

一、有价证券的概念

有价证券是中央财政以信用方式发行并在规定期限内还本付息的国家公债。它是由国家指定的证券发行部门依照法定程序发行，并约定在一定期限内还本付息的信用凭证。地方各级财政可利用预算资金结余购买中央政府发行的各种有价证券。中央政府向地方政府发行国库券等有价证券，是中央财政向地方财政借款的一种方法，是平衡中央预算收支，控制地方支出规模的辅助手段。

购入有价证券时，财政会计不能列为支出，而是视同货币资金作为"有价证券"进行核算，并冲减相应的财政存款。有价证券到期收回或者中途转让时，收回的本金按原资金渠道恢复相应的财政存款，取得的收入与账面成本的差额，应按购买时所使用结余资金的性质，分别作为当期不同性质的收入处理。

二、有价证券的核算

有价证券应按实际取得时支付的价款记账，有价证券票据（含债券收款单）应视同货币妥善保管。

政府财政会计应设置"有价证券"这一资产类科目，用以核算各级政府按国家统一规定用各项财政结余购买的有价证券的库存数。一级财政使用结余资金购入有价证券时，借记"有价证券"科目，贷记"国库存款""其他财政存款"科目；到期兑换有价证券时，其兑付本金部分，借记"国库存款""其他财政存款"科目，贷记"有价证券"科目；取得的利息收入视动用资金的性质而确定列作收入的类别，动用"一般公共预算结转结余""政府性基金预算结转结余"购买有价证券取得的利息收入，应分别列作"一般公共预算本级收入""政府性基金预算本级收入"进行账务处理，并记入相应的存款账户。本科目借方余额反映有价证券的实际库存数。

【例题】某市财政实行国库集中收付制度，2016年发生以下有关经济业务，据以编制会计分录。

【例3-8】用上年一般公共预算结转结余资金790 000元购买国库券。

借：有价证券——国库券 790 000

　　贷：国库存款——一般公共预算存款 790 000

【例3-9】以前年度使用一般公共预算结转结余资金购买的国库券到期，兑付本利500 000元，其中利息收入为50 000元，本金为450 000元。

借：国库存款——一般公共预算存款 500 000

　　贷：有价证券——国库券 450 000

　　　　一般公共预算本级收入 50 000

【例3-10】用政府性基金预算结转结余资金购买特种国债220 000元。

借：有价证券——特种国债 220 000

　　贷：国库存款——政府性基金预算存款 220 000

【例3-11】用政府性基金预算结转结余资金购买的特种国债到期，兑付本金700 000元，利息收入70 000元。

借：国库存款——政府性基金预算存款 770 000

　　贷：有价证券——特种国债 700 000

　　　　政府性基金预算本级收入 70 000

第三节　在途款项的核算

政府财政会计在涉及年度之间的资金收支核算时采用权责发生制，设置"在途款"账户进行核算。

一、在途款项的概念

由于库款的报解需要一定的邮递时间，所以年终会存在国库经收处或各级国库已经在年前收纳，但尚未转划到支库或尚未报解到各该上级国库的各种收入，这些款项称为在途款。在途款项也包括在决算清理期内收到的应属于决算年度收入的款项。

平时，政府财政会计采用收付实现制进行账务处理，但是涉及年度之间的资金收支时会用到权责发生制进行核算。首先，预算收入的报解，需要通过国家金库向上级财政机关报告预算收入情况，并将属于上级财政的预算收入解缴到相应的总库、分库和中心支库。但是，报解库款需要一定的划转时间，为了保证在年终决算过程中能够全面反映各级预算收入的总额，就需要将国库经收处或各级国库在决算清理期内已经收纳，但尚未报解到支库或各级国库的预算收入，列作决算年度的收入和在途款项。再有，第二年年初所收到的收入，很有可能是上年12月的预算收入，同时，上下级财政之间、财政与预算单位及其他缴款单位之间需要进行年终清算，以结算多缴少缴、多拨少拨款项的事项。因此，在次年上旬的决算清理期内收到的属于上一年度的预算收入，应该列作上一年度的在途款项，体现年度之间的权责发生制。

二、在途款项的核算

为了在年终决算期内全面反映各级财政的实际收入总额，解决上、下年度之间的库款结算问题，各级政府财政会计应设置"在途款"账户。该科目属于资产类科目，用来核算决算清理期内发生的上、下年度收入支出业务以及需要通过本科目过渡处理的资金数。借方登记发生数，贷方登记冲转数。预算收入按月划期核算的地区，平时也使用本账户核算。决算清理期内收到属于上年度的收入时，借记"在途款"科目，贷记"一般公共预算本级收入""补助收入""上解收入"等科目；收回上年度拨款或支出时，借记"在途款"科目，贷记"预拨经费"或"一般公共预算本级支出"等科目；冲转在途款项时，借记"国库存款"科目，贷记"在途款"科目。

【例题】某市财政实行资金划拨制度，2016年发生以下有关经济业务，据以编制会计分录。

【例3-12】1月2日，收到市中心支库报来预算收入日报表及所附的缴款书等，计列收到属于上年度的税收收入50 000元。

在上年度旧账上记

借：在途款	50 000
贷：一般公共预算本级收入	50 000

同时，在本年度新账上记

借：国库存款——一般公共预算存款	50 000
贷：在途款	50 000

【例3-13】1月5日，收到市中心支库报来的收回上年度各预算单位缴回的预拨经费20 000元。

在上年度旧账上记

借：在途款	20 000
贷：预拨经费	20 000

同时，在本年度新账上记

借：国库存款	20 000
贷：在途款	20 000

第四节 债权性往来款项的核算

债权性往来款项随着债权对象的不同而有所差别。

一、债权性往来款项的内容

债权性往来款项属于往来结算中形成的债权，包括借出款项、与下级往来、其他应收款、应收股利、应收地方政府债券转贷款、应收主权外债转贷款等内容。但是它们的债权对象会有所差别，借出款项是财政部门借给所属预算单位临时急需的款项，与下级往来是上级财政借给下级财政的待结算款项；其他应收款是政府财政临时发生的其他应收、暂付、垫付款项；应收股利是政府因持有股权投资应当收取的现金股利或利润；应收地方政府债券转贷款是本级政府财政转贷给下级地方政府财政的地方政府债券资金的本金及利息；应收主权外债转贷款是本级政府财政转贷给下级地方政府财政的外国政府和国际金融组织贷款等主权外债资金的本金及利息。

所属各预算单位可能会出现短期的、临时性的收支不平衡，可以采取向财政部门借款的方式予以解决。各级政府财政部门在执行政府预算的过程中，如果出现短期的、临时性的收支不平衡，并在动用预算周转金以后，仍然不能满足资金需要时，也可以采取向上级财政借款的方式予以解决。但上级财政部门对借出款项应严格掌握与控制，对没有预算领拨款关系的单位，不得借给预算资金。

但是，债权性往来款项尽量不要长期挂账，要及时清理。各级财政机关对借给下级财政的款项，属于预算补助范围内的，应直接用补助支出账户核算，不必长期挂在往来账户上。属于非预算补助范围之内的借款，要督促下级财政按期归还。年终，对各种借出款项应尽量清理完毕。

二、债权性往来款项的核算

各级财政部门为了核算与所属预算单位和上下级财政之间的暂付及应收款项，应设置"借出款项""与下级往来""其他应收款""应收股利""应收地方政府债券转贷款""应收主权外债转贷款"等账户。

"借出款项"账户，用于核算财政部门借给所属预算单位临时急需的借款。借方登记借出数、贷方登记结算收回或核销转作支出数，借方余额反映尚待结算的暂付款数。在该账户之下，应按借款单位名称设置明细账。借出款项的主要账务处理如下：将款项借出时，按照实际支付的金额，借记"借出款项"科目，贷记"国库存款"等科目；收回借款时，按照实际收到的金额，借记"国库存款"等科目，贷记"借出款项"科目。"借出款项"期末借方余额反映政府财政借给预算单位尚未收回的款项。

"与下级往来"账户，用于核算与下级财政往来的结算款项。该账户的借方登记借出数或转作对下级财政的补助支出数。本账户借方余额，反映下级财政应归还本级财政的款项；贷方余额，反映本级财政借入下级财政的款项。"与下级往来"是具有资产和负债双重性质的账户，在编制资产负债表时，应将账户的贷方余额以负数表示。本账户按资金性质和下级财政部门名称设置明细账。与下级往来的主要账务处理如下：借给下级政府财政款项时，借记"与下级往来"科目，贷记"国库存款"科目；体制结算中应当由下级政府财政上交的收入数，借记"与下级往来"科目，贷记"上解收入"科目；借款收回、转作补助支出或体制结算应当补助下级政府财政的支出，借记"国库存款""补助支出"等有关科目，贷记"与下级往来"科目；发生上解多交应当退回的，按照应当退回的金额，借记"上解收入"科目，贷记"与下级往来"科目；发生补助多补应当退回的，按照应当退回的金额，借记"与下级往来"科目，贷记"补助支出"科目。"与下级往来"期末借方余额反映下级政府财政欠本级政府财政的款项，期末贷方余额反映本级政府财政欠下级政府财政的款项。

"其他应收款"账户用于核算政府财政临时发生的其他应收、暂付、垫付款项。项目单位拖欠外国政府和国际金融组织贷款本息和相关费用导致相关政府财政履行担保责任，代偿的贷款本息费，也通过本科目核算。本科目应当按照资金性质、债务单位等进行明细核算。其他应收款的主要账务处理如下：发生其他应收款项时，借记"其他应收款"科目，贷记"国库存款""其他财政存款"等科目；收回或转作预算支出时，借记"国库存款""其他财政存款"或有关支出科目，贷记"其他应收款"科目；政府财政对使用外国政府和国际金融组织贷款资金的项目单位履行担保责任，代偿贷款本息费时，借记"其他应收款"科目，贷记"国库存款""其他财政存款"等科目；政府财政行使追索权，收回项目单位贷款本息费时，借记"国库存款""其他财政存款"等科目，贷记"其他应收款"科目；政府财政最终未收回项目单位贷款本息费，经核准列支时，借记"一般公共预算本级支出"等科目，贷记"其他应收款"。"其他应收款"应及时清理结算。年终，原则上应无余额。

"应收股利"账户用于核算政府因持有股权投资应当收取的现金股利或利润。本科目应当按照被投资主体进行明细核算。应收股利的主要账务处理如下：持有股权投资期间被投资主体宣告发放现金股利或利润的，按应上缴政府财政的部分，借记"应收股利"科目，贷记"资产基金——应收股利"科目；按照相同的金额，借记"资产基金——股权投资"科目，贷记"股权投资（损益调整）"科目。实际收到现金股利或利润，借记"国库存款"等科目，贷记有关收入科目；按照相同的金额，借记"资产基金——应收股利"科目，贷记"应收股利"科目。"应收股利"期末借方余额反映政府尚未收回的现金股利或利润。

"应收地方政府债券转贷款"账户用于核算本级政府财政转贷给下级政府财政的地方政府债券资金的本金及利息。本科目下应当设置"应收地方政府一般债券转贷款"和"应收地方政府专项债券转贷款"明细科目，其下分别设置"应收本金"和"应收利息"两个明细科目，并按照转贷对象进行明细核算。应收地方政府债券转贷款的主要账务处理如下。向下级政府财政转贷地方政府债券资金时，按照转贷的金额，借记"债务转贷支出"科目，贷记"国库存款"科目；根据债务管理部门转来的相关资料，按照到期应收回的转贷本金金额，借记"应收地方政府债券转贷款"科目，贷记"资产基金——应收地方政府债券转贷款"科目。期末确认地方政府债券转贷款的应收利息时，根据债务管理部门计算出的转贷款本期应收未收利息金额，借记"应收地方政府债券转贷款"科目，贷记"资产基金——应收地方政府债券转贷款"科目。收回下级政府财政偿还的转贷款本息时，按照收回的金额，借记"国库存款"等科目，贷记"其他应付款"或"其他应收款"科目；根据债务管理部门转来的相关资料，按照收回的转贷款本金及已确认的应收利息金额，借记"资产基金——应收地方政府债券转贷款"科目，贷记"应收地方政府债券转贷款"科目。扣缴下级政府财政的转贷款本息时，按照扣缴的金额，借记"与下级往来"科目，贷记"其他应付款"或"其他应收款"科目；根据债务管理部门转来的相关资料，按照扣缴的转贷款本金及已确认的应收利息金额，借记"资产基金——应收地方政府债券转贷款"科目，贷记"应收地方政府债券转贷款"科目。"应收地方政府债券转贷款"期末借方余额反映政府财政应收未收的地方政府债券转贷款本金和利息。

"应收主权外债转贷款"账户用于核算本级政府财政转贷给下级政府财政的外国政府和国际金融组织贷款等主权外债资金的本金及利息。本科目下应当设置"应收本金"和"应收利息"两个明细科目，并按照转贷对象进行明细核算。本级政府财政向下级政府财政转贷主权外债资金，且主权外债最终还款责任由下级政府财政承担的，相关账务处理如下。本级政府财政支付转贷资金时，根据转贷资金支付相关资料，借记"债务转贷支出"科目，贷记"其他财政存款"科目；根据债务管理部门转来的相关资料，按照实际持有的债权金额，借记"应收主权外债转贷款"，贷记"资产基金——应收主权外债转贷款"科目。外方将贷款资金直接支付给用款单位或供应商时，本级政府财政根据转贷资金支付相关资料，借记"债务转贷支出"科目，贷记"债务收入"或"债务转贷收入"科目；根据债务管理部门转来的相关资料，按照实际持有的债权金额，借记"应收主权外债转贷款"，贷记"资产基金——应收主权外债转贷款"科目；同时，借记"待偿债净资产"科目，贷记"借入款项"或"应付主权外债转贷款"科目。期末确认主权外债转贷款的应收利息时，根据债务管理部门计算出转贷款的本期应收未收利息金额，借记"应收主权外债转贷款"，贷记"资产基金——应收主权外债转贷款"科目。收回转贷给下级政府财政主权外债的本息时，按照收回的金额，借记"其他财政存款"科目，贷记"其他应付款"或"其他应收款"科目；根据债务管理部门转来的相关资料，按照实际收回的转贷款本金及已确认的应收利息金额，借记"资产基金——应收主权外债转贷款"科目，贷记"应收主权外债转贷款"。扣缴下级政府财政的转贷款本息时，按照扣缴的金额，借记"与下级往来"科目，贷记"其他应付款"或"其他应收款"科目；根据债务管理部门转来的相关资料，按照扣缴的转贷款本金及已确认的应收利息金额，借记"资产基金——应收主权外债转贷款"科目，贷记"应收主权外债转贷款"。"应收主权外债转贷款"期末借方余额反映政府财政应收未收的主权外债转贷款本金和利息。

【例题】某市财政实行资金划拨制度，2016年发生以下有关经济业务，据以编制会计分录。

【例3-14】经批准，借给市民政局款项56 000元，用于维修办公楼。

| 借：借出款项——市民政局 | 56 000 | |
| 贷：国库存款 | | 56 000 |

【例3-15】经批准，将市民政局的办公楼维修借款56 000万元转作经费支出。

| 借：一般公共预算本级支出 | 56 000 | |
| 贷：借出款项——市民政局 | | 56 000 |

【例3-16】经批准，借给市水利局临时急需的款项334 000元，用于该局下属某事业单位的设备改造。

| 借：借出款项——市水利局 | 334 000 | |
| 贷：国库存款 | | 334 000 |

【例3-17】市水利局归还借款300 000元，余款34 000元尚未归还。

| 借：国库存款 | 300 000 | |
| 贷：借出款项——市水利局 | | 300 000 |

【例3-18】经批准，市水利局将34 000元借款转作对该部门经费支出。

| 借：一般公共预算本级支出 | 34 000 | |
| 贷：借出款项——市水利局 | | 34 000 |

【例3-19】市财政借给所属甲县洪涝灾害的救灾款800 000元。

| 借：与下级往来——甲县 | 800 000 | |
| 贷：国库存款 | | 800 000 |

【例3-20】经批准，市财政局借给甲县的款项800 000元转为对该县的补助支出。

| 借：补助支出 | 800 000 | |
| 贷：与下级往来——甲县 | | 800 000 |

【例3-21】市财政局收到上月借给乙县的借款550 000元。

| 借：国库存款 | 550 000 | |
| 贷：与下级往来——乙县 | | 550 000 |

第五节 预拨款项的核算

预拨款项的核算范围只适用于采用资金划拨制度的地区和单位。

一、预拨款项的内容

预拨款项是财政部门按规定预拨给用款单位的待结算资金，主要是预拨经费。

预拨经费是各级财政机关根据核定的预算计划，用预算资金拨给用款单位的待结算资金。凡是年度预算执行中，财政会计用预算资金预拨出应在以后各期列支的款项，以及会计年度终了，前预拨给用款单位的下年度经费款均应作为预拨经费管理。各项预拨款项应按实际预拨数额记账。预拨经费（不含预拨下年度经费）应在年终前转列支出或清理收回。

二、预拨款项的适用范围

财政部门与预算单位之间的资金往来有两种制度，即传统的资金划拨制度和国库单一账户制度。试行国库集中收付制度的地区和单位，财政资金的往来是通过国库来进行的，财政资金有财政直接支付和财政授权支付两种方式。在没有执行国库集中收付制度的地区和单位，财政部门对预算单位的拨款仍然采用传统的划拨资金制度。因此，预拨款项的核算范围只适用于采用资金划拨制度的地区和单位。

划拨资金的程序是：主管会计单位根据核定的年度预算和分期用款计划，填写"预算拨款申请书"送交财政部门。财政部门审核后，由具体业务经办部门领导签章，财政会计据以填写拨款凭证，然后送国库办理资金拨付手续。国库收到拨款凭证审核无误后，立即如数拨出款项。

三、预拨款项的管理制度

（一）按照资金实际使用情况拨款

按照资金实际使用情况拨付预算资金，要考虑本期计划需要，要保证各单位工作任务的资金需要，要掌握上期资金使用和结存情况，以促进各单位合理、节约、有效地使用预算资金。

（二）按照资金的预算和计划拨款

每年年末，各预算单位形成部门年度预算，经财政审批以后，确定各部门和各单位预算年度可使用预算资金数额。在实际领拨经费时，各预算单位还必须编制季度分月用款计划，经财政机关和上级主管部门核定后，作为领拨经费的依据。

（三）按照资金用途领拨经费

领拨经费必须按预算和计划规定的用途请领和转拨，不得随意改变资金用途，以保证预算资金的专款专用。

（四）按照预算级次领拨经费

各预算单位一般分为主管预算单位、二级预算单位和基层预算单位。主管预算单位直接与财政机关发生经费领拨关系，从财政部门取得的预算经费，既包括本单位的经费，也包括所属单位的经费，由主管单位逐级向下转拨。同时，不能越级领拨经费，也不得发生横向经费领拨事项。

四、预拨款项的核算

为了核算各种预拨款项，各级财政会计应设置"预拨经费"总账。

财政会计核算预拨经费，应设置"预拨经费"会计科目。"预拨经费"科目属于资产类科目，用来核算财政部门预拨给行政事业单位，尚未列作本期预算支出的经费。该科目借方登记财政预拨款数，贷方登记各单位交回财政机关数。其借方余额反映尚未转列支出或尚待收回的预拨经费数。该科目应按拨款单位名称设明细账。凡是拨出经费属于本期支出的，都应直接通过有关支出科目核算，不能记入本科目。

【例题】某市财政实行资金划拨制度，2016年发生以下有关经济业务，据以编制会计分录。

【例3-22】拨付给市公共事业部门下季度业务经费560 000元，根据国库退回的拨款凭证回单编制记账凭证。

借：预拨经费——市公共事业部门 560 000

贷：国库存款 560 000

【例3-23】月末，收到市公共事业部门经费支出明细单，本月经费实际支出220 000元，冲减预拨经费。

借：一般公共预算本级支出　　　　　　　　　　　　　　　220 000

　　贷：预拨经费——市公共事业部门　　　　　　　　　　　220 000

第六节　股权投资的核算

一、股权投资的内容

股权投资是政府持有的各类股权投资，包括国际金融组织股权投资、投资基金股权投资和企业股权投资等。股权投资一般采用权益法进行核算。

"股权投资"账户是属于资产性质的账户，应当按照"国际金融组织股权投资""投资基金股权投资""企业股权投资"设置一级明细科目，在一级明细科目下，可根据管理需要，按照被投资主体进行明细核算。对每一被投资主体还可按"投资成本""收益转增投资""损益调整""其他权益变动"进行明细核算。

二、股权投资的账务处理

（一）国际金融组织股权投资

（1）政府财政代表政府认缴国际金融组织股本时，按照实际支付的金额，借记"一般公共预算本级支出"等科目，贷记"国库存款"科目；根据股权投资确认相关资料，按照确定的股权投资成本，借记"股权投资"，贷记"资产基金——股权投资"科目。

（2）从国际金融组织撤出股本时，按照收回的金额，借记"国库存款"科目，贷记"一般公共预算本级支出"科目；根据股权投资清算相关资料，按照实际撤出的股本，借记"资产基金——股权投资"科目，贷记"股权投资"科目。

（二）投资基金股权投资

（1）政府财政对投资基金进行股权投资时，按照实际支付的金额，借记"一般公共预算本级支出"等科目，贷记"国库存款"等科目；根据股权投资确认相关资料，按照实际支付的金额，借记"股权投资（投资成本）"科目，按照确定的在被投资基金中占有的权益金额与实际支付金额的差额，借记或贷记"股权投资（其他权益变动）"科目，按照确定的在被投资基金中占有的权益金额，贷记"资产基金——股权投资"科目。

（2）年末，根据政府财政在被投资基金当期净利润或净亏损中占有的份额，借记或贷记"股权投资（损益调整）"科目，贷记或借记"资产基金——股权投资"科目。

（3）政府财政将归属财政的收益留作基金滚动使用时，借记"股权投资（收益转增投资）"科目，贷记"股权投资（损益调整）"科目。

（4）被投资基金宣告发放现金股利或利润时，按照应上缴政府财政的部分，借记"应收股利"科目，贷记"资产基金——应收股利"科目；同时按照相同的金额，借记"资产基金——股权投资"科目，贷记"股权投资（损益调整）"科目。

（5）被投资基金发生除净损益以外的其他权益变动时，按照政府财政持股比例计算应享有的部分，借记或贷记"股权投资（其他权益变动）"科目，贷记或借记"资产基金——股权投资"科目。

（6）投资基金存续期满、清算或政府财政从投资基金退出需收回出资时，政府财政按照实际收回的资金，借记"国库存款"等科目，按照收回的原实际出资部分，贷记"一般公共预算本级支出"等科目，按照超出原实际出资的部分，贷记"一般公共预算本级收入"等科目；根据股权投资清算相关资料，按照因收回股权投资而减少在被投资基金中占有的权益金额，借记"资产基金——股权投资"科目，贷记"股权投资"科目。

（三）企业股权投资

企业股权投资的账务处理，根据管理条件和管理需要，参照投资基金股权投资的账务处理。

"股权投资"期末借方余额反映政府持有的各种股权投资金额。

【例题】中央政府财政2016年发生以下有关经济业务，据以编制会计分录。

【例3-24】中央政府财政代表中央政府认缴国际金融组织股本100 000 000元。

借：一般公共预算本级支出　　　　　　　　　　100 000 000
　　贷：国库存款　　　　　　　　　　　　　　　　100 000 000
借：股权投资　　　　　　　　　　　　　　　　100 000 000
　　贷：资产基金——股权投资　　　　　　　　　　100 000 000

【例3-25】中央政府财政代表中央政府收回以前年度认缴的国际金融组织股本32 000 000元。

借：国库存款　　　　　　　　　　　　　　　　32 000 000
　　贷：一般公共预算本级支出　　　　　　　　　　32 000 000
借：资产基金——股权投资　　　　　　　　　　32 000 000
　　贷：股权投资　　　　　　　　　　　　　　　　32 000 000

第七节　代发国债的核算

一、代发国债的内容

代发国债是为弥补中央财政预算收支差额，中央财政预计发行国债与实际发行国债之间的差额。"代发国债"账户的借方核算中央财政预计发行国债与实际发行国债之间的差额的增加，贷方核算中央财政预计发行国债与实际发行国债之间的差额的减少，期末借方余额反映中央财政尚未使用的国债发行额度。

二、代发国债的账务处理

年度终了，实际发行国债收入用于债务还本支出后，小于为弥补中央财政预算收支差额中央财政预计发行国债时，按两者的差额，借记"代发国债"，贷记相关科目；实际发行国债收入用于债务还本支出后，大于为弥补中央财政预算收支差额中央财政预计发行国债时，按两者的差额，借记相关科目，贷记"代发国债"。

知识链接

政府综合财务报告
编制操作指南

复习思考题

一、单项选择题

1. 1月2日江苏省镇江市财政局财政会计收到属于上年度的一般公共预算本级收入120 000元，旧账上的分录为【   】。

    A. 借：国库存款
        贷：一般公共预算本级收入
    B. 借：国库存款
        贷：政府性基金预算本级收入
    C. 借：国库存款
        贷：暂存款
    D. 借：在途款
        贷：一般公共预算本级收入

2. 具有双重性质的账户是【   】。

    A. 借出款项   B. 在途款   C. 有价证券   D. 与下级往来

3. 某未设国库的乡财政总预算会计用预算结余购买特种国债，其会计分录为【   】。

    A. 借：有价证券
        贷：其他财政存款
    B. 借：有价证券
        贷：国库存款
    C. 借：有价证券
        贷：调出资金
    D. 借：其他财政存款
        贷：有价证券

4. 根据核定的核算，镇江市财政总预算会计开出拨款凭证，将企业挖潜改造资金30万元拨付给市电力公司。应做会计分录为【   】。

    A. 借：一般公共预算本级支出
        贷：银行存款
    B. 借：政府性基金预算本级支出
        贷：国库存款
    C. 借：补助支出
        贷：国库存款
    D. 借：一般公共预算本级支出
        贷：国库存款

5. 预算拨款凭证一般是一式【   】联。

    A. 一式一联   B. 一式二联   C. 一式三联   D. 一式四联

6. 资产类科目中的"与下级往来"，如果出现贷方余额，在编制资产负债表时【   】反映。

    A. 作为负债
    B. 作为资产
    C. 作为资产类，以负数
    D. 作为净资产

7. 用来核算各级财政部门借给所属预算单位或其他单位临时急需款项的是【   】账户。

    A. 与下级往来
    B. 借出款项
    C. 借出财政周转金
    D. 财政周转金放款

二、多项选择题

1. 在预算执行过程中，预算收支常常出现不平衡，当预算支出大于预算收入时，按规定可以先动用的是【   】。

    A. 预算周转基金   B. 财政周转金   C. 与上级往来
    D. 与下级往来   E. 补助收入

2. 各级财政购买有价证券，下列说法正确的有【   】。

    A. 用预算资金结余购买   B. 利息收入冲减相应支出
    C. 购买有价证券不能列作支出   D. 用专用基金收入购买
    E. 用基建拨款购买

三、简答题

1. 财政性存款的管理原则是什么?

2. 预算拨款的方式有哪些?

四、业务题

1. 市财政局收到市中心支库报来的"一般公共预算收入日报表"及所附的"缴款书"回执联,计列当日本级预算收入440 000元。

2. 市财政局收到市中心支库报来的"政府性基金预算收入日报表",计列各种政府性基金预算收入227 000元。

3. 市财政局接到受托专业银行的收款通知,系收到粮食风险基金收入57 000元。

4. 市财政局用上年一般公共预算结余922 000元购买国库券。

5. 市财政局以前年度使用一般公共预算结余购买的国库券到期,兑付本利800 000元,其中利息收入为50 000元,本金为750 000元。

6. 1月2日,市财政局收到市中心支库报来的一般公共预算收入日报表及所附的缴款书等,计列收到属于上年度的税收收入41 000元。

7. 经批准,市财政局对市民政局的办公楼维修借款14 000万元转作经费支出。

8. 经批准,市财政局借给市水利局临时急需的款项255 000元,用于该局下属某事业单位的设备改造。

9. 市财政局借给所属甲县洪涝灾害的救灾款490 000元。

10. 经批准,市财政局借给甲县的款项490 000元转为对该县的补助支出。

关键术语

国库存款	national treasury deposit
有价证券	negotiable securities
暂付款	suspense payment

第四章 | 财政负债的核算

【学习目标】
1. 掌握应付及暂收款项的核算；
2. 掌握借入款项的核算；
3. 掌握应付政府债券的核算。

第一节 | 应付及暂收款项的核算

应付及暂收款项是属于债务性质的往来款项。

一、应付及暂收款项的内容

应付及暂收款项是在预算执行期间，上下级财政或财政与其他部门结算中形成的债务，包括结算中发生的应付国库集中支付结余、与上级往来、其他应付款、应付代管资金、应付地方政府债券转贷款、应付主权外债转贷款等。

应付国库集中支付结余是政府财政采用权责发生制列支，预算单位尚未使用的国库集中支付结余资金，一般在年末列支。

与上级往来是上下级财政之间由于财政资金的周转调度以及预算补助、上解结算等事项而形成的债务，如本级财政因资金调度困难而向上级财政取得借款和归还借款；在财政体制年终结算中发生本级财政应上解款项或上级财政应补助款项等。

其他应付款是指各级财政临时发生的应付、暂收和收到性质不明的款项。其他应付款属于待结算资金，结算时可能需要归还、支付或者转为收入，因此，其他应付款具有债务性质。其他应付款必须及时清理，不能长期挂账。

应付代管资金是政府财政代为管理的、使用权属于被代管主体的资金。因此，具有债务性质。

应付地方政府债券转贷款是地方政府财政从上级政府财政借入的地方政府债券转贷款的本金和利息。

应付主权外债转贷款是本级政府财政从上级政府财政借入的主权外债转贷款的本金和利息。

二、应付国库集中支付结余的核算

（一）"应付国库集中支付结余"账户

"应付国库集中支付结余"账户是属于负债性质的账户，用于核算政府财政采用权责发生制列支，预算单位尚未使用的国库集中支付结余资金。"应付国库集中支付结余"应当根据管理需要，按照政府收支分类科目等进行相应明细核算。"应付国库集中支付结余"期末贷方余额反映政府财政尚未支付的国库集中支付结余。

（二）"应付国库集中支付结余"的账务处理

（1）年末，对当年形成的国库集中支付结余采用权责发生制列支时，借记有关支出科目，贷记"应付国库集中支付结余"。

（2）以后年度实际支付国库集中支付结余资金时，分以下情况处理。

① 按原结转预算科目支出的，借记"应付国库集中支付结余"，贷记"国库存款"科目。

② 调整支出预算科目的，应当按原结转预算科目做冲销处理，借记"应付国库集中支付结余"，贷记有关支出科目。同时，按实际支出预算科目做列支账务处理，借记有关支出科目，贷记"国库存款"科目。

【例题】某市财政2016年年末发生以下有关经济业务，据以编制会计分录。

【例4-1】2016年年末市水利局尚未使用的国库集中支付结余资金340 000元。

借：一般公共预算本级支出   340 000

    贷：应付国库集中支付结余   340 000

【例4-2】2017年年初，市水利局使用上面结余资金340 000元。

借：应付国库集中支付结余   340 000

    贷：国库存款   340 000

三、"与上级往来"的核算

"与上级往来"科目属于负债类科目，用来核算与上级财政的往来待结算款项。向上级财政借款或体制结算中应补交上级财政款项时，借记"国库存款""上解支出"科目，贷记"与上级往来"科目；归还借款、转作上级补助收入数或体制结算中应由上级补给款项时，借记"与上级往来"科目，贷记"国库存款""补助收入"等科目。该科目可能出现借方余额，也可能出现贷方余额，因此，它不是单纯的负债类科目，是双重性质科目，贷方余额反映本级财政欠上级财政的款项，属于负债，借方余额反映上级财政欠本级财政的款项，属于资产。如为借方余额，在资产负债表中应以负数表示。该科目应及时清理结算，年终未能结清的余额结转下年。

【例题】某市财政实行资金划拨制度，2016年发生以下有关经济业务，据以编制会计分录。

【例4-3】向省财政借入急需周转用款项520 000元。

借：国库存款——一般公共预算存款   520 000

    贷：与上级往来——省财政   520 000

【例4-4】归还省财政借款520 000元。

借：与上级往来——省财政   520 000

    贷：国库存款——一般公共预算存款   520 000

【例4-5】接到省财政的通知，原从省财政借入的330 000元转作对本市的预算补助款。

借：与上级往来——省财政   330 000

    贷：补助收入   330 000

四、"其他应付款"的核算

"其他应付款"科目属于负债类科目，用来核算各级财政临时发生的应付、暂收和收到不明性质的款项。收到其他应付款时，借记"国库存款""其他财政存款"科目，贷记"其他应付款"科目；冲转、退还或转作收入时，借记"其他应付款"科目，贷记"国库存款""其他财政存款"或有关收入科目。"其他应付款"贷方余额反映尚未结清的暂存款数额。"其他应付款"应按债权单位或款项来源设置明细科目。

【例题】某市财政实行资金划拨制度，2016年发生以下有关经济业务，据以编制会计分录。

【例4-6】国库报来的收入日报表显示，收到某单位缴来资金性质不明的款项37 000元。

借：国库存款   37 000

    贷：其他应付款——某单位   37 000

【例4-7】查明上项资金性质不明款项中有32 000元是市公安局交来的证照的工本费收入，5 000元是错收的罚款，经审批退还给被罚单位。

借：其他应付款——某单位   37 000

    贷：一般公共预算本级收入   32 000

          国库存款   5 000

五、"应付代管资金"的核算

"应付代管资金"账户用来核算政府财政代为管理的、使用权属于被代管主体的资金。"应付代管资金"应当根据管理需要进行相关明细核算。收到代管资金时，借记"其他财政存款"等科目，贷记"应付代管资金"。支付代管资金时，借记"应付代管资金"，贷记"其他财政存款"等科目。代管资金产生的利息收入按照相关规定仍属于代管资金的，借记"其他财政存款"等科目，贷记"应付代管资金"。"应付代管资金"期末贷方余额反映政府财政尚未支付的代管资金。

六、"应付地方政府债券转贷款"的核算

"应付地方政府债券转贷款"账户用来核算地方政府财政从上级政府财政借入的地方政府债券转贷款的本金和利息。"应付地方政府债券转贷款"下应当设置"应付地方政府一般债券转贷款"和"应付地方政府专项债券转贷款"一级明细科目，在一级明细科目下再分别设置"应付本金"和"应付利息"两个明细科目，分别对应付本金和利息进行明细核算。

"应付地方政府债券转贷款"的主要账务处理如下。

（1）收到上级政府财政转贷的地方政府债券资金时，借记"国库存款"科目，贷记"债务转贷收入"科目；根据债务管理部门转来的相关资料，按照到期应偿还的转贷款本金金额，借记"待偿债净资产——应付地方政府债券转贷款"科目，贷记"应付地方政府债券转贷款"科目。

（2）期末确认地方政府债券转贷款的应付利息时，根据债务管理部门计算出的本期应付未付利息金额，借记"待偿债净资产——应付地方政府债券转贷款"科目，贷记"应付地方政府债券转贷款"科目。

（3）偿还本级政府财政承担的地方政府债券转贷款本金时，借记"债务还本支出"科目，贷记"国库存款"等科目；根据债务管理部门转来的相关资料，按照实际偿还的本金金额，借记"应付地方政府债券转贷款"科目，贷记"待偿债净资产——应付地方政府债券转贷款"科目。

（4）偿还本级政府财政承担的地方政府债券转贷款的利息时，借记"一般公共预算本级支出"或"政府性基金预算本级支出"科目，贷记"国库存款"等科目；实际支付利息金额中属于已确认的应付利息部分，还应根据债务管理部门转来的相关资料，借记"应付地方政府债券转贷款"科目，贷记"待偿债净资产——应付地方政府债券转贷款"科目。

（5）偿还下级政府财政承担的地方政府债券转贷款的本息时，借记"其他应付款"或"其他应

收款"科目,贷记"国库存款"等科目;根据债务管理部门转来的相关资料,按照实际偿还的本金及已确认的应付利息金额,借记"应付地方政府债券转贷款"科目,贷记"待偿债净资产——应付地方政府债券转贷款"科目。

(6)被上级政府财政扣缴地方政府债券转贷款本息时,借记"其他应收款"科目,贷记"与上级往来"科目;根据债务管理部门转来的相关资料,按照实际扣缴的本金及已确认的应付利息金额,借记"应付地方政府债券转贷款"科目,贷记"待偿债净资产——应付地方政府债券转贷款"科目。列报支出时,对本级政府财政承担的还本支出,借记"债务还本支出"科目,贷记"其他应收款"科目;对本级政府财政承担的利息支出,借记"一般公共预算本级支出"或"政府性基金预算本级支出"科目,贷记"其他应收款"科目。

(7)采用定向承销方式发行地方政府债券置换存量债务时,省级以下(不含省级)财政部门根据上级财政部门提供的债权债务确认相关资料,按照置换本级政府存量债务的额度,借记"债务还本支出"科目,按照置换下级政府存量债务的额度,借记"债务转贷支出"科目,按照置换存量债务的总额度,贷记"债务转贷收入"科目;根据债务管理部门转来的相关资料,按照置换存量债务的总额度,借记"待偿债净资产——应付地方政府债券转贷款"科目,贷记"应付地方政府债券转贷款"科目。同时,按照置换下级政府存量债务额度,借记"应收地方政府债券转贷款"科目,贷记"资产基金——应收地方政府债券转贷款"科目。

"应付地方政府债券转贷款"期末贷方余额反映本级政府财政尚未偿还的地方政府债券转贷款的本金和利息。

七、"应付主权外债转贷款"的核算

"应付主权外债转贷款"账户用来核算本级政府财政从上级政府财政借入的主权外债转贷款的本金和利息。本科目下应当设置"应付本金"和"应付利息"两个明细科目,分别对应付本金和利息进行明细核算。

"应付主权外债转贷款"的主要账务处理如下。

(1)收到上级政府财政转贷的主权外债资金时,借记"其他财政存款"科目,贷记"债务转贷收入"科目;根据债务管理部门转来的相关资料,按照实际承担的债务金额,借记"待偿债净资产——应付主权外债转贷款"科目,贷记"应付主权外债转贷款"科目。

(2)从上级政府财政借入主权外债转贷款,且由外方将贷款资金直接支付给用款单位或供应商时,应根据以下情况分别处理。

① 本级政府财政承担还款责任,贷款资金由本级政府财政同级部门(单位)使用的,本级政府财政根据贷款资金支付相关资料,借记"一般公共预算本级支出"等科目,贷记"债务转贷收入"科目;根据债务管理部门转来的相关资料,按照实际承担的债务金额,借记"待偿债净资产——应付主权外债转贷款"科目,贷记"应付主权外债转贷款"科目。

② 本级政府财政承担还款责任,贷款资金由下级政府财政同级部门(单位)使用的,本级政府财政部门根据贷款资金支付相关资料及预算指标文件,借记"补助支出"科目,贷记"债务转贷收入"科目;根据债务管理部门转来的相关资料,按照实际承担的债务金额,借记"待偿债净资产——应付主权外债转贷款"科目,贷记"应付主权外债转贷款"科目。

③ 下级政府财政承担还款责任,贷款资金由下级政府财政同级部门(单位)使用的,本级政府财政部门根据贷款资金支付相关资料,借记"债务转贷支出"科目,贷记"债务转贷收入"科目;根据债务管理部门转来的相关资料,按照实际承担的债务金额,借记"待偿债净资产——应付主权

外债转贷款"科目，贷记"应付主权外债转贷款"科目；同时，借记"应收主权外债转贷款"科目，贷记"资产基金——应收主权外债转贷款"科目。

（3）期末确认主权外债转贷款的应付利息时，按照债务管理部门计算出的本期应付未付利息金额，借记"待偿债净资产——应付主权外债转贷款"科目，贷记"应付主权外债转贷款"科目。

（4）偿还本级政府财政承担的借入主权外债转贷款的本金时，借记"债务还本支出"科目，贷记"其他财政存款"等科目；根据债务管理部门转来的相关资料，按照实际偿还的本金金额，借记"应付主权外债转贷款"科目，贷记"待偿债净资产——应付主权外债转贷款"科目。

（5）偿还本级政府财政承担的借入主权外债转贷款的利息时，借记"一般公共预算本级支出"等科目，贷记"其他财政存款"等科目；实际偿还利息金额中属于已确认的应付利息部分，还应根据债务管理部门转来的相关资料，借记"应付主权外债转贷款"科目，贷记"待偿债净资产——应付主权外债转贷款"科目。

（6）偿还下级政府财政承担的借入主权外债转贷款的本息时，借记"其他应付款"或"其他应收款"科目，贷记"其他财政存款"等科目；根据债务管理部门转来的相关资料，按照实际偿还的本金及已确认的应付利息金额，借记"应付主权外债转贷款"科目，贷记"待偿债净资产——应付主权外债转贷款"科目。

（7）被上级政府财政扣缴借入主权外债转贷款的本息时，借记"其他应收款"科目，贷记"与上级往来"科目；根据债务管理部门转来的相关资料，按照被扣缴的本金及已确认的应付利息金额，借记"应付主权外债转贷款"科目，贷记"待偿债净资产——应付主权外债转贷款"科目。列报支出时，对本级政府财政承担的还本支出，借记"债务还本支出"科目，贷记"其他应收款"科目；对本级政府财政承担的利息支出，借记"一般公共预算本级支出"等科目，贷记"其他应收款"科目。

（8）上级政府财政豁免主权外债转贷款本息时，根据以下情况分别处理。

① 豁免本级政府财政承担偿还责任的主权外债转贷款本息时，根据债务管理部门转来的相关资料，按照豁免转贷款的本金及已确认的应付利息金额，借记"应付主权外债转贷款"科目，贷记"待偿债净资产——应付主权外债转贷款"科目。

② 豁免下级政府财政承担偿还责任的主权外债转贷款本息时，根据债务管理部门转来的相关资料，按照豁免转贷款的本金及已确认的应付利息金额，借记"应付主权外债转贷款"科目，贷记"待偿债净资产——应付主权外债转贷款"科目；同时，借记"资产基金——应收主权外债转贷款"科目，贷记"应收主权外债转贷款"科目。

"应付主权外债转贷款"期末贷方余额反映本级政府财政尚未偿还的主权外债转贷款本金和利息。

第二节 借入款项的核算

为了缓解财政紧张，政府财政部门会考虑向外国政府和国际金融组织等借入款项。

一、借入款项的概念

借入款项是指根据国家法律法规，政府财政部门以政府名义向外国政府和国际金融组织等借入的款项，以及经国务院批准的其他方式借入的款项。

二、借入款项的核算

为了核算中央财政和地方财政举借的债务,各级财政部门应设置专门账户进行核算。"借入款项"账户用于核算政府财政部门以政府名义向外国政府和国际金融组织等借入的款项,以及经国务院批准的其他方式借入的款项。上下级财政之间的临时性借垫款,不通过本账户核算。该账户属于负债类科目,账户的贷方登记借入数,借方登记偿还数,贷方余额反映尚未偿还的债务。"借入款项"下应当设置"应付本金""应付利息"明细科目,分别对借入款项的应付本金和利息进行明细核算,还应当按照债权人进行明细核算。债务管理部门应当设置相应的辅助账,详细记录每笔借入款项的期限、借入日期、偿还及付息情况等。

"借入款项"的主要账务处理如下。

(1)本级政府财政收到借入的主权外债资金时,借记"其他财政存款"科目,贷记"债务收入"科目;根据债务管理部门转来的相关资料,按照实际承担的债务金额,借记"待偿债净资产——借入款项"科目,贷记"借入款项"科目。

(2)本级政府财政借入主权外债,且由外方将贷款资金直接支付给用款单位或供应商时,应根据以下情况分别处理。

① 本级政府财政承担还款责任,贷款资金由本级政府财政同级部门(单位)使用的,本级政府财政部门根据贷款资金支付相关资料,借记"一般公共预算本级支出"等科目,贷记"债务收入"科目;根据债务管理部门转来的相关资料,按照实际承担的债务金额,借记"待偿债净资产——借入款项"科目,贷记"借入款项"科目。

② 本级政府财政承担还款责任,贷款资金由下级政府财政同级部门(单位)使用的,本级政府财政部门根据贷款资金支付相关资料及预算指标文件,借记"补助支出"科目,贷记"债务收入"科目;根据债务管理部门转来的相关资料,按照实际承担的债务金额,借记"待偿债净资产——借入款项"科目,贷记"借入款项"科目。

③ 下级政府财政承担还款责任,贷款资金由下级政府财政同级部门(单位)使用的,本级政府财政部门根据贷款资金支付相关资料,借记"债务转贷支出"科目,贷记"债务收入"科目;根据债务管理部门转来的相关资料,按照实际承担的债务金额,借记"待偿债净资产——借入款项"科目,贷记"借入款项";同时,借记"应收主权外债转贷款"科目,贷记"资产基金——应收主权外债转贷款"科目。

(3)期末确认借入主权外债的应付利息时,根据债务管理部门计算出的本期应付未付利息金额,借记"待偿债净资产——借入款项"科目,贷记"借入款项"科目。

(4)偿还本级政府财政承担的借入主权外债本金时,借记"债务还本支出"科目,贷记"国库存款""其他财政存款"等科目;根据债务管理部门转来的相关资料,按照实际偿还的本金金额,借记"借入款项"科目,贷记"待偿债净资产——借入款项"科目。

(5)偿还本级政府财政承担的借入主权外债利息时,借记"一般公共预算本级支出"等科目,贷记"国库存款""其他财政存款"等科目;实际偿还利息金额中属于已确认的应付利息部分,还应根据债务管理部门转来的相关资料,借记"借入款项"科目,贷记"待偿债净资产——借入款项"科目。

(6)偿还下级政府财政承担的借入主权外债的本息时,借记"其他应付款"或"其他应收款"科目,贷记"国库存款""其他财政存款"等科目;根据债务管理部门转来的相关资料,按照实际偿还的本金及已确认的应付利息金额,借记"借入款项"科目,贷记"待偿债净资产——借入款项"科目。

(7)被上级政府财政扣缴借入主权外债的本息时,借记"其他应收款"科目,贷记"与上级往来"科目;根据债务管理部门转来的相关资料,按照实际扣缴的本金及已确认的应付利息金额,借记"借入款项"科目，贷记"待偿债净资产——借入款项"科目。列报支出时，对应由本级政府财政承担的还本支出，借记"债务还本支出"科目，贷记"其他应收款"科目；对应由本级政府财政承担的利息支出，借记"一般公共预算本级支出"等科目，贷记"其他应收款"科目。

（8）债权人豁免本级政府财政承担偿还责任的借入主权外债本息时，根据债务管理部门转来的相关资料，按照被豁免的本金及已确认的应付利息金额，借记"借入款项"科目，贷记"待偿债净资产——借入款项"科目。

债权人豁免下级政府财政承担偿还责任的借入主权外债本息时，根据债务管理部门转来的相关资料，按照被豁免的本金及已确认的应付利息金额，借记"借入款项"科目，贷记"待偿债净资产——借入款项"科目；同时，借记"资产基金——应收主权外债转贷款"科目，贷记"应收主权外债转贷款"科目。

"借入款项"期末贷方余额反映本级政府财政尚未偿还的借入款项本金和利息。

【例题】中央财政实行国库集中收付制度，2016年发生以下有关经济业务，据以编制会计分录。

【例4-8】根据全国人民代表大会的决定，向外国政府借入主权外债资金880 000 000元，已经收到款项。

    借：其他财政存款   880 000 000
        贷：债务收入   880 000 000
    借：待偿债净资产——借入款项   880 000 000
        贷：借入款项   880 000 000

【例4-9】年末确认借入主权外债的应付利息7 000 000元。

    借：待偿债净资产——借入款项   7 000 000
        贷：借入款项   7 000 000

【例4-10】以前年度借入的主权外债资金330 000 000元已到期，另支付利息2 000 000元，其中已计提利息1 500 000元。

    借：债务还本支出   330 000 000
        贷：国库存款——一般预算存款   330 000 000
    借：借入款项   330 000 000
        贷：待偿债净资产——借入款项   330 000 000
    借：一般公共预算本级支出   2 000 000
        贷：国库存款   2 000 000
    借：借入款项   1 500 000
        贷：待偿债净资产——借入款项   1 500 000

第三节　应付政府债券的核算

应付政府债券是政府财政部门以政府名义发行的国债和地方政府债券，按照偿还期限的不同，分为应付短期政府债券和应付长期政府债券。

一、"应付短期政府债券"的核算

"应付短期政府债券"账户用来核算政府财政部门以政府名义发行的期限不超过1年（含1年）

的国债和地方政府债券的应付本金和利息。"应付短期政府债券"下应当设置"应付国债""应付地方政府一般债券""应付地方政府专项债券"等一级明细科目，在一级明细科目下，再分别设置"应付本金""应付利息"明细科目，分别核算政府债券的应付本金和利息。债务管理部门应当设置相应的辅助账，详细记录每期政府债券金额、种类、期限、发行日、到期日、票面利率、偿还本金及付息情况等。

"应付短期政府债券"的主要账务处理如下。

（1）实际收到短期政府债券发行收入时，按照实际收到的金额，借记"国库存款"科目，按照短期政府债券实际发行额，贷记"债务收入"科目，按照发行收入和发行额的差额，借记或贷记有关支出科目；根据债券发行确认文件等相关债券管理资料，按照到期应付的短期政府债券本金金额，借记"待偿债净资产——应付短期政府债券"科目，贷记"应付短期政府债券"科目。

（2）期末确认短期政府债券的应付利息时，根据债务管理部门计算出的本期应付未付利息金额，借记"待偿债净资产——应付短期政府债券"科目，贷记"应付短期政府债券"科目。

（3）实际支付本级政府财政承担的短期政府债券利息时，借记"一般公共预算本级支出"或"政府性基金预算本级支出"科目，贷记"国库存款"等科目；实际支付利息金额中属于已确认的应付利息部分，还应根据债券兑付确认文件等相关债券管理资料，借记"应付短期政府债券"科目，贷记"待偿债净资产——应付短期政府债券"科目。

（4）实际偿还本级政府财政承担的短期政府债券本金时，借记"债务还本支出"科目，贷记"国库存款"等科目；根据债券兑付确认文件等相关债券管理资料，借记"应付短期政府债券"科目，贷记"待偿债净资产——应付短期政府债券"科目。

（5）省级财政部门采用定向承销方式发行短期地方政府债券置换存量债务时，根据债权债务确认相关资料，按照置换本级政府存量债务的额度，借记"债务还本支出"科目，贷记"债务收入"科目；根据债务管理部门转来的相关资料，按照置换本级政府存量债务的额度，借记"待偿债净资产——应付短期政府债券"科目，贷记"应付短期政府债券"科目。

"应付短期政府债券"期末贷方余额，反映政府财政尚未偿还的短期政府债券本金和利息。

二、"应付长期政府债券"的核算

"应付长期政府债券"账户用来核算政府财政部门以政府名义发行的期限超过 1 年的国债和地方政府债券的应付本金和利息。"应付长期政府债券"下应当设置"应付国债""应付地方政府一般债券""应付地方政府专项债券"等一级明细科目，在一级明细科目下，再分别设置"应付本金""应付利息"明细科目，分别核算政府债券的应付本金和利息。债务管理部门应当设置相应的辅助账，详细记录每期政府债券金额、种类、期限、发行日、到期日、票面利率、偿还本金及付息情况等。

"应付长期政府债券"的主要账务处理如下。

（1）实际收到长期政府债券发行收入时，按照实际收到的金额，借记"国库存款"科目，按照长期政府债券实际发行额，贷记"债务收入"科目，按照发行收入和发行额的差额，借记或贷记有关支出科目；根据债券发行确认文件等相关债券管理资料，按照到期应付的长期政府债券本金金额，借记"待偿债净资产——应付长期政府债券"科目，贷记"应付长期政府债券"科目。

（2）期末确认长期政府债券的应付利息时，根据债务管理部门计算出的本期应付未付利息金额，借记"待偿债净资产——应付长期政府债券"科目，贷记"应付长期政府债券"科目。

（3）实际支付本级政府财政承担的长期政府债券利息时，借记"一般公共预算本级支出"或"政府性基金预算本级支出"科目，贷记"国库存款"等科目；实际支付利息金额中属于已确认的应付利息部分，还应根据债券兑付确认文件等相关债券管理资料，借记"应付长期政府债券"科目，贷记"待偿债净资产——应付长期政府债券"科目。

（4）实际偿还本级政府财政承担的长期政府债券本金时，借记"债务还本支出"科目，贷记"国库存款"等科目；根据债券兑付确认文件等相关债券管理资料，借记"应付长期政府债券"科目，贷记"待偿债净资产——应付长期政府债券"科目。

（5）本级政府财政偿还下级政府财政承担的地方政府债券本息时，借记"其他应付款"或"其他应收款"科目，贷记"国库存款"科目；根据债券兑付确认文件等相关债券管理资料，按照实际偿还的长期政府债券本金及已确认的应付利息金额，借记"应付长期政府债券"科目，贷记"待偿债净资产——应付长期政府债券"科目。

（6）省级财政部门采用定向承销方式发行长期地方政府债券置换存量债务时，根据债权债务确认相关资料，按照置换本级政府存量债务的额度，借记"债务还本支出"科目，按照置换下级政府存量债务的额度，借记"债务转贷支出"科目，按照置换存量债务的总额度，贷记"债务收入"科目；根据债务管理部门转来的相关资料，按照置换存量债务的总额度，借记"待偿债净资产——应付长期政府债券"科目，贷记"应付长期政府债券"科目。同时，按照置换下级政府存量债务额度，借记"应收地方政府债券转贷款"科目，贷记"资产基金——应收地方政府债券转贷款"科目。

"应付长期政府债券"期末贷方余额反映政府财政尚未偿还的长期政府债券本金和利息。

【例4-11】中央财政根据有关法律法规向社会发行2年期国债，共计100亿元。中央财政总预算会计做如下会计分录。

借：国库存款　　　　　　　　　　　　　　　　　　10 000 000 000
　　贷：债务收入　　　　　　　　　　　　　　　　　10 000 000 000
借：待偿债净资产　　　　　　　　　　　　　　　　　10 000 000 000
　　贷：应付长期政府债券　　　　　　　　　　　　　10 000 000 000

【例4-12】中央财政以前年度发行的国库券50亿元到期，偿还本金50亿元，并支付利息3亿元。中央财政总预算会计做如下会计分录。

借：债务还本支出　　　　　　　　　　　　　　　　　5 000 000 000
　　贷：国库存款　　　　　　　　　　　　　　　　　5 000 000 000
借：应付长期政府债券　　　　　　　　　　　　　　　5 000 000 000
　　贷：待偿债净资产　　　　　　　　　　　　　　　5 000 000 000
借：一般公共预算本级支出　　　　　　　　　　　　　　300 000 000
　　贷：国库存款　　　　　　　　　　　　　　　　　　300 000 000

第四节　其他负债的核算

其他负债是政府财政因有关政策明确要求其承担支出责任的事项而形成的应付未付款项。

"其他负债"账户属于负债性质的账户，借方反映应付未付款项的增加，贷方反映应付未付款项的减少。本科目应当按照债权单位和项目等进行明细核算。

"其他负债"的主要账务处理如下：有关政策已明确政府财政承担的支出责任，按照确定应承担的负债金额，借记"待偿债净资产"科目，贷记"其他负债"科目。实际偿还负债时，借记有关支出等科目，贷记"国库存款"等科目，同时，

知识链接

规范地方政府融资行为

按照相同的金额，借记"其他负债"科目，贷记"待偿债净资产"科目。

"其他负债"贷方余额反映政府财政承担的尚未支付的其他负债余额。

复习思考题

一、单项选择题

1. 某市财政局向省财政厅临时借入的待结算款项，应贷记"【　　】"账户。

   A. 与上级往来　　B. 其他应付款　　　　C. 应付代管资金　　　　D. 借入款项

2. 在编制资产负债表时，"与上级往来"会计科目如果出现借方余额，应【　　】反映。

   A. 在资产方用正数　　　　　　　　　　B. 在净资产方用负数

   C. 在负债方用负数　　　　　　　　　　D. 和"与下级往来"会计科目相互抵消

3. 下列"【　　】"不属于财政会计的负债。

   A. 其他应付款　　　　　　　　　　　　B. 借入款项

   C. 应缴预算款　　　　　　　　　　　　D. 应付短期政府债券

二、多项选择题

财政总预算会计的"与下级往来"账户贷方核算的内容有【　　】。

   A. 借出款的收回　　　　　　　　　　　B. 借入下级款

   C. 应补助下级款　　　　　　　　　　　D. 年终下级上解数

三、业务题

1. 市国库报来的收入日报表显示，收到某单位缴来资金性质不明的款项56 000元。

2. 市财政向省财政借入急需周转用款项334 000元。

3. 市财政接到省财政的通知，原从省财政借入的330 000元转作对本市的预算补助款。

4. 中央财政根据全国人民代表大会的决定，在国内发行3年期国库券990 000 000元，已经收到款项。

5. 以前年度发行的国库券600 000 000元已到期，另支付利息2 000 000元。

关键术语

应付款项	accounts payables
暂收款项	accounts advances received
借入款	accounts borrowed

第五章 财政净资产的核算

【学习目标】
1. 掌握结余的核算；
2. 掌握预算周转金的核算；
3. 掌握预算稳定调节基金的核算；
4. 掌握资产基金的核算；
5. 掌握待偿债净资产的核算。

第一节 结余的核算

净资产是指一级财政的资产减去负债后的差额，包括各项结余、预算稳定调节基金、预算周转金、资产基金、待偿债净资产等。

结余是财政收支的执行结果。财政结余包括一般公共预算结转结余、政府性基金预算结转结余、专用基金结余、国有资本经营预算结转结余、财政专户管理资金结余。各项结余平时不予结算，应该每年结算一次。年终将各项收入与相应的支出冲销后，即为该项资金的当年结余。当年结余与上年年末滚存结余相加，即为本年年末滚存结余。一级财政的各项结余必须分别核算，不得混淆。

一、一般公共预算结转结余的核算

一般公共预算结转结余是财政一般公共预算收支的执行结果，每年年末应结算一次。政府财政会计应设置"一般公共预算结转结余"科目来核算各级财政的一般公共预算结余，该科目属于结余类会计科目。年末结转结余时，政府财政会计应将"一般公共预算本级收入""上解收入——一般公共预算上解""补助收入——一般公共预算补助""调入资金——一般公共预算调入资金""地区间援助收入""债务收入——一般债务收入""债务转贷收入——地方政府一般债务转贷收入""动用预算稳定调节基金"等科目贷方余额转入"一般公共预算结转结余"科目。借记"一般公共预算本级收入""上解收入——一般公共预算上解""补助收入——一般公共预算补助""调入资金——一般公共预算调入资金""地区间援助收入""债务收入——一般债务收入""债务转贷收入——地方政府一般债务转贷收入""动用预算稳定调节基金"等科目，贷记"一般公共预算结转结余"科目；同时，将"一般公共预算本级支出""上解支出——一般公共预算上解""补助支出——一般公共预算补助""地区间援助支出""调出资金——一般公共预算调出资金""安排预算稳定调节基金""债务转贷支出——地方政府一般债务转贷支出""债务还本支出——一般债务还本支出"等科目借方余额转入"一般公共预算结转结余"，借记"一般公共预算结转结余"科目，贷记"一般公共预算本级支出""上解支出——一般公共预算上解""补助支出——一般公共预算补助""地区间援助支出""调出资金——一般公共预算调出资金""安排预算稳定调节基金""债务转贷支出——地方政府一般债务转贷支出""债务还本支出——一般债务还本支出"等科目。"一般公共预算结转结余"科目年终贷方余额，反映本年一般公共预算收支结余总额。

【例题】某市财政2016年发生以下有关经济业务，据以编制会计分录。

【例5-1】年末转账前，有关收入项目的累计余额为：一般公共预算本级收入330 000 000元，上级财政一般公共预算补助收入55 000 000元，下级财政一般公共预算上解收入90 000 00元，调入一般公共预算资金20 000 000元。

借：一般公共预算本级收入	330 000 000
补助收入——一般公共预算补助收入	55 000 000
上解收入——一般公共预算上解收入	90 000 000
调入资金——调入一般公共预算资金	20 000 000
贷：一般公共预算结转结余	495 000 000

【例5-2】年末转账前，有关支出项目的累计余额为：一般公共预算本级支出310 000 000元，对下级财政一般公共预算补助支出52 000 000元，向省财政一般公共预算上解支出80 000 000元。

借：一般公共预算结转结余	442 000 000
贷：一般公共预算本级支出	310 000 000
补助支出——一般公共预算补助支出	52 000 000
上解支出——一般公共预算上解支出	80 000 000

二、政府性基金预算结转结余的核算

政府财政会计应设置"政府性基金预算结转结余"账户，以便核算各级财政管理的政府性基金预算收支的年终执行结果。政府性基金预算结转结余是财政管理的政府性基金预算收支的执行结果。该科目属于结余类会计科目。每年年末转账时，应将"政府性基金预算本级收入""补助收入——政府性基金预算补助""上解收入——政府性基金预算上解""调入资金——政府性基金预算调入资金""债务收入——专项债务收入""债务转贷收入——地方政府专项债务转贷收入"等科目的贷方余额转入"政府性基金预算结转结余"科目，借记"政府性基金预算本级收入""补助收入——政府性基金预算补助""上解收入——政府性基金预算上解""调入资金——政府性基金预算调入资金""债务收入——专项债务收入""债务转贷收入——地方政府专项债务转贷收入"科目，贷记"政府性基金预算结转结余"科目；同时，将"政府性基金预算本级支出""补助支出——政府性基金预算补助""上解支出——政府性基金预算上解""调出资金——政府性基金预算调出""债务还本支出——专项债务还本支出""债务转贷支出——地方政府专项债务转贷支出"科目的借方余额转入"政府性基金预算结转结余"科目，借记"政府性基金预算结转结余"科目，贷记"政府性基金预算本级支出""补助支出——政府性基金预算补助""上解支出——政府性基金预算上解""调出资金——政府性基金预算调出""债务还本支出——专项债务还本支出""债务转贷支出——地方政府专项债务转贷支出"科目。"政府性基金预算结转结余"科目年终贷方余额，反映本年政府性基金预算滚存结余，应转入下年度。本账户可以根据政府性基金预算科目所列的基金项目逐一反映各项基金的结余。

【例题】某市财政2016年发生以下有关经济业务，据以编制会计分录。

【例5-3】某市财政年末转账前，有关收入账户的余额为：政府性基金预算本级收入680 000 000元，上级财政拨付的政府性基金补助收入44 000 000元，下级财政上解的政府性基金预算收入20 000 000元。

借：政府性基金预算本级收入	680 000 000
补助收入——政府性基金预算补助	44 000 000
上解收入——政府性基金预算上解	20 000 000
贷：政府性基金预算结转结余	744 000 000

【例5-4】年末转账前，有关支出项目的余额为：政府性基金预算本级支出610 000 000元，对下级财政的政府性基金补助支出42 000 000元，对上级财政的政府性基金预算上解支出223 000元，政府性基金预算调出资金4 000 000元。

借：政府性基金预算结转结余   656 223 000

 贷：政府性基金预算本级支出   610 000 000

  补助支出——政府性基金预算补助   42 000 000

  上解支出——政府性基金预算上解   223 000

  调出资金——政府性基金预算调出   4 000 000

三、专用基金结余的核算

专用基金结余是政府财政会计管理的专用基金执行结果，政府财政会计应设置"专用基金结余"科目。该科目属于结余类会计科目，年末转账时，将"专用基金收入"科目余额转入该科目，借记"专用基金收入"科目，贷记"专用基金结余"科目；将"专用基金支出"科目余额转入该科目，借记"专用基金结余"科目，贷记"专用基金支出"科目。年终贷方余额反映本年专用基金的滚存结余数，应转入下年度。

【例题】某市财政2016年发生以下有关经济业务，据以编制会计分录。

【例5-5】年末转账前的专用基金收入账户余额29 000 000元，据以进行年末转账。

借：专用基金收入   29 000 000

 贷：专用基金结余   29 000 000

【例5-6】年末转账前的专用基金支出账户余额25 000 000元，据以进行年末转账。

借：专用基金结余   25 000 000

 贷：专用基金支出   25 000 000

四、财政专户管理资金结余的核算

"财政专户管理资金结余"科目属于结余类科目，本科目核算财政专户中各项财政专户管理资金结余。年终政府财政纳入财政专户管理的教育收费等资金收支相抵后形成的结余。

"财政专户管理资金结余"应当根据管理需要，按照部门（单位）等进行明细核算。年终转账时，将财政专户管理资金的有关收入科目贷方余额转入"财政专户管理资金结余"贷方，借记"财政专户管理资金收入"等科目，贷记"财政专户管理资金结余"；将财政专户管理资金的有关支出科目借方余额转入"财政专户管理资金结余"借方，借记"财政专户管理资金结余"，贷记"财政专户管理资金支出"等科目。"财政专户管理资金结余"年终贷方余额反映政府财政纳入财政专户管理的资金收支相抵后的滚存结余。

【例题】某市财政2016年发生以下有关经济业务，据以编制会计分录。

【例5-7】某市财政局收到财政专户管理的教育收费等收入23 000元，已存入财政专户。

借：其他财政存款   23 000

 贷：财政专户管理资金收入   23 000

【例5-8】用财政专户管理资金支付教育局教室房屋维修费用18 000元。

借：财政专户管理资金支出   18 000

 贷：其他财政存款   18 000

【例5-9】年终，将【例5-7】和【例5-8】中的财政专户管理资金收入、财政专户管理资金支出进行转账。

借：财政专户管理资金收入   23 000

    贷：财政专户管理资金结余   23 000

借：财政专户管理资金结余   18 000

    贷：财政专户管理资金支出   18 000

五、国有资本经营预算结转结余的核算

"国有资本经营预算结转结余"科目属于结余类科目，本科目核算政府财政纳入国有资本经营预算管理的收支相抵形成的结转结余。年终转账时，应将国有资本经营预算的有关收入科目贷方余额转入"国有资本经营预算结转结余"贷方，借记"国有资本经营预算本级收入"等科目，贷记"国有资本经营预算结转结余"；将国有资本经营预算的有关支出科目借方余额转入"国有资本经营预算结转结余"借方，借记"国有资本经营预算结转结余"，贷记"国有资本经营预算本级支出""调出资金——国有资本经营预算调出资金"等科目。"国有资本经营预算结转结余"年终贷方余额反映国有资本经营预算收支相抵后的滚存结转结余。

第二节 预算周转金的核算

为了保证年度总预算的顺利执行，调剂年度内季节性收支差额，需要设置预算周转金。

一、预算周转金的概念

预算周转金是各级财政部门在执行预算过程中设置的，供调剂年度内季节性收支差额，保证及时用款而设置的周转资金。为了解决季度或月份中可能出现的短期、临时性的收支不平衡，财政部门应设置一定数额的预算周转金，以保证年度总预算的顺利执行。

预算周转金一般用年度一般公共预算结余资金设置、补充或由上级财政部门拨入。由本级预算安排预算周转金时，用上年一般公共预算结余设置或补充；由上级财政拨入资金设置或补充时，直接计入预算周转金的增加。一般来说，新成立的一级财政或者经济欠发达地区的一级财政，由于原来没有预算周转金或者预算周转金不足，上级财政在财力充足的情况下，可以拨给下级财政一定数额的预算周转金。预算周转金只供平衡预算收支的临时周转使用，不能用于安排财政开支，未经上级财政机关批准，预算周转金年终必须保证原数，不能随意减少。预算周转金的数额，应当随着预算支出规模的扩大，逐年有所补充。

为了简化手续，预算周转金存款不需要单独设立专项存款账户，而是合并在"国库存款"账户内统一核算。如果"国库存款"账户余额小于核定的预算周转金数，则表明该级财政已经动用了预算周转金存款，本级财政剩余的可使用资金达到了警戒线水平，必须尽快筹集资金或者合理压缩支出，否则会影响财政款项的及时拨出。虽然"国库存款"账户余额小于核定的预算周转金数，但是预算周转金的账面数字不能减少。

二、预算周转金的核算

为了核算预算周转金，各级财政会计应设置"预算周转金"总账账户。"预算周转金"账户贷方

登记设置、补充数或上级拨入数，借方登记核减数或上级抽回数，余额反映现有预算周转金的实际数。政府财政会计在核算设置或补充预算周转金时，应借记"一般公共预算结转结余"科目，贷记"预算周转金"科目。将预算周转金调入预算稳定调节基金时，借记"预算周转金"，贷记"预算稳定调节基金"科目。年终余额结转下年。预算周转金一般只设置总账，不设置明细账。

【例题】某市财政2016年发生以下有关经济业务，据以编制会计分录。

【例5-10】经研究决定，用上年结余的预算资金补充预算周转金332 000元。

借：一般公共预算结转结余 332 000

　　贷：预算周转金 332 000

【例5-11】收到省财政增拨670 000元资金，用于补充预算周转金。

借：国库存款——一般公共预算存款 670 000

　　贷：预算周转金 670 000

【例5-12】省财政决定，将以前拨付的预算周转金抽回340 000元。

借：预算周转金 340 000

　　贷：国库存款——一般公共预算存款 340 000

【例题】某县财政局2016年发生以下有关经济业务，据以编制会计分录。

【例5-13】县财政局经上级财政机关批准，从本县上年一般公共预算结余中设置预算周转金550 000元。

借：一般公共预算结转结余 550 000

　　贷：预算周转金 550 000

第三节　预算稳定调节基金的核算

为了保证年度总预算的顺利执行，为了调剂年度之间的收支差额，需要设置预算稳定调节基金。

一、预算稳定调节基金的概念

如果在财政年度内出现经济波动而造成预算短收，财会部门就可以通过预算稳定调节基金来解决预算问题。因此，预算稳定调节基金是从财政超收收入中安排的用于调节年度预算平衡的基金。如果在财政年度内出现经济波动而造成预算短收，以往的做法是报请本级政府人大常委会调整预算，扩大财政赤字。但是，建立了预算稳定调节基金以后，如果当年预算增收，可以从增收部分补充预算稳定调节基金。当年财政收入较低时，财会部门可以动用预算稳定调节基金来平衡当年预算。

二、预算稳定调节基金的核算

财政会计为了核算预算稳定调节基金的增减变动情况，需要设置"动用预算稳定调节基金""安排预算稳定调节基金"和"预算稳定调节基金"科目。

"动用预算稳定调节基金"科目属于收入类科目，用来弥补财政短收年份预算执行收支缺口，调用的预算稳定调节基金。为弥补财政短收年份预算执行收支缺口，年末调用预算稳定调节基金时，借记"预算稳定调节基金"科目，贷记"动用预算稳定调节基金"。年终转账时，将"动用预算稳定调节基金"科目余额全部转入"一般公共预算结转结余"科目，借记"动用预算稳定调节基金"科目，贷记"一般公共预算结转结余"科目。

"安排预算稳定调节基金"科目属于支出类科目，用来核算从财政超收收入中安排的预算稳定调节基金。当从财政超收收入中安排预算稳定调节基金时，借记"安排预算稳定调节基金"，贷记"预算稳定调节基金"科目。年终转账时，将"安排预算稳定调节基金"科目余额全部转入"一般公共预算结转结余"科目，借记"一般公共预算结转结余"科目，贷记"安排预算稳定调节基金"科目。

【例题】某市财政2016年发生以下有关经济业务，据以编制会计分录。

【例5-14】年末，从本年度财政超收收入中安排预算稳定调节基金44 000 000元。

借：安排预算稳定调节基金 44 000 000

贷：预算稳定调节基金 44 000 000

同时，将"安排预算稳定调节基金"账户发生额44 000 000元转入"一般公共预算结转结余"账户。

借：一般公共预算结转结余 44 000 000

贷：安排预算稳定调节基金 44 000 000

【例5-15】2016年，为了弥补预算缺口，从预算稳定调节基金中调用11 000 000元。

借：预算稳定调节基金 11 000 000

贷：动用预算稳定调节基金 11 000 000

2016年年末，将"动用预算稳定调节基金"账户发生额11 000 000元转入"一般公共预算结转结余"账户。

借：动用预算稳定调节基金 11 000 000

贷：一般公共预算结转结余 11 000 000

第四节 其他净资产的核算

其他净资产包括资产基金和待偿债净资产两项内容。

一、资产基金的核算

"资产基金"是属于净资产科目，核算政府财政持有的应收地方政府债券转贷款、应收主权外债转贷款、股权投资和应收股利等资产（与其相关的资金收支纳入预算管理）在净资产中占用的金额。

"资产基金"科目下应当设置"应收地方政府债券转贷款""应收主权外债转贷款""股权投资""应收股利"等明细科目，进行明细核算。

"资产基金"的账务处理参见"应收地方政府债券转贷款""应收主权外债转贷款""股权投资"和"应收股利"等科目。

"资产基金"科目期末贷方余额，反映政府财政持有应收地方政府债券转贷款、应收主权外债转贷款、股权投资和应收股利等资产（与其相关的资金收支纳入预算管理）在净资产中占用的金额。

二、待偿债净资产的核算

"待偿债净资产"是属于净资产科目，核算政府财政因发生应付政府债券、借入款项、应付地方政府债券转贷款、应付主权外债转贷款、其他负债等负债（与其相关的资金收支纳入预算管理）相应需在净资产中冲减的金额。

"待偿债净资产"科目下应当设置"应付短期政府债券""应付长期政府债券""借入款项""应

付地方政府债券转贷款""应付主权外债转贷款""其他负债"等明细科目，进行明细核算。

"待偿债净资产"的账务处理参见"应付短期政府债券""应付长期政府债券""借入款项""应付地方政府债券转贷款""应付主权外债转贷款"和"其他负债"等科目。

知识链接

财政监管

"待偿债净资产"科目期末借方余额，反映政府财政承担应付政府债券、借入款项、应付地方政府债券转贷款、应付主权外债转贷款和其他负债等负债（与其相关的资金收支纳入预算管理）而相应需冲减净资产的金额。

复习思考题

一、单项选择题

1. 导致政府财政会计的净资产发生一增一减变动的业务是【　　】。

    A. 取得预算收入　　　　　　　　　B. 以预算结余设置预算周转资金

    C. 财政周转资金的设置　　　　　　D. 有价证券的取得

2. 预算年度内出现季节性收支不平衡时，可以用【　　】来平衡。

    A. 预算周转金　　　　　　　　　　B. 地方税费附加结余调入

    C. 专用基金结余调入　　　　　　　D. 预算外资金财政专户结余调入

3. "调出资金"账户的年终余额应转入"【　　】"账户。

    A. 政府性基金预算结转结余　　　　B. 专用基金结余

    C. 一般公共预算结转结余　　　　　D. 预算周转金

二、多项选择题

年终转入"一般公共预算结转结余"账户贷方的项目有【　　】。

    A. 一般公共预算本级收入　　　　　B. 调入资金

    C. 政府性基金预算本级收入　　　　D. 补助收入——一般公共预算资金

三、业务题

1. 年末转账前，有关收入项目的累计余额为：一般公共预算本级收入449 000 000元，上级财政一般公共预算补助收入66 000元，下级财政一般公共预算上解收入700 000元，调入资金44 000元。

2. 年末转账前，有关支出项目的累计余额为：一般公共预算本级支出283 000 000元，对下级财政一般公共预算补助支出53 000元，向省财政一般公共预算上解支出640 000元。

3. 某市财政年末转账前，有关收入账户的余额为：政府性基金预算本级收入390 000元，上级财政拨付的政府性基金补助收入59 000元，下级财政上解的政府性基金预算收入61 000元。

4. 年末转账前，有关支出项目的余额为：政府性基金预算本级支出381 000元，对下级财政的政府性基金补助支出49 000元，对上级财政的政府性基金预算上解支出56 000元，调出资金44 000元。

5. 年末转账前的专用基金收入账户余额为66 000元，据以进行年末转账。

6. 年末转账前的专用基金支出账户余额为62 000元，据以进行年末转账。

关键术语

预算结余	budget surplus
预算周转金	budget circulating funds
预算稳定调节基金	budget stability regulation fund

财政预算收入的核算 | 第六章

【学习目标】

1. 了解财政预算收入的概念；
2. 熟悉财政预算收入的征收机关；
3. 理解国家金库的职责和权限；
4. 掌握财政预算收入的收纳、划分和报解；
5. 掌握财政预算收入的核算。

第一节 | 财政预算收入的内容

财政预算收入是各级政府财政资金的来源，是维持国家机器正常运转的基础。

一、财政预算收入的概念

财政预算收入是纳入国家财政预算管理的，根据法律和法规所筹集的财政资金。国家有五级政府，每一级政府都有各自的财政预算收入。我国的国家预算收入的具体划分和内容，是按照《政府收支分类科目》的规定，由财政部根据国家预算管理和财政管理的要求统一制定的。根据财政部2015年发布的《财政总预算会计制度》的规定，政府财政会计核算的预算收入包括一般公共预算本级收入、政府性基金预算本级收入、专用基金收入、国有资本经营预算本级收入、财政专户管理资金收入、补助收入、上解收入、调入资金、债务收入等。本节主要说明一般公共预算本级收入和政府性基金预算本级收入。

二、一般公共预算本级收入的内容

一般公共预算本级收入是指政府根据国家有关法律和法规，向公民、法人组织征收的非偿还性资金。它是通过一定的形式和程序，由各级政府财政部门组织的纳入预算管理的各项收入。各级政府财政会计，在年度预算执行过程中，应当积极配合各征收机关组织预算收入，监督预算收入及时、足额地缴入国库。一般公共预算本级收入包括税收收入、非税收入等项目。

（一）税收收入

税收收入是政府依法向纳税人征收的各种税金收入，主要包括增值税、消费税、企业所得税、个人所得税、资源税、固定资产投资方向调节税、城市维护建设税、房产税、印花税、城镇土地使用税、土地增值税、车船税、船舶吨税、车辆购置税、关税、耕地占用税、契税、烟叶税等。税收收入可分为中央收入、地方收入、中央与地方共用收入。

（二）非税收入

非税收入包括纳入一般公共预算本级收入的通过政府有关部门向企事业单位或个人收取的行政事业性收费收入、罚没收入等。

三、政府性基金预算本级收入的内容

政府性基金预算本级收入是指按规定收取、转入或通过当年财政安排，由财政管理并具有指定用途的政府性基金收入和转移性收入。根据财政部制定的《政府性基金预算收支科目》，政府性基金预算本级收入主要包括各种非税收入。

非税收入主要是政府性基金收入，如农网还贷收入、铁路建设基金收入、民航基础设施建设基金收入、民航机场管理建设费收入、港口建设费收入、散装水泥专项资金收入、新型墙体材料专项基金收入、旅游发展基金收入、文化事业建设费收入、地方教育附加收入、育林基金收入、南水北调工程基金收入等。

第二节 财政预算收入的组织机构

财政预算收入的组织机构包括征收机关和出纳机关。

一、财政预算收入的征收机关

国家预算收入的执行是由财政部门负责组织的。但是由于各项预算收入的性质和来源不同，其征收方法也有所不同，国家成立了相应的征收机关，具体负责征收和监缴各项预算收入。我国的征收机关主要有税务机关、财政机关、海关、执收单位等。

（一）税务机关

税务机关负责征收增值税、消费税等各种工商税收以及企业所得税、个人所得税等。各地国家税务机关负责征管海关征管之外的中央税和中央与地方共享税。地方税务机关只负责地方税的征收管理。

（二）财政机关

财政机关主要负责征收国有资本经营收入、国有资源或资产有偿使用收入、债务收入、其他收入等。

（三）海关

海关负责征收关税、进出口产品的增值税、消费税等。

（四）执收单位

不属于上述范围的预算收入，以国家规定负责管理执行征收职能的单位为征收机关，又称执收单位，如排污费由环保部门负责征收，水资源保护费由水利部门负责征收等。

二、国家金库

（一）国家金库的设立

国家金库简称国库，是政府预算收入的出纳机关，是负责办理政府预算资金的收纳、划分、报解和库款支拨以及报告财政预算执行情况的唯一机构。一切预算收入都必须缴入国库，一切预算支出都

必须从国库支拨。国库工作是政府预算执行工作的重要组成部分，是政府预算管理的一项基础工作。

我国的国家金库委托给中国人民银行负责管理。组织管理国库工作是中国人民银行的一项重要职责。

我国国家金库机构是按照国家统一领导、分级管理的财政体制设立的，原则上一级财政设立一级国库，国家各级国库都由中国人民银行负责经理。目前，我国国库设有总库、分库、中心支库、支库四级。中国人民银行总行负责经理总库；各省、自治区、直辖市分行负责经理分库；计划单列市分行可设置分库，其国库业务受省分库领导；省辖市、自治州和成立一级财政的地区，由市、地（州）分、支行经理中心支库；县（市）支行（城市区办事处）经理支库。支库以下可设国库经收处，业务由专业银行的分支机构办理，负责收纳、报解财政库款，国库经收处不是一级独立的国库，其业务工作受支库领导。中央金库与地方金库分别对中央财政和地方财政负责。

（二）国家金库的职责

国库工作是预算执行工作的重要组成部分，政府预算的一切收入都由国库收纳，政府预算的一切支出都通过国库拨付。国家金库担负着办理国家预算收支，反映国家预算执行情况的重要任务。各级国库的主要职责如下。

1. **收纳、划分和报解各项国家预算收入**

根据国家财政管理体制规定的收入级次和上级财政机关确定的分成留解比例，正确、及时地办理各级财政库款的划分和留解。政府的一切预算收入应当依照财政、税务部门的规定和期限，按照国库制度规定的缴款方法，办理税款的缴库，以保证各级财政预算资金的运用。同时，按照中央、省、地、县不同的预算级次和政府规定的预算科目进行划分，按照上级财政规定的比例办理分成留解。

2. **为同级财政机关开立账户、支拨库款**

按照财政制度的有关规定和银行的开户管理办法，为各级财政机关开立账户。根据同级财政机关填发的拨款凭证，办理库款支拨。根据财政机关填发的付款凭证，审查办理同级财政库款支拨，以及与实行国库集中收付制度单位的代理商业银行进行资金结算。各级财政的国库存款，一律凭同级财政机关填发的付款凭证办理拨付。

3. **对各级财政库款和预算收入正确进行会计核算**

按照国家金库制度的有关规定，每日营业终了后，各级金库应对收纳的各项预算收入进行划分，按照规定的预算级次和预算科目编制各种报表，并向同级财政机关和上级国库报送有关预算收支报表。对各级财政库款和预算收入进行会计账务核算，按期向同级财政机关、征收机关和上级国库报送日报、旬报、月报和年度决算报表，定期同财政机关、征收机关对账，以保证数字准确一致。

4. **协助财政机关、税务机关组织预算收入**

根据征收机关填发的凭证核收滞纳金，根据国家税法规定协助财税机关扣收个别单位屡催不缴的应缴预算收入，按照国家财政制度的规定审查、监督、办理库款的退付。也就是说，国库要分析预算执行情况，协助财政机关、税务机关组织预算收入及时缴库。国库要负责根据征收机关填发的凭证核收滞纳金，协助税务机关扣收个别单位屡催不缴的应缴预算收入，并监督库款的退付。

5. **组织管理下级国库的工作**

组织管理和检查指导下级国库和国库经收处的工作，总结工作经验，解决存在的问题。

6. **其他工作**

办理国家交办的与国库有关的其他工作。

（三）国家金库的权限

国库的主要权限如下。

1. 监督征收机关的预算收入的及时缴库

各级国库有权督促检查国库经收处和其他征收机关所收款项是否按规定及时全部缴入国库，发现拖延或违法不缴的，应及时查究处理。按照国库单一账户制度的要求，所有财政收入都应当直接缴入国库。各级国库有权监督检查国库征收处和其他征收机关所收款项，是否及时足额缴入国库，发现拖延或违法不缴的，应当及时查处。

2. 监督检查预算收入的划分、报解

各级财政机关要正确执行国家财政管理体制规定的预算收入划分办法和分成留解比例。对于擅自变更上级财政机关规定的分成留解比例的，国库有权拒绝执行。

3. 正确办理收入退库

各级财政、税务机关应按照国家统一规定的退库范围、项目和审批程序办理退库。国库有权对收入退库进行监督，对于不符合规定的，有权拒绝执行。

4. 监督检查财政库款的支拨

按照国库单一账户制度要求，财政资金在实际使用时应从国库账户中直接支拨，对于违反财政制度规定的，国库有权拒绝执行。

5. 拒绝办理违反国家规定的事项

任何单位和个人强令国库办理违反国家规定的事项，国库有权拒绝执行。

6. 拒绝受理不合规定的凭证

对于不符合规定的缴退库凭证或者填写不清楚、不准确的凭证，国库有权拒绝受理。各级财政、税务等征收机关和国库要密切配合、相互协作，切实做好政府预算管理工作。各级国库也应向财政、税收机关提供有关国库业务文件。各级征收机关和国库应及时互通情况，协调解决工作中存在的问题。

第三节　财政预算收入的收纳、划分和报解

根据《中华人民共和国预算法》及相关法规的规定，严格进行财政预算收入的收纳、划分和报解。

一、财政预算收入的收纳

（一）预算收入的缴库方式

预算收入的收纳是指缴款单位或缴款人把应缴预算款项缴入基层国库的工作。为了保证财政收入及时、完整地收缴，政府预算收入的缴库，一律通过国库办理。为了适应市场经济体制下，公共财政的发展要求和加强预算管理的需要，财政部和中国人民银行于2001年3月发布了《财政国库管理制度改革试点方案》。该方案明确规定要建立和完善以国库单一账户体系为基础、资金缴拨以国库集中收付为主要形式的财政国库管理制度。在实行国库集中收付制度的地区和单位，预算收入的收缴分为直接缴库和集中汇缴两种方式。

1. 直接缴库方式

直接缴库方式是由预算单位或缴款人按照有关法律、法规的规定，直接将应缴收入缴入国库单一账户或预算外资金财政专户的收缴方式。直接缴库方式不需设立各类过渡性账户，因而缩短了财政收入的入库时间。实行这种缴库方式的收入，包括税收收入、社会保障缴款、非税收入、转移和捐赠收入、贷款回收本金和产权处置收入以及债务收入。在直接缴库方式下，直接缴库的税收收入，由纳税人或税务代理人提出纳税申报，经征收机关审核无误后，由纳税人通过开户银行将税款缴入

国库单一账户。直接缴库的其他收入，比照上述程序缴入国库单一账户或预算外资金财政专户。

2. 集中汇缴方式

集中汇缴方式是由征收机关和依法享有征收权限的单位按照有关法律、法规的规定，将所收取的应缴收入汇总后，直接缴入国库单一账户或预算外资金财政专户的缴库方式。集中汇缴方式也不需设立过渡性账户。实行这种缴库方式的收入，主要是小额零散税收和非税收入中的现金缴款。在集中汇缴方式下，小额零散税收和法津另有规定的应缴收入，由征收机关于收缴收入的当日汇总缴入国库单一账户。非税收入中的现金缴款，比照上述程序缴入国库单一账户或预算外资金财政专户。

（二）预算收入的缴款凭证

1. 缴款书的概念及内容

缴款书是国库办理收纳预算收入唯一合法的原始凭证，也是各级征收机关、国库、银行和缴款单位分析检查预算收入任务完成情况，进行记账统计的重要基础资料。缴款书主要包括以下内容。

（1）填制时间。

（2）收款单位的财政机关名称及收款国库名称；预算（收入）级次以及预算科目"款""项""目"的名称。

（3）缴款单位名称、开户银行和账号；缴款单位公章。

（4）缴款单位开户银行及有关国库经办人员印章。

2. 缴款书的种类

缴款书一般包括工商税收专用缴款书、一般缴款书、其他专用缴款书3种。

（1）工商税收专用缴款书。工商税收专用缴款书共分六联：第一联为收据（代完税证），国库收款盖章后退缴款单位或纳税人；第二联为付款凭证，由缴款单位开户行作付出传票；第三联为收款凭证，由收款国库作收入传票；第四联为回执，国库收款盖章后退征收机关；第五联为报查，国库收款盖章后退基层征收机关；第六联为存根，由征收机关根据需要增加，由税务机关留存。

（2）一般缴款书。实行利润承包的国有企业上缴利润等收入，各机关事业单位上缴有关收入等使用一般缴款书。一般缴款书一式五联，一至四联的用途与税收专用缴款书相同，第五联为报查，国库收款盖章后退同级财政部门。

（3）其他缴款书。其他缴款书主要包括企业所得税专用缴款书，涉外税收专用缴款书，海关专用缴款书，其他不属于税收、利润和其他收入的缴款书等。

二、财政预算收入的划分

预算收入的划分是指国库按政府预算管理体制的规定，将预算收入划归相应级次的各级财政。预算收入在各级财政之间的划分是政府预算管理体制的一项基本内容，是实现政府预算分级管理，确保财权、事权统一，解决中央财政与地方财政、地方各级财政之间分配关系的核心内容。基层国库在收到预算收入之后，应根据国家预算管理体制的规定，将预算收入在中央预算与地方预算之间，以及地方各级预算之间正确进行划分。我国预算收入一般可划分为固定收入、分成收入和专款收入。

（一）固定收入

固定收入是指按确定的收入归属划分为某级财政独享，不进行分成的收入，包括中央预算固定收入和地方预算固定收入。

属于中央预算的固定收入主要有：关税；海关代征消费税和增值税；消费税；中央企业所得税；地方银行和外资银行及非银行金融机构所得税；铁道部门、各银行总行、各保险总公司等集中缴纳的收入（包括所得税、利润和城市维护建设税）；中央企业上缴利润等。

属于地方预算的固定收入主要有：地方企业所得税（不含上述地方银行和外资银行及非银行金融企业所得税）；地方企业上缴利润；个人所得税；城镇土地使用税；城市维护建设税（不含铁道部门、各银行总行、各保险总公司集中交纳的部分）；房产税；车船税；印花税；屠宰税；耕地占用税；契税；遗产税和赠与税；土地增值税；国有土地有偿使用收入等。

（二）分成收入

分成收入是指上下级财政之间共同参与分享的预算收入。我国现行的分成收入主要有：财政体制规定的共享收入，即按比例划分中央预算与地方预算的分享比例；资源税（按资源品种划分中央预算与地方预算的分享份额）；固定比例分成收入，如能源交通重点建设基金收入，如增值税，中央分享 75%，地方分享 25%。

（三）专款收入

专款收入是指根据国家确定的收入项目，按特定的用途安排使用，列入国家预算的收入。专款收入有些属于中央预算，有些划归地方预算，如改烧油为烧煤专项收入、三峡工程建设基金收入为中央预算收入；征收排污费收入、征收城市水资源费收入等为地方预算收入。这部分收入必须专款专用，财政部门不能另行安排其他用途。

三、财政预算收入的报解

财政预算收入的报解是指通过国库，按预算收入的划分和预算体制规定的留解比例，向上级国库和同级财政机关报告预算收入情况，并将属于上级财政的预算收入解缴到相应级次的国库。预算收入的划分和报解，是国库按规定把收到的预算收入分清预算级次，逐级上报和解缴工作的总称。凡属于本级财政的库款直接划入同级财政国库存款户，属于上级财政的库款，应通过上级国库层层汇解缴到各级财政的国库存款户。

（一）支库预算收入的报解

支库是基层国库，各级预算收入款项以缴入支库为正式入库。国库经收处只是代收，不能作为正式入库的依据。支库收纳的预算收入款项，一般应于当日办理库款的报解，确实来不及的，可以在次日上午办理，但月底日收纳的预算收入，必须当日报解。属于本级预算固定收入，也应按缴款书编制预算收入日报表一式三份，一份留存，一份附缴款书回执联送交征收机关，一份送财政机关。属于分成收入的，还应编制分成收入计算日报表，按上级规定的分成比例对参与分成的收入办理分成留解，分成收入计算日报表一式三份，一份留存，一份送县财政机关，一份随划款报单上报中心支库。

（二）中心支库预算收入的报解

中心支库直接收纳的预算收入报解，基本上与支库报解的程序相同。中心支库收到支库上报的地（市）级预算收入日报表、分成收入计算表和上划库款报单，经审核无误后，应分别加以汇总，编制地（市）级预算收入日报表一式两份，一份留存，一份送财政机关。

（三）分库预算收入的报解

分库直接收纳的预算收入的报解，基本与支库报解的程序相同。分库预算收入报解主要包括分库直接收纳的中央、省级预算收入的报解和支库、中心支库上划的预算收入的报解。分库收到中心支库上划的中央预算收入和省级预算收入缴款书，属于中央预算收入的缴款书，留分库备查；属于省级预算收入缴款书连同本级收纳的预算收入缴款书，随同收入日报表送同级财政部门。

（四）总库预算收入的报解

总库直接收纳的预算收入的处理方法，可以比照支库方法办理。总库预算收入的报解主要包括总库直接收纳的预算收入和分库上划的预算收入的报解。总库收到分库上划的预算收入库款、收入日报表和分成收入计算表，经审核后编制汇总的中央预算收入日报表一式两份，一份留存，一份报财政部。

第四节 | 财政预算收入的核算

本节主要介绍一般公共预算本级收入、政府性基金预算本级收入、专用基金收入、国有资本经营预算本级收入、债务收入、债务转贷收入等的核算。

一、一般公共预算本级收入的核算

政府财政会计要对每天报来的预算收入日报表和分成收入计算日报表以及所附的缴款书等原始凭证进行审核，经审核无误后才能进行会计核算。

（一）一般公共预算本级收入的账户设置

为了正确核算一般公共预算本级收入，政府财政会计应设置"一般公共预算本级收入"科目。该科目用来核算各级财政部门组织纳入预算的各项收入。"一般公共预算本级收入"科目属于收入类科目，该账户贷方登记取得的收入数（当日收入为负数时，用红字登记；若采用计算机记账，则红字收入以负数反映）；借方登记年末转销数，平时贷方余额反映当年预算收入累计数。本账户应根据《政府收支分类科目》中涉及的"一般公共预算本级收入"科目设置相应的明细账。

（二）一般公共预算本级收入的账务处理

政府财政会计收到国库报来的预算收入日报表时，经审核无误，应按所列当日预算收入数，借记"国库存款"科目，贷记"一般公共预算本级收入"科目；如果当日的收入数为负数，则以红字记入。年末，将"一般公共预算本级收入"科目的贷方余额全数转入"一般公共预算结转结余"科目，借记"一般公共预算本级收入"科目，贷记"一般公共预算结转结余"科目。

【例题】某市财政2016年发生以下有关经济业务，据以编制会计分录。

【例6-1】收到市中心支库送来的"一般公共预算本级收入日报表"及所附的工商税收专用缴款书，计列当日市级企业缴纳所得税，属于市级固定收入330 000元。

借：国库存款 330 000
　　贷：一般公共预算本级收入 330 000

【例6-2】收到市中心支库报来的"一般公共预算本级收入日报表""分成收入计算日报表"及所附的税收缴款书等，计列当日收到的增值税总额为800 000元，增值税中央分享75%，地方分享25%。属于本级财政分成的收入为200 000元。

借：国库存款 200 000
　　贷：一般公共预算本级收入 200 000

【例6-3】2016年1月8日收到市中心支库报来的一般公共预算本级收入日报表，列报当日的预算收入为负数50 000元。

借：国库存款 -50 000
　　贷：一般公共预算本级收入 -50 000

【例6-4】收到市中心支库报来的"一般公共预算本级收入日报表"及"专用缴款书"，计列当日收到公安行政事业性收费收入120 000元，法院行政事业性收费收入72 000元。

借：国库存款   192 000

  贷：一般公共预算本级收入   192 000

【例6-5】2016年1月3日收到市中心支库报来的上年一般公共预算本级收入日报表，列报一般公共预算本级收入80 000元已收到。

该市政府财政会计在上年度旧账上的会计分录为：

借：在途款   80 000

  贷：一般公共预算本级收入   80 000

2016年1月3日收到该预算收入时的会计分录为：

借：国库存款   80 000

  贷：在途款   80 000

二、政府性基金预算本级收入的核算

（一）政府性基金预算本级收入的账户设置

政府性基金预算本级收入是按规定收取、转入或通过当年财政安排，由财政管理并具有指定用途的政府性基金预算本级收入。根据财政部制定的《2015年基金预算收支科目》，政府性基金预算本级收入主要包括各种非税收入。

1. 政府性基金预算本级收入的核算要求

（1）先收后支，自求平衡。政府财政会计必须在已有政府性基金预算本级收入数额的范围内办理政府性基金预算支出，要求政府性基金预算本级收入与基金预算支出在时间和数量上都收支平衡。

（2）专款专用，分项核算。政府性基金预算本级收入应当专款专用，相应的政府性基金预算本级收入应当用于相应的政府性基金预算支出，政府财政会计在核算政府性基金预算本级收入时，要分项核算，各项政府性基金预算本级收入与政府性基金预算支出之间不能相互调剂使用，按照政府预算收支科目中的政府性基金预算收支科目设置明细账。

2. 政府性基金预算本级收入的会计科目

"政府性基金预算本级收入"账户用于核算各级财政部门管理的政府性政府性基金预算收入。该账户的贷方登记取得的政府性基金预算本级收入数，借方登记年终转销数，平时贷方余额反映当年政府性基金预算本级收入累计数。本账户应按《政府收支分类科目》中涉及的"政府性基金预算本级收入"科目设置明细账。

（二）政府性基金预算本级收入的账务处理

政府财政会计在核算取得政府性基金预算本级收入时，应借记"国库存款"科目，贷记"政府性基金预算本级收入"科目；年末转账时，将本科目贷方余额全数转入"政府性基金预算结转结余"科目，借记"政府性基金预算本级收入"科目，贷记"政府性基金预算结转结余"科目。各项政府性基金预算结转结余的入账应以缴入国库数或总预算会计实际收到数额为准。

【例题】某市财政2016年发生以下有关经济业务，据以编制会计分录。

【例6-6】收到国库报来的"政府性基金预算本级收入日报表"，计列当日政府性基金预算本级收入440 000元，其中，民航机场管理建设费收入220 000元，养路费收入200 000元，公路客运附加费收入20 000元。

借：国库存款   440 000

  贷：政府性基金预算本级收入   440 000

【例6-7】 某市财政局收到林业基金收入44 500元。

借：国库存款   44 500

  贷：政府性基金预算本级收入——林业基金收入 44 500

【例6-8】 某市财政局收到国库报来的上年度旅游发展基金收入52 000元。

上年旧账上会计分录为：

借：在途款   52 000

  贷：政府性基金预算本级收入——旅游发展基金收入 52 000

今年收到款项时，做如下会计分录。

借：国库存款   52 000

  贷：在途款   52 000

【例6-9】 某市财政局的政府性基金预算本级收入在银行的存款利息收入27 000元。

借：国库存款   27 000

  贷：政府性基金预算本级收入——利息收入   27 000

三、专用基金收入的核算

（一）专用基金收入的内容

专用基金收入是指财政会计管理的各项具有专门用途的资金收入，如粮食风险基金、国家级开发区专项建设基金、国家级产业基地扶持基金、国家级生态区建设基金、教育扶持和重点大学教育及建设基金等，都属于专用基金的范畴。这些基金多用于国家级战略项目或国家鼓励发展项目。

专用基金收入在管理上要求专款专用，不能随意改变用途，先收后支，量入为出。专用基金收入是财政部门按规定设置或取得，并在政府性基金预算本级收入之外单独管理的资金收入，一般要求开立财政专户。

（二）专用基金收入的核算

政府财政会计设置"专用基金收入"科目，用来核算财政部门按规定设置或取得的专用基金收入。该科目贷方登记取得的专用基金收入，借方登记专用基金收入的退回或转出数，平时余额在贷方，反映专用基金收入的累计数。年末，应将该科目贷方余额全部转入"专用基金结余"科目。

政府财政会计在核算从上级财政部门或通过本级预算支出安排取得的专用基金收入时，应借记"其他财政存款"科目，贷记"专用基金收入"科目；退回专用基金收入时，做相反的会计分录；年末转账时，将"专用基金收入"科目余额全部转入"专用基金结余"科目，借记"专用基金收入"科目，贷记"专用基金结余"科目。专用基金收入的核算应以政府财政会计实际收到的数额为准。

【例题】 某市财政2016年发生以下有关经济业务，据以编制会计分录。

【例6-10】 收到市中心支库报来的"预算收入日报表"及所附的有关拨款凭证，收到省财政拨入的粮食风险基金收入660 000元。

借：其他财政存款——专用基金存款   660 000

  贷：专用基金收入——粮食风险金收入   660 000

【例6-11】 某市财政局从本级预算支出安排取得专用基金收入32 000元。

借：一般公共预算本级支出   32 000

  贷：国库存款   32 000

同时，

借：其他财政存款——专用基金存款   32 000

    贷：专用基金收入   32 000

【例6-12】某市财政局退回从上级财政部门取得的专用基金收入120 000元。

借：专用基金收入   120 000

    贷：其他财政存款——专用基金存款   120 000

四、国有资本经营预算本级收入的核算

（一）国有资本经营预算本级收入的内容

国有资本经营预算本级收入是政府财政筹集的纳入本级国有资本经营预算管理的非税收入，包括国有资本经营收入、国有资源或资产有偿使用收入等。

（二）国有资本经营预算本级收入的核算

"国有资本经营预算本级收入"是属于收入性质的账户，本科目应当根据《政府收支分类科目》中"国有资本经营预算收入科目"规定进行明细核算。"国有资本经营预算本级收入"的主要账务处理如下：收到款项时，根据当日预算收入日报表所列国有资本经营预算本级收入数，借记"国库存款"等科目，贷记"国有资本经营预算本级收入"科目；年终转账时，本科目贷方余额全数转入"国有资本经营预算结转结余"科目，借记"国有资本经营预算本级收入"科目，贷记"国有资本经营预算结转结余"科目。结转后，本科目无余额。本科目平时贷方余额反映国有资本经营预算本级收入的累计数。

五、债务收入的核算

（一）债务收入的内容

债务收入是政府财政按照国家法律、国务院规定以发行债券等方式取得的，以及向外国政府、国际金融组织等机构借款取得的纳入预算管理的债务收入。

（二）债务收入的核算

"债务收入"是属于收入性质的账户，本科目应当按照《政府收支分类科目》中"债务收入"科目的规定进行明细核算。"债务收入"的主要账务处理如下。

（1）省级以上政府财政收到政府债券发行收入时，按照实际收到的金额，借记"国库存款"科目，按照政府债券实际发行额，贷记"债务收入"科目，按照发行收入和发行额的差额，借记或贷记有关支出科目；根据债务管理部门转来的债券发行确认文件等相关资料，按照到期应付的政府债券本金金额，借记"待偿债净资产——应付短期政府债券/应付长期政府债券"科目，贷记"应付短期政府债券""应付长期政府债券"等科目。

（2）政府财政向外国政府、国际金融组织等机构借款时，按照借入的金额，借记"国库存款""其他财政存款"等科目，贷记"债务收入"科目；根据债务管理部门转来的相关资料，按照实际承担的债务金额，借记"待偿债净资产——借入款项"科目，贷记"借入款项"科目。

（3）本级政府财政借入主权外债，且由外方将贷款资金直接支付给用款单位或供应商时，应根据以下情况分别处理。

① 本级政府财政承担还款责任，贷款资金由本级政府财政同级部门（单位）使用的，本级政府财政根据贷款资金支付相关资料，借记"一般公共预算本级支出"科目，贷记"债务收入"科目；根据债务管理部门转来的相关资料，按照实际承担的债务金额，借记"待偿债净资产——借入款项"科目，贷记"借入款项"科目。

② 本级政府财政承担还款责任，贷款资金由下级政府财政同级部门（单位）使用的，本级政府财政根据贷款资金支付相关资料及预算指标文件，借记"补助支出"科目，贷记"债务收入"科目；根据债务管理部门转来的相关资料，按照实际承担的债务金额，借记"待偿债净资产——借入款项"科目，贷记"借入款项"科目。

③ 下级政府财政承担还款责任，贷款资金由下级政府财政同级部门（单位）使用的，本级政府财政根据贷款资金支付相关资料，借记"债务转贷支出"科目，贷记"债务收入"科目；根据债务管理部门转来的相关资料，按照实际承担的债务金额，借记"待偿债净资产——借入款项"科目，贷记"借入款项"科目；同时，借记"应收主权外债转贷款"科目，贷记"资产基金——应收主权外债转贷款"科目。

（4）年终转账时，"债务收入"科目下"专项债务收入"明细科目的贷方余额应按照对应的政府性基金种类分别转入"政府性基金预算结转结余"相应明细科目，借记"债务收入"（专项债务收入明细科目）科目，贷记"政府性基金预算结转结余"科目；"债务收入"科目下其他明细科目的贷方余额全数转入"一般公共预算结转结余"科目，借记"债务收入（其他明细科目）"科目，贷记"一般公共预算结转结余"科目。结转后，本科目无余额。

"债务收入"科目平时贷方余额反映债务收入的累计数。

六、债务转贷收入的核算

（一）债务转贷收入的内容

债务转贷收入是省级以下（不含省级）政府财政收到上级政府财政转贷的债务收入。

（二）债务转贷收入的核算

"债务转贷收入"是属于收入性质的账户，本科目应当设置"地方政府一般债务转贷收入""地方政府专项债务转贷收入"明细科目。

"债务转贷收入"的主要账务处理如下。

（1）省级以下（不含省级）政府财政收到地方政府债券转贷收入时，按照实际收到的金额，借记"国库存款"科目，贷记"债务转贷收入"科目；根据债务管理部门转来的相关资料，按照到期应偿还的转贷款本金金额，借记"待偿债净资产——应付地方政府债券转贷款"科目，贷记"应付地方政府债券转贷款"科目。

（2）省级以下（不含省级）政府财政收到主权外债转贷收入的具体账务处理如下。

① 本级财政收到主权外债转贷资金时，借记"其他财政存款"科目，贷记"债务转贷收入"科目；根据债务管理部门转来的相关资料，按照实际承担的债务金额，借记"待偿债净资产——应付主权外债转贷款"科目，贷记"应付主权外债转贷款"科目。

② 从上级政府财政借入主权外债转贷款，且由外方将贷款资金直接支付给用款单位或供应商时，应根据以下情况分别处理。

① 本级政府财政承担还款责任，贷款资金由本级政府财政同级部门（单位）使用的，本级政府财政根据贷款资金支付相关资料，借记"一般公共预算本级支出"科目，贷记"债务转贷收入"科

目；根据债务管理部门转来的相关资料，按照实际承担的债务金额，借记"待偿债净资产——应付主权外债转贷款"科目，贷记"应付主权外债转贷款"科目。

② 本级政府财政承担还款责任，贷款资金由下级政府财政同级部门（单位）使用的，本级政府财政根据贷款资金支付相关资料及预算文件，借记"补助支出"科目，贷记"债务转贷收入"科目；根据债务管理部门转来的相关资料，按照实际承担的债务金额，借记"待偿债净资产——应付主权外债转贷款"科目，贷记"应付主权外债转贷款"科目。

③ 下级政府财政承担还款责任，贷款资金由下级政府财政同级部门（单位）使用的，本级政府财政根据转贷资金支付相关资料，借记"债务转贷支出"科目，贷记"债务转贷收入"科目；根据债务管理部门转来的相关资料，按照实际承担的债务金额，借记"待偿债净资产——应付主权外债转贷款"科目，贷记"应付主权外债转贷款"科目；同时，借记"应收主权外债转贷款"科目，贷记"资产基金——应收主权外债转贷款"科目。下级政府财政根据贷款资金支付相关资料，借记"一般公共预算本级支出"科目，贷记"债务转贷收入"科目；根据债务管理部门转来的相关资料，按照实际承担的债务金额，借记"待偿债净资产——应付主权外债转贷款"科目，贷记"应付主权外债转贷款"科目。

（3）年终转账时，"债务转贷收入"科目下"地方政府一般债务转贷收入"明细科目的贷方余额全数转入"一般公共预算结转结余"科目，借记"债务转贷收入"科目，贷记"一般公共预算结转结余"科目。"债务转贷收入"科目下"地方政府专项债务转贷收入"明细科目的贷方余额按照对应的政府性基金种类分别转入"政府性基金预算结转结余"相应明细科目，借记"债务转贷收入"科目，贷记"政府性基金预算结转结余"科目。结转后，本科目无余额。

"债务转贷收入"科目平时贷方余额反映债务转贷收入的累计数。

第五节

财政预算资金调拨收入的核算

财政预算资金调拨收入是中央财政与地方财政、地方上下级财政之间以及同级财政不同资金项目之间进行资金调拨而形成的收入，具体包括补助收入、上解收入、调入资金、地区间援助收入、动用预算稳定调节基金等。

一、补助收入的核算

（一）预算补助的内容

预算补助是指按财政体制规定或因专项需要由上级财政补助给下级财政的款项。对于上级财政来说是补助支出，对于下级财政则是补助收入。预算补助按具体内容可分为体制补助和单项补助两种。

1. 体制补助

体制补助是指上级财政对支出大于收入的地区，在财政体制划定的预算收支范围内弥补其支出大于收入部分的款项。

2. 单项补助

单项补助是指没有纳入预算包干体制，按规定年终单独结算，由上级财政专项补助的款项，以及一些临时性补助。上级财政对下级财政的某些一次性、不宜固定包干的预算支出，可采用单项补助方式。例如，自然灾害、企业上划、价格调整等导致下级财政减收增支的事项可由上级给予单项补助。

（二）补助收入的账务处理

补助收入是上级财政按财政体制规定或因专项需要补助给本级财政的款项，包括税收返还收入、按财政体制规定由上级财政补助的款项、上级财政对本级财政的专项补助收入和临时性补助收入。

为了核算补助收入业务，政府财政会计应设置"补助收入"账户。该账户的贷方登记取得的补助收入数，借方登记退还上级补助及年终转销数，平时贷方余额反映上级补助收入累计数，年末转账后没有余额。上级财政"补助支出"账户的余额应与所属下级财政"补助收入"账户的余额之和相等。有政府性基金预算补助收入的地区，应在"补助收入"账户下设置"一般公共预算补助""政府性基金预算补助"两个明细账户。

政府财政会计在核算本级财政收到上级拨来的补助款时，应借记"国库存款"科目，贷记"补助收入"科目；财政部门与上级财政的往来款项中一部分转作上级补助收入时，应从"与上级往来"科目转入"补助收入"科目，借记"与上级往来"科目，贷记"补助收入"科目；财政部门退还上级补助时，应借记"补助收入"科目，贷记"国库存款"科目。年终，将"补助收入——一般公共预算补助"科目余额转入"一般公共预算结转结余"科目。借记"补助收入——一般公共预算补助"科目，贷记"一般公共预算结转结余"科目。将"补助收入——政府性基金预算补助"科目余额转入"政府性基金预算结转结余"科目。借记"补助收入——政府性基金预算补助"科目，贷记"政府性基金预算结转结余"科目。

【例题】某市财政2016年发生以下有关经济业务，据以编制会计分录。

【例6-13】收到省财政按照规定拨付的所得税基数返还收入7 000 000元。

借：国库存款——一般公共预算存款　　　　　　　　　　7 000 000
　　贷：补助收入——一般公共预算补助　　　　　　　　　　　7 000 000

【例6-14】收到省财政拨来的抗震救灾专项补助款570 000元。

借：国库存款——一般公共预算存款　　　　　　　　　　570 000
　　贷：补助收入——一般公共预算补助　　　　　　　　　　　570 000

【例6-15】收到省财政局用政府性基金预算资金拨来的专项补助款33 000元。

借：国库存款——政府性基金预算存款　　　　　　　　　33 000
　　贷：补助收入——政府性基金预算补助　　　　　　　　　　33 000

【例6-16】在【例6-15】的政府性基金预算资金的补助款中，因计算有误，多拨了3 000元，市财政局收到省财政局通知，应将多拨的3 000元退回省财政局，先转作往来款处理。

借：补助收入——政府性基金预算补助　　　　　　　　　3 000
　　贷：与上级往来　　　　　　　　　　　　　　　　　　　3 000

【例6-17】收到省财政局通知，将往来款3 000元转作对该市的政府性基金预算补助。

借：与上级往来　　　　　　　　　　　　　　　　　　　3 000
　　贷：补助收入——政府性基金预算补助　　　　　　　　　　3 000

二、上解收入的核算

（一）预算上解的内容

预算上解也称下级上解，是指按财政体制规定，将下级财政的一部分预算资金解缴到上级财政。预算上解，按其具体内容和方式可分为体制上解和单项上解。

1. 体制上解

体制上解是上级财政对预算收入大于支出的地区核定上解比例或数额，由国库逐日根据预算收入的入库情况和规定的上解比例或上解数额办理分成上解，年终再按体制和已上解数额进行结算。

2. 单项上解

在国家预算执行过程中，由于国家采取某些财政经济措施或机构调整，形成原来上级的预算收入转为下级预算收入，或原来下级预算收入转为上级预算收入。单项上解是指下级财政部门按规定要求专项上解的款项和其他一次性、临时性的上解款项。由于打破了原来收入级次归属，所以要在上下级财政之间调整收支。

（二）上解收入的账务处理

上解收入是按财政体制规定由下级财政上缴给本级财政的款项，包括按体制规定由国库在下级预算收入中直接划解给本级财政的款项、按体制结算后由下级财政补缴给本级财政的款项和各种上解款项。

为了核算上解收入业务，政府财政会计应设置"上解收入"账户。"上解收入"科目，属于收入类会计科目，用来核算下级财政上缴的预算上解款，具体包括：按体制规定由国库在下级预算收入中直接划解给本级财政的款项；按体制结算后，下级财政补缴给本级财政的款项和各种专项上解款项。该科目贷方登记上解收入的增加数，借方登记退还数和年终结转数，平时余额在贷方，反映下级上解收入累计数。年终，该科目贷方余额应全数转入"预算结余"等科目。该科目应按上解资金类别设置明细科目，即"一般公共预算上解"和"政府性基金预算上解"两个明细科目。

政府财政会计在核算本级财政收到下级上解款时，应借记"国库存款"科目，贷记"上解收入"科目；如果发生收入退回，应按退回数，借记"上解收入"科目，贷记"国库存款"科目。年终，将"上解收入——一般公共预算上解"科目的余额全数转入"一般公共预算结转结余"科目，借记"上解收入——一般公共预算上解"科目，贷记"一般公共预算结转结余"等科目。将"上解收入——政府性基金预算上解"科目的余额全数转入"政府性基金预算结转结余"科目，借记"上解收入——政府性基金预算上解"科目，贷记"政府性基金预算结转结余"等科目。

【例题】某市财政2016年发生以下有关经济业务，据以编制会计分录。

【例6-18】收到市中心支库报来的所附各支库上报的"分成收入计算日报表"，计列所属各县报来增值税收入总额300 000元。按规定的增值税分成比例，市级财政享受8%。

属于市级财政的收入=300 000×8%＝24 000（元）

借：国库存款——一般公共预算存款　　　　　　　　　　　　　24 000
　　贷：上解收入——一般公共预算上解　　　　　　　　　　　　　　24 000

【例6-19】在年终财政体制结算中，应收所属甲县财政应解未解政府性基金款项640 000元。

借：与下级往来——甲县　　　　　　　　　　　　　　　　　　640 000
　　贷：上解收入——政府性基金预算上解　　　　　　　　　　　　　640 000

【例6-20】市财政局收到所属甲县的一般公共预算上解款140 000元。

借：国库存款　　　　　　　　　　　　　　　　　　　　　　　140 000
　　贷：上解收入——一般公共预算上解　　　　　　　　　　　　　　140 000

【例6-21】市财政局将多收的所属甲县的一般公共预算上解款60 000元退还给甲县财政。

借：上解收入——一般公共预算上解　　　　　　　　　　　　　60 000
　　贷：国库存款——一般公共预算存款　　　　　　　　　　　　　　60 000

【例6-22】年终，市财政局将"上解收入——一般公共预算上解"科目贷方余额520 000元和"上解收入——政府性基金预算上解"科目贷方余额390 000元进行年终结转。

借：上解收入——一般公共预算上解　　　　　　　　　　　　　520 000
　　贷：一般公共预算结转结余　　　　　　　　　　　　　　　　　　520 000

借：上解收入——政府性基金预算上解　　　　　　　　　　　　390 000
　　贷：政府性基金预算结转结余　　　　　　　　　　　　　　　　　390 000

三、调入资金的核算

（一）调入资金的概念

调入资金是为平衡某类预算收支，从其他类型预算资金及其他渠道调入的资金。调入资金属于不同类型预算资金的横向调度，属于本级财政预算资金的横向调拨，不涉及上下级预算的收支变动。例如，为平衡一般公共预算收支，从政府性基金预算收支结余中调入一般公共预算资金，形成一般公共预算收入。也可以是反向的，从一般公共预算收支结余中调入政府性基金预算资金，形成政府性基金预算收入。调入资金仅限于地方弥补财政总决算赤字。在年终决算时，一次性使用。

（二）调入资金的账务处理

"调入资金"科目属于收入类会计科目。该账户贷方登记调入资金数，借方登记年终转销数，平时贷方余额反映当年累计的调入资金数。该账户平时各月反映累计发生额，年末结转后无余额。

（1）从其他类型预算资金及其他渠道调入一般公共预算时，按照调入的资金金额，借记"调出资金——政府性基金预算调出资金""调出资金——国有资本经营预算调出资金""国库存款"等科目，贷记"调入资金"（一般公共预算调入资金）科目。

（2）从其他类型预算资金及其他渠道调入政府性基金预算时，按照调入的资金金额，借记"调出资金——一般公共预算调出资金""国库存款"等科目，贷记"调入资金"（政府性基金预算调入资金）科目。

（3）年终转账时，本科目贷方余额分别转入相应的结转结余科目，借记"调入资金"科目，贷记"一般公共预算结转结余""政府性基金预算结转结余"等科目。结转后，"调入资金"无余额。

【例题】 某市财政2016年发生以下有关经济业务，据以编制会计分录。

【例6-23】 经研究决定，将本级财政掌管的政府性基金预算结余440 000元调入一般公共预算资金安排支出，用以平衡本级决算。根据批准文件和有关付款凭证编制记账凭证。

借：国库存款——一般公共预算存款　　　　　　　　　　440 000
　　贷：调入资金——一般公共预算调入资金　　　　　　　　　440 000
借：调出资金——政府性基金预算调出资金　　　　　　　440 000
　　贷：国库存款——政府性基金预算存款　　　　　　　　　　440 000

【例6-24】 经研究决定，将自筹资金900 000元调入一般公共预算资金使用。

借：国库存款——一般公共预算存款　　　　　　　　　　900 000
　　贷：调入资金——一般公共预算调入资金　　　　　　　　　900 000

【例6-25】 市财政局将一般公共预算资金310 000元调入政府性基金预算资金。

借：国库存款——政府性基金预算存款　　　　　　　　　310 000
　　贷：调入资金—政府性基金预算调入资金　　　　　　　　　310 000
借：调出资金——一般公共预算调出资金　　　　　　　　310 000
　　贷：国库存款——一般公共预算存款　　　　　　　　　　　310 000

四、地区间援助收入的核算

地区间援助收入是受援方政府财政收到援助方政府财政转来的可统筹使用的各类援助、捐赠等资金收入。

"地区间援助收入"科目属于收入类会计科目。"地区间援助收入"应当按照援助地区及管理需要进行相应的明细核算。收到援助方政府财政转来的资金时，借记"国库存款"科目，贷记"地区间援助收入"科目。年终转账时，本科目贷方余额全数转入"一般公共预算结转结余"科目，借记"地区间援助收入"科目，贷记"一般公共预算结转结余"科目。结转后，本科目无余额。

"地区间援助收入"科目平时贷方余额反映地区间援助收入的累计数。

五、动用预算稳定调节基金的核算

动用预算稳定调节基金是政府财政为弥补本年度预算资金的不足，调用的预算稳定调节基金。"动用预算稳定调节基金"科目属于收入类会计科目。调用预算稳定调节基金时，借记"预算稳定调节基金"科目，贷记"动用预算稳定调节基金"科目。年终转账时，本科目贷方余额全数转入"一般公共预算结转结余"科目，借记"动用预算稳定调节基金"科目，贷记"一般公共预算结转结余"科目。结转后，"动用预算稳定调节基金"无余额。"动用预算稳定调节基金"平时贷方余额反映动用预算稳定调节基金的累计数。

第六节 财政预算收入的退库和错误更正

财政预算收入的退库要符合一定的退库范围、退库程序，并进行正确的账务处理。

一、财政预算收入的退库

各级财政预算收入缴入国库，除同级财政机关外，任何单位或个人无权动用。但是由于技术性差错或办理财务结算等原因，需要将预算收入通过一定的手续和方式全部或部分退还给缴款单位或缴款人，这就是预算收入退库。也就是在预算收入执行过程中，经本级政府财政部门批准，将已经入库的预算收入退还给原缴款单位或个人。收入退库是一项政策性很强的工作，必须加强管理和监督。

（一）财政预算收入退库的原因和范围

预算收入的退库原因和范围，由国家统一规定，各地不得自行决定。凡不符合规定的收入退库，各级财政机关、税务机关不得办理审批手续，各级国库拒绝办理。

根据财政部规定，属于下列范围的事项可以办理收入退库。

1. 由于工作疏忽，发生技术性差错需要退库

缴款单位多缴、错缴，各级预算之间发生误缴等。如预算收入错缴，应缴中央的预算收入，误缴入地方预算；应缴地方预算的收入，误缴入中央预算；缴入地方预算的收入，在上下级之间缴错预算级次等。

2. 改变企业隶属关系办理财务结算需要退库

企业改变隶属关系，已缴入原预算级次的预算收入，应退给现在所在的预算级次。如原属中央的企业下放给地方，企业行政隶属关系改变，在年度中原已缴入中央预算的收入要退给地方。

3. 企业按计划上缴税利，超过应缴税额需要退库

如所得税平时预缴，年终进行汇算清缴时发现缴多了，需要办理退库。

4. 财政部明文规定或专项批准的其他退库项目

如烟叶税因灾歉减免的退库，调整价格、修订税率的退库等。

（二）财政预算收入退库的程序

办理预算收入退库，首先由申请退库的单位或个人提出书面申请，也就是向财政、税务机关填具退库申请书。退库申请书的基本内容包括：单位名称（或个人姓名）、主管部门、预算级次、征收机关、原缴款书日期和编号、预算科目、缴款金额、申请退库原因、申请退库金额、审查批准机关的审批意见和核定的退库金额等。

其次，由同级财政部门或财政部门授权的单位进行审批，不得越权审批。应属于中央预算收入的退库，必须经财政部或财政部授权的主管收入机关批准，地方财政机关无权审批；属于地方预算收入的退库，由地方财政机关或其授权的主管收入机关审查批准。

再次，经财政机关或财政机关授权的主管收入机关审批同意后，填写"收入退还书"。收入退还书是通知国库退付库款的唯一合法的凭证。它一式五联：第一联为报查联，由退款国库盖章后，退签发收入退还书的机关；第二联为付款凭证，由退款国库作付出传票；第三联为收入凭证，由收款单位开户行作收入传票；第四联为收账通知，由收款单位开户银行通知收款单位收账；第五联为付款通知，由国库随收入日报表，送退款的财政机关。

最后，将收入退还书交由申请单位或个人凭，以到指定的国库办理收入退库。

（三）财政预算收入退库的审核级次

预算收入的退库由各级国库负责办理，国库经收处只办理库款收纳，不办理预算收入的退付。预算收入退库原则上通过转账办理，不支付现金。

政府财政会计在审核预算收入退库时，应主要审核以下几个方面。

1. 审核退库范围

审核预算收入退库项目是否符合财政部规定的退库范围。只有符合规定退库范围的，才能办理退库。

2. 审核退库程序

审核预算收入退库的各项程序和手续是否齐全完备。预算收入退库的审批是分级进行的，对各项预算收入退库，应由同级财政部门或财政部门授权的单位审批，未经批准，不能办理收入退库。政府财政会计在核算收入退库时，应严格审核各项手续是否齐全。

3. 审核退库凭证

审核收入退库凭证填写是否正确，内容是否齐全，对于填写不正确、字迹不清楚的退库凭证，应拒绝办理。

（四）财政预算收入退库的核算

各级国库在办理预算收入退库的当日，应按预算级次将相应科目的收入数与退库数额相抵。预算收入退库的会计分录，与预算收入入库的会计分录恰好相反。

当日退库科目的收入数与退库数相抵，收入数大于退库数，应将其差额用蓝字填入预算收入日报表和分成收入计算日报表。

当日退库科目的退库数与收入数相抵，收入数小于退库数，应将其差额用红字填入预算收入日报表和分成收入计算日报表。当日预算收入日报表为红字时，还应通过编制"分成收入计算日报表"，按财政体制规定的分成比例分别从上下级财政库款退库。财政会计以红字填制记账凭证和登记账簿。

【例题】某市财政2016年发生以下有关经济业务，据以编制会计分录。

【例6-26】收到市中心支库报来的"一般公共预算本级收入日报表"，列明：本日收入合计数为红字52 000元，系退还某企业多交的所得税。根据"一般公共预算本级收入日报表"及所附"收入退还书"通知联，编制红字记账凭证。

> 借：国库存款   −52 000
>   贷：一般公共预算本级收入   −52 000

【例6-27】因征收机关计算错误，多收某企业增值税11 000元。根据"预算收入日报表"和"收入退还书"，通知联编制红字记账凭证。

> 借：国库存款   −11 000
>   贷：一般公共预算本级收入   −11 000

【例6-28】收到国库报来的预算收入日报表、分成收入计算日报表及所附的缴款书与收入退还书，列明当日收入为负数10 000元（当日预算收入30 000元，收入退库40 000元）。

> 借：国库存款   −10 000
>   贷：一般公共预算本级收入   −10 000

二、财政预算收入的错误更正

（一）财政预算收入错误更正的手续

各级财政部门、税务部门、海关、国库在办理预算收入的收纳、退还和报解时，由于征收机关或国库工作疏忽等原因造成的预算收入科目、预算级次等方面发生差错，并且财政会计等有关方面已经进行了核算的事项，称为预算收入错误。如果发生差错，则不论是本月，还是以前月份发生的错误，都应当在发现错误的月份办理更正手续。不同类型的错误，要采用不同的方法予以更正。

更正错误时，由发生错误的单位根据《国库条例实施细则》的规定填制统一的"更正通知书"，通知有关单位共同更正。征收机关更正缴款书的更正通知书为一式三联：第一联征收机关留存；第二联、第三联送国库审核签章更正后，第二联由国库留存，凭以更正当日收入的账表，第三联随收入日报表送同级财政机关。国库更正收入日报表的更正通知书为一式三联：第一联国库留存，凭以更正当日收入的账表；第二联随收入日报表送财政机关；第三联随收入日报表送征收机关。

属于税收缴款书的预算级次、预算科目等填写错误，由征收机关填制"更正通知书"，送交国库更正；属于国库编制的"预算收入日报表"发生错误，由国库填制"更正通知书"进行更正；属于国库在办理库款分成上解工作中发生的错误，也由国库更正。

（二）财政预算收入错误更正的方法

预算收入错误的更正，一般分别按下面情况处理。

1. 预算级次错误的更正

将上级预算收入更正为本级预算收入，应补作预算收入记录；将本级预算收入更正为上级预算收入，应冲销原来的预算收入记录。

2. 预算科目错误的更正

如果预算科目发生错误，应先用红字填制记账凭单，冲销原来的错误记录，然后根据更正的内容用蓝字填制一张正确的记账凭单，并据以登记账簿。

3. 国库日报表的编制和分成报解工作错误的更正

国库日报表的编制和分成报解发生错误时，应采用红字更正法或补充登记法更正错误，编制记账凭证并据以登账。

第七节 | 财政专户管理资金收入的核算

对于预算外资金，国家没有纳入预算管理，而是划归地方政府财政部门自收自支。

一、财政专户管理资金的管理原则

由于我国目前经济发展不平衡，各个地区的社会经济发展情况不同，因此，对于一些数额不大、零星分散的收支，国家没有全部纳入预算管理，而是划归地方政府财政部门自收自支，以弥补国家预算的不足，这部分财政资金就形成了地方政府的财政专户管理资金。

财政专户管理资金是指地方政府依据法律、法规取得的没有纳入国家预算管理的财政资金。财政专户管理资金是政府预算资金的补充，主要通过财政专户核算和监督财政专户管理资金的收支活动。由于财政专户管理资金没有预算资金管理严格，导致财政专户管理资金在运用与管理上都存在一定的问题。因此，财政专户管理资金的改革方向是将越来越多的财政专户管理资金纳入国家的预算管理，逐步加大监管的力度。

根据财政部颁发的《财政专户管理资金财政专户会计核算制度》的规定，财政专户管理资金通过财政专户进行监管。财政专户会计的基本任务是核算和反映财政专户管理资金收支活动，监督财政专户管理资金收支计划管理和执行情况。

财政专户的监管内容如下：办理财政专户管理资金日常收支往来核算；反映财政专户管理资金收支计划执行情况；合理调度财政专户管理资金；组织和指导本行政区域财政专户管理并检查下级财政专户会计工作。

二、财政专户管理资金收入的核算

"财政专户管理资金收入"核算政府财政纳入财政专户管理的教育收费等资金收入。

"财政专户管理资金收入"科目应当按照《政府收支分类科目》中收入分类科目规定进行明细核算。同时，根据管理需要，按部门（单位）等进行明细核算。收到财政专户管理资金时，借记"其他财政存款"科目，贷记"财政专户管理资金收入"科目。年终转账时，"财政专户管理资金收入"贷方余额全数转入"财政专户管理资金结余"科目，借记"财政专户管理资金收入"科目，贷记"财政专户管理资金结余"科目。结转后，"财政专户管理资金收入"无余额。"财政专户管理资金收入"平时贷方余额反映财政专户管理资金收入的累计数。

【例题】某市财政2016年发生以下有关经济业务，据以编制会计分录。

【例6-29】收到纳入财政专户管理的教育收费资金35 000元，已存入财政专户。

借：其他财政存款　　　　　　　　　　　　　　　35 000
　　贷：财政专户管理资金收入　　　　　　　　　　　　　35 000

【例6-30】取得财政专户存款利息收入3 200元。

借：其他财政存款　　　　　　　　　　　　　　　3 200
　　贷：财政专户管理资金收入　　　　　　　　　　　　　3 200

知识链接

财政预决算报告

复习思考题

一、单项选择题

1. 下列各项收入应属于中央一般公共预算本级收入的有【　　】项目。
   A. 工商税收收入　B. 邮电附加费收入　　C. 民航机场建设费　　　D. 借入财政周转金

2. 下列不属于预算收入征收机关的是【　　】。
   A. 财政机关　　　B. 海关　　　　　　　C. 税务机关　　　　　　D. 国库

3. "政府性基金预算本级收入"账户的年终余额应转入"【　　】"账户。
   A. 政府性基金预算结转结余　　　　　　B. 专用基金结余
   C. 一般公共预算结转结余　　　　　　　D. 预算周转金

二、多项选择题

1. 财政收入有【　　】。
   A. 一般公共预算本级收入　　　　　　　B. 政府性基金预算本级收入
   C. 资金调拨收入　　　　　　　　　　　D. 专用基金收入

2. 年终转入"政府性基金预算结转结余"账户贷方的项目有【　　】。
   A. 一般公共预算本级收入　　　　　　　B. 调入资金——一般公共预算调入资金
   C. 政府性基金预算本级收入　　　　　　D. 补助收入——政府性基金预算补助

三、业务题

1. 收到市中心支库报来的预算收入日报表、分成收入计算日报表及所附的税收缴款书等，计列当日收到的增值税总额为400 000元，增值税中央分享75%，地方分享25%。属于本级财政分成的收入为100 000元。

2. 某市财政局2016年1月8日收到市中心支库报来的预算收入日报表，列报当日的一般公共预算本级收入为负数33 000元。

3. 收到市中心支库报来的一般公共预算本级收入日报表及专用缴款书，计列当日收到公安行政事业性收费收入84 000元，法院行政事业性收费收入31 000元。

4. 某市财政局2016年1月3日收到市中心支库报来的上年一般公共预算本级收入日报表，列报一般公共预算本级收入49 000元已收到。

5. 收到国库报来的政府性基金预算本级收入日报表，计列当日政府性基金预算本级收入55 000元。

6. 某市财政局收到林业基金收入12 500元。

7. 某市财政局收到国库报来的上年度旅游发展基金收入93 000元。

关键术语

一般公共预算本级收入	general budget revenue
政府性基金预算本级收入	fund budget revenue
专用基金收入	special fund revenue

财政预算支出的核算

第七章

【学习目标】
1. 了解财政预算支出的内容；
2. 熟悉财政预算支出的支付方式；
3. 理解财政预算支出的核算；
4. 掌握财政预算调拨支出的核算。

第一节　财政预算支出的内容

财政预算支出是政府为实现其职能，对财政资金的再分配。

一、财政预算支出的概念

根据 2015 年《政府收支分类科目》的规定，各级财政会计核算的预算支出，包括一般公共预算本级支出、政府性基金预算本级支出、专用基金支出、资金调拨支出等。本章主要介绍一般公共预算本级支出、政府性基金预算本级支出、专用基金支出。

二、财政预算支出的分类

从管理的角度，预算支出分为购买性支出和转移性支出两大类。

（一）购买性支出

购买性支出又可按购买标准的特点进一步细分为工资支出、购买支出和零星支出 3 种。

（1）工资支出是指购买预算单位工作人员劳务发生的支出。

（2）购买支出是指除工资支出、零星支出以外用于购买劳务、货物和工程项目发生的支出。

（3）零星支出是指按量化指标确定的日常小额购买支出，在实际操作中，可以结合政府采购制度的规定，将未列入《政府采购品目分类表》所列政府采购品目，或列入该品目但未达到规定数额的支出，界定为零星支出。

（二）转移性支出

转移性支出是指拨付给有关单位或下级财政部门的未指明具体用途的支出，包括拨付企业补贴和未指明具体用途的资金、中央对地方的一般性转移支付等。

三、财政预算支出的内容

（一）一般公共预算本级支出的内容

一般公共预算本级支出是指列入各级政府财政预算，用一般公共预算收入安排的支出。它是国家对集中的预算收入有计划地分配和使用而安排的支出，主要用于发展经济，提高人民物质和文化生活水平，加强国家行政管理，巩固国防等方面的开支。一般公共预算本级支出项目的设置和内容，应符合政府收支分类科目的规定。一般公共预算本级支出包括一般公共服务、外交、国防、公共安全、教育、科学技术、文化体育与传媒、社会保障和就业、医疗卫生与计划生育、节能环保城乡社区、农林水产、交通运输等。

1. 一般公共服务支出

一般公共服务支出主要包括人大、政协、党政机关、民主党派、群众团体等组织的经费支出，以及彩票事务、国债事务支出，还包括发展与改革事务支出、统计信息事务支出、财政事务支出、税收事务支出、审计事务支出，以及民主党派及工商联事务支出、群众团体事务支出等。

2. 外交支出

外交支出主要包括外交管理事务支出、驻外机构经费支出、对外援助支出、国际组织事务支出、对外合作与交流支出、对外宣传支出、边界勘界联检支出等。

3. 国防支出

国防支出主要包括现役部队支出、预备役部队支出、民兵事业支出、国防科研事业支出、专项工程支出、国防动员支出等。

4. 公共安全支出

公共安全支出主要包括武装警察、公安、国家安全、检察、法院、司法、监狱、劳教、国家保密支出等。

5. 教育支出

教育支出主要包括教育管理事务、各类教育等方面的经费支出。

6. 科学技术支出

科学技术支出主要包括科学技术管理事务、自然科学研究、社会科学研究等方面的支出，也包括基础研究、应用研究、技术研究与开发、科技条件与服务、社会科学、科学技术普及、科技交流与合作、科技重大专项支出等。

7. 文化体育与传媒支出

文化体育与传媒支出包括文化、文物、体育、广播影视、新闻出版等方面的支出。

8. 社会保障和就业支出

社会保障和就业支出主要包括人力资源和社会保障管理事务、民政管理事务、财政对社会保险基金的补助、行政事业单位离退休、就业补助、抚恤、残疾人事业、社会救济等方面的支出，也包括补充全国社会保障基金、企业改革补助、退役安置、社会福利、城市居民最低生活保障等方面的支出。

9. 医疗卫生支出

医疗卫生支出主要包括医疗卫生管理事务、公立医院、基层医疗卫生机构、公共卫生、医疗保障、中医药、食品和药品监督管理事务等方面的支出。

10. 节能环保支出

节能环保支出包括环境保护管理水务、环境监测与监察、污染防治、自然生态保护、天然林保护、退耕还林、风沙荒漠治理、退牧还草、已垦草原退耕还草、能源节约利用、污染减排等方面的支出。

11. 城乡社区事务支出

城乡社区事务支出主要包括城乡社区管理事务、城乡社区规划、公共设施等方面的支出。

12. 农林水事务支出

农林水事务支出主要包括农业、林业、水利、扶贫等方面的支出。

13. 交通运输支出

交通运输支出主要包括公路水陆运输、铁路运输、民航运输、邮政业等方面的支出。

14. 工业、商业、金融等事务支出

工业、商业、金融等事务支出包括采掘业、制造业、建筑业、电力、信息产业、旅游业、涉外发展、粮油事务、商业流通事务、物资储备、金融业、烟草事务、安全生产、国有资产监管、中小企业事务、可再生能源、能源节约利用、其他工业商业金融等事务支出。

（二）政府性基金预算本级支出的内容

政府性基金预算本级支出是用政府性基金预算收入安排的支出，其支出内容与政府性基金预算收入相对应。与一般公共预算支出相比，政府性基金预算支出具有专款专用的特征。在 2015 年《政府收支分类科目》表中，文化体育与传媒、社会保障和就业、城乡社区事务、农林水事务等支出项目中，都包含政府性基金预算支出项目。

1. 一般公共服务支出

一般公共服务支出是使用中央与地方贸易促进委员会征收的证书工本费、认证费、涉外经济贸易争议调解费等政府性基金预算收入而安排的基金支出。

2. 公共安全支出

公共安全支出是使用司法部门收取的涉外、涉港澳台公证书工本费取得的政府性基金预算收入而安排的基金支出。

3. 文化体育与传媒支出

文化体育与传媒支出反映政府使用基金预算收入安排的文化体育与传媒支出，包括使用中央和地方财政集中的文化事业建设费收入以及国家电影发展专项资金收入而安排的支出。

4. 社会保障和就业支出

社会保障和就业支出是指政府使用政府性基金预算收入安排的社会保障和就业支出。社会保障和就业支出包括大中型水库移民后期扶持基金支出、小型水库移民扶助基金支出、补充道路交通事故社会救助基金支出、残疾人就业保障金支出等。

（三）专用基金支出的内容

专用基金支出是指财政部门使用专用基金收入安排的相应支出，如粮食风险基金支出等。专用基金在管理与核算上必须遵循先收后支、量入为出的原则。专用基金支出实行计划管理，按照规定的用途和使用范围办理支出。各项专用基金未经上级主管部门批准不得挪作他用。

第二节 财政预算支出的支付方式与列支原则

在未实行国库集中收付制度的地区和单位，我国主要实行传统的资金划拨制度。在实行国库集中收付制度的地区和单位，实行财政直接支付和财政授权支付两种支付方式。

一、未实行国库集中收付制度的支付方式

未实行国库集中收付制度的地区和单位，财政资金的支付采用资金划拨制度。资金划拨制度是将资金如数划转到预算单位的存款户头上，预算单位按照事先确定的用途和开支标准使用。

划拨资金支付方式是财政部门根据财政预算直接将预算单位所需的财政资金拨付给预算单位的资金支付方式。在这种支付方式下，预算单位需要资金时向财政部门提出申请，财政部门按预算规

定审核后，直接将资金从国库账户拨付到预算单位的银行账户中。

二、实行国库集中收付制度的支付方式

（一）财政直接支付方式

1. 财政直接支付方式的概念

财政直接支付方式是按照部门预算和用款计划确定的资金用途和用款进度，根据用款单位的申请，由财政部门开具支付令，通过国库单一账户体系，直接将财政资金支付到商品和劳务供应者账户上的支付方式。一般来说，工资支出、购买支出、中央对地方的专项转移支出、拨付企业大型工程项目或大型设备采购的资金，都可以采用财政直接支付方式。

2. 财政直接支付方式的流程

财政直接支付方式下的支付流程如下。

（1）预算单位按照批复的部门预算和资金使用计划，向财政国库支付执行机构提交《财政直接支付书》，以申请支付。

（2）财政国库支付执行机构根据批复的部门预算和资金使用计划及相关要求对支付申请审核无误后，开具《财政直接支付清算汇总通知单》和《财政直接支付凭证》，经过财政国库管理机构盖章后，分别送中国人民银行和财政部门零余额账户代理银行，以通知付款。

（3）财政部门零余额账户代理银行根据收到的《财政直接支付凭证》，将资金直接支付给商品或劳务供应者。

（4）财政部门零余额账户代理银行支付款项以后，开具《财政直接支付入账通知书》递交有关预算单位，作为预算单位取得财政拨款的依据。

（5）财政部门零余额账户代理银行填写《财政直接支付申请划款凭证》，向中国人民银行提出清算申请。中国人民银行将财政部门零余额账户代理银行发来的《财政直接支付申请划款凭证》与财政国库支付执行机构发来的《财政直接支付清算汇总通知单》核对无误后，办理资金清算手续，将资金划给代理银行。

财政直接支付主要通过转账方式进行，也可以采用国库支票方式支付。在每日营业终了前，国库单一账户应与代理银行进行清算。财政直接支付流程如图7-1所示。

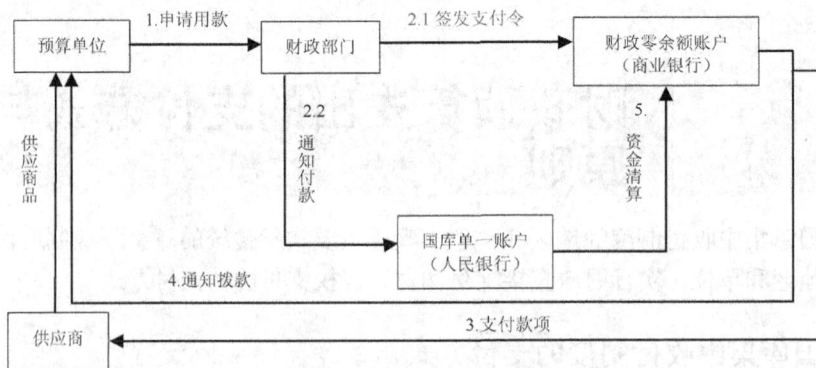

图7-1　财政直接支付流程

（二）财政授权支付方式

1. 财政授权支付方式的概念

财政授权支付方式是指按照部门预算和用款计划确定的资金用途和用款进度，由预算单位根据

财政授权自行开具支付令,通过国库单一账户体系将资金支付到收款人账户的支付方式。通常,未实行财政直接支付方式的购买支出和零星支出,都可以采用财政授权支付方式。

2. 财政授权支付方式的流程

财政授权支付方式下的支付流程如下。

(1)预算单位根据批复的部门预算和资金使用计划,按照规定时间和程序向财政部门申请授权支付用款额度。

(2)财政国库支付机构审批用款额度以后,分别向中国人民银行和预算单位零余额账户代理银行签发《财政授权支付汇总清算额度通知书》和《财政授权支付额度通知书》。

(3)预算单位零余额账户代理银行在收到《财政授权支付额度通知书》后,向预算单位发送《财政授权支付额度到账通知书》,作为预算单位零余额账户用款额度增加的依据。

(4)预算单位依据《财政授权支付额度到账通知书》,在需要使用资金时自行签发财政授权支付指令,如转账支票等,通知预算单位零余额账户代理银行办理资金支付业务。

(5)预算单位零余额账户代理银行对预算单位提交的财政授权支付指令审核无误后,办理现金支付或转账支付业务。

(6)预算单位零余额账户代理银行根据已办理支付手续的资金,填写《财政授权支付申请划款凭证》,按日向中国人民银行提出资金清算申请。中国人民银行对《财政授权支付申请划款凭证》审核无误后,通过国库单一账户与预算单位零余额账户代理银行进行资金清算,将款项划给代理银行。

财政授权支付流程如图 7-2 所示。

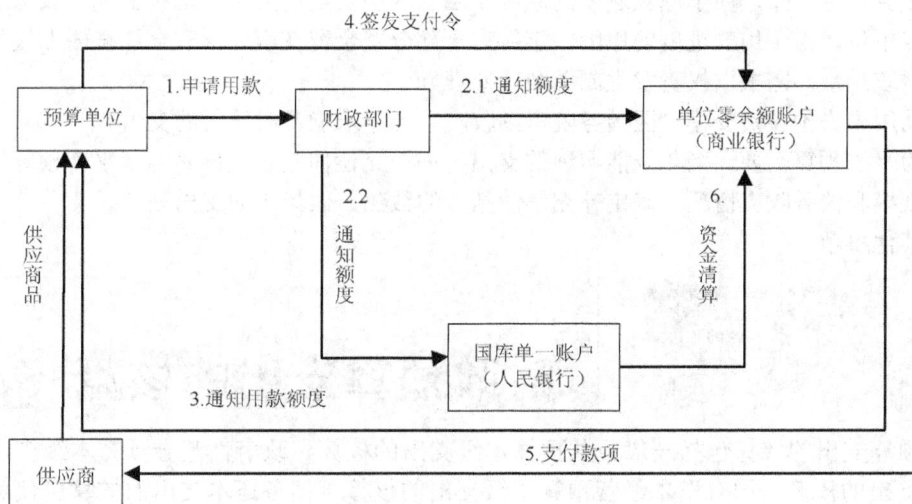

图 7-2　财政授权支付流程

三、财政预算支出的列支原则

预算支出的列支原则是指政府与事业单位会计以什么数字作为列报支出的依据。

(一)实行资金划拨制度的预算支出列支原则

(1)对行政事业单位的基本建设支出、非包干性支出和专项支出,平时按财政拨款数列报支出,待年终清理结算收回拨款时,再冲销已列支出。对于收回以前年度已列支出的款项,除财政部门另有规定者外，应冲销当年支出。

（2）其他各项支出，均以财政拨款数列报支出。

（3）预拨以后各期经费，以及年末预拨给用款单位的下年度经费，应作为预拨款项处理，不得直接按预拨数列作本期支出。

（二）实行国库集中支付制度的预算支出列支原则

在实行国库集中支付制度的地区和单位，拨付资金的方式有财政直接支付方式和财政授权支付方式两种，所以列作财政支出的原则也不完全相同。

（1）对于采用财政直接支付方式支付的一般公共预算资金，财政会计应根据财政国库支付执行机构每日报来的按部门汇总的《预算支出结算清单》，在与中国人民银行划款凭证核对无误后，列作预算支出。

（2）对于采用财政授权支付方式支付的一般公共预算资金，财政会计应将各代理银行汇总的预算单位零余额账户授权支付数，与中国人民银行汇总划款凭证及财政国库支付执行机构按部门汇总的《预算支出结算清单》核对无误后，列报预算支出。

（三）例外情形的预算支出列报原则

政府财政会计对一般公共预算支出的核算应以收付实现制为主要会计确认基础，但是，根据现行制度规定，中央财政会计的下列会计事项可以采用权责发生制进行确认。

（1）预算已经安排，由于政策性因素，当年未能实现的支出。年初中央财政预算中已经安排，但在执行中由于国家发展与改革委员会未能按预算足额下达投资计划等原因，需根据权责发生制做结转处理。这种情况一般是以发行国债的方式筹集资金而进行的投资项目。

（2）预算已经安排，由于用款进度的原因，当年未能实现的支出。这种情况一般适用于国库单一账户试点单位，由于用款进度的原因，年终有一部分资金留在政府财政会计账面上拨不出去，为了不虚增财政结余，需根据权责发生制做结转处理。

（3）动用中央预备费安排，因国务院审批较晚，当年未能及时拨付的支出。

（4）为平衡预算需要，当年未能实现的支出。如补充偿债基金支出是为了平衡预算，需要根据当年赤字规模和债务收支情况，确定补充偿债基金的数额，做当年的支出处理。

（5）其他事项。

第三节　财政预算支出的核算

财政预算支出的核算包括一般公共预算本级支出的核算、政府性基金预算本级支出的核算、专用基金支出的核算、国有资本经营预算本级支出的核算、债务还本支出的核算、债务转贷支出的核算。

一、一般公共预算本级支出的核算

（一）一般公共预算本级支出核算的会计科目

"一般公共预算本级支出"账户用于核算各级财政会计办理的应由预算资金支付的各项支出。该账户的借方登记财政机关的直接支出数以及由待结算资金转入的支出数，贷方登记支出收回数以及年末转销数，平时借方余额反映一般公共预算本级支出累计数。本账户应根据《政府收支分类科目》中的"一般公共预算本级支出"科目分"款""项"设置明细账。

（二）一般公共预算本级支出的账务处理

政府财政会计办理各种预算直接支出时，应借记"一般公共预算本级支出"科目，贷记"国库存款"等有关科目；支出收回或冲销转账时，应借记"国库存款"等有关科目，贷记"一般公共预算本级支出"科目；年末时，"一般公共预算本级支出"科目的借方余额应全数转入"一般公共预算结转结余"科目，借记"一般公共预算结转结余"科目，贷记"一般公共预算本级支出"科目。

【例题】某市财政2016年发生以下有关经济业务，据以编制会计分录。

【例7-1】某市财政机关按预算拨付给市国土资源管理局本月份经费580 000元。

借：一般公共预算本级支出 580 000

　　贷：国库存款 580 000

【例7-2】某市财政机关根据预算安排，拨给市科技局科技三项费用350 000元。

借：一般公共预算本级支出 350 000

　　贷：国库存款 350 000

【例7-3】年末，将"一般公共预算本级支出"科目借方余额1 500 000元转入"一般公共预算结转结余"科目。

借：一般公共预算结转结余 1 500 000

　　贷：一般公共预算本级支出 1 500 000

【例7-4】年终，中央财政总预算会计确定一项已经安排预算的资金3 000万元，由于用款单位用款进度的原因，未能拨付出去。

中央政府财政会计应按权责发生制将该项资金列为预算支出，其会计分录为：

借：一般公共预算本级支出 30 000 000

　　贷：应付国库集中支付结余 30 000 000

下一年度，该项资金拨付给用款单位，应做如下会计分录。

借：应付国库集中支付结余 30 000 000

　　贷：国库存款 30 000 000

二、政府性基金预算本级支出的核算

（一）政府性基金预算本级支出核算的会计科目

"政府性基金预算本级支出"账户用来核算各级财政部门用政府性基金预算收入安排的支出。该账户借方登记政府性基金预算支出数，贷方登记支出收回及年末转销数，平时借方余额反映政府性基金预算支出累计数。本账户应根据《政府收支分类科目》中的"政府性基金预算本级支出"科目分"款""项"设置明细账。

（二）政府性基金预算本级支出的账务处理

政府财政会计在核算政府性基金预算支出时，应借记"政府性基金预算本级支出"科目，贷记"国库存款"或"其他财政存款"科目等；支出收回或冲销转账时，应借记有关科目，贷记"政府性基金预算本级支出"科目；年末，"政府性基金预算本级支出"科目借方余额转入"政府性基金预算结转结余"科目时，应借记"政府性基金预算结转结余"科目，贷记"政府性基金预算本级支出"科目。

【例题】某市财政2016年发生以下有关经济业务，据以编制会计分录。

【例7-5】某市财政机关用铁路建设基金安排的铁路建设支出80 000元。

借：政府性基金预算本级支出——铁路建设基金　　　　　　　80 000

　　贷：国库存款　　　　　　　　　　　　　　　　　　　　　　　80 000

【例7-6】某市财政机关用林业发展基金收入安排林业发展基金支出17 500元。

借：政府性基金预算本级支出——林业发展基金　　　　　　　17 500

　　贷：国库存款　　　　　　　　　　　　　　　　　　　　　　　17 500

【例7-7】某市财政机关用文化事业基金安排文化事业建设费支出56 000元。

借：政府性基金预算本级支出——文化事业建设基金　　　　　56 000

　　贷：国库存款　　　　　　　　　　　　　　　　　　　　　　　56 000

三、专用基金支出的核算

（一）专用基金支出核算的会计科目

"专用基金支出"账户用来核算各级财政部门以专用基金收入安排的支出。该账户的借方登记专用基金支出发生数，贷方登记支出收回及年末转销数，平时借方余额反映专用基金支出累计数。

（二）专用基金支出的账务处理

政府财政会计在核算发生专用基金支出时，应借记"专用基金支出"科目，贷记"其他财政存款"科目；在收回支出时，应做相反的会计分录。年末转账时，将"专用基金支出"科目余额转入"专用基金结余"科目，应借记"专用基金结余"科目，贷记"专用基金支出"科目。

【例题】某市财政2016年发生以下有关经济业务，据以编制会计分录。

【例7-8】用专用基金收入安排的支出为340 000元。

借：专用基金支出　　　　　　　　　　　　　　　　　　　　340 000

　　贷：其他财政存款——专用基金存款　　　　　　　　　　　　340 000

【例7-9】收回专用基金支出共计22 000元。

借：其他财政存款——专用基金存款　　　　　　　　　　　　22 000

　　贷：专用基金支出　　　　　　　　　　　　　　　　　　　　22 000

四、国有资本经营预算本级支出的核算

国有资本经营预算本级支出是政府财政管理的由本级政府使用的列入国有资本经营预算的支出。"国有资本经营预算本级支出"是属于支出性质的账户。"国有资本经营预算本级支出"科目应当按照《政府收支分类科目》中支出功能分类科目设置明细科目。同时，根据管理需要，按照支出经济分类科目、部门等进行明细核算。实际发生国有资本经营预算本级支出时，借记"国有资本经营预算本级支出"科目，贷记"国库存款"科目。年度终了，对纳入国库集中支付管理的、当年未支出而需结转下一年度支付的款项（国库集中支付结余），采用权责发生制确认支出时，借记"国有资本经营预算本级支出"科目，贷记"应付国库集中支付结余"科目。年终转账时，本科目借方余额应全数转入"国有资本经营预算结转结余"科目，借记"国有资本经营预算结转结余"科目，贷记"国有资本经营预算本级支出"科目。结转后，本科目无余额。"国有资本经营预算本级支出"科目平时借方余额反映国有资本经营预算本级支出的累计数。

五、债务还本支出的核算

债务还本支出是指政府财政偿还本级政府财政承担的纳入预算管理的债务本金支出。

"债务还本支出"是属于支出性质的账户，应当根据《政府收支分类科目》中"债务还本支出"有关规定设置明细科目。偿还本级政府财政承担的政府债券、主权外债等纳入预算管理的债务本金时，借记"债务还本支出"科目，贷记"国库存款""其他财政存款"等科目；根据债务管理部门转来相关资料，按照实际偿还的本金金额，借记"应付短期政府债券""应付长期政府债券""借入款项""应付地方政府债券转贷款""应付主权外债转贷款"等科目，贷记"待偿债净资产"科目。偿还截至 2014 年 12 月 31 日本级政府财政承担的存量债务本金时，借记"债务还本支出"科目，贷记"国库存款""其他财政存款"等科目。年终转账时，"债务还本支出"下"专项债务还本支出"明细科目的借方余额应按照对应的政府性基金种类分别转入"政府性基金预算结转结余"相应明细科目，借记"政府性基金预算结转结余"科目，贷记"债务还本支出（专项债务还本支出）"科目。本科目下其他明细科目的借方余额全数转入"一般公共预算结转结余"科目，借记"一般公共预算结转结余"科目，贷记"债务还本支出（其他明细科目）"科目。结转后，本科目无余额。"债务还本支出"平时借方余额反映本级政府财政债务还本支出的累计数。

六、债务转贷支出的核算

债务转贷支出是指本级政府财政向下级政府财政转贷的债务支出。

"债务转贷支出"是属于支出性质的账户，应当设置"地方政府一般债务转贷支出""地方政府专项债务转贷支出"明细科目，同时还应当按照转贷地区进行明细核算。

债务转贷支出的主要账务处理如下。

（1）本级政府财政向下级政府财政转贷地方政府债券资金时，借记"债务转贷支出"科目，贷记"国库存款"科目；根据债务管理部门转来的相关资料，按照到期应收回的转贷款本金金额，借记"应收地方政府债券转贷款"科目，贷记"资产基金——应收地方政府债券转贷款"科目。

（2）本级政府财政向下级政府财政转贷主权外债资金，且主权外债最终还款责任由下级政府财政承担的，相关账务处理如下。

① 本级政府财政支付转贷资金时，根据转贷资金支付相关资料，借记"债务转贷支出"科目，贷记"其他财政存款"科目；根据债务管理部门转来的相关资料，按照实际持有的债权金额，借记"应收主权外债转贷款"科目，贷记"资产基金——应收主权外债转贷款"科目。

② 外方将贷款资金直接支付给用款单位或供应商时，本级政府财政根据转贷资金支付相关资料，借记"债务转贷支出"科目，贷记"债务收入""债务转贷收入"科目；根据债务管理部门转来的相关资料，按照实际持有的债权金额，借记"应收主权外债转贷款"科目，贷记"资产基金——应收主权外债转贷款"科目；同时，借记"待偿债净资产"科目，贷记"借入款项""应付主权外债转贷款"等科目。

（3）年终转账时，"债务转贷支出"下"地方政府一般债务转贷支出"明细科目的借方余额全数转入"一般公共预算结转结余"科目，借记"一般公共预算结转结余"科目，贷记"债务转贷支出（地方政府一般债务转贷支出）"科目。"债务转贷支出"下"地方政府专项债务转贷支出"明细科目的借方余额全数转入"政府性基金预算结转结余"科目，借记"政府性基金预算结转结余"科目，贷记"债务转贷支出（地方政府专项债务转贷支出）"科目。结转后，"债务转贷支出"科目无余额。

"债务转贷支出"平时借方余额反映债务转贷支出的累计数。

第四节 财政预算资金调拨支出的核算

资金调拨支出是中央财政与地方财政、地方上下级财政之间以及同级财政不同资金项目之间进行资金调拨而形成的支出，具体包括补助支出、上解支出、调出资金、地区间援助支出、安排预算稳定调节基金。

一、补助支出的核算

（一）补助支出核算的会计科目

补助支出是本级财政按财政体制规定或因专项需要补助给下级财政的款项及其他转移支付的支出，包括税收返还支出、按原财政体制结算应补助给下级财政的款项、专项补助或临时性补助等。按照补助资金来源的不同，分设"一般公共预算补助""政府性基金预算补助"两个明细科目。该科目借方登记补助支出的增加数，贷方登记补助支出的减少数，平时余额在借方，反映补助支出累计数。年终时，该科目借方余额应转入"一般公共预算结转结余""政府性基金预算结转结余"等科目。该科目应按补助地区及资金性质设置明细科目。上级财政的"补助支出"与所属下级财政的"补助收入"的数额应相等。

（二）补助支出的账务处理

政府财政会计在核算本级财政对所属下级财政的补助支出时，应借记"补助支出"科目，贷记"国库存款"科目或"其他财政存款"科目；本级财政将其与下级财政的往来款转作对下级的补助支出时，应借记"补助支出"科目，贷记"与下级往来"科目；本级财政收到对下级财政补助支出的退回时，应借记"国库存款"科目或"其他财政存款"科目，贷记"补助支出"科目。年终，"补助支出——一般公共预算补助"科目的借方余额应转入"一般公共预算结转结余"等科目，借记"一般公共预算结转结余"科目，贷记"补助支出——一般公共预算补助"科目。"补助支出——政府性基金预算补助"科目的借方余额应转入"政府性基金预算结转结余"等科目，借记"政府性基金预算结转结余"科目，贷记"补助支出——政府性基金预算补助"科目。

【例题】某市财政2016年发生以下有关经济业务，据以编制会计分录。

【例7-10】由于甲县发生地震灾害而财政困难，拨付一般公共预算补助款380 000元。

借：补助支出——一般公共预算补助　　　　　　　　　　　380 000
　　贷：国库存款——一般公共预算存款　　　　　　　　　　　　　380 000

【例7-11】按财政体制管理规定拨付给乙县政府性基金预算补助款530 000元。

借：补助支出——政府性基金预算补助　　　　　　　　　　530 000
　　贷：国库存款——政府性基金预算存款　　　　　　　　　　　　530 000

【例7-12】市财政局将与所属丙县的往来款项330 000元，转作对丙县的一般公共预算补助支出。

借：补助支出——一般公共预算补助　　　　　　　　　　　330 000
　　贷：与下级往来——丙县　　　　　　　　　　　　　　　　　330 000

【例7-13】在【例7-12】中，市财政局通知丙县财政局将多拨款30 000元退回，转做往来款处理。

借：与下级往来——丙县　　　　　　　　　　　　　　　　30 000
　　贷：补助支出——一般公共预算补助　　　　　　　　　　　　　30 000

二、上解支出的核算

（一）上解支出核算的会计科目

上解支出是按财政体制规定由本级财政上缴给上级财政的款项，包括按财政体制由国库在本级预算收入中直接划解给上级财政的款项，按体制结算补解给上级财政款项和各种专项上解款项。

为了核算上解支出业务，政府财政会计应设置"上解支出"账户。该账户的借方登记上解支出的发生数，贷方登记上解支出的退转数及年末转销数，平时借方余额反映上解支出累计数。该科目应按上解资金类别设置明细科目，分设"一般公共预算上解""政府性基金预算上解"两个明细账户。

（二）上解支出的账务处理

政府财政会计在核算本级财政发生上解支出时，应借记"上解支出"科目，贷记"国库存款"科目；发生上解支出退还时，应按退还数，借记"国库存款"科目，贷记"上解支出"科目；年终，将"上解支出——一般公共预算上解"科目余额转入"一般公共预算结转结余"科目时，借记"一般公共预算结转结余"等科目，贷记"上解支出——一般公共预算上解"科目。将"上解支出——政府性基金预算上解"科目余额转入"政府性基金预算结转结余"科目时，借记"政府性基金预算结转结余"等科目，贷记"上解支出——政府性基金预算上解"科目。

【例题】某市财政2016年发生以下有关经济业务，据以编制会计分录。

【例7-14】市财政上解省财政430 000元一般公共预算上解款时，该市财政会计应做如下会计分录。

借：上解支出——一般公共预算上解　　　　　　　　　　　　430 000
　　贷：国库存款　　　　　　　　　　　　　　　　　　　　　　430 000

【例7-15】市财政收到省财政退还的上解款110 000元时，市财政会计应做如下会计分录。

借：国库存款　　　　　　　　　　　　　　　　　　　　　　110 000
　　贷：上解支出——一般公共预算上解　　　　　　　　　　　110 000

【例7-16】根据财政体制规定，市财政上解省财政政府性基金预算款项660 000元。

借：上解支出——政府性基金预算上解　　　　　　　　　　　660 000
　　贷：国库存款——政府性基金预算存款　　　　　　　　　　660 000

三、调出资金的核算

（一）调出资金核算的会计科目

调出资金是为平衡预算收支，从某类资金向其他类型预算调出的资金。

为了核算调出资金业务，政府财政会计应设置"调出资金"账户。该账户的借方登记调出资金数，贷方登记年末转销数，平时借方余额反映调出资金累计数。某些地区财政部门如果将一般公共预算与政府性基金预算分设存款账户，在对调出资金进行账务处理的同时，应调整国库存款的明细账。

（二）调出资金的账务处理

为了核算各级财政部门从某类资金向其他类型预算调出的资金，政府财政会计应设置"调出资金"科目。该科目属于支出类会计科目。从一般公共预算调出资金时，按照调出的金额，借记"调出资金（一般公共预算调出资金）"科目，贷记"调入资金"相关明细科目。从政府性基金预算调出资金时，按照调出的金额，借记"调出资金（政府性基金预算调出资金）"科目，贷记"调入资金"相关明细科目。从国有资本经营预算调出资金时，按照调出的金额，借记"调出资金（国有资本经营预算调出资金）"科目，贷记"调入资金"相关明细科目。年终转账时，"调出资金"借方余额分别转入相应的结转结余科目，借记"一般公共预算结转结余""政府性基金预算结转结余"和"国有资本经营预算结转结余"等科目，贷记"调出资金"科目。结转后，"调出资金"无余额。

【例题】某市财政2016年发生以下有关经济业务，据以编制会计分录。

【例7-17】市财政局从政府性基金预算结余中调出780 000元，用于平衡一般公共预算收支。

借：调出资金——政府性基金预算调出资金   780 000

    贷：国库存款——政府性基金预算存款   780 000

同时，借：国库存款——一般公共预算存款   780 000

      贷：调入资金——一般公共预算调入资金   780 000

【例7-18】期末将调出资金、调入资金转入有关结余科目。

借：调入资金——一般公共预算调入资金   780 000

    贷：一般公共预算结转结余   780 000

借：政府性基金预算结转结余   780 000

    贷：调出资金——政府性基金预算调出资金   780 000

四、地区间援助支出的核算

地区间援助支出是指援助方政府财政安排用于受援方政府财政统筹使用的各类援助、捐赠等资金支出。

"地区间援助支出"账户是属于支出性质的账户。"地区间援助支出"应当按照受援地区及管理需要进行相应明细核算。发生地区间援助支出时，借记"地区间援助支出"科目，贷记"国库存款"科目。年终转账时，"地区间援助支出"借方余额全数转入"一般公共预算结转结余"科目，借记"一般公共预算结转结余"科目，贷记"地区间援助支出"科目。结转后，"地区间援助支出"无余额。

"地区间援助支出"平时借方余额反映地区间援助支出的累计数。

五、安排预算稳定调节基金的核算

安排预算稳定调节基金是指政府财政按照有关规定安排的预算稳定调节基金。

"安排预算稳定调节基金"账户是属于支出性质的账户。补充预算稳定调节基金时，借记"安排预算稳定调节基金"科目，贷记"预算稳定调节基金"科目。年终转账时，"安排预算稳定调节基金"科目借方余额全数转入"一般公共预算结转结余"科目，借记"一般公共预算结转结余"科目，贷记"安排预算稳定调节基金"科目。结转后，"安排预算稳定调节基金"无余额。

"安排预算稳定调节基金"平时借方余额反映安排预算稳定调节基金的累计数。

第五节 财政专户管理资金支出的核算

财政专户管理资金是政府财政用纳入财政专户管理的教育收费等资金安排的支出。目前，主要通过财政专户核算和监督财政专户管理资金的收支活动。财政专户管理资金作为政府预算资金的补充，对发展地方经济起到一定的积极作用。财政专户会计核算采用收付实现制，应当以实际发生的业务活动为依据，真实记录、反映预算外资金收缴、拨付情况和结果。

一、财政专户管理资金支出核算的会计科目

为了对财政专户管理资金的支出进行核算，需要设置"财政专户管理资金支出"科目。"财政专户管理资金支出"属于支出类科目，本科目核算各级财政部门用财政专户管理资金收入安排的支出。

二、财政专户管理资金支出的账务处理

财政专户管理资金支出应当按照《政府收支分类科目》中支出功能分类科目设置相应明细科目。同时，根据管理需要，按照支出经济分类科目、部门（单位）等进行明细核算。

发生财政专户管理资金支出时，借记"财政专户管理资金支出"科目，贷记"其他财政存款"等有关科目。年终转账时，"财政专户管理资金支出"借方余额全数转入"财政专户管理资金结余"科目，借记"财政专户管理资金结余"科目，贷记"财政专户管理资金支出"科目。结转后，"财政专户管理资金支出"无余额。"财政专户管理资金支出"平时借方余额反映财政专户管理资金支出的累计数。

【例题】某市财政2016年发生以下有关经济业务，据以编制会计分录。

【例7-19】市财政局用财政专户管理资金支付教育局房屋维修费用38 000元。

借：财政专户管理资金支出	38 000
贷：其他财政存款	38 000

知识链接

财政支出效益

复习思考题

一、单项选择题

1. 支付财政专户管理资金支出时，应贷记"【 　 】"科目。
   A. 国库存款 　　 B. 其他财政存款 　　 C. 财政周转金支出 　　 D. 借入财政周转金

2. 中央财政支付发行债券的利息，应记入"【 　 】"账户。
   A. 一般公共预算本级支出 　　　　 B. 政府性基金预算本级支出
   C. 专用基金支出 　　　　　　　　 D. 财政专户管理资金支出

3. 年终，"财政专户管理资金支出"，应转入下列"【 　 】"账户。
   A. 一般公共预算结转结余 　　　　 B. 财政专户管理资金结余
   C. 政府性基金预算结转结余 　　　 D. 国有资本经营预算结转结余

二、多项选择题

财政会计办理预算支出应注意的问题有【 　 】。
   A. 办理拨款支出必须以预算为准 　　 B. 应认真审核"预算经费请拨单"
   C. 当期支出应分"款""项"列报 　　 D. 主管会计单位不得随意改变资金用途
   E. 未拨付的经费，不得列报支出

三、业务题

1. 某市财政机关按预算拨付给市国土资源管理局本月经费82 000元。

2. 某市财政机关根据预算安排，拨给市科技局科技三项费用49 000元。

3. 期末，将"一般公共预算本级支出"科目借方余额2 334 000元转入"一般公共预算结转结余"科目。

4. 年终，中央财政总预算会计确定一项已经安排预算的资金440 000万元，由于用款单位用款进度的原因，未能拨付出去。

5. 某市财政机关用铁路建设基金安排的铁路建设支出77 000元。

6. 某市财政机关用财政专户管理资金支付教育局房屋维修费用29 500元。

7. 用专用基金收入安排的支出为234 000元。

8. 由于甲县发生地震灾害而财政困难，拨付一般公共预算补助款66 000元。

9. 市财政局将与所属丙县的往来款项467 000元，转作对丙县的一般公共预算补助支出。

10. 市财政上解省财政32 000元一般公共预算上解款。

11. 市财政局从政府性基金预算结余中调出66 000元，用于平衡一般公共预算收支。

关键术语

一般公共预算支出	general budget expenditure
政府性基金预算支出	fund budget expenditure
专用基金支出	special fund expenditure

财政会计报表 | 第八章

【学习目标】

1. 了解财政会计报表的概念；
2. 熟悉财政会计报表的种类；
3. 掌握财政资产负债表的编制；
4. 掌握财政收入支出表的编制；
5. 掌握财政预算报表的审核和汇总。

第一节 财政会计报表的概念和种类

财政会计报表是各级财政会计核算工作的重点。

一、财政会计报表的概念

财政会计报表是反映各级政府财政资金状况、预算收支执行情况及其结果的定期书面报告，是各级政府和上级财政部门了解财政收支情况、制定财政政策、指导预算执行工作的重要依据，也是编制下年度预算的基础。

各级政府财政会计在日常会计核算中，通过填制和审核会计凭证、登记会计账簿等工作，可以全面地反映和监督财政总预算的执行情况。但是，日常的会计核算所提供的会计资料比较零散，每个会计期末，为了详细了解一定时期财政资金状况和财政预算执行情况，就需要正确、完整、及时地把一定时期的日常核算资料，按规定的指标体系加以整理和汇总，反映在统一规定的表格上，并附以文字说明，这样就形成了财政会计报表。

财政会计报表集中、系统地反映了一定时期预算收支的执行情况，为各级政府了解财政状况、做出有关经济决策提供政府财政会计信息。

地方各级政府财政机关必须定期汇编财政会计报表，地方各级财政部门要定期向同级人民政府和上级财政部门报告本行政区域预算执行情况。财政部要定期向国务院、全国人民代表大会及常务委员会报告中央财政资金状况、预算收支执行情况。

二、财政会计报表的种类

财政会计报表可以按不同的标准进行分类。

按其经济内容不同，可分为资产负债表、收入支出表、一般公共预算执行情况表、政府性基金预算执行情况表、国有资本经营预算执行情况表、财政专户管理资金收支情况表、专用基金收支情况表等会计报表和附注。

资产负债表是反映政府财政在某一特定日期财务状况的报表。资产负债表应当按照资产、负债和净资产分类、分项列示。

收入支出表是反映政府财政在某一会计期间各类财政资金收支余情况的报表。收入支出表根据资金性质按照收入、支出、结转结余的构成分类、分项列示。

一般公共预算执行情况表是反映政府财政在某一会计期间一般公共预算收支执行结果的报表，按照《政府收支分类科目》中一般公共预算收支科目列示。

政府性基金预算执行情况表是反映政府财政在某一会计期间政府性基金预算收支执行结果的报表，按照《政府收支分类科目》中政府性基金预算收支科目列示。

国有资本经营预算执行情况表是反映政府财政在某一会计期间国有资本经营预算收支执行结果的报表，按照《政府收支分类科目》中国有资本经营预算收支科目列示。

财政专户管理资金收支情况表是反映政府财政在某一会计期间纳入财政专户管理的财政专户管理资金全部收支情况的报表，按照相关政府收支分类科目列示。

专用基金收支情况表是反映政府财政在某一会计期间专用基金全部收支情况的报表，按照不同类型的专用基金分别列示。

附注是指对在会计报表中列示项目的文字描述或明细资料，以及对未能在会计报表中列示项目的说明。

按其编报时间分类，可以分为旬报、月报、年报 3 种。旬报、月报和年报的报送期限及编报内容应根据上级财政部门具体要求和本行政区域预算管理的需要办理。

按其编报的会计主体不同，分为基层会计报表和汇总会计报表。

第二节　财政会计报表的编制

财政会计报表的编制要满足规定的编制要求和编制流程。

一、财政会计报表的编制要求

财政会计报表编制的总体要求是数字正确、报送及时、内容完整。编制财政会计报表的具体要求如下。

（一）数字正确

财政会计报表的数字，必须根据核对无误的账户记录汇总。切实做到账表相符，有根有据；不能估列代编，更不能弄虚作假。

（二）报送及时

各级政府财政会计要加强日常会计核算工作。督促有关单位及时记账、结账。所有预算会计单位都应在规定的期限内报出报表，以便主管部门和财政部门及时汇总。

（三）内容完整

财政会计报表要严格按照统一规定的种类、格式、内容、计算方法和编制口径填制，以保证全国统一汇总和分析。汇总报表的单位，要把所属单位的报表汇集齐全，防止漏报。

二、财政会计报表的编制流程

（一）年终清理

各级财政总预算会计，在会计年度结束前，应当全面进行年终清理。年终清理的主要内容如下。

1. 各级财政会计核对年度预算

年终前，各级政府财政会计应配合预算管理部门把本级财政总预算与上下级财政总预算和本级各单位预算之间的全年预算数核对清楚。只有根据正确的年度预算数字，才能正确考核决算和办理收支结算。这项工作必须在年度终了前核对完毕。为了便于年终清理，本年预算的追加追减和企事业单位的上划下划，一般截至 11 月底。各项预算拨款，一般截至 12 月 25 日。

2. 各级财政会计核对本年度的预算收支

凡属应列入本年收入的，应及时催收，并缴入国库或指定的银行账户。国库在年终库款报解整理期内，应迅速报齐当年的预算收入。应在本年预算支领列报的款项，非特殊原因，应在年终前办理完毕。不仅清理核对本年度的一般公共预算收支，还包括清理政府性基金预算收支和专用基金收支等。

3. 财政资金征收机关和各级国库进行年终对账

各级国库要按年度决算对账办法编制收入对账单，分送同级财政部门、征收机关核对签章，保证财政收入数字的一致。年度终了后，按照国库管理制度的规定，支库应设置 10 天的库款报解整理期。各国库经收处 12 月 31 日前所收款项均应在"库款报解整理期"内报达支库，列入当年决算。

4. 各级财政会计清理核对财政拨款支出

各级政府财政会计对本级各单位的拨款支出应与单位的拨款收入核对清楚。在清理核对过程中，将属于单位正常周转占用的资金，可仍作为预算支出处理；属于应收回的拨款，应及时收回，并按收回数相应冲减预算支出。属于预拨下年度的经费，不得列入当年预算支出，应当列为"预拨经费"。

5. 清理往来款项

各级财政与预算单位之间发生的其他应收款、其他应付款和上下级财政之间发生的"与上级往来""与下级往来"等各种往来款项，要在年度终了前认真清理结算。应转作各项收入或各项支出的款项，要及时转入本年有关收支账。

6. 核实股权、债权和债务

财政部门内部相关资产、债务管理部门应于每年 12 月 20 日前向总会计提供与股权、债权、债务等核算和反映相关的资料。总会计应将股权投资、借出款项、应收股利、应收地方政府债券转贷款、应收主权外债转贷款、借入款项、应付短期政府债券、应付长期政府债券、应付地方政府债券转贷款、应付主权外债转贷款、其他负债等余额与相关管理部门进行核对，记录不一致的要及时查明原因，按规定调整账务，做到账实相符、账账相符。

（二）年终结算

各级政府财政会计要在年终清理的基础上，进行年终结算。年终结算是指各级财政之间在年终清理的基础上，按照规定的财政管理体制，结清上下级财政总预算之间预算调拨收支和往来款项的活动。

要按照财政管理体制的规定，计算出全年应补助、应上解和应返还数额，与年度预算执行过程中已补助、已上解和已返还数额进行比较，结合借垫款项，计算出全年最后应补或应退数额，填制年终财政决算结算单，经核对无误后，作为年终财政结算凭证，据以入账。年终结算的内容是：根据财政管理体制规定，在对下级地方财政收支决算审核无误的基础上，计算全年应补助款数额和应上解款数额，与已补助和已上解数额进行比较，并结合借垫款项，计算出全年最后应补或应退数额，填制"年终财政决算结算单"，作为年终财政结算的凭证，进行会计账务处理。

各级政府财政会计，对年终决算清理期内发生的会计事项，应当划清会计年度。属于清理上年度的会计事项，记入上年度账内；属于新年度的会计事项，记入新账。要防止错记、漏记。

（三）年终结账

年终结账工作一般分为年终转账、结清旧账和记入新账 3 个环节。

1. 年终转账

年终转账，首先要计算出各账户 12 月的合计数和全年累计数，结出 12 月月末余额，然后根据各账户 12 月月末的余额，编制会计科目试算平衡表。经试算平衡无误后，将应转账的各个收入科目、支出科目的年末余额，按年终冲转办法，填制 12 月的记账凭证，分别转入有关结余科目，各结余科目反映各项资金的当年收支结余数额。

具体的年终转账核算内容如下。

（1）政府财政会计应将"一般公共预算本级收入""上解收入——一般公共预算上解""补助收入——一般公共预算补助""调入资金——一般公共预算调入资金""地区间援助收入""债务收入——一般债务收入""债务转贷收入——地方政府一般债务转贷收入""动用预算稳定调节基金"等科目贷方余额转入"一般公共预算结转结余"科目的贷方。同时，将"一般公共预算本级支出""上解支出——一般公共预算上解""补助支出——一般公共预算补助""地区间援助支出""调出资金——一般公共预算调出资金""安排预算稳定调节基金""债务转贷支出——地方政府一般债务转贷支出""债务还本支出——一般债务还本支出"等科目借方余额转入"一般公共预算结转结余"的借方。

（2）每年年末转账时，应将"政府性基金预算本级收入""补助收入——政府性基金预算补助""上解收入——政府性基金预算上解""调入资金——政府性基金预算调入资金""债务收入——专项债务收入""债务转贷收入——地方政府专项债务转贷收入"等科目的贷方余额转入"政府性基金预算结转结余"科目的贷方；同时，将"政府性基金预算本级支出""补助支出——政府性基金预算补助""上解支出——政府性基金预算上解""调出资金——政府性基金预算调出""债务还本支出——专项债务还本支出""债务转贷支出——地方政府专项债务转贷支出"科目的借方余额转入"政府性基金预算结转结余"科目的借方。

（3）每年年末转账时，将"专用基金收入"科目的贷方余额转入"专用基金结余"科目贷方；将"专用基金支出"科目的借方余额转入"专用基金结余"科目借方。

（4）年终转账时，将财政专户管理资金的有关收入科目贷方余额转入"财政专户管理资金结余"贷方，借记"财政专户管理资金收入"等科目，贷记"财政专户管理资金结余"科目；将财政专户管理资金的有关支出科目借方余额转入"财政专户管理资金结余"借方，借记"财政专户管理资金结余"科目，贷记"财政专户管理资金支出"等科目。

（5）年终转账时，应将国有资本经营预算的有关收入科目贷方余额转入"国有资本经营预算结转结余"贷方，借记"国有资本经营预算本级收入"等科目，贷记"国有资本经营预算结转结余"科目；将国有资本经营预算的有关支出科目借方余额转入"国有资本经营预算结转结余"借方，借记"国有资本经营预算结转结余"科目，贷记"国有资本经营预算本级支出""调出资金——国有资本经营预算调出资金"等科目。

2. 结清旧账

首先，将各个收入和支出账户的借方、贷方结出全年总计数，然后在下面画双红线，表示本账户全部结清。然后，对年终有结余的账户，在"摘要"栏内注明"结转下年"字样，并在下面画双红线，表示旧账余额结束，转入新账。各个账户结清后，要根据各账户余额编制年终决算资产负债表。

3. 记入新账

根据本年度各个总账账户和明细账户年终转账后的余额编制年终决算资产负债表和有关明细表后，将表列各账户的余额直接记入新年度有关总账和明细账各账户预留空行的余额栏内，并在"摘要"栏注明"上年结转"字样，以区别新年度发生数。

三、财政会计报表的编制

（一）年度资产负债表的编制

年末结账后资产负债表是反映一级政府财政资金状况的报表。编制该表时，应该先把年末转账的会计分录登记相关的总账和明细账，并结出各账户的年末余额，然后根据各账户的余额编制结账后资产负债表。资产负债表提供某一特定日期各级政府所控制的资产、承担的负债以及拥有的净资产情况。资产负债表以"资产=负债+净资产"平衡公式为依据，左方反映资产总额，右方反映负债及净资产总额。资产负债表只要求编制和汇总月报和年报。

期末时，应将各收入类和支出类账户的当期余额分别转入相应的结余账户，因此，资产负债表应反映各类资产、负债和净资产项目的余额，该余额表示期末各类项目的余额数。

财政会计应先编出本级财政的资产负债表，然后与经审核无误的所属下级总预算会计汇总的资产负债表汇总，编成本地区财政汇总的资产负债表。在汇编中，应将本级财政的"与下级往来"和下级财政的"与上级往来"核对无误后互相冲销，以免重复汇总。年终结账后的资产负债表的格式如表8-1所示。

表 8-1 资产负债表

编制单位： ___年___月___日 单位：元

资产	年初余额	期末余额	负债和净资产	年初余额	期末余额
流动资产：			流动负债：		
国库存款			应付短期政府债券		
国库现金管理存款			应付利息		
其他财政存款			应付国库集中支付结余		
有价证券			与上级往来		
在途款			其他应付款		
预拨经费			应付代管资金		
借出款项			一年内到期的非流动负债		
应收股利			流动负债合计		
应收利息			非流动负债：		
与下级往来			应付长期政府债券		
其他应收款			借入款项		
流动资产合计			应付地方政府债券转贷款		
非流动资产：			应付主权外债转贷款		
应收地方政府债券转贷款			其他负债		
应收主权外债转贷款			非流动负债合计		
股权投资			负债合计		
待发国债			一般公共预算结转结余		
非流动资产合计			政府性基金预算结转结余		
			国有资本经营预算结转结余		
			财政专户管理资金结余		
			专用基金结余		
			预算稳定调节基金		
			预算周转金		
			资产基金		
			减：待偿债净资产		
			净资产合计		
资产总计			负债和净资产总计		

资产负债表的编制要求如下。

1. 本表"年初余额"栏的内容和填列方法

本表"年初余额"栏内各项数字，应当根据上年末资产负债表"期末余额"栏内数字填列。如果本年度资产负债表规定的各个项目的名称和内容同上年度不相一致，应对上年年末资产负债表各项目的名称和数字按照本年度的规定进行调整，填入本表"年初余额"栏内。

2. 本表"期末余额"栏各项目的内容和填列方法

（1）资产类项目。

"国库存款"项目，反映政府财政期末存放在国库单一账户的款项金额。本项目应当根据"国库存款"科目的期末余额填列。

"国库现金管理存款"项目，反映政府财政期末实行国库现金管理业务持有的存款金额。本项目应当根据"国库现金管理存款"科目的期末余额填列。

"其他财政存款"项目，反映政府财政期末持有的其他财政存款金额。本项目应当根据"其他财政存款"科目的期末余额填列。

"有价证券"项目，反映政府财政期末持有的有价证券金额。本项目应当根据"有价证券"科目的期末余额填列。

"在途款"项目，反映政府财政期末持有的在途款金额。本项目应当根据"在途款"科目的期末余额填列。

"预拨经费"项目，反映政府财政期末尚未转列支出或尚待收回的预拨经费金额。本项目应当根据"预拨经费"科目的期末余额填列。

"借出款项"项目，反映政府财政期末借给预算单位尚未收回的款项金额。本项目应当根据"借出款项"科目的期末余额填列。

"应收股利"项目，反映政府期末尚未收回的现金股利或利润金额。本项目应当根据"应收股利"科目的期末余额填列。

"应收利息"项目，反映政府财政期末尚未收回应收利息金额。本项目应当根据"应收地方政府债券转贷款"和"应收主权外债转贷款"科目下的"应收利息"明细科目的期末余额合计数填列。

"与下级往来"项目，正数反映下级政府财政欠本级政府财政的款项金额；负数反映本级政府财政欠下级政府财政的款项金额。本项目应当根据"与下级往来"科目的期末余额填列，期末余额如为借方则以正数填列；如为贷方则以"−"号填列。

"其他应收款"项目，反映政府财政期末尚未收回的其他应收款的金额。本项目应当根据"其他应收款"科目的期末余额填列。

"应收地方政府债券转贷款"项目，反映政府财政期末尚未收回的地方政府债券转贷款的本金金额。本项目应当根据"应收地方政府债券转贷款"科目下的"应收本金"明细科目的期末余额填列。

"应收主权外债转贷款"项目，反映政府财政期末尚未收回的主权外债转贷款的本金金额。本项目应当根据"应收主权外债转贷款"科目下的"应收本金"明细科目的期末余额填列。

"股权投资"项目，反映政府期末持有的股权投资的金额。本项目应当根据"股权投资"科目的期末余额填列。

"待发国债"项目，反映中央政府财政期末尚未使用的国债发行额度。本项目应当根据"待发国债"科目的期末余额填列。

（2）负债类项目。

"应付短期政府债券"项目，反映政府财政期末尚未偿还的发行期限不超过1年（含1年）的政府债券的本金金额。本项目应当根据"应付短期政府债券"科目下的"应付本金"明细科目的期末余额填列。

"应付利息"项目，反映政府财政期末尚未支付的应付利息金额。本项目应当根据"应付短期政府债券""借入款项""应付地方政府债券转贷款"和"应付主权外债转贷款"等科目下的"应付利息"明细科目期末余额，以及属于分期付息到期还本的"应付长期政府债券"的"应付利息"明细科目期末余额计算填列。

"应付国库集中支付结余"项目，反映政府财政期末尚未支付的国库集中支付结余金额。本项目应当根据"应付国库集中支付结余"科目的期末余额填列。

"与上级往来"项目，正数反映本级政府财政期末欠上级政府财政的款项金额；负数反映上级政府财政欠本级政府财政的款项金额。本项目应当根据"与上级往来"科目的期末余额填列，如为借方余额则以"-"号填列。

"其他应付款"项目，反映政府财政期末尚未支付的其他应付款的金额。本项目应当根据"其他应付款"科目的期末余额填列。

"应付代管资金"项目，反映政府财政期末尚未支付的代管资金金额。本项目应当根据"应付代管资金"科目的期末余额填列。

"一年内到期的非流动负债"项目，反映政府财政期末承担的1年以内（含1年）到偿还期的非流动负债。本项目应当根据"应付长期政府债券""借入款项""应付地方政府债券转贷款""应付主权外债转贷款"和"其他负债"等科目的期末余额及债务管理部门提供的资料分析填列。

"应付长期政府债券"项目，反映政府财政期末承担的偿还期限超过1年的长期政府债券的本金金额及到期一次还本付息的长期政府债券的应付利息金额。本项目应当根据"应付长期政府债券"科目的期末余额分析填列。

"应付地方政府债券转贷款"项目，反映政府财政期末承担的偿还期限超过1年的地方政府债券转贷款的本金金额。本项目应当根据"应付地方政府债券转贷款"科目下"应付本金"明细科目的期末余额分析填列。

"应付主权外债转贷款"项目，反映政府财政期末承担的偿还期限超过1年的主权外债转贷款的本金金额。本项目应当根据"应付主权外债转贷款"科目下"应付本金"明细科目的期末余额分析填列。

"借入款项"项目，反映政府财政期末承担的偿还期限超过1年的借入款项的本金金额。本项目应当根据"借入款项"科目下"应付本金"明细科目的期末余额分析填列。

"其他负债"项目，反映政府财政期末承担的偿还期限超过1年的其他负债金额。本项目应当根据"其他负债"科目的期末余额分析填列。

（3）净资产类项目。

"一般公共预算结转结余"项目，反映政府财政期末滚存的一般公共预算结转金额。本项目应当根据"一般公共预算结转结余"科目的期末余额填列。

"政府性基金预算结转结余"项目，反映政府财政期末滚存的政府性基金预算结转结余金额。本项目应当根据"政府性基金预算结转结余"科目的期末余额填列。

"国有资本经营预算结转结余"项目，反映政府财政期末滚存的国有资本经营预算结转结余金额。本项目应当根据"国有资本经营预算结转结余"科目的期末余额填列。

"财政专户管理资金结余"项目，反映政府财政期末滚存的财政专户管理资金结余金额。本项目应当根据"财政专户管理资金结余"科目的期末余额填列。

"专用基金结余"项目，反映政府财政期末滚存的专用基金结余金额。本项目应当根据"专用基金结余"科目的期末余额填列。

"预算稳定调节基金"项目，反映政府财政期末预算稳定调节基金的余额。本项目应当根据"预算稳定调节基金"科目的期末余额填列。

"预算周转金"项目，反映政府财政期末预算周转金的余额。本项目应当根据"预算周转金"科目的期末余额填列。

"资产基金"项目，反映政府财政期末持有的应收地方政府债券转贷款、应收主权外债转贷款、股权投资和应收股利等资产在净资产中占用的金额。本项目应当根据"资产基金"科目的期末余额填列。

"待偿债净资产"项目，反映政府财政期末因承担应付短期政府债券、应付长期政府债券、借入款项、应付地方政府债券转贷款、应付主权外债转贷款、其他负债等负债相应需在净资产中冲减的金额。本项目应当根据"待偿债净资产"科目的期末借方余额以"-"号填列。

（二）收入支出表

收入支出表是反映政府财政在某一会计期间各类财政资金收支余情况的报表，如表 8-2 所示。收入支出表根据资金性质按照收入、支出、结转结余的构成分类、分项列示。

表 8-2　　　　　　　　　　　　　收入支出表

编制单位：　　　　　　　　　　　　　___年___月　　　　　　　　　　　　　单位：元

项目	一般公共预算 本月数	本年累计数	政府性基金预算 本月数	本年累计数	国有资本经营预算 本月数	本年累计数	财政专户管理资金 本月数	本年累计数	专用基金 本月数	本年累计数
年初结转结余										
收入合计										
本级收入										
其中：来自预算安排的收入	—	—			—	—	—	—	—	—
补助收入					—	—	—	—	—	—
上解收入					—	—	—	—	—	—
地区间援助收入					—	—	—	—	—	—
债务收入					—	—	—	—	—	—
债务转贷收入					—	—	—	—	—	—
动用预算稳定调节基金					—	—	—	—	—	—
调入资金					—	—	—	—	—	—
支出合计										
本级支出										
其中：权责发生制列支					—	—	—	—	—	—
预算安排专用基金的支出					—	—	—	—	—	—
补助支出					—	—	—	—	—	—
上解支出					—	—	—	—	—	—
地区间援助支出	—	—			—	—	—	—	—	—
债务还本支出					—	—	—	—	—	—
债务转贷支出					—	—	—	—	—	—
安排预算稳定调节基金					—	—	—	—	—	—
调出资金					—	—	—	—	—	—
结余转出	—	—			—	—	—	—	—	—
其中：增设预算周转金	—	—			—	—	—	—	—	—
年末结转结余										

收入支出表的编制要求如下。

（1）本表"本月数"栏反映各项目的本月实际发生数。在编制年度收入支出表时，应将本栏改为"上年数"栏，反映上年度各项目的实际发生数；如果本年度收入支出表规定的各个项目的名称和内容同上年度不一致，应对上年度收入支出表各项目的名称和数字按照本年度的规定进行调整，填入本年度收入支出表的"上年数"栏。

本表"本年累计数"栏反映各项目自年初起至报告期末止的累计实际发生数。编制年度收入支出表时，应当将本栏改为"本年数"。

（2）本表"本月数"栏各项目的内容和填列方法。

"年初结转结余"项目，反映政府财政本年初各类资金结转结余金额。其中，一般公共预算的"年初结转结余"应当根据"一般公共预算结转结余"科目的年初余额填列；政府性基金预算的"年初结转结余"应当根据"政府性基金预算结转结余"科目的年初余额填列；国有资本经营预算的"年初结转结余"应当根据"国有资本经营预算结转结余"科目的年初余额填列；财政专户管理资金的"年初结转结余"应当根据"财政专户管理资金结余"科目的年初余额填列；专用基金的"年初结转结余"应当根据"专用基金结余"科目的年初余额填列。

"收入合计"项目，反映政府财政本期取得的各类资金的收入合计金额。其中，一般公共预算的"收入合计"应当根据属于一般公共预算的"本级收入""补助收入""上解收入""地区间援助收入""债务收入""债务转贷收入""动用预算稳定调节基金"和"调入资金"各行项目金额的合计填列；政府性基金预算的"收入合计"应当根据属于政府性基金预算的"本级收入""补助收入""上解收入""债务收入""债务转贷收入"和"调入资金"各行项目金额的合计填列；国有资本经营预算的"收入合计"应当根据属于国有资本经营预算的"本级收入"项目的金额填列；财政专户管理资金的"收入合计"应当根据属于财政专户管理资金的"本级收入"项目的金额填列；专用基金的"收入合计"应当根据属于专用基金的"本级收入"项目的金额填列。

"本级收入"项目，反映政府财政本期取得的各类资金的本级收入金额。其中，一般公共预算的"本级收入"应当根据"一般公共预算本级收入"科目的本期发生额填列；政府性基金预算的"本级收入"应当根据"政府性基金预算本级收入"科目的本期发生额填列；国有资本经营预算的"本级收入"应当根据"国有资本经营预算本级收入"科目的本期发生额填列；财政专户管理资金的"本级收入"应当根据"财政专户管理资金收入"科目的本期发生额填列；专用基金的"本级收入"应当根据"专用基金收入"科目的本期发生额填列。

"补助收入"项目，反映政府财政本期取得的各类资金的补助收入金额。其中，一般公共预算的"补助收入"应当根据"补助收入"科目下的"一般公共预算补助收入"明细科目的本期发生额填列；政府性基金预算的"补助收入"应当根据"补助收入"科目下的"政府性基金预算补助收入"明细科目的本期发生额填列。

"上解收入"项目，反映政府财政本期取得的各类资金的上解收入金额。其中，一般公共预算的"上解收入"应当根据"上解收入"科目下的"一般公共预算上解收入"明细科目的本期发生额填列；政府性基金预算的"上解收入"应当根据"上解收入"科目下的"政府性基金预算上解收入"明细科目的本期发生额填列。

"地区间援助收入"项目，反映政府财政本期取得的地区间援助收入金额。本项目应当根据"地区间援助收入"科目的本期发生额填列。

"债务收入"项目，反映政府财政本期取得的债务收入金额。其中，一般公共预算的"债务收入"应当根据"债务收入"科目下除"专项债务收入"以外的其他明细科目的本期发生额填列；政府性基金预算的"债务收入"应当根据"债务收入"科目下的"专项债务收入"明细科目的本期发生额填列。

"债务转贷收入"项目，反映政府财政本期取得的债务转贷收入金额。其中，一般公共预算的"债务转贷收入"应当根据"债务转贷收入"科目下"地方政府一般债务转贷收入"明细科目的本期发生额填列；政府性基金预算的"债务转贷收入"应当根据"债务转贷收入"科目下的"地方政府专项债务转贷收入"明细科目的本期发生额填列。

"动用预算稳定调节基金"项目，反映政府财政本期调用的预算稳定调节基金金额。本项目应当根据"动用预算稳定调节基金"科目的本期发生额填列。

"调入资金"项目，反映政府财政本期取得的调入资金金额。其中，一般公共预算的"调入资金"应当根据"调入资金"科目下"一般公共预算调入资金"明细科目的本期发生额填列；政府性基金预算的"调入资金"应当根据"调入资金"科目下"政府性基金预算调入资金"明细科目的本期发生额填列。

"支出合计"项目，反映政府财政本期发生的各类资金的支出合计金额。其中，一般公共预算的"支出合计"应当根据属于一般公共预算的"本级支出""补助支出""上解支出""地区间援助支出""债务还本支出""债务转贷支出""安排预算稳定调节基金"和"调出资金"各行项目金额的合计填列；政府性基金预算的"支出合计"应当根据属于政府性基金预算的"本级支出""补助支出""上解支出""债务还本支出""债务转贷支出"和"调出资金"各行项目金额的合计填列；国有资本经营预算的"支出合计"应当根据属于国有资本经营预算的"本级支出"和"调出资金"项目金额的合计填列；财政专户管理资金的"支出合计"应当根据属于财政专户管理资金的"本级支出"项目的金额填列；专用基金的"支出合计"应当根据属于专用基金的"本级支出"项目的金额填列。

"补助支出"项目，反映政府财政本期发生的各类资金的补助支出金额。其中，一般公共预算的"补助支出"应当根据"补助支出"科目下的"一般公共预算补助支出"明细科目的本期发生额填列；政府性基金预算的"补助支出"应当根据"补助支出"科目下的"政府性基金预算补助支出"明细科目的本期发生额填列。

"上解支出"项目，反映政府财政本期发生的各类资金的上解支出金额。其中，一般公共预算的"上解支出"应当根据"上解支出"科目下的"一般公共预算上解支出"明细科目的本期发生额填列；政府性基金预算的"上解支出"应当根据"上解支出"科目下的"政府性基金预算上解支出"明细科目的本期发生额填列。

"地区间援助支出"项目，反映政府财政本期发生的地区间援助支出金额。本项目应当根据"地区间援助支出"科目的本期发生额填列。

"债务还本支出"项目，反映政府财政本期发生的债务还本支出金额。其中，一般公共预算的"债务还本支出"应当根据"债务还本支出"科目下除"专项债务还本支出"以外的其他明细科目的本期发生额填列；政府性基金预算的"债务还本支出"应当根据"债务还本支出"科目下的"专项债务还本支出"明细科目的本期发生额填列。

"债务转贷支出"项目，反映政府财政本期发生的债务转贷支出金额。其中，一般公共预算的"债务转贷支出"应当根据"债务转贷支出"科目下"地方政府一般债务转贷支出"明细科目的本期发生额填列；政府性基金预算的"债务转贷支出"应当根据"债务转贷支出"科目下的"地方政府专项债务转贷支出"明细科目的本期发生额填列。

"安排预算稳定调节基金"项目，反映政府财政本期安排的预算稳定调节基金金额。本项目根据"安排预算稳定调节基金"科目的本期发生额填列。

"调出资金"项目，反映政府财政本期发生的各类资金的调出资金金额。其中，一般公共预算的"调出资金"应当根据"调出资金"科目下"一般公共预算调出资金"明细科目的本期发生额填列；政府性基金预算的"调出资金"应当根据"调出资金"科目下"政府性基金预算调出资金"明细科目的本期发生额填列；国有资本经营预算的"调出资金"应当根据"调出资金"科目下的"国有资本经营预算调出资金"明细科目的本期发生额填列。

"增设预算周转金"项目，反映政府财政本期设置和补充预算周转金的金额。本项目应当根据"预算周转金"科目的本期贷方发生额填列。

"年末结转结余"项目，反映政府财政本年末的各类资金的结转结余金额。其中，一般公共预算的"年末结转结余"应当根据"一般公共预算结转结余"科目的年末余额填列；政府性基金预算的"年末结转结余"应当根据"政府性基金预算结转结余"科目的年末余额填列；国有资本经营预算的"年末结转结余"应当根据"国有资本经营预算结转结余"科目的年末余额填列；财政专户管理资金的"年末结转结余"应当根据"财政专户管理资金结余"科目的年末余额填列；专用基金的"年末结转结余"应当根据"专用基金结余"科目的年末余额填列。

（三）一般公共预算执行情况表

一般公共预算执行情况表是财政会计用于反映年度一般公共预算收支情况的会计报表。该报表按一般公共预算收入和一般公共预算支出科目反映全年一般公共预算收支的调整预算数和决算数。此表应按《政府收支分类科目》的分类填列。一般公共预算执行情况表的格式如表8-3所示。

表 8-3 一般公共预算执行情况表

编制单位： ___年___月___旬 单位：元

项目	本月（旬）数	本年（月）累计数
一般公共预算本级收入		
101 税收收入		
10101 增值税		
1010101 国内增值税		
……		
一般公共预算本级支出		
201 一般公共服务支出		
20101 人大事务		
2010101 行政运行		
……		

一般公共预算执行情况表编制要求如下：

"一般公共预算本级收入"项目及所属各明细项目，应当根据"一般公共预算本级收入"科目及所属各明细科目的本期发生额填列；

"一般公共预算本级支出"项目及所属各明细项目，应当根据"一般公共预算本级支出"科目及所属各明细科目的本期发生额填列。

（四）政府性基金预算执行情况表

政府性基金预算执行情况表是反映政府财政在某一会计期间政府性基金预算收支执行结果的报表，按照《政府收支分类科目》中政府性基金预算收支科目列示。政府性基金预算执行情况表的格式如表 8-4 所示。

表 8-4 政府性基金预算执行情况表

编制单位： ___年___月___旬 单位：元

项目	本月（旬）数	本年（月）累计数
政府性基金预算本级收入		
10301 政府性基金收入		
1030102 农网还贷资金收入		
103010201 中央农网还贷资金收入		
……		
政府性基金预算本级支出		
206 科学技术支出		
20610 核电站乏燃料处理处置基金支出		
2061001 乏燃料运输		
……		

政府性基金预算执行情况表编制要求如下：

"政府性基金预算本级收入"项目及所属各明细项目，应当根据"政府性基金预算本级收入"科目及所属各明细科目的本期发生额填列；

"政府性基金预算本级支出"项目及所属各明细项目，应当根据"政府性基金预算本级支出"科目及所属各明细科目的本期发生额填列。

（五）专用基金收支情况表

专用基金收支情况表是反映专用基金收入、支出及结余的会计报表。专用基金收支情况表的一般格式如表 8-5 所示。

表 8-5   专用基金收支情况表

编表单位：   年   月   日   金额单位：元

收入	金额	支出	金额
粮食风险基金收入		粮食风险基金支出	
……		……	
		支出合计	
收入合计		粮食风险基金	
		上年结余	
		滚存结余	

专用基金收支情况表编制要求如下：

"专用基金收入"项目及所属各明细项目，应当根据"专用基金收入"科目及所属各明细科目的本期发生额填列；

"专用基金支出"项目及所属各明细项目，应当根据"专用基金支出"科目及所属各明细科目的本期发生额填列。

（六）财政专户管理资金收支情况表

财政专户管理资金收支情况表是反映政府财政在某一会计期间纳入财政专户管理的财政专户管理资金全部收支情况的报表，按照相关政府收支分类科目列示。财政专户管理资金收支情况表的格式如表 8-6 所示。

表 8-6   财政专户管理资金收支情况表

编制单位：   ___年___月   单位：元

项目	本月数	本年累计数
财政专户管理资金收入		
财政专户管理资金支出		

财政专户管理资金收支情况表编制要求如下：

"财政专户管理资金收入"项目及所属各明细项目，应当根据"财政专户管理资金收入"科目及所属各明细科目的本期发生额填列；

"财政专户管理资金支出"项目及所属各明细项目，应当根据"财政专户管理资金支出"科目及所属各明细科目的本期发生额填列。

（七）国有资本经营预算执行情况表

国有资本经营预算执行情况表是反映政府财政在某一会计期间国有资本经营预算收支执行结果的报表，按照《政府收支分类科目》中国有资本经营预算收支科目列示。国有资本经营预算执行情况表如表 8-7 所示。

表 8-7 国有资本经营预算执行情况表

| 编制单位： | | 年 月 旬 | | 单位：元 |

项目	本月（旬）数	本年（月）累计数
国有资本经营预算本级收入		
10306 国有资本经营收入		
1030601 利润收入		
103060103 烟草企业利润收入		
……		
国有资本经营预算本级支出		
208 社会保障和就业支出		
20804 补充全国社会保障基金		
2080451 国有资本经营预算补充社保基金支出		
……		

国有资本经营预算执行情况表编制要求如下：

"国有资本经营预算本级收入"项目及所属各明细项目，应当根据"国有资本经营预算本级收入"科目及所属各明细科目的本期发生额填列；

"国有资本经营预算本级支出"项目及所属各明细项目，应当根据"国有资本经营预算本级支出"科目及所属各明细科目的本期发生额填列。

（八）附注

总会计报表附注应当至少披露下列内容：遵循《财政总预算会计制度》的声明；本级政府财政预算执行情况和财务状况的说明；会计报表中列示的重要项目的进一步说明，包括其主要构成、增减变动情况等；或有负债情况的说明；有助于理解和分析会计报表的其他需要说明的事项。

第三节　财政会计报表的审核和汇总

各单位对于已编制的会计报表应认真审核，然后才能上报。主管部门对所属单位上报的会计报表应在认真审核后再汇总。

一、财政会计报表的审核

会计报表审核的内容包括两个方面：一是政策性审核，即审核各项收支是否符合政策、制度，有无违反财经纪律的现象；二是技术性审核，即审核报表的数字关系是否正确，有无技术性差错等。

（一）财政会计报表的政策性审核

1. 预算收入的审核

（1）审核是否及时缴库。审核本年的全部预算收入，是否按照国家政策、预算管理体制和有关缴款办法的规定，是否及时、足额地缴入各级国库，是否有无故拖欠、截留、挪用预算收入的情况，有无将应缴的收入以暂存款挂在往来账上的现象。

（2）审计预算级次。审计各级总预算之间的收入划分是否正确，应上解上级财政的款项是否按规定及时足额地进行报解。预算收入的划分、报解是否符合财政管理体制的规定，有无错误划分报解预算收入的情况。

（3）审核收入类别。审核一般公共预算本级收入、政府性基金预算本级收入、专用基金收入是否划分清楚，地方附加收入是否挤占正税，征收项目及其比例是否超过国家规定。也就是审核一般公共预算本级收入与其他各项收入是否划分清楚，有无混淆各种收入的情况。

（4）审核收入退库。审核预算收入的退库是否按国家规定办理，有无越权减免税款、违反规定的退库现象。

（5）审核预算收入的年终决算。审核年终决算的收入数与 12 月会计报表中的累计收入数是否一致。如不一致，应查明具体原因，属于违反财经纪律、转移资金的情况必须及时纠正。

2. 预算支出的审核

（1）审核预算支出的列报口径。审核预算支出数是否违反有关制度，是否符合政府预算支出列报口径的规定，有无不合理的以拨作支现象，决算支出数中是否列入了预拨的下年度经费。

（2）审核预算支出的开支标准。审核预算支出数是否超过了批准的预算，有无任意扩大支出范围，提高开支标准，铺张浪费，损公肥私等违反财经纪律的现象；有关支出项目之间是否存在违反政府规定的相互挤占现象。

（3）审核预算支出的界限。审核一般公共预算本级支出、政府性基金预算本级支出、专用基金支出等支出的界限是否划分清楚，有无相互混淆的情况。

（4）审核预算支出的完整性。审核预算支出数是否列报齐全，有无漏报的现象。

（5）审核预算支出的年终决算。审核年终决算支出数与 12 月会计报表所列的全年支出累计数是否一致；未实行经费包干管理的单位和项目有无年终突击花钱的现象。

（二）财政会计报表的技术性审核

对政府财政会计报表的技术性审核主要包括以下内容。

1. **审核决算报表之间的有关数字是否一致**

审核会计报表之间的有关数字是否一致。例如，资产负债表中有关收支数字与收支明细表的有关数字是否一致，年终决算总表的数字与有关明细表的数字是否一致。

2. **审核上下年度有关数字是否一致**

例如，审核基本数字表的本年年初数同上年年末数是否一致，资产负债表的年初数同上年决算数是否一致。

3. **审核上下级财政之间上解、拨补等数字是否一致**

例如，本级报表的下级上解收入数与所属下级报表的上解支出合计数是否一致，本级报表的补助支出数与所属下级报表的补助收入的合计数是否一致。

4. **审核财政会计报表的有关数字和其他有关部门的数字是否一致**

例如，决算总表中税收收入与税务机关报表中的有关数字是否一致，基本数字表中的数字与有关业务部门的统计数字是否一致。

5. **审核会计报表的正确性与完整性**

从会计报表的数字关系、数字计算的准确程度等方面，对会计报表反映的各项预算收支情况进行审核。

二、财政会计报表的汇总

汇总会计报表的种类、内容、格式和基层单位的会计报表相同。汇总编制时应将相同项目的金额加计总额后填列，但上下级单位由于汇总合计项目造成重复计算的金额应当进行抵销。同时，上下级单位之间汇总资产负债表时，也有些项目合计数出现重复，对于这些内容，也应当进行抵销。

知识链接

政府财务报告

复习思考题

一、单项选择题

1. 财政会计在编制汇总会计报表时应将本级报表中的"补助支出"与所属下级报表的【　　】冲销。

    A. 上解支出　　　　　　　　　B. 上解收入（下级上解）

    C. 与上级往来　　　　　　　　D. 补助收入（上级补助）

2. 为了便于年终清理，各项预算拨款一般截止到【　　】为止。

    A. 10月底　　　B. 11月底　　　　C. 12月底　　　　　　D. 12月25日

二、多项选择题

1. 财政会计中，汇总会计报表时，上下级之间对应科目数字应予以冲销，下面哪些对应科目应冲销？【　　】

    A. 本级的"补助支出"与下级的"补助收入"

    B. 本级的"上解收入"与下级的"上解支出"

    C. 本级的"与下级往来"与下级的"与上级往来"

    D. 本级的"调入资金"与下级的"调出资金"

2. 总预算会计年终结账的环节包括【　　】。

    A. 年终转账　　B. 结清旧账　　　　C. 记入新账

    D. 年终清理　　E. 年终结算

三、计算题

镇江市财政原体制定额上解数为1 500万元，上级应返还税收2 600万元（平时资金返还按实际缴入中央国库"两税"收入的40%划转市中心支库）；当年上级财政对该市财政的临时性补助和专项补助为500万元。该市向上级财政借款余额为300万元。

（1）根据资料进行上下级财政年终结算；

（2）编制上下级财政年终结算的会计分录。

四、简答题

1. 财政会计报表的概念是什么？

2. 财政会计报表年终清理的内容是什么？

3. 财政会计报表年终审核的内容是什么？

关键术语

资产负债表	blance sheet
预算收支决算总表	budget summary of revenues and expenditures
基金收支决算总表	fund summary of revenues and expenditures

第三篇

行政单位会计

【学习目标】

1. 了解行政单位会计的概念；
2. 熟悉行政单位会计的特点；
3. 掌握行政单位会计要素；
4. 掌握行政单位会计账务处理程序。

第一节 行政单位会计的概念及特点

行政单位会计是政府会计的重要组成部分，有其自身的特点。

一、行政单位会计的概念

（一）行政单位的概念

行政单位是指进行国家行政管理、组织经济建设和文化建设、维护社会公共秩序的单位。主要包括国家权力机关，即全国人民代表大会和地方各级人民代表大会及其常务委员会；国家行政机关，即国务院和地方各级人民政府及其工作机构；各级审判机关和检察机关；党派组织和人民团体，即中国共产党以及各民主党派、共青团、妇联、工会等组织。有些单位虽未列为行政编制，但完全行使行政管理职能，也视同行政单位。行政单位是非物质生产部门，不从事物质产品生产、商品交换及物资流通等生产经营活动，所以，单位完成行政任务所需要的资金，主要依靠政府的财政拨款来满足。行政单位的人员列入国家行政编制，所需经费全部由国家财政供给。从编制部门预算进行预算管理的角度看，行政单位可分为人大、政协、民主党派、党务部门、综合性部门、公检法司部门、专业管理部门、一般政务部门和人民团体等。

（二）行政单位会计的定义

行政单位会计是各级各类行政单位反映和监督单位预算资金活动过程和结果的一种管理活动。它是政府会计体系的重要组成部分。行政单位会计是指以货币为计量单位，对国家各级行政单位各项业务进行确认、计量和报告的会计。有些单位就其本身性质而言不属于行政单位，如各党派、人民团体、各种协会等，但因其经费来源主要为国家财政拨款，或财务收支业务与行政单位类似，也视同行政单位核算，实行与行政单位类似的会计核算办法。

二、行政单位会计的特点

行政单位会计与政府财政会计相比，有如下特点。

（一）行政单位会计核算的对象是单位预算资金

政府财政会计的核算对象是各级政府预算资金的集中、分配及其结果，核算重点是一级财政的预算收入。因此，政府财政会计是进行宏观经济管理的会计，其会计主体是各级人民政府。而行政单位会计的核算对象是各级各类行政单位预算资金的领拨、使用及其结果，核算重点是一个单位的经费支出。因此，行政单位会计是进行微观经济管理的会计，其会计主体是各个具体的行政单位。

（二）行政单位会计主要反映资金的缴拨款关系

政府财政会计侧重于预算资金的集中和分配的核算，因而反映的经济关系主要有政府与物质生产部门和非物质生产部门单位之间的税收征缴关系、利润分配关系、投资拨款关系以及与行政事业单位之间的缴拨款关系等，这些经济关系绝大多数是基于政府职能而产生的非商品交换关系。而行政单位会计侧重于预算资金使用的核算，因而反映的经济关系除了与政府财政或上级单位的缴拨款关系之外，主要反映在资金使用过程中与各企事业单位之间发生的商品劳务的交换关系。

（三）行政单位会计的确认基础主要是收付实现制

会计确认基础有收付实现制和权责发生制两种。政府财政会计虽然也使用收付实现制作为会计确认基础，但是在年末岁初涉及预算收入、预算支出的年度划分时，还是要按照权责发生制处理一些特殊业务。行政单位会计核算一般采用收付实现制，特殊经济业务和事项应当按照本制度的规定采用权责发生制核算。

（四）行政单位会计核算支出的基础是实际支出数

政府财政会计核算支出的数字基础是财政拨款数、银行支出数和资金清算数，而行政单位会计核算支出的数字基础是实际支出数。

第二节 行政单位会计要素及资金管理原则

行政单位的会计要素是对会计对象按照经济性质所做的基本分类，是会计核算和监督的具体内容。

一、行政单位会计要素

行政单位会计要素是指行政单位会计核算对象的构成要素，分为资产、负债、净资产、收入和支出5项。

（一）资产

行政单位资产是指行政单位占有或者使用的，能以货币计量的经济资源。占有，是指行政单位对经济资源拥有法律上的占有权。由行政单位直接支配，供社会公众使用的政府储备物资、公共基础设施等，也属于行政单位核算的资产。

行政单位资产是行政单位持续履行行政职能的物质保证，是通过过去的活动形成的、由行政单位拥有或控制的资源，该资源预期能够为行政单位提供未来服务能力或者带来未来经济利益。其主要作用是产生未来的服务能力。行政单位的资产包括流动资产、固定资产、在建工程、无形资产等。其中，流动资产是指可以在1年以内（含1年）变现或者耗用的资产，包括库存现金、银行存款、零余额账户用款额度、财政应返还额度、应收及预付款项、存货等。

（二）负债

行政单位负债是指行政单位所承担的能以货币计量，需要以资产等偿还的债务。

行政单位负债是行政单位由于过去的活动形成的现实义务，履行该义务预期会导致行政单位包含服务能力或者经济利益的资源减少。行政单位大部分负债是行政单位因凭借其国家管理职能强制收取的，但是必须向国家财政上缴的资金，即应缴预算款。行政单位不得借款，因此它没有来源于借贷业务的负债。行政单位的负债按照流动性，分为流动负债和非流动负债。行政单位的流动负债包括应缴财政款、应缴税费、应付职工薪酬、应付及暂存款项、应付政府补贴款等。行政单位的非流动负债包括长期应付款等。

（三）净资产

净资产是指行政单位资产扣除负债后的余额。

行政单位的净资产包括财政拨款结转、财政拨款结余、其他资金结转结余、资产基金、待偿债净资产等。当行政单位的净资产即将出现负数时，如果是因为正常业务扩大，资金的供给者会予以弥补，因此，行政单位没有创收的压力。

（四）收入

行政单位的收入是行政单位依法取得的非偿还性资金。行政单位取得收入与补偿行为无关，它只是国家维持行政单位履行职能能力的手段。行政单位取得收入是为了维持支出。

行政单位的收入主要包括行政单位为完成公务活动，从国家财政或上级单位取得的拨款，即资金供应者无偿供给的资金，以及其他零星小额的银行存款利息、国债利息等资产流入。行政单位的收入包括财政拨款收入和其他收入。行政单位的收入一般应当在收到款项时予以确认，并按照实际收到的金额进行计量。

（五）支出

行政单位的支出是指行政单位为开展业务活动所发生的各项资金耗费及损失。行政单位支出的目的在于完成它承担的国家管理职能，这些支出根本不能带来任何收入和利润。行政单位支出主要依据收付实现制确认，与行政单位收入无配比关系。国家向行政单位提供资金时往往限定资金支出方向，以控制行政单位使用资金的用途。行政单位的支出包括经费支出和拨出经费。行政单位的支出一般应当在支付款项时予以确认，并按照实际支付金额进行计量。采用权责发生制确认的支出，应当在其发生时予以确认，并按照实际发生额进行计量。

在有些教材中把结余称为第六大会计要素，它是收入与支出的差额。但是，行政单位的净资产种类很少，它表示收支相抵后滚存的资金，本书将其归为净资产。

二、行政单位资金管理原则

在财政部最新颁布的《行政单位财务规则》第九条指出：财政部门对行政单位实行收支统一管理，定额、定项拨款，超支不补，结转和结余按规定使用的预算管理办法。

（一）行政单位收支由财政部门统一管理

收支统一管理是指行政单位将全部收入，包括财政拨款收入和其他收入与各项支出统一编列预算，报经主管部门和财政部门核定。主管部门和财政部门根据行政单位特点、业务需要、单位财务收支状况以及国家财政政策和财力的可能，核定行政单位年度预算收支规模，其中包括财政补助的具体数额。

（二）行政单位资金来源于定额、定项拨款

定额拨款是指行政单位根据年度工作计划和收支增减因素，提出收支额度，经财政部门批准后，按规定的额度拨付资金。定项拨款是指拨款项目的具体用途首先由单位提出收支概算，逐级汇总报送同级财政部门，然后财政部门参照单位提出的收支概算，审核分配单位预算指标给予财政拨款。

（三）行政单位资金超支不补、结转和结余按规定使用

超支不补、结转和结余按规定使用是指行政单位预算在经主管部门和财政部门核定以后，预算收支由单位自求平衡。除特殊原因外，单位增加的支出，主管部门和财政部门不再追加经费，由单位用以前年度的结余弥补；因增收节支形成的结转和结余，可以留归单位按规定继续使用。

三、行政单位会计信息质量要求

自 2014 年 1 月 1 日起施行的《行政单位会计制度》，对会计信息质量提出如下要求。

（一）保证会计信息真实可靠

行政单位应当以实际发生的经济业务或者事项为依据进行会计核算，如实反映各项会计要素的情况和结果，保证会计信息真实可靠。

（二）有助于信息使用者做出正确评价

行政单位提供的会计信息应当与行政单位受托责任履行情况的反映、会计信息使用者的管理、监督和决策需要相关，有助于会计信息使用者对行政单位过去、现在或者未来的情况做出评价或者预测。

（三）全面反映财务状况和预算执行情况

行政单位应当将发生的各项经济业务或者事项全部纳入会计核算，确保会计信息能够全面反映行政单位的财务状况和预算执行情况等。

（四）及时核算会计信息

行政单位对于已经发生的经济业务或者事项，应当及时进行会计核算，不得提前或者延后。

（五）会计信息具有可比性

行政单位提供的会计信息应当具有可比性。

（六）会计信息便于理解和使用

行政单位提供的会计信息应当清晰明了，便于会计信息使用者理解和使用。

第三节 行政单位会计核算体系

行政单位会计核算体系包括设置会计科目与账户、复式记账、填制与审核会计凭证等。

一、会计科目的设置

会计科目分为总账科目和明细账科目两种。

（一）总账科目

行政单位的会计科目，是按照会计要素的内容划分的，可以分为资产、负债、净资产、收入、支出 5 类。

自 2014 年 1 月 1 日起施行的《行政单位会计制度》中规定：行政单位应当按照本制度的规定设置和使用会计科目，因没有相关业务不需要使用的总账科目可以不设；在不影响会计处理和编报财务报表的前提下，行政单位可以根据实际情况自行增设本制度规定以外的明细科目，或者自行减少、合并本制度规定的明细科目；本制度统一规定会计科目的编号，以便于填制会计凭证、登记账簿、查阅账目、实行会计信息化管理。行政单位不得随意打乱重编本制度规定的会计科目编号。

行政单位会计科目如表 9-1 所示。

表 9-1　　　　　　　　　　　　　　会计科目表

序号	编码	科目名称	序号	编码	科目名称
一、资产类			19	2101	应缴税费
1	1001	库存现金	20	2201	应付职工薪酬
2	1002	银行存款	21	2301	应付账款
3	1011	零余额账户用款额度	22	2302	应付政府补贴款
4	1021	财政应返还额度	23	2305	其他应付款
5	1212	应收账款	24	2401	长期应付款
6	1213	预付账款	25	2901	受托代理负债
7	1215	其他应收款	三、净资产类		
8	1301	存货	26	3001	财政拨款结转
9	1501	固定资产	27	3002	财政拨款结余
10	1502	累计折旧	28	3101	其他资金结转结余
11	1511	在建工程	29	3501	资产基金
12	1601	无形资产	30	3502	待偿债净资产
13	1602	累计摊销	四、收入类		
14	1701	待处理财产损溢	31	4001	财政拨款收入
15	1801	政府储备物资	32	4011	其他收入
16	1802	公共基础设施	五、支出类		
17	1901	受托代理资产	33	5001	经费支出
二、负债类			34	5101	拨出经费
18	2001	应缴财政款			

（二）明细账科目

明细账科目是对总账科目的详细说明，对总账科目起着补充和说明的作用。明细账科目按以下要求设置。

（1）经费支出明细科目：根据《政府收支分类科目》中按经济用途分类科目的"类""款"级科目统一设置。其他收入、支出明细科目，应根据收费项目、业务内容、财务管理要求设置。

（2）往来款项和存款的明细科目：根据结算单位和个人名称及存款类别设置，或按经济事项分别设置。

（3）财产物资的明细科目：根据存放地点、实物类别或名称设置。

二、会计凭证

（一）原始凭证

原始凭证是具有法律效力的证明单位经济业务发生的原始资料。由于行政单位会计业务与财政会计业务不同，所以两者的原始凭证就有所区别。按核算管理的基本要求，行政单位会计的原始凭证一般可以分为以下几类。

1. 收款凭证

收款凭证是单位在取得各项收入时开给交款单位或个人的书面证明，是核算行政单位各项收入的依据。收款凭证要使用统一的收据，并由专人负责收发登记和保管。凭证的存根要按顺序号妥善保存。某号收款收据作废时不能撕毁，应加盖"作废"戳记后全联保存，以备查考。

2. 支出报销凭证

支出报销凭证是指行政单位办理各项支出时，从有关单位或个人那里取得的书面证明，一般包括有关单位或个人开出的收款收据、发票及其他收款证明等。支出报销凭证是核算行政单位支出的依据。从外单位取得的原始凭证必须加盖填制单位的公章，购买实物的原始凭证必须有验收人的签章，支付款项的原始凭证必须有收款单位或个人签章的收款证明，自制原始凭证必须由有关负责人签章，各类支出报销凭证上都要写明支出的理由和用途。

3. 银行结算凭证

银行结算凭证是证明行政单位银行存款增减的原始资料，包括现金支票、转账支票、银行信汇凭证、转账进账单、现金进账单等。这些凭证均由银行统一印制，各单位从银行购买并按规定办理有关手续和正确使用。

4. 往来结算凭证

往来结算凭证是行政单位各项资金往来结算的书面证明，一般包括暂收款、暂付款等往来款项凭证。

5. 缴拨款凭证

缴拨款凭证分为缴款凭证和拨款凭证两种。缴款凭证是由单位填制的向上级单位或财政部门上缴收入或缴还预算拨款的原始资料。拨款凭证是由上级单位或财政部门出具的证明各种预算拨款的原始资料。缴拨款凭证一般有"国库缴款书""收入退还书""拨款通知书"等。

6. 材料收付凭证

材料收付凭证是由行政单位物资财产保管部门开出的证明材料实际收、发的书面证明。材料收付凭证是核算材料收、发、存的依据。

7. 其他原始凭证

其他原始凭证是指以上6类以外的能够证明经济业务发生的各种单据、表册以及文件等。

只有支出报销凭证类原始凭证能作为实际支出报销的依据，其他6类原始凭证只能作为收款、付款或收料、发料的根据。

有关负责人和会计人员在接收原始凭证时，必须认真审核，对不符合规定的原始凭证一律拒绝审批，对涉及违反财经法规事项的凭证，还要追究有关人员的责任。

（二）记账凭证

记账凭证是会计人员根据审核无误的原始凭证填制的，据以登记账簿的会计凭证。行政单位会计的记账凭证主要有收款凭证、付款凭证和转账凭证3种。

三、会计账簿

行政单位会计的账簿，一般包括总账、明细账和日记账3种。

（一）总账

总账是总括地反映资金活动情况和结果的账簿。利用总账能够平衡账务，控制核对各种明细账和日记账。各单位必须设置总账。总账一般采用三栏式订本账簿。

业务量较小的单位，总分类账可以根据记账凭证直接逐笔登记。业务量较大的单位，可以根据编制的记账凭证汇总表定期登记。

（二）明细账

明细账是用以对总账有关科目进行明细核算的账簿，它对总账起着说明、分析和完善补充的作用。

1. 明细账的种类

行政单位会计的明细账，按其记录经济业务内容的不同，一般可以分为 3 种。

（1）收入明细账，包括拨入经费明细账、其他收入明细账等。

（2）支出明细账，包括基本经费支出明细账、项目支出明细账等。

（3）往来款项明细账，包括暂付款明细账、暂存款明细账、应付工资和应付津贴补贴明细账等。

2. 明细账的格式

明细账大多采用活页式账簿，明细账具体格式视账户的核算内容分别采用三栏式、多栏式和数量金额式 3 种。

（三）日记账

日记账一般包括现金日记账、银行存款日记账等。日记账一般采用订本式的三栏式账页。

知识链接

行政改革

复习思考题

一、单项选择题

1. 行政单位会计核算对象表现为【　　　】。

　　A. 预算资金的领拨与使用　　　　　　B. 营运资金的运动

　　C. 预算资金的集中与分配　　　　　　D. 流动资金的运动

2. 行政单位资产是指单位【　　】能以货币计量的经济资源。

　　A. 掌管和控制　　B. 拥有或管理　　　　C. 拥有或控制　　　　D. 占有或使用

3. 行政单位使用的收据由【　　】印制，各行政单位领用。

　　A. 财政部门　　B. 税务部门　　　　　C. 工商部门　　　　　D. 主管部门

二、多项选择题

1. 行政单位是指进行国家行政管理，组织经济和文化建设，维护社会公共秩序的单位，包括【　　　】。

　　A. 国家权力机关　B. 国家行政机关　　C. 法院

　　D. 检察院　　E. 人民军队

2. 行政单位会计核算对象，是各行政单位预算资金和其他资金的运动，具体表现为【　　　】。

　　A. 向国家取得预算拨款收入　　　　B. 向所属单位拨出经费

　　C. 行使管理职能而形成的经费支出　　D. 行政性收费收入及其他收入

　　E. 预算资金的集中与分配

3. 负债是行政单位在执行管理职能过程中发生的能以货币计量的，且须以各项资产偿还的债务，包括【　　　】。

　　A. 暂付款　　　B. 其他应付款　　　　C. 应缴财政款

　　D. 应缴财政专户款　　　　　　　　E. 拨入经费

4. 行政单位编制资产负债表的理论依据是【　　　】。

  A. 资产=负债+净资产
            B. 资产=负债+所有者权益

  C. 资产=负债+净资产+收入－支出
    D. 资产=负债+所有者权益+收入－费用

  E. 资产+支出=负债+净资产+收入

5. 行政单位的支出是指开展业务活动所发生的各种资金耗费，包括【　　　】。

  A. 经常性支出　　B. 专项支出
        C. 自筹基本建设支出

  D. 其他支出　　　E. 预算外支出

三、简答题

1. 行政单位会计的概念是什么？
2. 行政单位会计的特点是什么？
3. 行政单位会计有哪五大要素？
4. 行政单位会计的账务处理流程是什么？

关键术语

行政单位会计	government accounting
会计要素	accounting element
核算体系	accounting system

行政单位资产的核算 | 第十章

【学习目标】

1. 掌握行政单位货币性资产的核算；
2. 掌握行政单位债权性资产的核算；
3. 掌握行政单位存货的核算；
4. 掌握行政单位固定资产、在建工程、无形资产的核算；
5. 掌握行政单位政府储备物资的核算；
6. 掌握行政单位公共基础设施的核算；
7. 掌握行政单位受托代理资产的核算。

第一节 行政单位流动资产的核算

流动资产是指可以在 1 年以内（含 1 年）变现或者耗用的资产，包括库存现金、银行存款、零余额账户用款额度、财政应返还额度、应收及预付款项、存货等。

一、库存现金的核算

（一）库存现金的管理制度

库存现金是行政单位财会部门为支付日常零星开支而留存的一定数量的货币资金，是流动性最强的货币性资产，是立即可以投入流通的交换媒介。行政单位不仅可以用现金直接购买商品、支付费用、偿付债务等，还可以随时将其送存银行。

行政单位在管理现金的过程中，必须严格执行国家《现金管理暂行条例》的有关规定，包括遵守现金的使用范围，遵守现金限额的规定，不得坐支现金，如实反映现金库存，加强现金业务的内部控制制度等。

行政单位应当设置"现金日记账"，由出纳人员根据收付款凭证，按照业务发生顺序逐笔登记。每日终了，应当计算当日的现金收入合计数、现金支出合计数和结余数，并将结余数与实际库存数核对，做到账款相符。

行政单位有外币现金的，应当分别按照人民币、外币种类设置"现金日记账"进行明细核算。

（二）库存现金的核算

为了核算行政单位库存现金的收支结余情况，应设置"库存现金"总账账户，该账户属于资产类账户，借方登记库存现金的增加数，贷方登记库存现金的减少数，借方余额表示库存现金的期末结余数。主要的账务处理如下。

从银行等金融机构提取现金，按照实际提取的金额，借记"库存现金"科目，贷记"银行存款""零余额账户用款额度"等科目；将现金存入银行等金融机构，借记"银行存款"科目，贷记"库存现金"科目；将现金退回单位零余额账户，借记"零余额账户用款额度"科目，贷记"库存现金"科目。

因支付内部职工出差等原因所借的现金，借记"其他应收款"科目，贷记"库存现金"科目；

出差人员报销差旅费时，按照应报销的金额，借记有关科目，按照实际借出的现金金额，贷记"其他应收款"科目，按照其差额，借记或贷记"库存现金"科目。

因开展业务或其他事项收到现金，借记"库存现金"科目，贷记有关科目；因购买服务、商品或者其他事项支出现金，借记有关科目，贷记"库存现金"科目。

收到受托代理的现金时，借记"库存现金"科目，贷记"受托代理负债"科目；支付受托代理的现金时，借记"受托代理负债"科目，贷记"库存现金"科目。

每日终了结算现金收支，核对库存现金时发现有待查明原因的现金短缺或溢余，应通过"待处理财产损溢"科目核算。属于现金短缺，应当按照实际短缺的金额，借记"待处理财产损溢"科目，贷记"库存现金"科目；属于现金溢余，应当按照实际溢余的金额，借记"库存现金"科目，贷记"待处理财产损溢"科目。待查明原因后做如下处理：如为现金短缺，属于应由责任人赔偿或向有关人员追回的部分，借记"其他应收款"科目，贷记"待处理财产损溢"科目；如为现金溢余，属于应支付给有关人员或单位的，借记"待处理财产损溢"科目，贷记"其他应付款"科目。

【例题】某行政单位2016年发生以下有关经济业务，据以编制会计分录。

【例10-1】职工王某去外地出差，预借差旅费3 800元，以现金付讫。

借：其他应收款   3 800
    贷：库存现金   3 800

【例10-2】王某出差回来，应报销差旅费3 500元，余款交回现金。

借：经费支出   3 500
    库存现金   300
    贷：其他应收款   3 800

【例10-3】盘点现金时，发现短少10元，原因待查。

借：待处理财产损溢   10
    贷：库存现金   10

【例10-4】经反复检查账目，上述短缺库存现金的原因无法查清，经单位领导批准，同意列作经费支出处理。

借：经费支出   10
    贷：待处理财产损溢   10

【例10-5】盘点现金时，发现现金溢余140元，原因待查。

借：库存现金   140
    贷：待处理财产损溢   140

【例10-6】经核对账目和分析情况，发现原有一笔差旅费报销时，当事人应该交回现金300元，实际交回440元，将溢余现金140元应该退还该职工。

借：待处理财产损溢   140
    贷：其他应付款   140

【例10-7】收到受托代理的现金3 300元。

借：库存现金   3 300
    贷：受托代理负债   3 300

【例10-8】将多收的受托代理的现金300元返还当事人。

借：受托代理负债   300
    贷：库存现金   300

【例10-9】开出"财政授权支付凭证",提取库存现金6 000元备用。

借:库存现金 6 000

贷:零余额账户用款额度 6 000

二、银行存款的核算

(一)银行存款管理制度

银行存款是行政单位存放在银行或其他金融机构的货币资金。行政单位除按核定的限额保留适量的库存现金以外,超过限额的现金必须存入银行。除在规定范围内可以使用现金支付以外,其他支付业务必须通过银行办理转账结算。因此,行政单位必须按规定在银行开立基本存款账户,并加强对银行存款的核算工作。

行政单位的银行存款,主要来自财政拨款,是行使行政职权的财力保证,必须做到存款安全可靠,存取及时,便于管理和监督。现行制度规定:行政单位的预算经费应在财政部门指定的银行开户,不得自行转移资金。

行政单位应当按开户银行或其他金融机构、存款种类及币种等,分别设置"银行存款日记账",由出纳人员根据收付款凭证,按照业务的发生顺序逐笔登记,每日终了应结出余额。"银行存款日记账"应定期与"银行对账单"核对,至少每月核对一次。月度终了,行政单位账面余额与银行对账单余额之间如有差额,必须逐笔查明原因并进行处理,按月编制"银行存款余额调节表",调节相符。

行政单位发生外币业务的,应当按照业务发生当日或当期期初的即期汇率,将外币金额折算为人民币金额记账,并登记外币金额和汇率。

期末,各种外币账户的期末余额,应当按照期末的即期汇率折算为人民币,作为外币账户期末人民币余额。调整后的各种外币账户人民币余额与原账面余额的差额,作为汇兑损益计入当期支出。

(二)银行存款的核算

为了核算银行存款的增减变动情况,行政单位必须设置"银行存款"账户。"银行存款"属于资产类账户,借方登记银行存款的增加数,贷方登记银行存款的减少数,借方余额表示银行存款的期末结余数。主要的账务处理如下。

将款项存入银行或者其他金融机构,借记"银行存款"科目,贷记"库存现金""其他收入"等有关科目。提取和支出存款时,借记有关科目,贷记"银行存款"科目。收到银行存款利息,借记"银行存款"科目,贷记"其他收入"等科目;支付银行手续费或银行扣收罚金等时,借记"经费支出"科目,贷记"银行存款"科目。收到受托代理的银行存款时,借记"银行存款"科目,贷记"受托代理负债"科目;支付受托代理的存款时,借记"受托代理负债"科目,贷记"银行存款"科目。

【例题】某行政单位采用传统的资金划拨方式,2016年发生以下有关经济业务,据以编制会计分录。

【例10-10】接到开户银行通知,收到财政拨入本月经费8 000 000元。

借:银行存款 8 000 000

贷:财政拨款收入 8 000 000

【例10-11】由于现金超过规定限额,签发现金缴款单,将多余现金32 000元送存银行。

借:银行存款 32 000

贷:库存现金 32 000

【例10-12】银行转来委托收款凭证，经单位审核无误，同意支付供电部门电费5 000元。

借：经费支出   5 000

    贷：银行存款   5 000

【例10-13】销售废旧纸张及其他杂物一批，收到现金4 282元，直接送存银行。

借：银行存款   4 282

    贷：其他收入   4 282

三、零余额账户用款额度的核算

（一）零余额账户用款额度的形成

在实行国库集中收付制度的地区或单位，财政部门在代理商业银行为行政单位开设财政零余额账户、单位零余额账户，分别用于财政直接支付和财政授权支付。

财政部门在代理商业银行开设财政零余额账户以后，行政单位根据批准的预算和用款计划购买商品或者劳务时，向财政部门申请财政直接支付；财政部门经审核无误，向财政零余额账户的代理银行签发支付令，财政零余额账户代理银行将款项支付给收款人。

由此可见，行政单位没有权利随时支用财政零余额账户的用款额度，这笔款项也从来不在行政单位逗留，它不属于行政单位的流动资产，不能作为货币资金进行核算。只有在财政直接支付某项费用以后，才能列作经费支出的增加和拨入经费的增加。

行政单位支用财政授权支付额度可通过转账或现金等方式结算。财政授权支付的资金，因凭证要素填写错误而在支付之前退票的，由行政单位核实原因后，重新通知代理银行办理支付；财政授权支付的资金由代理银行支付后，因收款单位的账户名称或账号填写错误等原因而发生资金退回预算单位零余额账户的，代理银行在当日将资金退回国库单一账户并通知行政单位，按原渠道恢复预算单位零余额账户财政授权支付额度。

行政单位对财政授权支付额度到账通知书确定的月度财政授权支付额度在年度内可以累加使用。年度终了，代理银行和行政单位对截至12月31日24时财政授权支付额度的下达、支用、余额等情况进行对账签证。代理银行将行政单位零余额账户财政授权支付额度余额全部注销，银行对账签证单作为行政单位年终余额注销的记账凭证。预算单位零余额账户可以办理转账、提取现金等结算业务；可以按账户管理规定划拨工会经费、住房公积金及提租补贴，以及经财政部门批准的特殊款项。零余额账户不得违反规定向本单位其他账户和上级主管单位、所属下级单位账户划拨资金。

财政部门为行政单位在代理商业银行开设零余额账户以后，当财政部门向代理商业银行下达零余额账户用款额度时，行政单位零余额账户用款额度增加，意味着当期可用经费到账。行政单位可以根据经批准的单位预算和用款计划，自行向单位零余额账户的代理商业银行开具支付令，如签发转账支票等。由此可见，只要财政部门下达了用款额度，行政单位就可以支用相应数额的资金；行政单位从单位零余额账户中支取的款项小于财政部门下达的单位零余额账户用款额度时，行政单位仍然可以继续使用剩余的用款额度。所以，零余额账户用款额度尽管不是一笔实实在在的款项，但它毕竟是单位可以随时支用的一项特殊流动资产，零余额账户用款额度与现金、银行存款具有同样的支付功能，应该是行政单位货币资金的重要组成部分。在会计上，应该将财政部门下达的用款额度视为拨入资金的业务，进行账务处理。

（二）零余额账户用款额度的核算

为了核算单位零余额账户用款额度业务，行政单位应设置"零余额账户用款额度"总账账户。"零余额账户用款额度"属于资产性质的账户，借方核算零余额账户用款额度的增加，贷方核算零余额账户用款额度的减少，期末余额在借方。

主要的账务处理如下。

收到"财政授权支付额度到账通知书"时，根据通知书所列数额，借记"零余额账户用款额度"科目，贷记"财政拨款收入"科目。按规定支用额度时，借记"经费支出"等科目，贷记"零余额账户用款额度"科目。从零余额账户提取现金时，借记"库存现金"科目，贷记"零余额账户用款额度"科目。

年末，根据代理银行提供的对账单做银行注销额度的相关账务处理，借记"财政应返还额度——财政授权支付"科目，贷记"零余额账户用款额度"科目。如单位本年度财政授权支付预算指标数大于财政授权支付额度下达数，根据两者间的差额，借记"财政应返还额度——财政授权支付"科目，贷记"财政拨款收入"科目。

下年度年初，行政单位根据代理银行提供的额度恢复到账通知书做恢复额度的相关账务处理，借记"零余额账户用款额度"科目，贷记"财政应返还额度——财政授权支付"科目。行政单位收到财政部门批复的上年末下达零余额账户用款额度时，借记"零余额账户用款额度"科目，贷记"财政应返还额度——财政授权支付"科目。

【例题】某行政单位2016年发生以下有关经济业务，据以编制会计分录。

【例10-14】收到单位零余额账户代理银行转来的《财政授权支付额度到账通知书》，反映该单位获得本月行政经费财政授权支付额度330 000元。

借：零余额账户用款额度　　　　　　　　　　　　　　　　330 000
　　贷：财政拨款收入　　　　　　　　　　　　　　　　　　　　330 000

【例10-15】签发转账支票一份，通过单位零余额账户购买打印纸、圆珠笔等办公用品一批，金额共计12 000元。办公用品验收入库，款项以转账支票结清。

借：存货　　　　　　　　　　　　　　　　　　　　　　　120 000
　　贷：资产基金——存货　　　　　　　　　　　　　　　　　　120 000
借：经费支出　　　　　　　　　　　　　　　　　　　　　120 000
　　贷：零余额账户用款额度　　　　　　　　　　　　　　　　　120 000

【例10-16】开出现金支票一份，从单位零余额账户提取现金21 000元，以备零星之用。

借：库存现金　　　　　　　　　　　　　　　　　　　　　21 000
　　贷：零余额账户用款额度　　　　　　　　　　　　　　　　　21 000

【例10-17】收到财政零余额账户代理银行转来的《财政直接支付入账通知书》，反映财政部门通过财政零余额账户为该单位支付水费38 000元。

借：经费支出　　　　　　　　　　　　　　　　　　　　　38 000
　　贷：财政拨款收入　　　　　　　　　　　　　　　　　　　　38 000

【例10-18】年末，注销尚未用完的零余额账户用款额度52 000元。

借：财政应返还额度　　　　　　　　　　　　　　　　　　52 000
　　贷：零余额账户用款额度　　　　　　　　　　　　　　　　　52 000

四、财政应返还额度的核算

（一）财政应返还额度的形成

预算额度是行政单位根据预算可以从财政部门获得的资金数额，代表存在于财政部门国库单一账户中的行政单位尚可使用资金数。在实行国库集中收付制度的地区和单位，行政单位的年度支出预算经过财政部门批准以后，就构成了该单位财政直接支付额度、财政授权支付额度的总和。行政单位可以通过财政直接支付或财政授权支付的形式使用该额度。

行政单位的预算额度由于预算的批准而增加，由其转为财政直接支付和零余额账户用款额度而减少。行政单位取得的财政资金以预算指标或账户额度形式存在，实际的资金存在于财政国库单一账户中，而不是以现金或银行存款的形式存在。在国库单一账户管理体制下，行政单位尽管没有取得现金或银行存款，但部门预算和单位预算被批准后，行政单位就对预算中的资金依法拥有相应的资金使用权，并履行财务管理、会计核算职能。

年度终了，行政单位零余额账户中的预算指标数与单位从零余额账户中实际支用数之间的差额，就构成了行政单位当年尚未使用的预算指标数。这些当年尚未使用的预算指标数，经过批准，行政单位可以在次年继续使用。在当年年终，尚未使用的预算指标数就是行政单位的财政应返还额度，亦即财政应返还给行政单位下一个财政年度继续使用的资金。由于零余额账户包括财政零余额账户和单位零余额账户，所以，行政单位的财政应返还额度也包括财政零余额账户的财政应返还额度和单位零余额账户的财政应返还额度两项内容。财政应返还额度的业务，只是在实行国库集中收付制度的行政单位中存在，尚未实行国库集中收付制度的单位，没有财政应返还额度的业务。

财政部门对行政单位的财政应返还额度采用先注销后恢复的管理办法。即年度终了，财政部门对行政单位的财政应返还额度先进行注销；次年初，财政部门对行政单位的财政应返还额度再予以恢复，供行政单位在次年继续按计划使用。

（二）财政应返还额度的核算

为了核算财政应返还额度的业务，行政单位应设置"财政应返还额度"总账账户。"财政应返还额度"属于资产性质的账户，借方核算财政应返还额度的增加，贷方核算财政应返还额度的减少，期末余额在借方。

主要的账务处理如下。

（1）年末国库集中支付尚未使用资金额度的账务处理。

① 财政直接支付。年末，行政单位根据本年度财政直接支付预算指标数与财政直接支付实际支出数的差额，借记"财政应返还额度"科目，贷记"财政拨款收入"科目。

② 财政授权支付。年末，财政授权支付尚未使用资金额度，借记"财政应返还额度"科目，贷记"零余额账户用款额度"科目。

（2）下年初恢复额度的账务处理。

下年初恢复以前年度财政资金额度时，借记"零余额账户用款额度"科目，贷记"财政应返还额度"科目（财政授权支付）。

（3）行政单位使用以前年度财政资金额度的账务处理

① 财政直接支付。行政单位使用以前年度财政直接支付额度发生支出时，借记"经费支出"科目，贷记"财政应返还额度"科目。

② 财政授权支付。行政单位使用以前年度财政授权支付额度发生支出时，借记"经费支出"科目，贷记"零余额账户用款额度"科目。

【例题】某行政单位2016年发生以下有关经济业务，据以编制会计分录。

【例10-19】年终，财政下达的本年度财政直接支付预算指标数为1 200 000元，财政直接支付实际支出数1 050 000元，未使用财政直接支付预算指标数150 000元。

借：财政应返还额度   150 000

    贷：财政拨款收入   150 000

【例10-20】次年年初，向财政部门报送年终预算结余资金申报核定表，并且获得财政部门批复，同意恢复财政直接支付额度总数150 000元。

该行政单位对于恢复的财政直接支付额度，不进行会计处理。

【例10-21】在1月使用恢复的财政直接支付额度购买文件夹一批，金额 8 000元。购买的文件夹直接发放使用。

  借：经费支出   8 000

    贷：财政应返还额度   8 000

【例10-22】年终，注销尚未使用的财政授权支付额度数10 000元。

  借：财政应返还额度   10 000

    贷：零余额账户用款额度   10 000

【例10-23】次年年初，向财政部门报送年终预算结余资金申报核定表，并且获得财政部门批复，统一恢复财政授权支付额度10 000元。

  借：零余额账户用款额度   10 000

    贷：财政应返还额度   10 000

【例10-24】次年1月，该单位使用本月可使用的恢复额度购买一批卫生用品，共花费1 100元。

  借：经费支出   1 100

    贷：零余额账户用款额度   1 100

五、债权性往来款项的核算

债权性往来款项包括应收账款、预付账款、其他应收款等。

（一）应收账款的核算

应收账款核算行政单位出租资产、出售物资等应当收取的款项。行政单位收到的商业汇票，也通过本科目核算。应收账款应当在资产已出租或物资已出售，且尚未收到款项时确认。应收账款应当按照购货、接受服务单位（或个人）或开出、承兑商业汇票的单位等进行明细核算。

为了核算行政单位出租资产、出售物资等应当收取的款项，行政单位应设置"应收账款"总账账户。主要的账务处理如下。

1. 出租资产发生的应收账款

（1）出租资产尚未收到款项时，按照应收未收金额，借记"应收账款"科目，贷记"其他应付款"科目。

（2）收回应收账款时，借记"银行存款"等科目，贷记"应收账款"科目；同时，借记"其他应付款"科目，按照应缴的税费，贷记"应缴税费"科目，按照扣除应缴税费后的净额，贷记"应缴财政款"科目。

2. 出售物资发生的应收账款

（1）物资已发出并到达约定状态且尚未收到款项时，按照应收未收金额，借记"应收账款"科目，贷记"待处理财产损溢"科目。

（2）收回应收账款时，借记"银行存款"等科目，贷记"应收账款"科目。

3. 收到商业汇票

（1）出租资产收到商业汇票，按照商业汇票的票面金额，借记"应收账款"科目，贷记"其他应付款"科目。

出售物资收到商业汇票，按照商业汇票的票面金额，借记"应收账款"科目，贷记"待处理财产损溢"科目。

（2）商业汇票到期收回款项时，借记"银行存款"等科目，贷记"应收账款"科目。其中，出租资产收回款项的，还应当同时借记"其他应付款"科目，按照应缴的税费，贷记"应缴税费"科目，按照扣除应缴税费后的净额，贷记"应缴财政款"科目。

行政单位应当设置"商业汇票备查簿"，逐笔登记应收商业汇票的种类、票号、出票日期、到期日、票面金额、交易合同号等相关信息资料。商业汇票到期结清票款或退票后，应当在备查簿内逐笔注销。

4. 逾期无法收回的应收账款

逾期3年或以上、有确凿证据表明确实无法收回的应收账款，按规定报经批准后予以核销。核销的应收账款应在备查簿中保留登记。

（1）转入待处理财产损溢时，按照待核销的应收账款金额，借记"待处理财产损溢"科目，贷记"应收账款"科目。

（2）已核销的应收账款在以后期间收回的，借记"银行存款"科目，贷记"应缴财政款"等科目。

【例题】某行政单位2016年发生以下有关经济业务，据以编制会计分录。

【例10-25】某单位出租办公用房10间，月租金30 000元，每月收一次租金，房子已出租1个月，但仍未收到租金。

（1）月末，尚未收到租金时：

借：应收账款	30 000	
贷：其他应付款		30 000

（2）收到租金30 000元，应交1 500元相关税费：

借：银行存款	30 000	
贷：应收账款		30 000
借：其他应付款	30 000	
贷：应缴税费		1 500
应缴财政款		28 500

【例10-26】某单位出售一批旧电脑3台，售价5 000元，计算机已发出，但尚未收到款项。

（1）计算机发出时：

借：应收账款	5 000	
贷：待处理财产损溢		5 000

（2）收到价款时：

借：银行存款	5 000	
贷：应收账款		5 000
借：待处理财产损溢	5 000	
贷：应缴财政款		5 000

【例10-27】有一笔应收甲公司的账款2 300元已经超过3年，确实无法收回，按规定报经批准后予以核销（核销的应收账款应在备查簿中保留登记）。

（1）转入待处理财产损溢时：

借：待处理财产损溢	2 300	
贷：应收账款		2 300

（2）报经批准予以核销时：

借：经费支出	2 300	
贷：待处理财产损溢		2 300

（3）已核销的应收账款在以后又收回时：

借：银行存款   2 300

  贷：应缴财政款   2 300

（二）预付账款的核算

预付账款核算行政单位按照购货、服务合同规定预付给供应单位（或个人）的款项。

为了核算行政单位按照购货、服务合同规定预付给供应单位（或个人）的款项，开设"预付账款"账户。它属于资产性质的账户，本科目期末借方余额，反映行政单位实际预付但尚未结算的款项。

行政单位依据合同规定支付的定金，也通过本科目核算。行政单位支付可以收回的定金，不通过本科目核算，应当通过"其他应收款"科目核算。本科目应当按照供应单位（或个人）进行明细核算。预付账款应当在已支付款项且尚未收到物资或服务时确认。

预付账款的主要账务处理如下。

（1）发生预付账款时，借记"预付账款"科目，贷记"资产基金——预付款项"科目；同时，借记"经费支出"科目，贷记"财政拨款收入""零余额账户用款额度""银行存款"等科目。

（2）收到所购物资或服务时，按照相应预付账款金额，借记"资产基金——预付款项"科目，贷记"预付账款"科目；发生补付款项的，按照实际补付的款项，借记"经费支出"科目，贷记"财政拨款收入""零余额账户用款额度""银行存款"等科目。收到物资的，同时按照收到所购物资的成本，借记有关资产科目，贷记"资产基金"及相关明细科目。

（3）发生当年预付账款退回的，借记"资产基金——预付款项"科目，贷记"预付账款"科目；同时，借记"财政拨款收入""零余额账户用款额度""银行存款"等科目，贷记"经费支出"科目。

发生以前年度预付账款退回的，借记"资产基金——预付款项"科目，贷记"预付账款"科目；同时，借记"财政应返还额度""零余额账户用款额度""银行存款"等科目，贷记"财政拨款结转""财政拨款结余""其他资金结转结余"等科目。

（4）逾期3年或以上，有确凿证据表明确实无法收到所购物资和服务，且无法收回的预付账款，按照规定报经批准后予以核销。核销的预付账款应在备查簿中保留登记。

① 转入待处理财产损溢时，按照待核销的预付账款金额，借记"待处理财产损溢"科目，贷记"预付账款"科目。

② 已核销的预付账款在以后期间又收回的，借记"零余额账户用款额度""银行存款"等科目，贷记"财政拨款结转""财政拨款结余""其他资金结转结余"等科目。

【例题】某行政单位2016年发生以下有关经济业务，据以编制会计分录。

【例10-28】行政单位与某公司约定购买两台设备，每台价款40 000元，该单位先支付50%的预付款。该公司收到预付款后，过3个月将设备运抵该单位并负责调试成功，该单位于验收合格当日支付剩余50%价款。

（1）支付预付款时：

借：预付账款   40 000

  贷：资产基金——预付款项   40 000

借：经费支出   40 000

  贷：零余额账户用款额度   40 000

（2）3个月后，收到所购设备，并支付剩余50%的价款：

借：资产基金——预付款项   40 000

  贷：预付账款   40 000

借：经费支出	40 000	
贷：零余额账户用款额度		40 000
借：固定资产	80 000	
贷：资产基金——固定资产		80 000

【例10-29】单位拟采购计算机10台，已办好政府采购的相关手续，按规定将采购所需资金67 000元划付到政府采购资金专户。

借：预付账款	67 000	
贷：资产基金——预付款项		67 000
借：经费支出——基本支出（公用支出）（专用设备购置费）	67 000	
贷：银行存款		67 000

【例10-30】接【例10-29】，5天后，先后收到供货单位的货物及发票等，货款为67 000元，货物经验收合格，安装后交付使用。

借：资产基金——预付款项	67 000	
贷：预付账款		67 000
借：固定资产	67 000	
贷：资产基金——固定资产		67 000

（三）其他应收款的核算

其他应收款是指行政单位除应收账款、预付账款以外的其他各项应收及暂付款项，如职工预借的差旅费，拨付给内部有关部门的备用金，应向职工收取的各种垫付款项等。

为了核算行政单位除应收账款、预付账款以外的其他各项应收及暂付款项，开设"其他应收款"账户。它是属于资产性质的账户，本科目期末借方余额，反映行政单位尚未收回的其他应收款。本科目应当按照其他应收款的类别以及债务单位（或个人）进行明细核算。

其他应收款的主要账务处理如下。

（1）发生其他应收及暂付款项时，借记"其他应收款"科目，贷记"零余额账户用款额度""银行存款"等科目。

（2）收回或转销上述款项时，借记"银行存款""零余额账户用款额度"或有关支出等科目，贷记"其他应收款"科目。

（3）行政单位内部实行备用金制度的，有关部门使用备用金后，应当及时到财务部门报销并补足备用金。财务部门核定并发放备用金时，借记"其他应收款"科目，贷记"库存现金"等科目。根据报销数用现金补足备用金定额时，借记"经费支出"科目，贷记"库存现金"等科目，报销数和拨补数都不再通过本科目核算。

（4）逾期3年或以上、有确凿证据表明确实无法收回的其他应收款，按规定报经批准后予以核销。核销的其他应收款应在备查簿中保留登记。

① 转入待处理财产损溢时，按照待核销的其他应收款金额，借记"待处理财产损溢"科目，贷记"其他应收款"科目。

② 已核销的其他应收款在以后期间又收回的，如属于在核销年度内收回的，借记"银行存款"等科目，贷记"经费支出"科目；如属于在核销年度以后收回的，借记"银行存款"等科目，贷记"财政拨款结转""财政拨款结余""其他资金结转结余"等科目。

【例题】某行政单位2016年发生以下有关经济业务，据以编制会计分录。

【例10-31】职工王某预借差旅费4 000元，提交给他一张现金支票。

借：其他应收款——王某	4 000	
贷：银行存款		4 000

【例10-32】王某出差回来报销差旅费3 800元，交回现金200元。

借：经费支出 3 800

库存现金 200

贷：其他应收款——王某 4 000

【例10-33】行政单位内部实行备用金制度，后勤部门领用备用金5 000元。

借：其他应收款——后勤部门 5 000

贷：库存现金 5 000

【例10-34】后勤部门购买卫生清洁用品300元，报销时用现金补足备用金。

借：经费支出 300

贷：库存现金 300

【例10-35】王涛出差，经批准借差旅费3 000元。

借：其他应收款——王涛 3 000

贷：库存现金 3 000

【例10-36】用结余资金购买年利率为5.5%的国债10 000元。

借：其他应收款——有价证券 10 000

贷：银行存款 10 000

【例10-37】接【例10-36】，两个月后该单位将该批国债全部转让，收进款项10 500元。

借：银行存款 10 500

贷：其他应收款——有价证券 10 000

其他收入——利息 500

六、存货的核算

存货核算行政单位在开展业务活动及其他活动中为耗用而储存的各种物资，包括材料、燃料、包装物、低值易耗品及未达到固定资产标准的家具、用具、装具等的实际成本。

为了核算行政单位在开展业务活动及其他活动中为耗用而储存的各种物资，开设"存货"账户。它是属于资产性质的账户，本科目期末借方余额，反映行政单位存货的实际成本。

行政单位接受委托人指定受赠人的转赠物资，应当通过"受托代理资产"科目核算，不通过本科目核算。行政单位有委托加工存货业务的，应当在本科目下设置"委托加工存货成本"科目。出租、出借的存货，应当设置备查簿进行登记。

行政单位随买随用的零星办公用品等，可以在购进时直接列作支出，不通过本科目核算。应当按照存货的种类、规格和保管地点等进行明细核算。存货应当在其到达存放地点并验收时确认。

存货的主要账务处理如下。

（一）存货取得的核算

存货在取得时，应当按照其实际成本入账。

（1）购入的存货，其成本包括购买价款、相关税费、运输费、装卸费、保险费以及其他使得存货达到目前场所和状态所发生的支出。

购入的存货验收入库，按照确定的成本，借记"存货"科目，贷记"资产基金——存货"科目；同时，按照实际支付的金额，借记"经费支出"科目，贷记"财政拨款收入""零余额账户用款额度""银行存款"等科目；对于尚未付款的，应当按照应付未付的金额，借记"待偿债净资产"科目，贷记"应付账款"科目。

（2）置换换入的存货，其成本按照换出资产的评估价值，加上支付的补价或减去收到的补价，加上为换入存货支付的其他费用（运输费等）确定。

换入的存货验收入库，按照确定的成本，借记"存货"科目，贷记"资产基金——存货"科目；同时，按实际支付的补价、运输费等金额，借记"经费支出"科目，贷记"财政拨款收入""零余额账户用款额度""银行存款"等科目。

（3）接受捐赠、无偿调入的存货，其成本按照有关凭据注明的金额加上相关税费、运输费等确定；没有相关凭据可供取得，但依法经过资产评估的，其成本应当按照评估价值加上相关税费、运输费等确定；没有相关凭据可供取得、也未经评估的，其成本比照同类或类似存货的市场价格加上相关税费、运输费等确定；没有相关凭据也未经评估，其同类或类似存货的市场价格无法可靠取得，该存货按照名义金额入账。

接受捐赠、无偿调入的存货验收入库，按照确定的成本，借记"存货"科目，贷记"资产基金——存货"科目；同时，按实际支付的相关税费、运输费等金额，借记"经费支出"科目，贷记"财政拨款收入""零余额账户用款额度""银行存款"等科目。

（4）委托加工的存货，其成本按照未加工存货的成本加上加工费用和往返运输费等确定。

委托加工的存货出库，借记"存货"科目下的"委托加工存货成本"明细科目，贷记"存货"科目下的相关明细科目。支付加工费用和相关运输费等时，借记"经费支出"科目，贷记"财政拨款收入""零余额账户用款额度""银行存款"等科目；同时，按照相同的金额，借记"存货"科目下的"委托加工存货成本"明细科目，贷记"资产基金——存货"科目。委托加工完成的存货验收入库时，按照委托加工存货的成本，借记"存货"科目下的相关明细科目，贷记"存货"科目下的"委托加工存货成本"明细科目。

（二）存货发出的核算

存货发出时，应当根据实际情况采用先进先出法、加权平均法或者个别计价法确定发出存货的实际成本。计价方法一经确定，不得随意变更。

（1）开展业务活动等领用、发出存货，按照领用、发出存货的实际成本，借记"资产基金——存货"科目，贷记"存货"科目。

（2）经批准对外捐赠、无偿调出存货时，按照对外捐赠、无偿调出存货的实际成本，借记"资产基金——存货"科目，贷记"存货"科目。

对外捐赠、无偿调出存货发生由行政单位承担的运输费等支出，借记"经费支出"科目，贷记"财政拨款收入""零余额账户用款额度""银行存款"等科目。

（3）经批准对外出售、置换换出的存货，应当转入待处理财产损溢，按照相关存货的实际成本，借记"待处理财产损溢"科目，贷记"存货"科目。

（三）报废、毁损存货的核算

报废、毁损的存货，应当转入待处理财产损溢，按照相关存货的账面余额，借记"待处理财产损溢"科目，贷记"存货"科目。

（四）存货的清查

行政单位的存货应当定期进行清查盘点，每年至少盘点一次。对于发生的存货盘盈、盘亏，应当及时查明原因，按规定报经批准后进行账务处理。

（1）盘盈的存货，按照取得同类或类似存货的实际成本确定入账价值；没有同类或类似存货的实际成本，按照同类或类似存货的市场价格确定入账价值；同类或类似存货的实际成本或市场价格无法可靠取得的，按照名义金额入账。

盘盈的存货，按照确定的入账价值，借记"存货"科目，贷记"待处理财产损溢"科目。

（2）盘亏的存货，转入待处理财产损溢时，按照其账面余额，借记"待处理财产损溢"科目，贷记"存货"科目。

【例题】某行政单位2016年发生以下有关经济业务，据以编制会计分录。

【例10-38】某行政单位购入一批材料，买价4 000元，进项增值税680元，运费200元，保险费100元。当日收到货物并验收合格入库，价款采用财政授权支付方式支付。

借：存货	4 980
贷：资产基金——存货	4 980
借：经费支出	4 980
贷：零余额账户用款额度	4 980

【例10-39】行政单位从仓库领用材料2 000元使用。

| 借：资产基金——存货 | 2 000 |
| 贷：存货 | 2 000 |

【例10-40】行政单位从甲公司购入一批工具，买价1 000元，运费100元，尚未支付货款。

| 借：待偿债净资产 | 1 100 |
| 贷：应付账款 | 1 100 |

【例10-41】接受捐赠一批零件，评估价3 000元，通过零余额账户支付运费180元。零件已入库。

借：存货	3 180
贷：资产基金——存货	3 180
借：经费支出	180
贷：零余额账户用款额度	180

【例10-42】月末，对存货进行盘点，盘亏一批零件，账面成本330元。

| 借：待处理财产损溢 | 330 |
| 贷：存货 | 330 |

【例10-43】上述盘亏的零件经过领导批准，转作经费支出。

| 借：经费支出 | 330 |
| 贷：待处理财产损溢 | 330 |

第二节　行政单位非流动资产的核算

非流动资产是指受益期限在 1 年以上的资产，包括固定资产、在建工程、无形资产、政府储备物资、公共基础设施、受托代理资产，等。

一、固定资产的核算

（一）固定资产的定义

固定资产是指使用期限超过 1 年（不含 1 年）、单位价值在规定标准以上，并在使用过程中基本保持原有物质形态的资产。单位价值虽未达到规定标准，但是耐用时间超过 1 年（不含 1 年）的大批同类物资，应当作为固定资产核算。

固定资产一般分为 6 类：房屋及构筑物；通用设备；专用设备；文物和陈列品；图书、档案；

家具、用具、装具及动植物。

（二）固定资产的核算原则

（1）固定资产的各组成部分具有不同的使用寿命，适用不同折旧率的，应当分别将各组成部分确认为单项固定资产。

（2）购入需要安装的固定资产，应当先通过"在建工程"科目核算，安装完毕交付使用时再转入本科目核算。

（3）行政单位的软件，如果其构成相关硬件不可缺少的组成部分，应当将该软件的价值包括在所属的硬件价值中，一并作为固定资产，通过本科目进行核算；如果其不构成相关硬件不可缺少的组成部分，应当将该软件作为无形资产，通过"无形资产"科目核算。

（4）行政单位购建房屋及构筑物不能够分清支付价款中的房屋及构筑物与土地使用权部分的，应当全部作为固定资产，通过固定资产核算；能够分清支付价款中的房屋及构筑物与土地使用权部分的，应当将其中的房屋及构筑物部分作为固定资产，通过固定资产核算，将其中的土地使用权部分作为无形资产，通过"无形资产"科目核算；境外行政单位购买具有所有权的土地作为固定资产，通过固定资产核算。

（5）行政单位借入、以经营租赁方式租入的固定资产，不通过固定资产科目核算，应当设置备查簿进行登记。

（6）行政单位应当根据固定资产定义、有关主管部门对固定资产的统一分类，结合本单位的具体情况，制定适合本单位的固定资产目录、具体分类方法，作为进行固定资产核算的依据。

（7）行政单位应当设置"固定资产登记簿"和"固定资产卡片"，按照固定资产类别、项目和使用部门等进行明细核算。出租、出借的固定资产，应当设置备查簿进行登记。

（三）固定资产的确认原则

（1）购入、换入、无偿调入、接受捐赠不需安装的固定资产，在固定资产验收合格时确认。

（2）购入、换入、无偿调入、接受捐赠需要安装的固定资产，在固定资产安装完成交付使用时确认。

（3）自行建造、改建、扩建的固定资产，在建造完成交付使用时确认。

（四）固定资产的主要账务处理

为了核算行政单位使用期限超过1年（不含1年）、单位价值在规定标准以上，并在使用过程中基本保持原有物质形态的资产，开设"固定资产"账户。"固定资产"账户属于资产性质的账户。主要的账务处理如下。

1. 取得固定资产时，应当按照其成本入账

（1）购入的固定资产，其成本包括实际支付的购买价款、相关税费、使固定资产交付使用前所发生的可归属于该项资产的运输费、装卸费、安装费和专业人员服务费等。

以一笔款项购入多项没有单独标价的固定资产，按照各项固定资产同类或类似固定资产市场价格的比例对总成本进行分配，分别确定各项固定资产的入账价值。

购入不需要安装的固定资产，按照确定的固定资产成本，借记"固定资产"科目，贷记"资产基金——固定资产"科目；同时，按照实际支付的金额，借记"经费支出"科目，贷记"财政拨款收入""零余额账户用款额度""银行存款"等科目。

购入需要安装的固定资产，先通过"在建工程"科目核算。安装完工交付使用时，借记"固定资产"科目，贷记"资产基金——固定资产"科目；同时，借记"资产基金——在建工程"科目，贷记"在建工程"科目。

购入固定资产分期付款或扣留质量保证金的，在取得固定资产时，按照确定的固定资产成本，借记"固定资产"（不需要安装）或"在建工程"科目（需要安装），贷记"资产基金——固定资产、在建工程"科目；同时，按照已实际支付的价款，借记"经费支出"科目，贷记"财政拨款收入""零余额账户用款额度""银行存款"等科目；按照应付未付的款项或扣留的质量保证金等金额，借记"待偿债净资产"科目，贷记"应付账款"或"长期应付款"科目。

（2）自行建造的固定资产，其成本包括建造该项资产至交付使用前所发生的全部必要支出。

固定资产的各组成部分需要分别核算的，按照各组成部分固定资产造价确定其成本；没有各组成部分固定资产造价的，按照各组成部分固定资产同类或类似固定资产市场造价的比例对总造价进行分配，确定各组成部分固定资产的成本。

工程完工交付使用时，按照自行建造过程中发生的实际支出，借记"固定资产"，贷记"资产基金——固定资产"科目；同时，借记"资产基金——在建工程"科目，贷记"在建工程"科目；已交付使用，但尚未办理竣工决算手续的固定资产，按照估计价值入账，待确定实际成本后再调整。

（3）自行繁育的动植物，其成本包括在达到可使用状态前所发生的全部必要支出。

购入需要繁育的动植物，按照购入的成本，借记"固定资产"（未成熟动植物）科目，贷记"资产基金——固定资产"科目；同时，按照实际支付的金额，借记"经费支出"科目，贷记"财政拨款收入""零余额账户用款额度""银行存款"等科目。

发生繁育费用，按照实际支付的金额，借记"固定资产"（未成熟动植物）科目，贷记"资产基金——固定资产"科目；同时，借记"经费支出"科目，贷记"财政拨款收入""零余额账户用款额度""银行存款"等科目。

动植物达到可使用状态时，借记"固定资产"（成熟动植物）科目，贷记"固定资产"（未成熟动植物）科目。

（4）在原有固定资产基础上进行改建、扩建、修缮的固定资产，其成本按照原固定资产的账面价值（"固定资产"科目账面余额减去"累计折旧"科目账面余额后的净值）加上改建、扩建、修缮发生的支出，再扣除固定资产拆除部分账面价值后的金额确定。

将固定资产转入改建、扩建、修缮时，按照固定资产的账面价值，借记"在建工程"科目，贷记"资产基金——在建工程"科目；同时，按照固定资产的账面价值，借记"资产基金——固定资产"科目，按照固定资产已计提折旧，借记"累计折旧"科目，按照固定资产的账面余额，贷记本科目。

工程完工交付使用时，按照确定的固定资产成本，借记"固定资产"科目，贷记"资产基金——固定资产"科目；同时，借记"资产基金——在建工程"科目，贷记"在建工程"科目。

（5）置换取得的固定资产，其成本按照换出资产的评估价值加上支付的补价或减去收到的补价，加上为换入固定资产支付的其他费用（运输费等）确定，借记"固定资产"科目（不需要安装）或"在建工程"科目（需安装），贷记"资产基金——固定资产、在建工程"科目；按照实际支付的补价、相关税费、运输费等，借记"经费支出"科目，贷记"财政拨款收入""零余额账户用款额度""银行存款"等科目。

（6）接受捐赠、无偿调入的固定资产，其成本按照有关凭据注明的金额加上相关税费、运输费等确定；没有相关凭据可供取得，但依法经过资产评估的，其成本应当按照评估价值加上相关税费、运输费等确定；没有相关凭据可供取得，也未经评估的，其成本比照同类或类似固定资产的市场价格加上相关税费、运输费等确定；没有相关凭据也未经评估的，其同类或类似固定资产的市场价格无法可靠取得，所取得的固定资产应当按照名义金额入账。

接受捐赠、无偿调入的固定资产，按照确定的成本，借记"固定资产"科目（不需要安装）或

"在建工程"科目（需要安装），贷记"资产基金——固定资产、在建工程"科目；按照实际支付的相关税费、运输费等，借记"经费支出"科目，贷记"财政拨款收入""零余额账户用款额度""银行存款"等科目。

2. 按月计提折旧

按月计提固定资产折旧时，按照实际计提的金额，借记"资产基金——固定资产"科目，贷记"累计折旧"科目。

3. 与固定资产有关的后续支出

与固定资产有关的后续支出，分以下情况处理。

（1）为增加固定资产使用效能或延长其使用寿命而发生的改建、扩建或修缮等后续支出，应当计入固定资产成本，通过"在建工程"科目核算，完工交付使用时转入"固定资产"科目。

（2）为维护固定资产正常使用而发生的日常修理等后续支出，应当计入当期支出但不计入固定资产成本，借记"经费支出"科目，贷记"财政拨款收入""零余额账户用款额度""银行存款"等科目。

4. 出售、置换换出固定资产

经批准出售、置换换出的固定资产转入待处理财产损溢时，按照固定资产的账面价值，借记"待处理财产损溢"科目，按照已计提折旧，借记"累计折旧"科目，按照固定资产的账面余额，贷记"固定资产"科目。

5. 无偿调出、对外捐赠固定资产

经批准无偿调出、对外捐赠固定资产时，按照固定资产的账面价值，借记"资产基金——固定资产"科目，按照已计提折旧，借记"累计折旧"科目，按照固定资产的账面余额，贷记"固定资产"科目。

无偿调出、对外捐赠固定资产发生由行政单位承担的拆除费用、运输费等，按照实际支付的金额，借记"经费支出"科目，贷记"财政拨款收入""零余额账户用款额度""银行存款"等科目。

6. 报废、毁损固定资产

报废、毁损的固定资产转入待处理财产损溢时，按照固定资产的账面价值，借记"待处理财产损溢"科目，按照已计提折旧，借记"累计折旧"科目，按照固定资产的账面余额，贷记"固定资产"科目。

7. 盘盈、盘亏固定资产

行政单位的固定资产应当定期进行清查盘点，每年至少盘点一次。对于固定资产发生盘盈、盘亏的，应当及时查明原因，按照规定报经批准后进行账务处理。

（1）盘盈的固定资产，按照取得同类或类似固定资产的实际成本确定入账价值；没有同类或类似固定资产的实际成本的，按照同类或类似固定资产的市场价格确定入账价值；同类或类似固定资产的实际成本或市场价格无法可靠取得的，按照名义金额入账。

盘盈的固定资产，按照确定的入账价值，借记"固定资产"科目，贷记"待处理财产损溢"科目。

（2）盘亏的固定资产，按照盘亏固定资产的账面价值，借记"待处理财产损溢"科目，按照已计提折旧，借记"累计折旧"科目，按照固定资产账面余额，贷记"固定资产"科目。

【例题】某行政单位2016年发生以下有关经济业务，据以编制会计分录。

【例10-44】某行政单位购入一台不需要安装的设备，买价10 000元，运输费300元，专业人员服务费500元，均用零余额专户支付。

借：固定资产		10 800
贷：资产基金——固定资产		10 800

同时，按照实际支付的金额：

借：经费支出		10 800
贷：零余额账户用款额度		10 800

【例10-45】某行政单位购入一个需要安装的流水线，买价120 000元，运费1 000元，安装费3 000元，专业人员服务费2 000元，通过财政直接支付方式支付。

借：在建工程 126 000
　贷：资产基金——在建工程 126 000

同时，按照实际支付的金额：

借：经费支出 126 000
　贷：财政拨款收入——财政直接支付 126 000

【例10-46】某行政单位出售一辆闲置小轿车，账面原始价值140 000元，已提折旧100 000元。取得出售收入55 000元存入银行，另零余额账户支付出售过程中所发生的相关税费2 750元。

（1）按照账面价值进行如下处理：

借：待处理财产损溢 40 000
　　累计折旧 100 000
　贷：固定资产 140 000

借：资产基金——固定资产 40 000
　贷：待处理财产损溢 40 000

（2）出售固定资产所取得收入时：

借：银行存款 55 000
　贷：待处理财产损溢 55 000

（3）计算应上缴的相关税费时：

借：待处理财产损溢 2 750
　贷：应缴税费 2 750

（4）按照出售的净收入，进行如下账务处理：

借：待处理财产损溢 52 250
　贷：应缴财政款 52 250

【例10-47】某行政单位2016年1月经批准，通过政府采购购置复印机一台，货款12 000元，增值税为2 040元，验收后交付使用。款项由财政直接支付。预计使用年限5年，按月计提折旧。

借：经费支出 14 040
　贷：财政拨款收入——财政直接支付 14 040

借：固定资产 14 040
　贷：资产基金——固定资产 14 040

从2016年2月开始该复印机每月应计提折旧：

14 040/（12×5）=234元

借：资产基金——固定资产 234
　贷：累计折旧 234

【例10-48】经批准报废电视机一台，原价4 800元，累计折旧3 900元，残值收入400元，收进库存现金。

借：待处理财产损溢 900
　　累计折旧 3 900
　贷：固定资产 4 800

借：资产基金——固定资产 900
　贷：待处理财产损溢 900

借：库存现金   400

  贷：待处理财产损溢   400

借：待处理财产损溢   400

  贷：应缴财政款   400

【例10-49】 开出财政授权支付凭证，购买文件柜10个，计6 500元，验收合格，交付使用。

借：经费支出   6 500

  贷：零余额账户用款额度   6 500

借：固定资产   6 500

  贷：资产基金——固定资产   6 500

【例10-50】 从上级单位有偿调入小汽车一辆，价款38 000元，财政授权支付。

借：经费支出——基本支出（公用支出）（交通工具购置费） 38 000

  贷：零余额账户用款额度   38 000

借：固定资产   38 000

  贷：资产基金——固定资产   38 000

二、累计折旧的核算

（一）累计折旧的定义

累计折旧是行政单位固定资产、公共基础设施计提的价值摊销额。

行政单位对下列固定资产不计提折旧：文物及陈列品，图书、档案，动植物，以名义金额入账的固定资产，境外行政单位持有的能够与房屋及构筑物区分、拥有所有权的土地。

（二）累计折旧的摊销原则

固定资产、公共基础设施计提折旧是指在固定资产、公共基础设施预计使用寿命内，按照确定的方法对应折旧金额进行系统分摊，有关说明如下。

（1）行政单位应当根据固定资产、公共基础设施的性质和实际使用情况，合理确定其折旧年限。省级以上财政部门、主管部门对行政单位固定资产、公共基础设施折旧年限做出规定的，从其规定。

（2）行政单位一般应当采用年限平均法或工作量法计提固定资产、公共基础设施折旧。

（3）行政单位固定资产、公共基础设施的应折旧金额为其成本，计提固定资产、公共基础设施折旧不考虑预计净残值。

（4）行政单位一般应当按月计提固定资产、公共基础设施折旧。当月增加的固定资产、公共基础设施，当月不提折旧，从下月起计提折旧；当月减少的固定资产、公共基础设施，当月照提折旧，从下月起不提折旧。

（5）固定资产、公共基础设施提足折旧后，无论能否继续使用，均不再计提折旧；提前报废的固定资产、公共基础设施，也不再补提折旧；已提足折旧的固定资产、公共基础设施，可以继续使用的，应当继续使用，规范管理。

（6）固定资产、公共基础设施因改建、扩建或修缮等原因而提高使用效能或延长使用年限的，应当按照重新确定的固定资产、公共基础设施成本以及重新确定的折旧年限，重新计算折旧额。

（三）累计折旧的核算

为了对行政单位固定资产、公共基础设施计提的价值摊销额进行核算，需要开设"累计折旧"账户。贷方登记价值摊销额的增加，借方登记累计摊销额的注销。本科目期末贷方余额，反映行政单位计提的固定资产、公共基础设施折旧累计数。

累计折旧按照固定资产、公共基础设施的类别、项目等进行明细核算。占有公共基础设施的行政单位，应当在本科目下设置"固定资产累计折旧"和"公共基础设施累计折旧"两个一级明细科目，分别核算对固定资产和公共基础设施计提的折旧。

（1）按月计提固定资产、公共基础设施折旧时，按照应计提折旧金额，借记"资产基金——固定资产、公共基础设施"科目，贷记"累计折旧"科目。

（2）处置固定资产、公共基础设施时，按照所处置固定资产、公共基础设施的账面价值，借记"待处理财产损溢"科目（出售、置换换出、报废、毁损、盘亏）或"资产基金——固定资产、公共基础设施"科目（无偿调出、对外捐赠），按照固定资产、公共基础设施已计提折旧，借记"累计折旧"科目，按照固定资产、公共基础设施的账面余额，贷记"固定资产""公共基础设施"科目。

【例题】某行政单位2016年发生以下有关经济业务，据以编制会计分录。

【例10-51】计提当月的固定资产折旧33 200元。

借：资产基金——固定资产　　　　　　　　　　　　　　33 200
　　贷：累计折旧　　　　　　　　　　　　　　　　　　　　33 200

【例10-52】报废一辆小轿车，账面原始价值125 000元，已提折旧123 000元。

借：待处理财产损溢　　　　　　　　　　　　　　　　　2 000
　　累计折旧　　　　　　　　　　　　　　　　　　　123 000
　　贷：固定资产　　　　　　　　　　　　　　　　　　125 000
借：资产基金——固定资产　　　　　　　　　　　　　　2 000
　　贷：待处理财产损溢　　　　　　　　　　　　　　　　2 000

三、在建工程的核算

（一）在建工程的定义

在建工程是指行政单位已经发生必要支出，但尚未完工交付使用的各种建筑（包括新建、改建、扩建、修缮等）、设备安装工程和信息系统建设工程等。

不能够增加固定资产、公共基础设施使用效能或延长其使用寿命的修缮、维护等，不属于在建工程。

（二）在建工程的核算

为了对行政单位已经发生必要支出，但尚未完工交付使用的各种建筑（包括新建、改建、扩建、修缮等）、设备安装工程和信息系统建设工程等进行核算，开设"在建工程"账户。它是属于资产性质的账户，期末借方余额，反映行政单位尚未完工的在建工程的实际成本。本科目应当按照具体工程项目等进行明细核算；需要分摊计入不同工程项目的间接工程成本，应当通过本科目下设置的"待摊投资"明细科目核算。

行政单位的基本建设投资应当按照国家有关规定单独建账、单独核算，同时按照本制度的规定至少按月并入本科目及其他相关科目反映。行政单位应当在本科目下设置"基建工程"明细科目，核算由基建账户并入的在建工程成本。有关基建并账的具体账务处理另行规定。

在建工程应当在确定属于工程的成本实际发生时确认。

在建工程（非基本建设项目）的主要账务处理如下。

1. 建筑工程

（1）将固定资产转入改建、扩建或修缮等时，按照固定资产的账面价值，借记"在建工程"科目，贷记"资产基金——在建工程"科目；同时，按照固定资产的账面价值，借记"资产基金——固定资产"科目，按照固定资产已计提折旧，借记"累计折旧"科目，按照固定资产的账面余额，贷记"固定资产"科目。

（2）将改建、扩建或修缮的建筑部分拆除时，按照拆除部分的账面价值（没有固定资产拆除部分的账面价值的，比照同类或类似固定资产的实际成本或市场价格及其拆除部分占全部固定资产价值的比例确定），借记"资产基金——在建工程"科目，贷记"在建工程"科目。改建、扩建或修缮的建筑部分拆除获得残值收入时，借记"银行存款"等科目，贷记"经费支出"科目；同时，借记"资产基金——在建工程"科目，贷记"在建工程"科目。

（3）根据工程进度支付工程款时，按照实际支付的金额，借记"经费支出"科目，贷记"财政拨款收入""零余额账户用款额度""银行存款"等科目；同时按照相同的金额，借记"在建工程"科目，贷记"资产基金——在建工程"科目。

根据工程价款结算账单与施工企业结算工程价款时，按照工程价款结算账单上列明的金额（扣除已支付的金额），借记"在建工程"科目，贷记"资产基金——在建工程"科目；同时，按照实际支付的金额，借记"经费支出"科目，贷记"财政拨款收入""零余额账户用款额度""银行存款"等科目，按照应付未付的金额，借记"待偿债净资产"科目，贷记"应付账款"科目。

（4）支付工程价款结算账单以外的款项时，借记"在建工程"科目，贷记"资产基金——在建工程"科目；同时，借记"经费支出"科目，贷记"财政拨款收入""零余额账户用款额度""银行存款"等科目。

（5）工程项目结束，需要分摊间接工程成本的，按照应当分摊到该项目的间接工程成本，借记"在建工程"科目（××项目），贷记"在建工程"科目（待摊投资）。

（6）建筑工程项目完工交付使用时，按照交付使用工程的实际成本，借记"资产基金——在建工程"科目，贷记"在建工程"科目；同时，借记"固定资产""无形资产"科目（交付使用的工程项目中有能够单独区分成本的无形资产），贷记"资产基金——固定资产""资产基金——无形资产"科目。

（7）建筑工程项目完工交付使用时，扣留质量保证金的，按照扣留的质量保证金金额，借记"待偿债净资产"科目，贷记"长期应付款"等科目。

（8）为工程项目配套而建成的、产权不归属本单位的专用设施，将专用设施产权移交其他单位时，按照应当交付专用设施的实际成本，借记"资产基金——在建工程"科目，贷记"在建工程"科目。

（9）工程完工但不能形成资产的项目，应当按照规定报经批准后予以核销。转入待处理财产损溢时，按照不能形成资产的工程项目的实际成本，借记"待处理财产损溢"科目，贷记"在建工程"科目。

2. 设备安装

（1）购入需要安装的设备，按照购入的成本，借记"在建工程"科目，贷记"资产基金——在建工程"科目；同时，按照实际支付的金额，借记"经费支出"科目，贷记"财政拨款收入""零余额账户用款额度""银行存款"等科目。

（2）发生安装费用时，按照实际支付的金额，借记"在建工程"科目，贷记"资产基金——在建工程"科目；同时，借记"经费支出"科目，贷记"财政拨款收入""零余额账户用款额度""银行存款"等科目。

（3）设备安装完工交付使用时，按照交付使用设备的实际成本，借记"资产基金——在建工程"科目，贷记"在建工程"科目；同时，借记"固定资产""无形资产"科目（交付使用的设备中有能够单独区分成本的无形资产），贷记"资产基金——固定资产""资产基金——无形资产"科目。

3. 信息系统建设

（1）发生各项建设支出时，按照实际支付的金额，借记"在建工程"科目，贷记"资产基金——在建工程"科目；同时，借记"经费支出"科目，贷记"财政拨款收入""零余额账户用款额度""银行存款"等科目。

（2）信息系统建设完成交付使用时，按照交付使用信息系统的实际成本，借记"资产基金——在建工程"科目，贷记"在建工程"科目；同时，借记"固定资产""无形资产"科目，贷记"资产基金——固定资产""资产基金——无形资产"科目。

4. 在建工程的毁损

毁损的在建工程成本，应当转入"待处理财产损溢"科目进行处理。转入待处理财产损溢时，借记"待处理财产损溢"科目，贷记"在建工程"科目。

【例题】某行政单位2016年发生以下有关经济业务，据以编制会计分录。

【例10-53】为改善办公条件，决定对一栋旧房进行改建，该旧房原价880 000元，累计折旧480 000元。

（1）借：资产基金——固定资产 　　　　　　　　　　　400 000
　　　　累计折旧 　　　　　　　　　　　　　　　　　　480 000
　　　　　贷：固定资产 　　　　　　　　　　　　　　　　　880 000
　　借：在建工程 　　　　　　　　　　　　　　　　　　400 000
　　　　　贷：资产基金——在建工程 　　　　　　　　　　400 000
（2）为房屋改造分期购进各种材料（财政授权支付）共计113 000元：
　　借：经费支出 　　　　　　　　　　　　　　　　　　113 000
　　　　　贷：零余额账户用款额度——财政授权支付 　　　113 000
　　借：在建工程 　　　　　　　　　　　　　　　　　　113 000
　　　　　贷：资产基金——在建工程 　　　　　　　　　　113 000
（3）为房屋改造支付人工费用共计26 000元，用银行存款支付：
　　借：经费支出 　　　　　　　　　　　　　　　　　　26 000
　　　　　贷：银行存款 　　　　　　　　　　　　　　　　26 000
　　借：在建工程 　　　　　　　　　　　　　　　　　　26 000
　　　　　贷：资产基金——在建工程 　　　　　　　　　　26 000
（4）工程改造完成，交付使用，进行转账：
　　借：资产基金——在建工程 　　　　　　　　　　　　539 000
　　　　　贷：在建工程 　　　　　　　　　　　　　　　　539 000
　　借：固定资产 　　　　　　　　　　　　　　　　　　539 000
　　　　　贷：资产基金——固定资产 　　　　　　　　　　539 000

四、无形资产的核算

无形资产是指不具有实物形态而能为行政单位提供某种权利的非货币性资产，包括著作权、土地使用权、专利权、非专利技术等。

行政单位购入的不构成相关硬件不可缺少组成部分的软件，应当作为无形资产核算。

为了对行政单位不具有实物形态，而能为行政单位提供某种权利的非货币性资产进行核算，开设"无形资产"账户。它是属于资产性质的账户，本科目期末借方余额，反映行政单位无形资产的原价。

本科目应当按照无形资产的类别、项目等进行明细核算。

无形资产应当在完成对其权属的规定登记或其他证明单位取得无形资产时确认。

无形资产主要的账务处理如下。

（一）无形资产取得的核算

取得无形资产时，应当按照其实际成本入账。

（1）外购的无形资产，其成本包括实际支付的购买价款、相关税费以及可归属于该项资产达到预定用途所发生的其他支出。

购入的无形资产，按照确定的成本，借记"无形资产"科目，贷记"资产基金——无形资产"科目；同时，按照实际支付的金额，借记"经费支出"科目，贷记"财政拨款收入""零余额账户用款额度""银行存款"等科目。

购入无形资产尚未付款的，取得无形资产时，按照确定的成本，借记"无形资产"科目，贷记"资产基金——无形资产"科目；同时，按照应付未付的款项金额，借记"待偿债净资产"科目，贷记"应付账款"科目。

（2）委托软件公司开发软件，视同外购无形资产进行处理。

① 软件开发前按照合同约定预付开发费用时，借记"预付账款"科目，贷记"资产基金——预付款项"科目；同时，借记"经费支出"科目，贷记"财政拨款收入""零余额账户用款额度""银行存款"等科目。

② 软件开发完成交付使用，并支付剩余或全部软件开发费用时，按照软件开发费用总额，借记"无形资产"科目，贷记"资产基金——无形资产"科目；按照实际支付的金额，借记"经费支出"科目，贷记"财政拨款收入""零余额账户用款额度""银行存款"等科目；按照冲销的预付开发费用，借记"资产基金——预付款项"科目，贷记"预付账款"科目。

（3）自行开发并按法律程序申请取得的无形资产，按照依法取得时发生的注册费、聘请律师费等费用确定成本。

取得无形资产时，按照确定的成本，借记"无形资产"科目，贷记"资产基金——无形资产"科目；同时，按照实际支付的金额，借记"经费支出"科目，贷记"财政拨款收入""零余额账户用款额度""银行存款"等科目。

依法取得前所发生的研究开发支出，应当于发生时直接计入当期支出，但不计入无形资产的成本。借记"经费支出"科目，贷记"财政拨款收入""零余额账户用款额度""财政应返还额度""银行存款"等科目。

（4）置换取得的无形资产，其成本按照换出资产的评估价值加上支付的补价或减去收到的补价，加上为换入无形资产支付的其他费用（登记费等）确定。

置换取得的无形资产，按照确定的成本，借记"无形资产"科目，贷记"资产基金——无形资产"科目；按照实际支付的补价、相关税费等，借记"经费支出"科目，贷记"财政拨款收入""零余额账户用款额度""银行存款"等科目。

（5）接受捐赠、无偿调入的无形资产，其成本按照有关凭据注明的金额加上相关税费确定；没有相关凭据可供取得，但依法经过资产评估的，其成本应当按照评估价值加上相关税费确定；没有相关凭据可供取得，也未经评估的，其成本比照同类或类似资产的市场价格加上相关税费确定；没有相关凭据也未经评估，其同类或类似无形资产的市场价格无法可靠取得的，所取得的无形资产应当按照名义金额入账。

接受捐赠、无偿调入无形资产时，按照确定的无形资产成本，借记"无形资产"科目，贷记"资产基金——无形资产"科目；按照发生的相关税费，借记"经费支出"科目，贷记"零余额账户用款额度""银行存款"等科目。

（二）无形资产摊销的核算

按月计提无形资产摊销时，按照应计提的金额，借记"资产基金——无形资产"科目，贷记"累计摊销"科目。

（三）无形资产后续支出的核算

与无形资产有关的后续支出，分以下情况处理。

（1）为增加无形资产使用效能而发生的后续支出，如对软件进行升级改造或扩展其功能等所发生的支出，应当计入无形资产的成本，借记"无形资产"科目，贷记"资产基金——无形资产"科目；同时，借记"经费支出"科目，贷记"财政拨款收入""零余额账户用款额度""银行存款"等科目。

（2）为维护无形资产的正常使用而发生的后续支出，如对软件进行的漏洞修补、技术维护等所发生的支出，应当计入当期支出但不计入无形资产的成本，借记"经费支出"科目，贷记"财政拨款收入""零余额账户用款额度""银行存款"等科目。

（四）无形资产出售、置换的核算

报经批准出售、置换换出无形资产转入待处理财产损溢时，按照待出售、置换换出无形资产的账面价值，借记"待处理财产损溢"科目，按照已计提摊销，借记"累计摊销"科目，按照无形资产的账面余额，贷记"无形资产"科目。

（五）无形资产调出、对外捐赠的核算

报经批准无偿调出、对外捐赠无形资产，按照无偿调出、对外捐赠无形资产的账面价值，借记"资产基金——无形资产"科目，按照已计提摊销，借记"累计摊销"科目，按照无形资产的账面余额，贷记"无形资产"科目。无偿调出、对外捐赠无形资产发生由行政单位承担的相关费用支出等，按照实际支付的金额，借记"经费支出"科目，贷记"财政拨款收入""零余额账户用款额度""银行存款"等科目。

（六）无形资产核销的核算

无形资产预期不能为行政单位带来服务潜力或经济利益的，应当按规定报经批准后将无形资产的账面价值予以核销。

待核销的无形资产转入待处理财产损溢时，按照待核销无形资产的账面价值，借记"待处理财产损溢"科目，按照已计提摊销，借记"累计摊销"科目，按照无形资产的账面余额，贷记"无形资产"科目。

【例题】某行政单位2016年发生以下有关经济业务，据以编制会计分录。

【例10-54】外购一项专利权，采用财政直接支付方式支付买价30 000元，相关税费1 500元。

借：无形资产		31 500
贷：资产基金——无形资产		31 500
借：经费支出		31 500
贷：财政拨款收入		31 500

【例10-55】委托软件公司开发软件，按照合同约定用单位零余额账户预付50%的开发费用27 000元。

（1）借：预付账款		27 000
贷：资产基金——预付款项		27 000
借：经费支出		27 000
贷：零余额账户用款额度		27 000

（2）软件开发完成交付进行如下账务处理：

借：无形资产   54 000

  贷：资产基金——无形资产   54 000

借：经费支出   27 000

  贷：零余额账户用款额度等   27 000

借：资产基金——预付款项   27 000

  贷：预付账款   27 000

五、累计摊销的核算

（一）累计摊销的定义

累计摊销是指在无形资产使用寿命内，按照确定的方法对应摊销金额进行系统分摊。行政单位应当采用年限平均法计提无形资产摊销。

行政单位应当按照以下原则确定无形资产的摊销年限。

（1）法律规定了有效年限的，按照法律规定的有效年限作为摊销年限。

（2）法律没有规定有效年限的，按照相关合同或单位申请书中的受益年限作为摊销年限。

（3）法律没有规定有效年限，相关合同或单位申请书也没有规定受益年限的，按照不少于 10 年的期限摊销。

（4）非大批量购入，单价小于 1 000 元的无形资产，可以于购买的当期，一次将成本全部摊销。

行政单位应当自无形资产取得当月起，按月计提摊销；无形资产减少的当月，不再计提摊销。

无形资产提足摊销后，无论能否继续带来服务潜力或经济利益，均不再计提摊销；核销的无形资产，如果未提足摊销，也不再补提摊销。因发生后续支出而增加无形资产成本的，应当按照重新确定的无形资产成本，重新计算摊销额。

（二）累计摊销的核算

为了对行政单位无形资产的应摊销金额进行核算，开设"累计摊销"账户。它是资产备抵账户，本科目期末贷方余额，反映行政单位计提的无形资产摊销累计数。

累计摊销的主要账务处理如下。

（1）按月计提无形资产摊销时，按照应计提摊销金额，借记"资产基金——无形资产"科目，贷记"累计摊销"科目。

（2）无形资产处置时，按照所处置无形资产的账面价值，借记"待处理财产损溢"科目（出售、置换换出、核销）或"资产基金——无形资产"科目（无偿调出、对外捐赠），按照已计提摊销，借记"累计摊销"科目，按照无形资产的账面余额，贷记"无形资产"科目。

【例题】某行政单位2016年发生以下有关经济业务，据以编制会计分录。

【例10-56】计提当月的无形资产摊销金额3 200元。

借：资产基金——无形资产   3 200

  贷：累计摊销   3 200

【例10-57】无偿调出一项发明权，账面原始价值92 000元，累计摊销78 000元。

借：资产基金——无形资产   14 000

  累计摊销   78 000

  贷：无形资产   92 000

六、待处理财产损溢的核算

行政单位财产的处理包括资产的出售、报废、毁损、盘盈、盘亏，以及货币性资产损失核销等。

为了核算行政单位待处理财产的价值及财产处理损溢，开设"待处理财产损溢"账户。本账户应当按照待处理财产项目进行明细核算；对于在财产处理过程中取得收入或发生相关费用的项目，还应当设置"待处理财产价值""处理净收入"明细科目，进行明细核算。行政单位财产的处理，一般应当先记入"待处理财产损溢"科目，按照规定报经批准后及时进行相应的账务处理。本科目期末如为借方余额，反映尚未处理完毕的各种财产的价值及净损失；期末如为贷方余额，反映尚未处理完毕的各种财产净溢余。年度终了，报经批准处理后，本科目一般应无余额。

待处理财产损溢的主要账务处理如下。

（一）现金短缺或溢余的处理

按照规定报经批准处理无法查明原因的现金短缺或溢余。

（1）属于无法查明原因的现金短缺，报经批准核销的，借记"经费支出"科目，贷记"待处理财产损溢"科目。

（2）属于无法查明原因的现金溢余，报经批准后，借记"待处理财产损溢"科目，贷记"其他收入"科目。

（二）应收账款、其他应收款的处理

按照规定报经批准核销无法收回的应收账款、其他应收款。

（1）转入待处理财产损溢时，借记"待处理财产损溢"科目，贷记"应收账款""其他应收款"科目。

（2）报经批准对无法收回的其他应收款予以核销时，借记"经费支出"科目，贷记"待处理财产损溢"科目；对无法收回的应收账款予以核销时，借记"其他应付款"等科目，贷记"待处理财产损溢"科目。

（三）预付账款、无形资产的处理

按照规定报经批准核销预付账款、无形资产的处理如下。

（1）转入待处理财产损溢时，借记"待处理财产损溢"科目（核销无形资产的，还应借记"累计摊销"科目），贷记"预付账款""无形资产"科目。

（2）报经批准予以核销时，借记"资产基金——预付款项、无形资产"科目，贷记"待处理财产损溢"科目。

（四）出售、置换资产的处理

出售资产、置换换出存货、固定资产、无形资产、政府储备物资等的处理如下。

（1）转入待处理财产损溢时，借记"待处理财产损溢"科目（待处理财产价值）（出售、置换换出固定资产的，还应当借记"累计折旧"科目；出售、置换换出无形资产的，还应当借记"累计摊销"科目），贷记"存货""固定资产""无形资产""政府储备物资"等科目。

（2）实现出售、置换换出时，借记"资产基金"及相关明细科目，贷记"待处理财产损溢"科目（待处理财产价值）。

（3）出售、置换换出资产过程中收到的价款、补价等收入，借记"库存现金""银行存款"等科目，贷记"待处理财产损溢"科目（处理净收入）。

（4）出售、置换出资产过程中发生相关费用，借记"待处理财产损溢"科目（处理净收入），贷记"库存现金""银行存款""应缴税费"等科目。

（5）出售、置换换出完毕并收回相关的应收账款后，按照处置收入扣除相关税费后的净收入，借记"待处理财产损溢"科目（处理净收入），贷记"应缴财政款"。处置收入小于相关税费的，按照相关税费减去处置收入后的净支出，借记"经费支出"科目，贷记"待处理财产损溢"科目（处理净收入）。

（五）盘亏、毁损、报废各种实物资产

（1）转入待处理财产损溢时，借记"待处理财产损溢"科目（待处理财产价值）（处置固定资产、公共基础设施的，还应当借记"累计折旧"科目），贷记"存货""固定资产""在建工程""政府储备物资""公共基础设施"等科目。

（2）报经批准予以核销时，借记"资产基金"及相关明细科目，贷记"待处理财产损溢"科目（待处理财产价值）。

（3）毁损、报废各种实物资产过程中取得的残值变价收入、发生的相关费用，以及取得的残值变价收入扣除相关费用后的净收入或净支出的账务处理，比照本科目有关出售资产进行处理。

（六）核销不能形成资产的在建工程成本

转入待处理财产损溢时，借记"待处理财产损溢"科目，贷记"在建工程"科目。报经批准予以核销时，借记"资产基金——在建工程"科目，贷记"待处理财产损溢"科目。

（七）盘盈存货、固定资产、政府储备物资等实物资产

转入待处理财产损溢时，借记"存货""固定资产""政府储备物资"等科目，贷记"待处理财产损溢"科目。报经批准予以处理时，借记"待处理财产损溢"科目，贷记"资产基金"及相关明细科目。

【例题】某行政单位2016年发生以下有关经济业务，据以编制会计分录。

【例10-58】对现金进行盘点，发现现金溢余120元。

借：库存现金　　　　　　　　　　　　　　　　120
　　贷：待处理财产损溢　　　　　　　　　　　　　　120

上述现金溢余无法查明原因，报经领导批准后转为"其他收入"：

借：待处理财产损溢　　　　　　　　　　　　　　120
　　贷：其他收入　　　　　　　　　　　　　　　　120

【例10-59】应收某公司的一笔销货款3 180元，因对方倒闭而无法收回，转入待处理财产损溢。

借：待处理财产损溢　　　　　　　　　　　　3 180
　　贷：应收账款　　　　　　　　　　　　　　3 180

经领导批准，核销上述无法收回的应收账款：

借：其他应付款　　　　　　　　　　　　　　3 180
　　贷：待处理财产损溢　　　　　　　　　　　3 180

【例10-60】月末盘点，发现甲材料盘亏5千克，单价40元，原因待查。

借：待处理财产损溢　　　　　　　　　　　　　200
　　贷：存货——甲材料　　　　　　　　　　　　200

接【例10-59】，盘盈甲材料经批准列作支出：

借：资产基金——存货　　　　　　　　　　　　200
　　贷：待处理财产损溢　　　　　　　　　　　　200

【例10-61】经批准报废电视机一台，原价6 400元，累计折旧6 000元，残值收入400元，收进库存现金。

借：待处理财产损溢（待处理财产价值）　　　　　　　　　　　　400
　　累计折旧　　　　　　　　　　　　　　　　　　　　　　　6 000
　　　贷：固定资产——电视机　　　　　　　　　　　　　　　　　　6 400
借：资产基金——固定资产　　　　　　　　　　　　　　　　　400
　　　贷：待处理财产损溢（待处理财产价值）　　　　　　　　　　　　400
借：库存现金　　　　　　　　　　　　　　　　　　　　　　400
　　　贷：待处理财产损溢（处理净收入）　　　　　　　　　　　　　400
借：待处理财产损溢（处理净收入）　　　　　　　　　　　　400
　　　贷：应缴财政款　　　　　　　　　　　　　　　　　　　　　　400

【例10-62】将不用的打字机2台变价出售，原价11 000元，未提折旧，取得变价收入3 000元。

借：待处理财产损溢（待处理财产价值）　　　　　　　　　　11 000
　　　贷：固定资产——打字机　　　　　　　　　　　　　　　　11 000
借：资产基金——固定资产　　　　　　　　　　　　　　　　11 000
　　　贷：待处理财产损溢（待处理财产价值）　　　　　　　　　　11 000
借：银行存款　　　　　　　　　　　　　　　　　　　　　3 000
　　　贷：待处理财产损溢（处理净收入）　　　　　　　　　　　　3 000
借：待处理财产损溢（处理净收入）　　　　　　　　　　　　3 000
　　　贷：应缴财政款　　　　　　　　　　　　　　　　　　　　3 000

七、政府储备物资的核算

政府储备物资是指行政单位直接储存管理的各项政府应急或救灾储备物资等。

为了核算行政单位直接储存管理的各项政府应急或救灾储备物资，开设"政府储备物资"账户。本账户属于资产性质的账户，期末借方余额，反映行政单位管理的政府储备物资的实际成本。本账户应当按照政府储备物资的种类、品种、存放地点等进行明细核算。

负责采购并拥有储备物资调拨权力的行政单位（简称"采购单位"）将政府储备物资交由其他行政单位（简称"代储单位"）代为储存的，由采购单位通过本科目核算政府储备物资，代储单位将受托代储的政府储备物资作为受托代理资产核算。

政府储备物资应当在其到达存放地点并验收时确认。

政府储备物资的主要账务处理如下。

（一）政府储备物资取得的核算

取得政府储备物资时，应当按照其成本入账。

（1）购入的政府储备物资，其成本包括购买价款、相关税费、运输费、装卸费、保险费以及其他使政府储备物资达到目前场所和状态所发生的支出；单位支付的政府储备物资保管费、仓库租赁费等日常储备费用，不计入政府储备物资的成本。

购入的政府储备物资验收入库，按照确定的成本，借记"政府储备物资"科目，贷记"资产基金——政府储备物资"科目；同时，按实际支付的金额，借记"经费支出"科目，贷记"财政拨款收入""零余额账户用款额度""银行存款"等科目。

（2）接受捐赠、无偿调入的政府储备物资，其成本按照有关凭据注明的金额加上相关税费、运输费等确定；没有相关凭据可供取得，但依法经过资产评估的，其成本应当按照评估价值加上相关税费、运输费等确定；没有相关凭据可供取得，也未经评估的，其成本比照同类或类似政府储备物资的市场价格加上相关税费、运输费等确定。

接受捐赠、无偿调入的政府储备物资验收入库，按照确定的成本，借记"政府储备物资"科目，贷记"资产基金——政府储备物资"科目，由行政单位承担运输费用等的，按实际支付的相关税费、运输费等金额，借记"经费支出"科目，贷记"财政拨款收入""零余额账户用款额度""银行存款"等科目。

（二）政府储备物资发出的核算

政府储备物资发出时，应当根据实际情况采用先进先出法、加权平均法或者个别计价法确定发出政府储备物资的实际成本。计价方法一经确定，不得随意变更。

（1）经批准对外捐赠、无偿调出政府储备物资时，按照对外捐赠、无偿调出政府储备物资的实际成本，借记"资产基金——政府储备物资"科目，贷记"政府储备物资"科目。

对外捐赠、无偿调出政府储备物资发生由行政单位承担的运输费等支出时，借记"经费支出"科目，贷记"财政拨款收入""零余额账户用款额度""银行存款"等科目。

（2）行政单位报经批准将不需储备的物资出售时，应当转入待处理财产损溢，按照相关储备物资的账面余额，借记"待处理财产损溢"科目，贷记"政府储备物资"科目。

（三）盘盈、盘亏或报废、毁损政府储备物资的核算

行政单位管理的政府储备物资应当定期进行清查盘点，每年至少盘点一次。对于发生的政府储备物资盘盈、盘亏或者报废、毁损，应当及时查明原因，按规定报经批准后进行账务处理。

（1）盘盈的政府储备物资，按照取得同类或类似政府储备物资的实际成本确定入账价值；没有同类或类似政府储备物资的实际成本，按照同类或类似政府储备物资的市场价格确定入账价值。

盘盈的政府储备物资，按照确定的入账价值，借记"政府储备物资"科目，贷记"待处理财产损溢"科目。

（2）盘亏或者报废、毁损的政府储备物资，转入待处理财产损溢时，按照其账面余额，借记"待处理财产损溢"科目，贷记"政府储备物资"科目。

【例题】某行政单位2016年发生以下有关经济业务，据以编制会计分录。

【例10-63】购入一批政府储备物资，买价7 000元，进项增值税1 190元，运输费200元，装卸费300元，保险费100元。均用单位零余额账户支付完成。储备物资已入库。

借：政府储备物资　　　　　　　　　　　　　　　　　　　8 790

　　贷：资产基金——政府储备物资　　　　　　　　　　　　　　8 790

借：经费支出　　　　　　　　　　　　　　　　　　　　　8 790

　　贷：零余额账户用款额度　　　　　　　　　　　　　　　　　8 790

八、公共基础设施的核算

公共基础设施是指由行政单位占有并直接负责维护管理、供社会公众使用的工程性公共基础设施资产，包括城市交通设施、公共照明设施、环保设施、防灾设施、健身设施、广场及公共构筑物等其他公共设施。

为了核算由行政单位占有并直接负责维护管理、供社会公众使用的工程性公共基础设施资产，

开设"公共基础设施"账户。本账户属于资产性质的账户，期末借方余额，反映行政单位管理的公共基础设施的实际成本。公共基础设施应当在对其取得占有权利时确认。与公共基础设施配套使用的修理设备、工具器具、车辆等动产，作为管理公共基础设施的行政单位的固定资产核算，不通过本科目核算。与公共基础设施配套、供行政单位在公共基础设施管理中自行使用的房屋构筑物等，能够与公共基础设施分开核算的，作为行政单位的固定资产核算，不通过本科目核算。本科目应当按照公共基础设施的类别和项目进行明细核算。

行政单位应当结合本单位的具体情况，制定适合于本单位管理的公共基础设施目录、分类方法，作为进行公共基础设施核算的依据。

公共基础设施的主要账务处理如下。

（一）公共基础设施取得的核算

公共基础设施在取得时，应当按照其成本入账。

（1）行政单位自行建设的公共基础设施，其成本包括建造该公共基础设施至交付使用前所发生的全部必要支出。

公共基础设施的各组成部分需要分别核算的，按照各组成部分公共基础设施造价确定其成本；没有各组成部分公共基础设施造价的，按照各组成部分公共基础设施同类或类似市场造价的比例对总造价进行分配，确定各组成部分公共基础设施的成本。

公共基础设施建设完工交付使用时，按照确定的成本，借记"公共基础设施"科目，贷记"资产基金——公共基础设施"科目；同时，借记"资产基金——在建工程"科目，贷记"在建工程"科目。已交付使用，但尚未办理竣工决算手续的公共基础设施，按照估计价值入账，待确定实际成本后再调整。

（2）接受其他单位移交的公共基础设施，其成本按照公共基础设施的原账面价值确认，借记"公共基础设施"科目，贷记"资产基金——公共基础设施"科目。

（二）公共基础设施的后续支出核算

与公共基础设施有关的后续支出，分以下情况处理。

（1）为增加公共基础设施使用效能或延长其使用寿命而发生的改建、扩建或大型修缮等后续支出，应当计入公共基础设施成本，通过"在建工程"科目核算，完工交付使用时转入"公共基础设施"科目。

（2）为维护公共基础设施的正常使用而发生的日常修理等后续支出，应当计入当期支出，借记有关支出科目，贷记"财政拨款收入""零余额账户用款额度""银行存款"等科目。

（三）公共基础设施处置的核算

行政单位管理的公共基础设施向其他单位移交、毁损、报废时，应当按照规定报经批准后进行账务处理。

（1）经批准向其他单位移交公共基础设施时，按照移交公共基础设施的账面价值，借记"资产基金——公共基础设施"科目，按照已计提折旧，借记"累计折旧"科目，按照公共基础设施的账面余额，贷记"公共基础设施"科目。

（2）报废、毁损的公共基础设施，转入待处理财产损溢时，按照待处理公共基础设施的账面价值，借记"待处理财产损溢"科目，按照已计提折旧，借记"累计折旧"科目，按照公共基础设施的账面余额，贷记"公共基础设施"科目。

【例题】某行政单位2016年发生以下有关经济业务，据以编制会计分录。

【例10-64】接受其他单位移交的公共基础设施，移出单位账面价值为67 000元。

借：公共基础设施   67 000

    贷：资产基金——公共基础设施   67 000

九、受托代理资产的核算

受托代理资产是指行政单位接受委托方委托管理的各项资产，包括受托指定转赠的物资、受托储存管理的物资等。

为了核算行政单位接受委托方委托管理的各项资产，开设"受托代理资产"账户。本账户属于资产性质的账户，期末借方余额，反映单位受托代理资产中实物资产的价值。行政单位收到受托代理资产为现金和银行存款的，不通过本科目核算，应当通过"库存现金""银行存款"科目核算。本科目应当按照资产的种类和委托人进行明细核算；属于转赠资产的，还应当按照受赠人进行明细核算。受托代理资产应当在行政单位收到受托代理的资产时确认。

受托代理资产的主要账务处理如下。

（一）受托转赠物资的核算

（1）接受委托人委托需要转赠给受赠人的物资，其成本按照有关凭据注明的金额确定；没有相关凭据可供取得的，其成本比照同类或类似物资的市场价格确定。

接受委托转赠的物资验收入库，按照确定的成本，借记"受托代理资产"科目，贷记"受托代理负债"科目；受托协议约定由行政单位承担相关税费、运输费等的，还应当按照实际支付的相关税费、运输费等金额，借记"经费支出"科目，贷记"银行存款"等科目。

（2）将受托转赠物资交付受赠人时，按照转赠物资的成本，借记"受托代理负债"科目，贷记"受托代理资产"科目。

（3）转赠物资的委托人取消了对捐赠物资的转赠要求，且不再收回捐赠物资的，应当将转赠物资转为存货或固定资产，按照转赠物资的成本，借记"受托代理负债"科目，贷记"受托代理资产"科目；同时，借记"存货""固定资产"科目，贷记"资产基金——存货""资产基金——固定资产"科目。

（二）受托储存管理物资的核算

（1）接受委托人委托储存管理的物资，其成本按照有关凭据注明的金额确定。

接受委托储存的物资验收入库，按照确定的成本，借记"受托代理资产"科目，贷记"受托代理负债"科目。

（2）支付由受托单位承担的与受托储存管理的物资相关的运输费、保管费等费用时，按照实际支付的金额，借记"经费支出"科目，贷记"银行存款"等科目。

（3）根据委托人要求交付受托储存管理的物资时，按照储存管理物资的成本，借记"受托代理负债"科目，贷记"受托代理资产"科目。

【例题】某行政单位2016年发生以下有关经济业务，据以编制会计分录。

【例10-65】行政单位接受委托的一批转赠物资验收入库，委托方提供的账面原始价值为34 000元，行政单位用银行存款支付转赠物资的运输费600元。

借：受托代理资产   34 600

    贷：受托代理负债   34 600

借：经费支出   600

    贷：银行存款   600

知识链接

行政单位国有资产管理

复习思考题

一、简答题

1. 行政单位购买有价证券应遵守哪些规定？
2. 行政单位购买有价证券应遵守哪些规定？
3. 已入账的固定资产，何种情况下，可变动其价值？
4. 试述不同来源的固定资产应该如何确定其入账价值。

二、业务题

1. 盘点现金时，发现短少110元，原因待查。
2. 经反复检查账目，上述短缺库存现金的原因无法查清，经单位领导批准，同意列作经费支出处理。
3. 收到受托代理的现金11 200元。
4. 开出"财政授权支付凭证"，提取库存现金22 000元备用。
5. 接到开户银行通知，收到财政拨入本月经费33 000 000元。
6. 银行转来委托收款凭证，经单位审核无误，同意支付供电部门电费97 800元。
7. 销售废旧纸张及其他杂物一批，收到现金2 170元，直接送存银行。
8. 收到单位零余额账户代理银行转来的《财政授权支付额度到账通知书》，反映该单位获得本月行政经费财政授权支付额度670 000元。
9. 签发转账支票一份，通过单位零余额账户购买打印纸、圆珠笔等办公用品一批，金额共计7 300元。办公用品验收入库，款项以转账支票结清。
10. 年终，财政下达的本年度财政直接支付预算指标数为7 700 000元，财政直接支付实际支出数7 650 000元，未使用财政直接支付预算指标数50 000元。
11. 使用恢复的财政直接支付额度购买文件夹一批，金额3 000元。购买的文件夹直接发放使用。
12. 年终，本年度财政授权支付预算指标数为800 000元，本年度财政授权支付实际支出数720 000元，未使用财政授权支付预算指标数80 000元。
13. 某单位出租办公用房10间，月租金78 000元，每月收一次租金，房子已出租1个月，但仍未收到租金。
14. 某单位出售一批旧计算机台，价值6 600元，电脑已发出，但尚未收到款项。
15. 有一笔应收甲公司的账款11 500元已经超过3年，确实无法收回，按规定报经批准后予以核销。
16. 某行政单位购入一批材料，买价7 000元，进项增值税1 190元，运费200元，保险费100元。当日收到货物并验收合格入库，价款采用财政授权支付方式支付。
17. 行政单位从仓库领用材料5 000元用于维护办公楼。
18. 行政单位从甲公司购入一批工具，买价3 300元，运费100元，尚未支付货款。
19. 某行政单位购入一台不需要安装的设备，买价24 000元，运输费300元，专业人员服务费500元，均用零余额专户支付。
20. 某行政单位购入一个需要安装的流水线，买价38 000元，运费1 000元，安装费3 000元，专业人员服务费2 000元，通过财政直接支付方式支付。
21. 某行政单位出售一辆闲置小轿车，账面原始价值220 000元，已提折旧200 000元。取得出售收入65 000元存入银行，另零余额账户支付出售过程中所发生的相关税费2 750元。

22. 计提当月的固定资产折旧64 200元。

23. 报废一辆小轿车，账面原始价值220 000元，已提折旧212 000元。

24. 外购一项专利权，采用财政直接支付方式支付买价41 000元，相关税费2 500元。

25. 委托软件公司开发软件，按照合同约定用单位零余额账户预付50%的开发费用46 000元。

26. 购入一批政府储备物资，买价22 000元，进项增值税3 740元，运输费200元，装卸费300元，保险费100元。均用单位零余额账户支付完成。储备物资已入库。

27. 接受其他单位移交的公共基础设施，移出单位账面价值为96 000元。

28. 行政单位接受委托的一批转赠物资验收入库，委托方提供的账面原始价值为66 000元，行政单位用银行存款支付转赠物资的运输费600元。

关键术语

政府储备物资	government reserve materials
公共基础设施	public foundation facilities
受托代理资产	fiduciary agent assets

行政单位负债和净资产的核算 第十一章

【学习目标】

1. 掌握行政单位应缴财政款的核算；
2. 掌握行政单位应缴税费的核算；
3. 掌握行政单位应付职工薪酬的核算；
4. 掌握行政单位应付账款的核算；
5. 掌握行政单位应付政府补贴款的核算；
6. 掌握行政单位长期应付款的核算；
7. 掌握行政单位受托代理负债的核算。

第一节 行政单位流动负债的核算

流动负债是指在 1 年内（不包括 1 年）需要偿还的债务。行政单位的流动负债包括应缴财政款、应缴税费、应付职工薪酬、应付账款、应付政府补贴款、其他应付款等。

一、应缴财政款的核算

（一）应缴财政款的概念

应缴财政款是指行政单位取得的按规定应当上缴财政的款项，包括罚没收入、行政事业性收费、政府性基金、国有资产处置和出租收入等。

（二）应缴财政款的核算

为了核算行政单位取得的按规定应当上缴财政的款项，开设"应缴财政款"账户。此账户是负债性质的账户，本科目贷方余额，反映行政单位应当上缴财政但尚未缴纳的款项。年终清缴后，本科目一般应无余额。行政单位按照国家税法等有关规定应当缴纳的各种税费，通过"应缴税费"科目核算，不在本科目核算。本科目应当按照应缴财政款项的类别进行明细核算。应缴财政款应当在收到应缴财政的款项时确认。

应缴财政款的主要账务处理如下。

取得按照规定应当上缴财政的款项时，借记"银行存款"等科目，贷记"应缴财政款"科目。处置资产取得应当上缴财政的处置净收入的账务处理，参见"待处理财产损溢"科目。上缴应缴财政的款项时，按照实际上缴的金额，借记"应缴财政款"科目，贷记"银行存款"科目。

【例题】某行政单位2016年发生以下有关经济业务，据以编制会计分录。

【例11-1】行政单位发放许可证照，收取工本费、手续费5 570元，款项已送存银行。

借：银行存款　　　　　　　　　　　　　　　　　　5 570

　　贷：应缴财政款　　　　　　　　　　　　　　　　　　　5 570

【例11-2】填列"缴款书"，将上述款项上缴国库。

借：应缴财政款　　　　　　　　　　　　　　　　　　5 570

　　贷：银行存款　　　　　　　　　　　　　　　　　　　5 570

【例11-3】外单位租借本单位礼堂，收到租金收入3 000元并缴纳5%的相关税费。

借：银行存款	3 000	
贷：应交税费		150
应缴财政款		2 850

二、应交税费的核算

（一）应交税费的概念

应交税费是指行政单位按照税法等规定应当缴纳的各种税费，包括城市维护建设税、教育费附加、房产税、车船税、城镇土地使用税等。

（二）应交税费的核算

为了核算行政单位按照税法等规定应当缴纳的各种税费，开设"应交税费"账户。此账户是负债性质的账户，本科目期末贷方余额，反映行政单位应交未交的税费金额。行政单位代扣代缴的个人所得税，也通过本科目核算。本科目应当按照应缴纳的税费种类进行明细核算。应交税费应当在产生缴纳税费义务时确认。

应交税费的主要账务处理如下。

因资产处置等发生城市维护建设税、教育费附加等缴纳义务的，按照税法等规定计算的应交税费金额，借记"待处理财产损溢"科目，贷记"应交税费"科目；实际缴纳时，借记"应交税费"科目，贷记"银行存款"等科目。

因出租资产等发生城市维护建设税、教育费附加等缴纳义务的，按照税法等规定计算的应缴税费金额，借记"应缴财政款"等科目，贷记"应交税费"科目；实际缴纳时，借记"应交税费"科目，贷记"银行存款"等科目。

代扣代缴个人所得税，按照税法等规定计算的应代扣代缴的个人所得税金额，借记"应付职工薪酬"科目（从职工工资中代扣个人所得税）或"经费支出"科目（从劳务费中代扣个人所得税），贷记"应交税费"科目。实际缴纳时，借记"应交税费"科目，贷记"财政拨款收入""零余额账户用款额度""银行存款"等科目。

【例题】某行政单位2016年发生以下有关经济业务，据以编制会计分录。

【例11-4】行政单位出租一台设备，出租收入62 000元，应上缴相关税费3 100元。

借：银行存款	62 000	
贷：应缴财政款		58 900
应交税费		3 100
借：应交税费	3 100	
贷：银行存款		3 100

三、应付职工薪酬的核算

（一）应付职工薪酬的概念

应付职工薪酬是指行政单位按照有关规定应付给职工及为职工支付的各种薪酬，包括基本工资、奖金、国家统一规定的津贴补贴、社会保险费、住房公积金等。

（二）应付职工薪酬的核算

为了核算行政单位按照有关规定应付给职工及为职工支付的各种薪酬，开设"应付职工薪酬"账户。此账户是负债性质的账户，本科目期末贷方余额，反映行政单位应付未付的职工薪酬。本科目应当根据国家有关规定按照"工资（离退休费）""地方（部门）津贴补贴""其他个人收入"以及"社会保险费""住房公积金"等进行明细核算。应付职工薪酬应当在规定支付职工薪酬的时间确认。

应付职工薪酬的主要账务处理如下。

1．发生应付职工薪酬时，按照计算出的应付职工薪酬金额，借记"经费支出"科目，贷记"应付职工薪酬"科目。

2．向职工支付工资、津贴补贴等薪酬时，按照实际支付的金额，借记"应付职工薪酬"科目，贷记"财政拨款收入""零余额账户用款额度""银行存款"等科目。

3．从应付职工薪酬中代扣为职工垫付的水电费、房租等费用时，按照实际扣除的金额，借记"应付职工薪酬"科目（工资），贷记"其他应收款"等科目。

4．从应付职工薪酬中代扣代缴个人所得税，按照代扣代缴的金额，借记"应付职工薪酬"科目（工资），贷记"应缴税费"科目。

5．从应付职工薪酬中代扣代缴社会保险费和住房公积金，按照代扣代缴的金额，借记"应付职工薪酬"科目（工资），贷记"其他应付款"科目。

6．缴纳单位为职工承担的社会保险费和住房公积金，借记"应付职工薪酬"科目（社会保险费、住房公积金），贷记"财政拨款收入""零余额账户用款额度""银行存款"等科目。

【例题】某行政单位2016年发生以下有关经济业务，据以编制会计分录。

【例11-5】5月末，计算出本月职工工资、津贴补贴等薪酬总额370 000元。

借：经费支出　　　　　　　　　　　　　　　　　370 000
　　贷：应付职工薪酬　　　　　　　　　　　　　　　　370 000

【例11-6】下月10日，从单位零余额账户向职工支付工资、津贴补贴等薪酬370 000元。

借：应付职工薪酬　　　　　　　　　　　　　　　　370 000
　　贷：零余额账户用款额度　　　　　　　　　　　　　370 000

【例11-7】发放本月工资，资料如下：应付基本工资175 000元，各种津贴及补贴65 000元，退休费23 000元。在工资中，扣收职工养老保险12 000元，医疗保险4 800元，失业保险12 000元，住房公积金24 000元，个人所得税3 000元。实发工资中125 000元由财政统发，82 200元由代理银行发放。

借：经费支出——基本支出（人员支出）（基本工资）　　　175 000
　　　　　　——基本支出（人员支出）（津贴）　　　　　 65 000
　　　　　　——基本支出（对个人和家庭的补助支出）（退休费）　23 000
　　贷：应付职工薪酬　　　　　　　　　　　　　　　 263 000

同时，

借：应付职工薪酬　　　　　　　　　　　　　　　　263 000
　　贷：财政拨款收入——财政直接支付 （基本支出拨款）　　 125 000
　　　　零余额账户用款额度　　　　　　　　　　　　　 82 200
　　　　其他应付款——养老保险　　　　　　　　　　　　 12 000
　　　　　　　　——医疗保险　　　　　　　　　　　　　 4 800
　　　　　　　　——失业保险　　　　　　　　　　　　　 12 000
　　　　　　　　——住房公积金　　　　　　　　　　　　 24 000
　　　　应交税费——个人所得税　　　　　　　　　　　　 3 000

【例11-8】接【例11-7】，开出授权支付凭证，支付职工个人交纳的养老保险12 000元，医疗保险4 800元，失业保险12 000元，住房公积金24 000元，个人所得税3 000元。

  借：其他应付款——养老保险   12 000
        ——医疗保险   4 800
        ——失业保险   12 000
        ——住房公积金   24 000
    应交税费——个人所得税   3 000
    贷：零余额账户用款额度   55 800

【例11-9】开出授权支付凭证，通知代理银行支付单位为职工交纳的养老保险、失业保险、医疗保险等计52 100元。

  借：经费支出——基本支出（人员支出）（社会保障缴费） 52 100
    贷：应付职工薪酬   52 100
  借：应付职工薪酬   52 100
    贷：零余额账户用款额度   52 100

四、应付账款的核算

（一）应付账款的概念

应付账款是指行政单位因购买物资或服务、工程建设等而应付的偿还期限在1年以内（含1年）的款项。

（二）应付账款的核算

为了核算行政单位因购买物资或服务、工程建设等而应付的偿还期限在1年以内（含1年）的款项，开设"应付账款"账户。此账户是负债性质的账户，本科目期末贷方余额，反映行政单位尚未支付的应付账款。本科目应当按照债权单位（或个人）进行明细核算。应付账款应当在收到所购物资或服务、完成工程时确认。

应付账款的主要账务处理如下。

1. 收到所购物资或服务、完成工程但尚未付款时，按照应付未付款项的金额，借记"待偿债净资产"科目，贷记"应付账款"科目。

2. 偿付应付账款时，借记"应付账款"科目，贷记"待偿债净资产"科目；同时，借记"经费支出"科目，贷记"财政拨款收入""零余额账户用款额度""银行存款"等科目。

3. 无法偿付或债权人豁免偿还的应付账款，应当按照规定报经批准后进行账务处理。经批准核销时，借记"应付账款"科目，贷记"待偿债净资产"科目。核销的应付账款应在备查簿中保留登记。

【例题】某行政单位2016年发生以下有关经济业务，据以编制会计分录。

【例11-10】购进乙材料一批，计42 000元，材料已验收入库，款未付。

  借：存货——库存材料   42 000
    贷：资产基金——存货   42 000
  借：待偿债净资产   42 000
    贷：应付账款   42 000

【例11-11】用银行存款偿付应付账款42 000元。

借：应付账款　　　　　　　　　　　　　　　　　　　　　42 000

　　贷：待偿债净资产　　　　　　　　　　　　　　　　　　　　42 000

借：经费支出　　　　　　　　　　　　　　　　　　　　　42 000

　　贷：银行存款　　　　　　　　　　　　　　　　　　　　　　42 000

五、应付政府补贴款的核算

（一）应付政府补贴款的概念

应付政府补贴款是指负责发放政府补贴的行政单位，按照规定应当支付给政府补贴接受者的各种政府补贴款。

（二）应付政府补贴款的核算

为了核算行政单位按照规定应当支付给政府补贴接受者的各种政府补贴款，开设"应付政府补贴款"账户。此账户是负债性质的账户，本科目期末贷方余额，反映行政单位应付未付的政府补贴金额。本科目应当按照应支付的政府补贴种类进行明细核算。行政单位还应当按照补贴接受者建立备查簿，进行相应明细核算。应付政府补贴款应当在规定发放政府补贴的时间确认。

应付政府补贴款的主要账务处理如下。

1. 发生应付政府补贴时，按照规定计算出的应付政府补贴金额，借记"经费支出"科目，贷记"应付政府补贴款"科目。

2. 支付应付的政府补贴款时，借记"应付政府补贴款"科目，贷记"零余额账户用款额度""银行存款"等科目。

【例题】某行政单位2016年发生以下有关经济业务，据以编制会计分录。

【例11-12】因发生洪涝灾害，行政单位计算出应付居民救灾补助款62 000元。

借：经费支出　　　　　　　　　　　　　　　　　　　　　62 000

　　贷：应付政府补贴款　　　　　　　　　　　　　　　　　　　62 000

【例11-13】从单位零余额账户支付应付的政府补贴款62 000元。

借：应付政府补贴款　　　　　　　　　　　　　　　　　　62 000

　　贷：零余额账户用款额度　　　　　　　　　　　　　　　　　62 000

六、其他应付款的核算

（一）其他应付款的概念

其他应付款是指行政单位除应缴财政款、应缴税费、应付职工薪酬、应付政府补贴款、应付账款以外的其他各项偿还期在1年以内（含1年）的应付及暂存款项，如收取的押金、保证金、未纳入行政单位预算管理的转拨资金、代扣代缴职工社会保险费和住房公积金等。

（二）其他应付款的核算

为了核算行政单位除应缴财政款、应缴税费、应付职工薪酬、应付政府补贴款、应付账款以外的其他各项偿还期在1年以内（含1年）的应付及暂存款项，开设"其他应付款"账户。此账户是负债性质的账户，本科目期末贷方余额，反映行政单位尚未支付的其他应付款。本科目应当按照其他应付款的类别以及债权单位（或个人）进行明细核算。

其他应付款的主要账务处理如下。

1. 发生其他各项应付及暂存款项时，借记"银行存款"等科目，贷记"其他应付款"科目。

2. 支付其他各项应付及暂存款项时，借记"其他应付款"科目，贷记"银行存款"等科目。

3. 因故无法偿付或债权人豁免偿还的其他应付款项，应当按规定报经批准后进行账务处理。经批准核销时，借记"其他应付款"科目，贷记"其他收入"科目。核销的其他应付款应在备查簿中保留登记。

【例题】某行政单位2016年发生以下有关经济业务，据以编制会计分录。

【例11-14】外单位租借本行政单位固定资产，交来保证金5 500元，并存入银行。

借：银行存款　　　　　　　　　　　　　　　　　　　　　　　5 500

　　贷：其他应付款　　　　　　　　　　　　　　　　　　　　　　5 500

【例11-15】上述固定资产租用结束，经结算租金收入为5 000元，应缴相关税费250元，余款250元退还。

借：其他应付款　　　　　　　　　　　　　　　　　　　　　　　5 500

　　贷：应交税费　　　　　　　　　　　　　　　　　　　　　　　　250

　　　　应缴财政款　　　　　　　　　　　　　　　　　　　　　　5 000

　　　　银行存款　　　　　　　　　　　　　　　　　　　　　　　　250

【例11-16】收到外单位汇入的在本单位学习进修人员的工资4 000元。

借：银行存款　　　　　　　　　　　　　　　　　　　　　　　4 000

　　贷：其他应付款　　　　　　　　　　　　　　　　　　　　　　4 000

七、受托代理负债的核算

受托代理负债是指行政单位接受委托，取得受托管理资产时形成的负债。

为了核算行政单位接受委托，取得受托管理资产时形成的负债，设置"受托代理负债"账户。此账户是负债性质的账户，本科目期末贷方余额，反映行政单位尚未清偿的受托代理负债。本科目应当按照委托人等进行明细核算；属于指定转赠物资和资金的，还应当按照指定受赠人进行明细核算。受托代理负债应当在行政单位收到受托代理资产并产生受托代理义务时确认。

本科目的账务处理参见"受托代理资产""库存现金""银行存款"等科目，这里不再赘述。

第二节　行政单位非流动负债的核算

行政单位的非流动负债是指偿还期超过1年（不含1年）的应付款项，如长期应付款等。

一、长期应付款的概念

长期应付款是指行政单位发生的偿还期限超过1年（不含1年）的应付款项，如跨年度分期付款购入固定资产的价款等。

为了核算行政单位发生的偿还期限超过1年（不含1年）的应付款项，设置"长期应付款"账户。此账户是负债性质的账户，本科目期末贷方余额，反映行政单位尚未支付的长期应付款。本科目应当按照长期应付款的类别以及债权单位（或个人）进行明细核算。

二、长期应付款的确认

（一）购买物资、服务的长期应付款的确认

因购买物资、服务等发生的长期应付款，应当在收到所购物资或服务时确认。

（二）其他原因的长期应付款的确认

因其他原因发生的长期应付款，应当在承担付款义务时确认。

三、长期应付款的主要账务处理

（一）长期应付款发生的核算

发生长期应付款时，按照应付未付的金额，借记"待偿债净资产"科目，贷记"长期应付款"科目。

（二）长期应付款偿付的核算

偿付长期应付款时，借记"经费支出"科目，贷记"财政拨款收入""零余额账户用款额度""银行存款"等科目；同时，借记"长期应付款"科目，贷记"待偿债净资产"科目。

（三）无法偿付或债权人豁免偿还的长期应付款的核算

无法偿付或债权人豁免偿还的长期应付款，应当按照规定报经批准后进行账务处理。经批准核销时，借记"长期应付款"科目，贷记"待偿债净资产"科目。核销的长期应付款应在备查簿中保留登记。

【例题】某行政单位2016年发生以下有关经济业务，据以编制会计分录。

【例11-17】行政单位租入两间办公室，租期3年，年租金20 000元，共计60 000元，租金尚未支付。

借：待偿债净资产	60 000
贷：长期应付款	60 000

通过零余额账户按年偿付长期应付款时：

借：经费支出	20 000
贷：零余额账户用款额度	20 000
借：长期应付款	20 000
贷：待偿债净资产	20 000

第三节 行政单位净资产的核算

行政单位的净资产是资产减去负债后的结余资金，包括财政拨款结转、财政拨款结余、其他资金结转结余、资产基金、待偿债净资产等。

一、财政拨款结转

（一）财政拨款结转的概念

财政拨款结转是指行政单位滚存的财政拨款结转资金，包括基本支出结转、项目支出结转。

（二）财政拨款结转的核算

为了核算行政单位滚存的财政拨款结转资金，设置"财政拨款结转"账户。此账户是净资产性质的账户，本科目期末贷方余额，反映行政单位滚存的财政拨款结转资金数额。本科目应当设置"基本支出结转""项目支出结转"两个明细科目；在"基本支出结转"明细科目下按照"人员经费"和"日常公用经费"进行明细核算，在"项目支出结转"明细科目下按照具体项目进行明细核算；本科目还应当按照《政府收支分类科目》中"支出功能分类科目"的项级科目进行明细核算。有公共财政预算拨款、政府性基金预算拨款等两种或两种以上财政拨款的行政单位，还应当按照财政拨款种类分别进行明细核算。本科目还可以根据管理需要按照财政拨款结转变动原因，设置"收支转账""结余转账""年初余额调整""归集上缴""归集调入""单位内部调剂""剩余结转"等明细科目，进行明细核算。

财政拨款结转的主要账务处理如下。

1. 调整以前年度财政拨款结转

因发生差错更正，以前年度支出收回等原因，需要调整财政拨款结转的，按照实际调增财政拨款结转的金额，借记有关科目，贷记"财政拨款结转"科目（年初余额调整）；按照实际调减财政拨款结转的金额，借记"财政拨款结转"科目（年初余额调整），贷记有关科目。

2. 从其他单位调入财政拨款结余资金

按照规定从其他单位调入财政拨款结余资金时，按照实际调增的额度数额或调入的资金数额，借记"零余额账户用款额度""银行存款"等科目，贷记"财政拨款结转"科目（归集调入）及其明细。

3. 上缴财政拨款结转

按照规定上缴财政拨款结转资金时，按照实际核销的额度数额或上缴的资金数额，借记"财政拨款结转"科目（归集上缴）及其明细，贷记"财政应返还额度""零余额账户用款额度""银行存款"等科目。

4. 单位内部调剂结余资金

经财政部门批准对财政拨款结余资金改变用途，调整用于其他未完成项目等，按照调整的金额，借记"财政拨款结余"科目（单位内部调剂）及其明细，贷记"财政拨款结转"科目（单位内部调剂）及其明细。

5. 结转本年财政拨款收入和支出

年末，将财政拨款收入本年发生额转入本科目，借记"财政拨款收入——基本支出拨款、项目支出拨款"科目及其明细，贷记"财政拨款结转"科目（收支转账——基本支出结转、项目支出结转）及其明细。

年末，将财政拨款支出本年发生额转入本科目，借记"财政拨款结转"科目（收支转账——基本支出结转、项目支出结转）及其明细，贷记"经费支出——财政拨款支出——基本支出、项目支出"科目及其明细。

6. 将完成项目的结转资金转入财政拨款结余

年末完成上述财政拨款收支转账后，对各项目执行情况进行分析，按照有关规定将符合财政拨款结余性质的项目余额转入财政拨款结余，借记"财政拨款结转"科目（结余转账——项目支出结转）及其明细，贷记"财政拨款结余"（结余转账——项目支出结余）科目及其明细。

7. 年末冲销有关明细科目余额

年末收支转账后，将本科目所属"收支转账""结余转账""年初余额调整""归集上缴""归集调入""单位内部调剂"等明细科目余额转入"剩余结转"明细科目。转账后，本科目除"剩余结转"

明细科目外，其他明细科目应无余额。

【例题】某行政单位2016年发生以下有关经济业务，据以编制会计分录。

【例11-18】办理年终转账：财政拨款收入中基本支出拨款为1 300 000元，项目支出拨款为677 000元（项目全部完工），经费支出中基本支出为930 000元，项目支出为590 000元（项目全部完工），其他收入为11 300元。

借：财政拨款收入——基本支出拨款   1 300 000
       ——项目支出拨款   677 000
 贷：财政拨款结转   1 977 000
借：财政拨款结转   1 520 000
 贷：经费支出——基本支出   930 000
     ——项目支出   590 000
借：其他收入   11 300
 贷：其他资金结转结余   11 300
同时，将已完工的项目的结转资金转入结余：
借：财政拨款结转——结余转账   87 000
 贷：财政拨款结余——结余转账   87 000

二、财政拨款结余

（一）财政拨款结余的概念

财政拨款结余是行政单位滚存的财政拨款项目支出结余资金。

（二）财政拨款结余的核算

为了核算行政单位滚存的财政拨款项目支出结余资金，设置"财政拨款结余"账户。"财政拨款结余"属于净资产类的账户，本科目期末贷方余额，反映行政单位滚存的财政拨款结余资金数额。本科目应当按照具体项目、《政府收支分类科目》中"支出功能分类科目"的项级科目等进行明细核算。有公共财政预算拨款、政府性基金预算拨款等两种或两种以上财政拨款的行政单位，还应当按照财政拨款的种类分别进行明细核算。本科目还可以根据管理需要按照财政拨款结余变动原因，设置"结余转账""年初余额调整""归集上缴""单位内部调剂""剩余结余"等明细科目，进行明细核算。

财政拨款结余的主要账务处理如下。

1. 调整以前年度财政拨款结余

因发生差错更正、以前年度支出收回等原因，需要调整财政拨款结余的，按照实际调增财政拨款结余的金额，借记有关科目，贷记"财政拨款结余"科目（年初余额调整）；按照实际调减财政拨款结余的金额，借记"财政拨款结余"科目（年初余额调整），贷记有关科目。

2. 上缴财政拨款结余

按照规定上缴财政拨款结余时，按照实际核销的额度数额或上缴的资金数额，借记"财政拨款结余"科目（归集上缴）及其明细，贷记"财政应返还额度""零余额账户用款额度""银行存款"等科目。

3. 单位内部调剂结余资金

经财政部门批准将本单位完成项目结余资金调整用于基本支出或其他未完成项目支出时，按照批准调剂的金额，借记"财政拨款结余"科目（单位内部调剂）及其明细，贷记"财政拨款结转"

（单位内部调剂）科目及其明细。

4. 将完成项目的结转资金转入财政拨款结余

年末，对财政拨款各项目执行情况进行分析，按照有关规定将符合财政拨款结余性质的项目余额转入本科目，借记"财政拨款结转"（结余转账——项目支出结转）科目及其明细，贷记"财政拨款结余"科目（结余转账——项目支出结余）及其明细。

5. 年末冲销有关明细科目余额

年末，将本科目所属"结余转账""年初余额调整""归集上缴""单位内部调剂"等明细科目余额转入"剩余结余"明细科目；转账后，本科目除"剩余结余"明细科目外，其他明细科目应无余额。

三、其他资金结转结余

（一）其他资金结转结余的概念

其他资金结转结余是指行政单位除财政拨款收支以外的其他各项收支相抵后剩余的滚存资金。

（二）其他资金结转结余的核算

为了核算行政单位除财政拨款收支以外的其他各项收支相抵后剩余的滚存资金，设置"其他资金结转结余"账户。"其他资金结转结余"属于净资产类的账户，本科目期末贷方余额，反映行政单位滚存的各项非财政拨款资金结转结余数额。本科目应当设置"项目结转"和"非项目结余"明细科目，分别对项目资金和非项目资金进行明细核算。对于项目结转，还应当按照具体项目进行明细核算。本科目还可以根据管理需要按照其他资金结转结余变动原因，设置"收支转账""年初余额调整""结余调剂""剩余结转结余"等明细科目，进行明细核算。

其他资金结转结余的主要账务处理如下。

1. 调整以前年度其他资金结转结余

因发生差错更正、以前年度支出收回等原因，需要调整其他资金结转结余的，按照实际调增的金额，借记有关科目，贷记"其他资金结转结余"科目（年初余额调整）及其相关明细。按照实际调减的金额，借记"其他资金结转结余"科目（年初余额调整）及其相关明细，贷记有关科目。

2. 结转本年其他资金收入和支出

年末，将其他收入中的项目资金收入本年发生额转入本科目，借记"其他收入"科目及其明细，贷记"其他资金结转结余"科目（项目结转——收支转账）及其明细；将其他收入中的非项目资金收入本年发生额转入"其他资金结转结余"科目，借记"其他收入"科目及其明细，贷记"其他资金结转结余"科目（非项目结余——收支转账）。

年末，将其他资金支出中的项目支出本年发生额转入本科目，借记"其他资金结转结余"科目（项目结转——收支转账）及其明细，贷记"经费支出——其他资金支出"科目（项目支出）及其明细、"拨出经费"科目（项目支出）及其明细；将其他资金支出中的基本支出本年发生额转入本科目，借记"其他资金结转结余（非项目结余——收支转账）"科目，贷记"经费支出——其他资金支出（基本支出）"科目、"拨出经费（基本支出）"科目。

3. 缴回或转出项目结余

完成上述转账后，对本年末各项目执行情况进行分析，区分年末已完成项目和尚未完成项目，在此基础上，对完成项目的剩余资金根据不同情况进行账务处理。

需要缴回原项目资金出资单位的，按照缴回的金额，借记"其他资金结转结余（项目结转——结余调剂）"科目及其明细，贷记"银行存款""其他应付款"等科目。

将项目剩余资金留归本单位用于其他非项目用途的，按照剩余的项目资金金额，借记"其他资金结转结余（项目结转——结余调剂）"科目及其明细，贷记"其他资金结转结余（非项目结余——结余调剂）"科目。

4. 用非项目资金结余补充项目资金

按照实际补充项目资金的金额，借记"其他资金结转结余（非项目结余——结余调剂）"科目，贷记"其他资金结转结余（项目结转——结余调剂）"科目及其明细。

5. 年末冲销有关明细科目余额

年末收支转账后，将本科目所属"收支转账""年初余额调整""结余调剂"等明细科目余额转入"剩余结转结余"明细科目；转账后，本科目除"剩余结转结余"明细科目外，其他明细科目应无余额。

【例题】某行政单位2016年发生以下有关经济业务，据以编制会计分录。

【例11-19】年末进行转账，"其他收入——项目资金收入"贷方发生额38 000元，"其他收入——非项目资金收入"贷方发生额77 000元，"经费支出——其他资金支出——项目支出"借方发生额35 000元，"经费支出——其他资金支出——基本支出"借方发生额69 000元。

```
借：其他收入——项目资金收入                              38 000
    贷：其他资金结转结余——项目结转——收支转账                    38 000
借：其他收入——非项目资金收入                            77 000
    贷：其他资金结转结余——非项目结转——收支转账                  77 000
借：其他资金结转结余——项目结转——收支转账                35 000
    贷：经费支出——其他资金支出——项目支出                      35 000
借：其他资金结转结余——非项目结转——收支转账              69 000
    贷：经费支出——其他资金支出——基本支出                      69 000
```

四、资产基金

（一）资产基金的概念

资产基金是指行政单位的预付账款、存货、固定资产、在建工程、无形资产、政府储备物资、公共基础设施等非货币性资产在净资产中占用的金额。

（二）资产基金的核算

行政单位设置"资产基金"科目核算非货币性资产在净资产中占用的金额。"资产基金"是净资产类的账户。本科目期末贷方余额，反映行政单位非货币性资产在净资产中占用的金额。本科目应当设置"预付款项""存货""固定资产""在建工程""无形资产""政府储备物资""公共基础设施"等明细科目，进行明细核算。

资产基金的主要账务处理如下。

资产基金增加的核算

资产基金应当在发生预付账款，取得存货、固定资产、在建工程、无形资产、政府储备物资、公共基础设施时确认。

发生预付账款时，按照实际发生的金额，借记"预付账款"科目，贷记"资产基金"科目（预付款项）；同时，按照实际支付的金额，借记"经费支出"科目，贷记"财政拨款收入""零余额账户用款额度""银行存款"等科目。

取得存货、固定资产、在建工程、无形资产、政府储备物资、公共基础设施等资产时，按照取得资产的成本，借记"存货""固定资产""在建工程""无形资产""政府储备物资""公共基础设施"等科目，贷记"资产基金"科目（存货、固定资产、在建工程、无形资产、政府储备物资、公共基础设施）；同时，按照实际发生的支出，借记"经费支出"科目，贷记"财政拨款收入""零余额账户用款额度""银行存款"等科目。

（三）资产基金减少的核算

（1）收到预付账款购买的物资或服务时，应当相应冲减资产基金。按照相应的预付账款金额，借记"资产基金"科目（预付款项），贷记"预付账款"科目。

（2）领用和发出存货、政府储备物资时，应当相应冲减资产基金。领用和发出存货、政府储备物资时，按照领用和发出存货、政府储备物资的成本，借记"资产基金"科目（存货、政府储备物资），贷记"存货""政府储备物资"科目。

（3）计提固定资产折旧、公共基础设施折旧、无形资产摊销时，应当冲减资产基金。计提固定资产折旧、公共基础设施折旧、无形资产摊销时，按照计提的折旧、摊销金额，借记"资产基金"科目（固定资产、公共基础设施、无形资产），贷记"累计折旧""累计摊销"科目。

（4）无偿调出、对外捐赠存货、固定资产、无形资产、政府储备物资、公共基础设施时，应当冲减该资产对应的资产基金。无偿调出、对外捐赠存货、政府储备物资时，按照存货、政府储备物资的账面余额，借记"资产基金"科目及其明细，贷记"存货""政府储备物资"等科目。无偿调出、对外捐赠固定资产、公共基础设施、无形资产时，按照相关固定资产、公共基础设施、无形资产的账面价值，借记"资产基金"科目及其明细，按照已计提折旧、已计提摊销的金额，借记"累计折旧""累计摊销"科目，按照固定资产、公共基础设施、无形资产的账面余额，贷记"固定资产""公共基础设施""无形资产"科目。

【例题】某行政单位2016年发生以下有关经济业务，据以编制会计分录。

【例11-20】办公楼维修，从仓库领用维修材料300公斤，加权平均单价10元。

借：资产基金——存货 3 000
　　贷：存货——库存材料 3 000

【例11-21】从民生公司购进办公用品计2 100元，验收入库，约定30天后付款。

借：存货 2 100
　　贷：资产基金——存货 2 100
借：经费支出——基本支出（办公费） 2 100
　　贷：应付账款——民生公司 2 100

五、待偿债净资产

（一）待偿债净资产的概念

待偿债净资产是指行政单位因发生应付账款和长期应付款而相应需在净资产中冲减的金额。

（二）待偿债净资产的核算

行政单位设置"待偿债净资产"账户，本科目期末借方余额，反映行政单位因尚未支付的应付账款和长期应付款而需相应冲减净资产的金额。

待偿债净资产的主要账务处理如下。

（1）发生应付账款、长期应付款时，按照实际发生的金额，借记"待偿债净资产"科目，贷记

"应付账款""长期应付款"等科目。

（2）偿付应付账款、长期应付款时，按照实际偿付的金额，借记"应付账款""长期应付款"等科目，贷记"待偿债净资产"科目；同时，按照实际支付的金额，借记"经费支出"科目，贷记"财政拨款收入""零余额账户用款额度""银行存款"等科目。

（3）因债权人原因，核销确定无法支付的应付账款、长期应付款时，按照报经批准核销的金额，借记"应付账款""长期应付款"科目，贷记"待偿债净资产"科目。

【例题】某行政单位2016年发生以下有关经济业务，据以编制会计分录。

【例11-22】购进乙材料一批，计32 000元，材料已验收入库，款未付。

（1）材料验收入库时：

借：存货——库存材料　　　　　　　　　　　　　　32 000
　　贷：资产基金——存货　　　　　　　　　　　　　　　32 000
借：待偿债净资产　　　　　　　　　　　　　　　　32 000
　　贷：应付账款　　　　　　　　　　　　　　　　　　　32 000

（2）偿付应付账款时：

借：应付账款　　　　　　　　　　　　　　　　　　32 000
　　贷：待偿债净资产　　　　　　　　　　　　　　　　　32 000
借：经费支出　　　　　　　　　　　　　　　　　　32 000
　　贷：零余额账户用款额度——财政授权支付　　　　　　32 000

知识链接

行政单位财务
分析指标

复习思考题

一、单项选择题

1. 行政单位对应缴预算款的正确做法是【　　　】。

　　A. 足额上缴　　　　　　　　　　　B. 分成、提留

　　C. 坐支、挪用　　　　　　　　　　D. 转为本单位或部门的"小金库"

2. 行政单位的预算外资金应上缴【　　　】。

　　A. 主管部门　　　　　　　　　　　B. 上级财政专户

　　C. 同级财政专户　　　　　　　　　D. 国有资产管理部门

3. 净资产是指行政单位所占有的全部资产减去全部负债后的净值，它反映国家对行政单位资产的【　　　】。

　　A. 控制权　　　　B. 管理权　　　　　　C. 所有权　　　　　　D. 使用权

二、多项选择题

1. 行政单位的负债包括【　　　】。

　　A. 应缴预算款　　B. 应缴财政专户款　　C. 暂存款

　　D. 暂付款　　　　E. 拨入经费

2. 行政单位的应缴预算款包括【　　　】。

　　A. 政府性基金　　B. 行政性收费　　　　C. 罚没款

　　D. 无主财务变价款　　　　　　　　　E. 出租固定资产的租金收入

3. 按现行制度规定，行政单位对各项资金来源实行【　　　】。

　　A. 统一管理　　　B. 统一使用　　　　　C. 统一核算

    D. 统一控制　　　E. 统一安排
4. 纳入应缴预算款核算的项目是【　　　】。
    A. 户籍管理证件费　　　　　　　　B. 出入境管理费
    C. 税收登记费　　　　　　　　　　D. 财政专户利息
    E. 固定资产的变价收入

三、业务题

1. 行政单位发放许可证照，收取工本费、手续费21 800元，款项已送存银行。

2. 填列"缴款书"，将上述款项上缴国库。

3. 外单位租借本单位礼堂，收到租金收入66 000元并缴纳5%的相关税费。

4. 发放本月工资，资料如下：应付基本工资223 000元，各种津贴及补贴88 000元，退休费33 000元。在工资中，扣收职工养老保险22 000元，医疗保险6 900元，失业保险18 000元，住房公积金35 000元，个人所得税4 400元。工资全部由财政统发。

5. 购进乙材料一批，计28 000元，材料已验收入库，款未付。

6. 因发生洪涝灾害，行政单位计算出应付居民救灾补助款133 000元。

7. 外单位租借本行政单位固定资产，交来保证金6 000元。

8. 收到外单位汇入的在本单位学习进修人员的工资8 000元。

9. 行政单位租入两间办公室，租期3年，年租金14 000元，共计42 000元。租金尚未支付。

10. 办理年终转账：财政拨款收入中基本支出拨款为200 000元，项目支出拨款为113 000元（项目全部完工），经费支出中基本支出为189 000元，项目支出为105 000元（项目全部完工），其他收入9 300元。

11. 办公楼维修，从仓库领用维修材料300千克，加权平均单价30元。

12. 从民生公司购进办公用品计8 300元，验收入库，约定30天后付款。

关键术语

受托代理负债	fiduciary agent liabilities
资产基金	asset fund
财政拨款结转	finance appropriation carryover
财政拨款结余	finance appropriation balance

行政单位收入和支出的核算 | 第十二章

【学习目标】
1. 掌握行政单位财政拨款收入的核算；
2. 掌握行政单位其他收入的核算；
3. 掌握行政单位经费支出的核算；
4. 掌握行政单位拨出经费的核算。

第一节 | 行政单位收入的核算

行政单位的收入包括财政拨款收入和其他收入。

一、财政拨款收入

（一）财政拨款收入的概念

财政拨款收入是指行政单位从同级财政部门取得的财政预算资金。

（二）财政拨款收入的核算

为了核算行政单位从同级财政部门取得的财政预算资金，设置"财政拨款收入"账户。"财政拨款收入"是收入性质的账户，年终结账后，本科目应无余额。本科目应当设置"基本支出拨款"和"项目支出拨款"两个明细科目，分别核算行政单位取得用于基本支出和项目支出的财政拨款资金；同时，按照《政府收支分类科目》中"支出功能分类科目"的项级科目进行明细核算；在"基本支出拨款"明细科目下按照"人员经费"和"日常公用经费"进行明细核算，在"项目支出拨款"明细科目下按照具体项目进行明细核算。有公共财政预算拨款、政府性基金预算拨款等两种或两种以上财政拨款的行政单位，还应当按照财政拨款的种类分别进行明细核算。

财政拨款收入的主要账务处理如下。

1. 财政直接支付方式

财政直接支付方式下，行政单位根据收到的"财政直接支付入账通知书"及相关原始凭证，借记"经费支出"科目，贷记"财政拨款收入"科目。

年末，行政单位根据本年度财政直接支付预算指标数与财政直接支付实际支出数的差额，借记"财政应返还额度——财政直接支付"科目，贷记"财政拨款收入"科目。

本年度财政直接支付的资金收回时，借记"财政拨款收入"科目，贷记"经费支出"等科目。

2. 财政授权支付方式

在财政授权支付方式下，行政单位根据收到的"财政授权支付额度到账通知书"，借记"零余额账户用款额度"等科目，贷记"财政拨款收入"科目。

年末，如行政单位本年度财政授权支付预算指标数大于财政授权支付额度下达数，则根据两者间的差额，借记"财政应返还额度——财政授权支付"科目，贷记"财政拨款收入"科目。

3. 其他方式

在其他方式下，实际收到财政拨款收入时，借记"银行存款"等科目，贷记"财政拨款收入"科目。

4. 年末结转

年末，将本科目本年发生额转入财政拨款结转时，借记"财政拨款收入"科目，贷记"财政拨款结转"科目。

【例题】 某行政单位2016年发生以下有关经济业务，据以编制会计分录。

【例12-1】 收到代理银行转来的《财政授权支付额度到账通知书》，列示本月财政授权支付额度为430 000元（基本支出拨款）。

借：零余额账户用款额度 430 000

　　贷：财政拨款收入——财政授权支付（基本支出拨款） 430 000

【例12-2】 某行政单位2016年1月经批准，通过政府采购购置复印机一台，货款21 000元，增值税为3 570元，验收后交付使用。款项由财政直接支付。预计使用年限5年，采用平均年限法按月计提折旧。

借：经费支出——基本支出（公用支出）（专用设备购置费） 24 570

　　贷：财政拨款收入——财政直接支付（基本支出拨款） 24 570

借：固定资产——专用设备 24 570

　　贷：资产基金——固定资产 24 570

从2016年2月开始该复印机每月应计提折旧

24 570/（12×5）=409.50元

借：资产基金——固定资产 409.50

　　贷：累计折旧 409.50

【例12-3】 通过政府采购购买业务用计算机5台，价款总计73 100元，验收合格，交付使用。款项由财政直接支付。

借：经费支出——基本支出（公用支出）（专用设备购置费 ） 73 100

　　贷：财政拨款收入——财政直接支付（基本支出拨款） 73 100

借：固定资产 73 100

　　贷：资产基金——固定资产 73 100

【例12-4】 通过政府采购完成单位内部局域网的改扩建工程，工程完工，验收合格，总支出为190 000元，款项由财政直接支付。

借：经费支出——基本支出（公用支出）（专用设备购置费） 190 000

　　贷：财政拨款收入——财政直接支付（基本支出拨款） 190 000

借：固定资产 190 000

　　贷：资产基金——固定资产 190 000

【例12-5】 经国务院批准，主办国际性会议，经结算会议总费用为180 000元，由财政直接支付。

借：经费支出——项目支出（大型会议） 180 000

　　贷：财政拨款收入——财政直接支付 180 000

【例12-6】 经有关部门鉴定和批准，对危房及附属设施进行维修，总支出730 000元，财政直接支付。

借：经费支出——项目支出（大型修缮） 730 000

　　贷：财政拨款收入——财政直接支付（项目经费） 730 000

二、其他收入

（一）其他收入的概念

其他收入是指行政单位取得的除财政拨款收入以外的其他各项收入，如从非同级财政部门、上级主管部门等取得的用于完成项目或专项任务的资金、库存现金溢余等。

（二）其他收入的核算

为了核算行政单位取得的除财政拨款收入以外的其他各项收入，设置"其他收入"账户。"其他收入"是收入性质的账户，年终结账后，本科目应无余额。行政单位从非同级财政部门、上级主管部门等取得指定转给其他单位，且未纳入本单位预算管理的资金，不通过本科目核算，应当通过"其他应付款"科目核算。本科目应当按照其他收入的类别、来源单位、项目资金和非项目资金进行明细核算。对于项目资金收入，还应当按照具体项目进行明细核算。

其他收入的主要账务处理如下。

（1）收到属于其他收入的各种款项时，按照实际收到的金额，借记"银行存款""库存现金"等科目，贷记"其他收入"科目。

（2）年末，将本科目本年发生额转入其他资金结转结余时，借记"其他收入"科目，贷记"其他资金结转结余"科目。

【例题】某行政单位2016年发生以下有关经济业务，据以编制会计分录。

【例12-7】收到废旧物品变价收入470元（库存现金），送存银行。

借：库存现金 470
　　贷：其他收入 470
借：银行存款 470
　　贷：库存现金 470

【例12-8】收到按规定不上交财政的零星杂项收入库存现金1 800元。

借：库存现金 1 800
　　贷：其他收入 1 800

【例12-9】收到有偿服务收入库存现金9 000元。

借：库存现金 9 000
　　贷：其他收入 9 000

第二节

行政单位支出的核算

行政单位的支出包括经费支出和拨出经费。

一、经费支出

（一）经费支出的概念

经费支出是指行政单位在开展业务活动中发生的各项支出。

（二）经费支出的核算

为了核算行政单位在开展业务活动中发生的各项支出，设置"经费支出"账户。"经费支出"是属于支出性质的账户，年终结账后，本科目应无余额。本科目应当分别按照"财政拨款支出"和"其他资金支出""基本支出"和"项目支出"等分类进行明细核算；并按照《政府收支分类科目》中"支出功能分类科目"的项级科目进行明细核算；"基本支出"和"项目支出"明细科目下应当按照《政府收支分类科目》中"支出经济分类科目"的款级科目进行明细核算。同时在"项目支出"明细科目下按照具体项目进行明细核算。有公共财政预算拨款、政府性基金预算拨款等两种或两种以上财政拨款的行政单位，还应当按照财政拨款的种类分别进行明细核算。

经费支出的主要账务处理如下。

（1）计提单位职工薪酬时，按照计算出的金额，借记"经费支出"科目，贷记"应付职工薪酬"科目。

（2）支付外部人员劳务费，按照应当支付的金额，借记"经费支出"科目，按照代扣代缴个人所得税的金额，贷记"应缴税费"科目，按照扣税后实际支付的金额，贷记"财政拨款收入""零余额账户用款额度""银行存款"等科目。

（3）支付购买存货、固定资产、无形资产、政府储备物资和工程结算的款项，按照实际支付的金额，借记"经费支出"科目，贷记"财政拨款收入""零余额账户用款额度""银行存款"等科目；同时，按照采购或工程结算成本，借记"存货""固定资产""无形资产""在建工程""政府储备物资"等科目，贷记"资产基金"及其明细科目。

（4）发生预付账款的，按照实际预付的金额，借记"经费支出"科目，贷记"财政拨款收入""零余额账户用款额度""银行存款"等科目；同时，借记"预付账款"科目，贷记"资产基金——预付款项"科目。

（5）偿还应付款项时，按照实际偿付的金额，借记"经费支出"科目，贷记"财政拨款收入""零余额账户用款额度""银行存款"等科目；同时，借记"应付账款""长期应付款"科目，贷记"待偿债净资产"科目。

（6）发生其他各项支出时，按照实际支付的金额，借记"经费支出"科目，贷记"财政拨款收入""零余额账户用款额度""银行存款"等科目。

（7）行政单位因退货等原因发生支出收回的，属于当年支出收回的，借记"财政拨款收入""零余额账户用款额度""银行存款"等科目，贷记"经费支出"科目；属于以前年度支出收回的，借记"财政应返还额度""零余额账户用款额度""银行存款"等科目，贷记"财政拨款结转""财政拨款结余""其他资金结转结余"等科目。

（8）年末，将本科目本年发生额分别转入财政拨款结转和其他资金结转结余时，借记"财政拨款结转""其他资金结转结余"科目，贷记"经费支出"科目。

【例题】某行政单位2016年发生以下有关经济业务，据以编制会计分录。

【例12-10】开出"财政授权支付凭证"，支付水费2 800元。

借：经费支出——基本支出（公用支出）（水电费）　　　　2 800
　　贷：零余额账户用款额度　　　　2 800

【例12-11】李明报销邮寄费60元，付给库存现金。

借：经费支出——基本支出（公用经费）（邮电费）　　　　60
　　贷：库存现金　　　　60

【例12-12】李立出差回来，报销差旅费2 800元，原借2 000元，补付差额。

借：经费支出——基本支出（公用支出）（差旅费）　　　　2 800
　　贷：其他应收款——李立　　　　2 000
　　　　库存现金　　　　800

【例12-13】为购买材料（非政府采购项目），向A公司预付货款6 000元，开出财政授权支付凭证，通知代理银行付款。

借：预付账款 6 000
　　贷：资产基金——预付款项 6 000
借：经费支出——基本支出（公用支出） 6 000
　　贷：零余额账户用款额度 6 000

【例12-14】接【例12-13】，前已预付货款的A公司材料到货，验收入库。实际金额为6 500元（含税），另付运费200元，开出授权支付凭证，通知代理银行补付差额。

借：资产基金——预付款项 6 000
　　贷：预付账款 6 000
借：经费支出——基本支出（公用支出） 700
　　贷：零余额账户用款额度 700
借：存货 6 700
　　贷：资产基金——存货 6 700

【例12-15】开出财政授权支付凭证，购买文件柜5个，计4 900元，验收合格，交付使用。

借：经费支出——基本支出（公用支出）（办公设备购置费） 4 900
　　贷：零余额账户用款额度 4 900
借：固定资产——文件柜 4 900
　　贷：资产基金——固定资产 4 900

【例12-16】在定点会议供应商处召开专题工作会议，支出400 000元，财政直接支付。

借：经费支出——项目支出（大型会议） 400 000
　　贷：财政拨款收入——财政直接支付（项目经费） 400 000

【例12-17】通过政府采购购买小汽车一辆，车款133 000元，车辆购置税12 000元，共计145 000元，款项由财政直接支付。

借：固定资产——小汽车 145 000
　　贷：资产基金——固定资产 145 000
借：经费支出——基本支出（公用支出）（交通工具购置费） 145 000
　　贷：财政拨款收入——财政直接支付 145 000

二、拨出经费

（一）拨出经费的概念

拨出经费是指行政单位向所属单位拨出的纳入单位预算管理的非同级财政拨款资金，如拨给所属单位的专项经费和补助经费等。

（二）拨出经费的核算

为了核算行政单位向所属单位拨出的纳入单位预算管理的非同级财政拨款资金，设置"拨出经费"账户。"拨出经费"是属于支出性质的账户，年终结账后，本科目应无余额。本科目应当分别按照"基本支出"和"项目支出"进行明细核算；还应当按照接受拨出经费的具体单位和款项类别等分别进行明细核算。

拨出经费的主要账务处理如下。

（1）向所属单位拨付非同级财政拨款资金等款项时，借记"拨出经费"科目，贷记"银行存款"等科目。

（2）收回拨出经费时，借记"银行存款"等科目，贷记"拨出经费"本科目。

（3）年末，将本科目本年发生额转入其他资金结转结余时，借记"其他资金结转结余"科目，贷记"拨出经费"科目。

【例题】某行政单位2016年发生以下有关经济业务，据以编制会计分录。

【例12-18】某主管会计单位将基本支出拨款400 000元拨给所属的二级行政单位。

借：拨出经费——拨出基本支出拨款　　　　　　　　　　400 000

　　贷：银行存款　　　　　　　　　　　　　　　　　　　　400 000

【例12-19】二级行政单位收到上项财政拨款收入。

借：银行存款　　　　　　　　　　　　　　　　　　　400 000

　　贷：财政拨款收入——基本支出拨款　　　　　　　　　　400 000

【例12-20】二级行政单位本会计期间各项经费支出开支280 000元。

借：经费支出——基本支出　　　　　　　　　　　　　280 000

　　贷：银行存款　　　　　　　　　　　　　　　　　　　　280 000

【例12-21】二级会计单位转拨某基层会计单位基本支出拨款100 000元。

借：拨出经费——拨出基本支出拨款　　　　　　　　　100 000

　　贷：银行存款　　　　　　　　　　　　　　　　　　　　100 000

【例12-22】二级会计单位收回给某基层会计单位的多余基本支出拨款10 000元。

借：银行存款　　　　　　　　　　　　　　　　　　　10 000

　　贷：拨出经费——拨出基本支出拨款　　　　　　　　　　10 000

【例12-23】二级会计单位向主管会计单位交回多拨的基本支出拨款20 000元。

借：财政拨款收入——基本支出拨款　　　　　　　　　20 000

　　贷：银行存款　　　　　　　　　　　　　　　　　　　　20 000

【例12-24】某二级单位收到主管会计单位拨入的项目经费600 000元。

借：银行存款　　　　　　　　　　　　　　　　　　　600 000

　　贷：财政拨款收入——拨入项目经费　　　　　　　　　　600 000

知识链接

【例12-25】某二级单位向某基层单位拨出项目经费300 000元。

借：拨出经费——拨出项目经费　　　　　　　　　　　300 000

　　贷：银行存款　　　　　　　　　　　　　　　　　　　　300 000

行政单位财务负责
人岗位职责

复习思考题

一、单项选择题

1. 收入是行政单位为开展业务活动，从财政部门、上级单位或其他渠道依法取得的【　　　】。

    A. 有偿使用资金　　　　　　　　　　B. 投入资金

    C. 非偿还性资金　　　　　　　　　　D. 需偿还性资金

2. 行政单位的主要经费来源是【　　　】。

    A. 财政拨款收入　　　　　　　　　　B. 预算外资金收入

    C. 应缴预算款　　　　　　　　　　　D. 有偿服务收入

3. 基层行政单位向上级主管部门或财政部门办理支出报销的依据是【　　】。

　　A. 拨出经费数　　B. 经费支出数　　　　　　C. 经费预算数　　　　　　　D. 基本建设支出数

4. 行政单位按照批准的经费预算和规定的手续，向【　　】请领经费。

　　A. 财政部　　　　　　　　　　　　　　B. 上级财政部门

　　C. 上级主管会计单位　　　　　　　　　D. 同级财政部门或主管会计单位

5. 经财政或上级主管部门核定后的【　　】是行政单位领拨经费的依据。

　　A. 年度预算　　　　　　　　　　　　　B. 年度分季用款计划

　　C. 季度分月用款计划　　　　　　　　　D. 月度分旬用款计划

6. 将经费支出分为人员经费和公用经费的分类标准是【　　】。

　　A. 按支出的用途　　　　　　　　　　　B. 按支出的对象

　　C. 按支出的来源　　　　　　　　　　　D. 按支出与行政单位工作任务关系

7. 行政单位预算支出的基础是【　　】。

　　A. 银行支出数　　B. 实际支出数　　　　C. 经费请领数　　　　　　　D. 经费拨出数

8. 行政单位收到银行存款利息收入应计入的账户是【　　】。

　　A. 其他收入　　　B. 预算外资金收入　　C. 应缴预算款　　　　　　　D. 应缴财政专户款

二、多项选择题

1. 行政单位的收入包括【　　】。

　　A. 财政拨款收入　B. 预算外资金收入　　C. 其他收入

　　D. 罚没款收入　　E. 行政性收费

2. 行政单位的其他收入是指按规定收取的不必上交财政的各种收入及其他来源形成的收入，包括【　　】。

　　A. 有偿服务收入　　　　　　　　　　　B. 有价证券的利息收入

　　C. 银行存款的利息收入　　　　　　　　D. 社团登记费收入

　　E. 企业注册登记费收入

3. 按支出与行政工作任务的关系，将经费支出分成【　　】。

　　A. 人员经费　　　B. 公用经费　　　　　C. 经常性支出

　　D. 专项支出　　　E. 预算外支出

4. 行政单位收回本年度已列为经费支出报销的款项，不正确的做法是【　　】。

　　A. 冲减当年的经费支出　　　　　　　　B. 计入当年的"其他收入"

　　C. 直接计入"结余"科目　　　　　　　　D. 计入当年的"预算外资金收入"

　　E. 冲减当年的"拨出经费"

5. 年终，经费支出账户借方余额应转入"结余"账户，与当年的【　　】对冲。

　　A. 拨入经费　　　B. 拨出经费　　　　　C. 预算外资金收入

　　D. 其他收入　　　E. 应缴预算款

6. 使用预算经费，以银行存款购入固定资产，应做的会计分录是【　　】。

　　A. 借：经费支出　　　　　　　　　　　B. 借：固定资产

　　　　　贷：银行存款　　　　　　　　　　　　　贷：银行存款

　　C. 借：固定资产　　　　　　　　　　　D. 借：暂付款

　　　　　贷：固定基金　　　　　　　　　　　　　贷：银行存款

　　E. 借：固定基金

　　　　　贷：银行存款

三、业务题

1. 收到代理银行转来的《财政授权支付额度到账通知书》，列示本月财政授权支付额度为588 000元（基本支出拨款）。

2. 某行政单位通过政府采购购置计算机5台，货款23 000元，增值税为3 910元，验收后交付使用。款项由财政直接支付。预计使用年限为5年，采用平均年限法按月计提折旧。

3. 通过政府采购完成单位内部局域网的改扩建工程，工程完工，验收合格，总支出为880 000元，款项由财政直接支付。

4. 经有关部门鉴定和批准，对危房及附属设施进行维修，总支出43 000元，财政直接支付。

5. 收到废旧物品变价收入1 270元（库存现金），送存银行。

6. 收到按规定不上交财政的零星杂项收入库存现金5 400元。

7. 开出"财政授权支付凭证"，支付水费7 300元。

8. 职工报销邮寄费260元，付给库存现金。

9. 王芳出差回来，报销差旅费3 680元，原借3 000元，补付差额。

10. 为购买材料（非政府采购项目），向A公司预付货款10 000元，开出财政授权支付凭证，通知代理银行付款。

11. 接上题，前已预付货款的A公司材料到货，验收入库。实际金额为13 500元（含税），另付运费200元，开出授权支付凭证，通知代理银行补付差额。

12. 在定点会议供应商处召开专题工作会议，支出55 000元，财政直接支付。

13. 某主管会计单位将基本支出拨款720 000元拨给所属的二级行政单位。

14. 二级行政单位收到财政拨款收入720 000元。

关键术语

财政拨款收入	finance appropriation revenue
其他收入	other revenue
经费支出	fund expenditure
拨出经费	appropriate fund

【学习目标】

1. 了解行政单位会计报表的作用；
2. 熟悉行政单位会计报表的种类；
3. 掌握行政单位会计报表的清理结算环节；
4. 掌握行政单位资产负债表、收入支出表、财政拨款收入支出表的编制。

第一节 | 行政单位会计报表的作用和种类

行政会计报表是各级行政会计核算工作的重点。

一、行政单位会计报表的作用

行政单位财务报表，是根据会计账簿及有关资料，以统一的表格形式，总括反映一定时期财务状况和收支情况的书面文件。财务报表由会计报表及其附注构成。会计报表包括资产负债表、收入支出表、财政拨款收入支出表等。

行政单位通过会计报表提供的资料，结合必要的调查研究，可以检查一定时期预算执行情况及其结果；可以考核在执行政府预算的过程中，对有关财经政策、法令、制度、计划的执行情况；可以为编制下期单位预算提供参考数据。

编制和披露会计报表，对于加强预算管理和单位财务管理具有重要作用，它提供行政单位资金供给者及行政单位管理层监督、管理所需的会计信息。

财务报表的主要作用如下。

（一）了解行政单位财务状况和收支情况

行政单位通过日常会计工作，以凭证、账簿的形式提供各项资金活动的大量资料，但这些资料信息零星分散，不能集中、总括地反映单位资金活动的全貌。会计报表及相应的文字说明定期对日常会计核算资料进行综合汇总和分析，使之形成完整的指标体系。

（二）了解行政单位履行职责的效果和业绩

会计报表可提供行政单位履行职责的效果及各方面业绩的信息，有助于资金供给者评价行政单位的内部管理，考核行政单位遵守有关规章制度及遵守其他限制条件的情况，促使行政单位充分利用资金达到资金供给者制定的组织目标。

（三）了解决策需要的信息

行政单位的主管单位乃至财政机关可利用行政单位提供的会计报表，及时了解预算的执行情况以及行政单位提供服务能力的持续状况，从而为日后及来年供应财政资金的决策积累必要的信息。

主管会计单位或二级会计单位运用下级单位的会计报表，有三方面的作用：第一，可以了解和分析下级单位的预算执行情况，并作为考核其各项支出的依据；第二，通过对所属各单位会计报表中有关指标的对比分析，可以发现预算管理工作中先进单位与后进单位之间的差距，提高预算管理工作水平；第三，会计报表的逐级汇总上报，能够总括反映国民经济在一定地区或系统范围内预算执行的情况。

财政部门可以运用会计报表资料，分析和考核各行政单位预算收支活动是否符合国家的方针政策，应上缴的款项是否及时、足额地解缴，有无截留、挪用和挤占应缴财政资金的现象；还可以分析各行政单位预算资金的合理需用量，为今后确定预算拨款数额提供可靠的依据。

其他宏观经济管理部门可以利用汇总会计报表所提供的经济信息，作为制订计划、规定政策和进行综合平衡的重要依据。

二、会计报表的编制要求

行政单位编制和提交会计报表应做到以下几点。

（一）数字准确

行政单位应根据登记完整，核对无误的账簿记录和其他有关资料编制会计报表，切实做到账表相符，不得估列代编，更不得弄虚作假，伪造会计数据。

（二）内容完整

行政单位应按照统一规定的报表种类、格式和内容编报，不得漏报。各级主管单位可以根据本系统内特殊情况和特殊要求，规定增加一些报表和项目，但不得影响国家统一的报表和报表项目的编报。

（三）报送及时

会计报表必须按照国家或上级机关规定的期限和程序，及时编制，及时报送。财政部门和上级主管部门对于屡催不报报表的单位，有权暂停其预算拨款。

（四）手续齐备

行政单位的会计主管人员和单位负责人对会计报表的准确、完整和及时报送共同负有责任，会计报表必须经单位会计主管人员、审计主管人员和单位负责人审阅签章并加盖公章后上报。

三、会计报表的种类和组成

行政单位的会计报表按照不同的标准分类。

（一）按照会计报表的内容分类

按照会计报表的内容，分为资产负债表、收入支出表、财政拨款收入支出表及附注等。资产负债表是反映行政单位在某一特定日期财务状况的报表。资产负债表应当按照资产、负债和净资产分类、分项列示。收入支出表是反映行政单位在某一会计期间全部预算收支执行结果的报表。收入支出表应当按照收入、支出的构成和结转结余情况分类、分项列示。财政拨款收入支出表是反映行政单位在某一会计期间财政拨款收入、支出、结转及结余情况的报表。附注是指对在会计报表中列示项目的文字描述或明细资料，以及对未能在会计报表中列示项目的说明等。

（二）按照会计报表的编报时间分类

按照会计报表编报的时间，分为月报、季报和年报。月报是反映行政单位月份资金活动和经费收支情况的报表。月报要求编报资产负债表、经费支出明细表。季报是分析、检查行政单位季度资金活动情况和经费收支情况的报表，应在月报的基础上较详细地反映单位经费收支的全貌。年报，也称年度决算报表，是全面反映年度资金活动和经费收支执行结果的报表，年度决算报表种类和要求等，应按照财政部门和上级下达的有关决算编审规定组织执行。

（三）按照会计报表的编报层次分类

按照会计报表编报的层次，分为本级报表和汇总报表。本级报表是反映各行政单位预算执行情况和资金活动情况的报表。汇总报表是各主管部门对本单位和所属单位的报表进行汇总后编制的会计报表，这种汇总报表中不仅要汇总所有下属行政单位的会计报表，而且需要汇总下属事业单位会计报表，必要时甚至要汇总纳入预算管理的非营利组织的会计报表。

第二节 行政单位会计报表的清理结算和结账

行政单位会计在编制年终会计报表之前先要进行年终的清理结算和结账。

一、年终清理结算

行政单位在年度终了前，应根据财政部门或主管部门的决算编审工作要求，对各项收支账目、往来款项、货币资金和财产物资进行全面的年终清理结算，在此基础上办理年度结账，编制决算会计报表。行政单位年终清理结算的主要事项包括以下几方面。

（一）清理、核对各项预算收支款项

行政单位应认真清理核对各项年度预算收支数字，确保上下级之间的年度预算数、实际领拨经费数相互一致。凡属本年的各项收入，都要及时入账。属于本年的各项支出，要按规定的支出渠道如实列报。年度单位支出决算，一律以基层用款单位截至 12 月 31 日的本年实际支出数为准。年终前，对财政部门、上级单位和所属各单位之间的全年预算数以及应上缴、拨补的款项等，都应按规定逐笔进行清理结算，保证上下级之间的年度预算数、领拨经费数和上缴、下拨数一致。

（二）清理结算应缴款项

行政单位应当认真清理结算各项应缴国库的预算款项，所有应缴预算款应当在年终前全部上缴国库。

（三）清理结算各项往来款项

行政单位的往来款项，年终前应尽量清理完毕。按照有关规定应当转作各项收入和各项支出的往来款项要及时结转，并编入本年决算。主管会计单位收到的应当转拨所属单位的资金必须及时向所属单位转拨，不得作为暂存款挂账。

（四）清查核对零余额账户额度和各项货币资金

年度终了，行政单位应及时与开户银行对账，银行存款账面余额应与银行对账单的余额核对相符，如果存在未达账项和记账差错，应该通过编制银行存款余额调节表调节平衡。零余额账户账面

余额、银行存款账面余额要与银行对账单余额相符。注销零余额账户剩余的用款额度。现金账面余额要同库存现金核对相符。

（五）清查盘点财产物资

年终前，行政单位应对各项财产物资进行清查盘点。发生盘盈、盘亏的，应及时查明原因，按规定做出处理，调整账务，做到账实相符、账账相符。

二、年终结账

行政单位在年终清理结算的基础上进行年终结账。年终结账包括年终转账、结清旧账和记入新账 3 个环节的工作。

（一）年终转账

账目核对无误后，首先计算出各账户借方和贷方的 12 月合计数和全年累计数，结出 12 月月末的余额，然后编制年终结账前"资产负债表"，试算平衡后，再将应对冲结转的各个收支账户的余额按年终冲转办法，编制 12 月 31 日的记账凭证办理结账冲转。年终转账是年末账项结束和结转的工作，主要是将各支出科目余额与其对应的收入科目余额通过有关结转科目对冲计算出收支结余，并结转入有关基金科目，具体步骤如下。

（1）计算预算额度余额，确认拨入经费和财政应返还额度。

（2）计算出各账户借方或贷方发生额的 12 月合计数和全年累计数，并结出 12 月月末余额。

（3）编制结账前的科目余额表，试算平衡。

（4）将应对冲结转的各个收支账户的余额结转冲账，填制记账凭单。

行政单位在编制年终转账会计分录时，将各种收入类账户的全年累计发生额转入"财政拨款结转""其他财政结转结余"账户的贷方，并将支出类账户的全年累计发生额转入"财政拨款结转""其他财政结转结余"账户的借方。编制结转分录并登记账簿以后，收入、支出类账户的年末余额为零。

（二）结清旧账

将转账后无余额的账户结出全年总累计数，然后在下面画双红线，表示本账户全部结清。对年终有余额的账户，在"全年累计数"下行的摘要栏内注明"结转下年"字样，并在与余额相反方向的"借方"或"贷方"栏内登记与余额相等的金额以及在"余额"栏内注明"平"字，然后在下面画双红线，表示年终余额转入新账，旧账结束。

（三）记入新账

根据本年度各账户余额，编制年终决算的结账后"资产负债表"和有关明细表，然后将表列各账户的年终余额直接记入新年度相应的各有关账户，并在"摘要"栏注明"上年结转"字样，以区别新年度发生数。

第三节 行政单位会计报表的编制

行政会计报表的编制要满足规定的编制要求和编制流程。

一、行政单位资产负债表

（一）行政单位资产负债表的概念与作用

资产负债表是反映行政单位某一特定日期财务状况的报表。它反映编报单位在某一时点占有或使用的经济资源，以及负担的债务和拥有净资产数额的情况。

通过对行政单位资产负债表的分析，可以掌握行政单位所拥有的经济资源以及这些资源的分布情况，了解行政单位负债和净资产的总额及内容；可以了解编报单位的财务实力、偿债能力和支付能力；如果把前后各期的资产负债表对比分析，还可以观察编报单位的资产、负债、净资产变化情况及财务状况的发展趋势。

（二）行政单位资产负债表的结构

资产负债表包括表首、表体和表尾 3 个组成部分。表首部分主要注明编表单位、编表日期和报表采用的货币计量单位。表体部分分为左右两方，左方为资产部类，依次列示资产、支出项目及其金额；右方为负债部类，依次列示负债、净资产、收入项目及金额。资产负债表体现了行政单位"资产=负债+净资产"的静态资金运动和"资产+支出=负债+净资产+收入"的静动结合资金运动的会计等式。所以，无论是月报还是年报，资产部类总额必须等于负债部类总额。表尾部分主要列示单位负责人、会计主管、制表人姓名或签章，有些报表还列示有"补充资料"，以对表体未尽事宜进行补充说明。

行政单位资产负债表中的具体项目，基本上与设置的总账账户或明细账户的名称是一致的。所以，资产负债表各项目的数据应根据审核无误后的各账户的期末余额填列。资产负债表各项目的金额一般采用"年初数"与"期末数"同时列示的方法，这些数据可以根据有关账户的期初余额和期末余额填列，其中，"年初数"也可以根据上年决算报表中所列期末数直接填列。

行政单位会计报表的格式如表 13-1 所示。

表 13-1　　　　　　　　　　　　　　　资产负债表

会行政 01 表

编制单位：　　　　　　　　　　　　　年　月　日　　　　　　　　　　　　　　单位：元

资产	年初余额	期末余额	负债和净资产	年初余额	期末余额
流动资产：			流动负债：		
库存现金			应缴财政款		
银行存款			应交税费		
财政应返还额度			应付职工薪酬		
应收账款			应付账款		
预付账款			应付政府补贴款		
其他应收款			其他应付款		
存货			一年内到期的非流动负债		
流动资产合计			流动负债合计		
固定资产			非流动负债：		
固定资产原价			长期应付款		
减：固定资产累计折旧			受托代理负债		
在建工程			负债合计		
无形资产					
无形资产原价					

续表

资产	年初余额	期末余额	负债和净资产	年初余额	期末余额
减：累计摊销					
待处理财产损溢			财政拨款结转		
政府储备物资			财政拨款结余		
公共基础设施			其他资金结转结余		
公共基础设施原价			其中：项目结转		
减：公共基础设施累计折旧			资产基金		
公共基础设施在建工程			待偿债净资产		
受托代理资产			净资产合计		
资产总计			负债和净资产总计		

（三）行政单位年度资产负债表的编制方法

1. 本表"年初余额"栏各项目的填列方法

本表"年初余额"栏内各项数字，应当根据上年年末资产负债表"期末余额"栏内数字填列。

如果本年度资产负债表规定的各个项目的名称和内容与上年度不一致，则应对上年年末资产负债表各项目的名称和数字按照本年度的规定调整，填入本表"年初余额"栏内。

2. 本表"期末余额"栏各项目的内容和填列方法

（1）资产类项目。

"库存现金"项目，反映行政单位期末库存现金的金额。本项目应当根据"库存现金"科目的期末余额填列；期末库存现金中有属于受托代理现金的，本项目应当根据"库存现金"科目的期末余额减去其中属于受托代理的现金金额后的余额填列。

"银行存款"项目，反映行政单位期末银行存款的金额。本项目应当根据"银行存款"科目的期末余额填列；期末银行存款中有属于受托代理存款的，本项目应当根据"银行存款"科目的期末余额减去其中属于受托代理的存款金额后的余额填列。

"财政应返还额度"项目，反映行政单位期末财政应返还额度的金额。本项目应当根据"财政应返还额度"科目的期末余额填列。

"应收账款"项目，反映行政单位期末尚未收回的应收账款金额。本项目应当根据"应收账款"科目的期末余额填列。

"预付账款"项目，反映行政单位预付给物资或者服务提供者款项的金额。本项目应当根据"预付账款"科目的期末余额填列。

"其他应收款"项目，反映行政单位期末尚未收回的其他应收款余额。本项目应当根据"其他应收款"科目的期末余额填列。

"存货"项目，反映行政单位期末为开展业务活动耗用而储存的存货的实际成本。本项目应当根据"存货"科目的期末余额填列。

"固定资产"项目，反映行政单位期末各项固定资产的账面价值。本项目应当根据"固定资产"科目的期末余额减去"累计折旧"科目中"固定资产累计折旧"明细科目的期末余额后的金额填列。

"固定资产原价"项目，反映行政单位期末各项固定资产的原价。本项目应当根据"固定资产"科目的期末余额填列。

"固定资产累计折旧"项目，反映行政单位期末各项固定资产的累计折旧金额。本项目应当根据"累计折旧"科目中"固定资产累计折旧"明细科目的期末余额填列。

"在建工程"项目，反映行政单位期末除公共基础设施在建工程以外的，尚未完工交付使用的在建工程的实际成本。本项目应当根据"在建工程"科目中属于非公共基础设施在建工程的期末余额填列。

"无形资产"项目，反映行政单位期末各项无形资产的账面价值。本项目应当根据"无形资产"科目的期末余额减去"累计摊销"科目的期末余额后的金额填列。

"无形资产原价"项目，反映行政单位期末各项无形资产的原价。本项目应当根据"无形资产"科目的期末余额填列。

"累计摊销"项目，反映行政单位期末各项无形资产的累计摊销金额。本项目应当根据"累计摊销"科目的期末余额填列。

"待处理财产损溢"项目，反映行政单位期末待处理财产的价值及处理损溢。本项目应当根据"待处理财产损溢"科目的期末借方余额填列。如"待处理财产损溢"科目期末为贷方余额，则以"－"填列。

"政府储备物资"项目，反映行政单位期末储存管理的各种政府储备物资的实际成本。本项目应当根据"政府储备物资"科目的期末余额填列。

"公共基础设施"项目，反映行政单位期末占有并直接管理的公共基础设施的账面价值。本项目应当根据"公共基础设施"科目的期末余额减去"累计折旧"科目中"公共基础设施累计折旧"明细科目的期末余额后的金额填列。

"公共基础设施原价"项目，反映行政单位期末占有并直接管理的公共基础设施的原价。本项目应当根据"公共基础设施"科目的期末余额填列。

"公共基础设施累计折旧"项目，反映行政单位期末占有并直接管理的公共基础设施的累计折旧金额。本项目应当根据"累计折旧"科目中"公共基础设施累计折旧"明细科目的期末余额填列。

"公共基础设施在建工程"项目，反映行政单位期末尚未完工交付使用的公共基础设施在建工程的实际成本。本项目应当根据"在建工程"科目中属于公共基础设施在建工程的期末余额填列。

"受托代理资产"项目，反映行政单位期末受托代理资产的价值。本项目应当根据"受托代理资产"科目的期末余额（扣除其中受托储存管理物资的金额）加上"库存现金""银行存款"科目中属于受托代理资产的现金余额和银行存款余额的合计数填列。

（2）负债类项目。

"应缴财政款"项目，反映行政单位期末按规定应当上缴财政的款项（应缴税费除外）。本项目应当根据"应缴财政款"科目的期末余额填列。

"应交税费"项目，反映行政单位期末应缴未缴的各种税费。本项目应当根据"应缴税费"科目的期末贷方余额填列；如"应缴税费"科目期末为借方余额，则以"－"填列。

"应付职工薪酬"项目，反映行政单位期末尚未支付给职工的各种薪酬。本项目应当根据"应付职工薪酬"科目的期末余额填列。

"应付账款"项目，反映行政单位期末尚未支付的偿还期限在1年以内（含1年）的应付账款的金额。本项目应当根据"应付账款"科目的期末余额填列。

"应付政府补贴款"项目，反映行政单位期末尚未支付的应付政府补贴款的金额。本项目应当根据"应付政府补贴款"科目的期末余额填列。

"其他应付款"项目，反映行政单位期末尚未支付的其他各项应付及暂收款项的金额。本项目应当根据"其他应付款"科目的期末余额填列。

"一年内到期的非流动负债"项目，反映行政单位期末承担的1年以内（含1年）到偿还期的非流动负债。本项目应当根据"长期应付款"等科目的期末余额分析填列。

"长期应付款"项目，反映行政单位期末承担的偿还期限超过1年的应付款项。本项目应当根据"长期应付款"科目的期末余额减去其中1年以内（含1年）到偿还期的长期应付款金额后的余额填列。

"受托代理负债"项目，反映行政单位期末受托代理负债的金额。本项目应当根据"受托代理负债"科目的期末余额（扣除其中受托储存管理物资对应的金额）填列。

（3）净资产类项目。

"财政拨款结转"项目，反映行政单位期末滚存的财政拨款结转资金。本项目应当根据"财政拨款结转"科目的期末余额填列。

"财政拨款结余"项目，反映行政单位期末滚存的财政拨款结余资金。本项目应当根据"财政拨款结余"科目的期末余额填列。

"其他资金结转结余"项目，反映行政单位期末滚存的除财政拨款以外的其他资金结转结余的金额。本项目应当根据"其他资金结转结余"科目的期末余额填列。

"项目结转"项目，反映行政单位期末滚存的非财政拨款未完成项目结转资金。本项目应当根据"其他资金结转结余"科目中"项目结转"明细科目的期末余额填列。

"资产基金"项目，反映行政单位期末预付账款、存货、固定资产、在建工程、无形资产、政府储备物资、公共基础设施等非货币性资产在净资产中占用的金额。本项目应当根据"资产基金"科目的期末余额填列。

"待偿债净资产"项目，反映行政单位期末因应付账款和长期应付款等负债而相应需在净资产中冲减的金额。本项目应当根据"待偿债净资产"科目的期末借方余额以"-"填列。

（四）行政单位月度资产负债表的编制方法

（1）月度资产负债表应在资产部分"银行存款"项目下增加"零余额账户用款额度"项目。

（2）"零余额账户用款额度"项目，反映行政单位期末零余额账户用款额度的金额。本项目应当根据"零余额账户用款额度"科目的期末余额填列。

（3）"财政拨款结转"项目。本项目应当根据"财政拨款结转"科目的期末余额，加上"财政拨款收入"科目本年累计发生额，减去"经费支出——财政拨款支出"科目本年累计发生额后的余额填列。

（4）"其他资金结转结余"项目。本项目应当根据"其他资金结转结余"科目的期末余额，加上"其他收入"科目本年累计发生额，减去"经费支出——其他资金支出"科目本年累计发生额，再减去"拨出经费"科目本年累计发生额后的余额填列。

（5）"项目结转"项目。本项目应当根据"其他资金结转结余"科目中"项目结转"明细科目的期末余额，加上"其他收入"科目中项目收入的本年累计发生额，减去"经费支出——其他资金支出"科目中项目支出本年累计发生额，再减去"拨出经费"科目中项目支出本年累计发生额后的余额填列。

（6）月度资产负债表其他项目的填列方法与年度资产负债表的填列方法相同。

二、行政单位收入支出表

（一）行政单位收入支出表的概念、格式与作用

收入支出表是反映行政单位在某一会计期间全部预算收支执行结果的报表。收入支出表应当按照收入、支出的构成和结转结余情况分类、分项列示。收入支出表可以反映行政单位各项收入和支出的预算执行情况，还可以反映各项收入和支出的结构、当年形成的结余以及以前年度的结余等。通过分析收入支出总表，财政部门及主管单位可以及时掌握行政单位在预算执行过程中所取得的成

绩，发现行政单位在预算执行过程中存在的问题，以便采取相应的措施，保证行政单位在完成任务的情况下，各项收支符合事先的预算。

（二）行政单位收入支出表的编制方法

行政单位收入支出表的格式如表 13-2 所示。

表 13-2　　　　　　　　　　　　　　　收入支出表

会行政 02 表

编制单位：　　　　　　　　　　　　　　　年　　月　　　　　　　　　　　　　　单位：元

项目	本月数	本年累计数
一、年初各项资金结转结余		
（一）年初财政拨款结转结余		
1. 财政拨款结转		
2. 财政拨款结余		
（二）年初其他资金结转结余		
二、各项资金结转结余调整及变动		
（一）财政拨款结转结余调整及变动		
（二）其他资金结转结余调整及变动		
三、收入合计		
（一）财政拨款收入		
1. 基本支出拨款		
2. 项目支出拨款		
（二）其他资金收入		
1. 非项目收入		
2. 项目收入		
四、支出合计		
（一）财政拨款支出		
1. 基本支出		
2. 项目支出		
（二）其他资金支出		
1. 非项目支出		
2. 项目支出		
五、本期收支差额		
（一）财政拨款收支差额		
（二）其他资金收支差额		
六、年末各项资金结转结余		
（一）年末财政拨款结转结余		
1. 财政拨款结转		
2. 财政拨款结余		
（二）年末其他资金结转结余		

行政单位收入支出表的编制说明如下。

1. 本表"本月数"栏反映各项目的本月实际发生数

在编制年度收入支出表时，应当将本栏改为"上年数"栏，反映上年度各项目的实际发生数；如果本年度收入支出表规定的各个项目的名称和内容同上年度不一致，应对上年度收入支出表各项目的名称和数字按照本年度的规定调整，填入本年度收入支出表的"上年数"栏。

本表"本年累计数"栏反映各项目自年初起至报告期末止的累计实际发生数。编制年度收入支出表时，应当将本栏改为"本年数"。

2. 本表"本月数"栏各项目的内容和填列方法

（1）"年初各项资金结转结余"项目及其所属各明细项目，反映行政单位本年初所有资金结转结余的金额。各明细项目应当根据"财政拨款结转""财政拨款结余""其他资金结转结余"及其明细科目的年初余额填列。本项目及其所属各明细项目的数额，应当与上年度收入支出表中"年末各项资金结转结余"中各明细项目的数额相等。

（2）"各项资金结转结余调整及变动"项目及其所属各明细项目，反映行政单位因发生需要调整以前年度各项资金结转结余的事项，以及本年因调入、上缴或交回等导致各项资金结转结余变动的金额。

"财政拨款结转结余调整及变动"项目，根据"财政拨款结转""财政拨款结余"科目下的"年初余额调整""归集上缴""归集调入"明细科目的本期贷方发生额合计数减去本期借方发生额合计数的差额填列。如为负数，则以"－"号填列。

"其他资金结转结余调整及变动"项目，根据"其他资金结转结余"科目下的"年初余额调整""结余调剂"明细科目的本期贷方发生额合计数减去本期借方发生额合计数的差额填列。如为负数，则以"－"号填列。

（3）"收入合计"项目，反映行政单位本期取得的各项收入的金额。本项目应当根据"财政拨款收入"科目的本期发生额加上"其他收入"科目的本期发生额的合计数填列。

"财政拨款收入"项目及其所属明细项目，反映行政单位本期从同级财政部门取得的各类财政拨款的金额。本项目应当根据"财政拨款收入"科目及其所属明细科目的本期发生额填列。

"其他资金收入"项目及其所属明细项目，反映行政单位本期取得的各类非财政拨款的金额。本项目应当根据"其他收入"科目及其所属明细科目的本期发生额填列。

（4）"支出合计"项目，反映行政单位本期发生的各项资金支出金额。本项目应当根据"经费支出"和"拨出经费"科目的本期发生额的合计数填列。

"财政拨款支出"项目及其所属明细项目，反映行政单位本期发生的财政拨款支出金额。本项目应当根据"经费支出——财政拨款支出"科目及其所属明细科目的本期发生额填列。

"其他资金支出"项目及其所属明细项目，反映行政单位本期使用各类非财政拨款资金发生的支出金额。本项目应当根据"经费支出——其他资金支出"和"拨出经费"科目及其所属明细科目的本期发生额的合计数填列。

（5）"本期收支差额"项目及其所属各明细项目，反映行政单位本期发生的各项资金收入和支出相抵后的余额。

"财政拨款收支差额"项目，反映行政单位本期发生的财政拨款资金收入和支出相抵后的余额。本项目应当根据本表中"财政拨款收入"项目金额减去"财政拨款支出"项目金额后的余额填列。如为负数，则以"－"号填列。

"其他资金收支差额"项目，反映行政单位本期发生的非财政拨款资金收入和支出相抵后的余额。本项目应当根据本表中"其他资金收入"项目金额减去"其他资金支出"项目金额后的余额填列。如为负数，则以"－"号填列。

（6）"年末各项资金结转结余"项目及其所属各明细项目，反映行政单位截至本年末的各项资金结转结余金额。各明细项目应当根据"财政拨款结转""财政拨款结余""其他资金结转结余"科目的年末余额填列。

上述"年初各项资金结转结余""年末各项资金结转结余"项目及其所属各明细项目，只在编制年度收入支出表时填列。

三、行政单位财政拨款收入支出表

（一）财政拨款收入支出表的概念

财政拨款收入支出表是反映行政单位在某一会计期间财政拨款收入、支出、结转及结余情况的报表。

（二）财政拨款收入支出表的格式

财政拨款收入支出表的格式如表 13-3 所示。

表 13-3　　　　　　　　　　　　　财政拨款收入支出表

会行政 03 表

编制单位：　　　　　　　　　　　　　　　　年度　　　　　　　　　　　　　　　单位：元

项目	年初财政拨款结转结余		调整年初财政拨款结转结余	归集调入或上缴	单位内部调剂		本年财政拨款收入	本年财政拨款支出	年末财政拨款结转结余	
	结转	结余			结转	结余			结转	结余
一、公共财政预算资金										
（一）基本支出										
1. 人员经费										
2. 日常公用经费										
（二）项目支出										
1. ××项目										
2. ××项目										
……										
二、政府性基金预算资金										
（一）基本支出										
1. 人员经费										
2. 日常公用经费										
（二）项目支出										
1. ××项目										
2. ××项目										
……										
总计										

行政单位财政拨款收入支出表的编制说明如下。

1. 本表各栏目的设置依据

本表"项目"栏内各项目，应当根据行政单位取得的财政拨款种类分项设置，其中"项目支出"下，根据每个项目设置；行政单位取得除公共财政预算拨款和政府性基金预算拨款以外的其他财政拨款的，应当按照财政拨款种类增加相应的资金项目及其明细项目。

2. 本表各栏及其对应项目的内容和填列方法

（1）"年初财政拨款结转结余"栏中的各项目，反映行政单位年初各项财政拨款结转和结余的金额。各项目应当根据"财政拨款结转""财政拨款结余"及其明细科目的年初余额填列。本栏目中各项目的数额，应当与上年度财政拨款收入支出表中"年末财政拨款结转结余"栏中各项目的数额相等。

（2）"调整年初财政拨款结转结余"栏中的各项目，反映行政单位对年初财政拨款结转结余的调整金额。各项目应当根据"财政拨款结转""财政拨款结余"科目中"年初余额调整"科目及其所属明细科目的本年发生额填列。如调整减少年初财政拨款结转结余，以"-"号填列。

（3）"归集调入或上缴"栏中的各项目，反映行政单位本年取得主管部门归集调入的财政拨款结转结余资金和按规定实际上缴的财政拨款结转结余资金金额。各项目应当根据"财政拨款结转""财政拨款结余"科目中"归集上缴"和"归集调入"科目及其所属明细科目的本年发生额填列。对归集上缴的财政拨款结转结余资金，以"-"号填列。

（4）"单位内部调剂"栏中各项目，反映行政单位本年财政拨款结转结余资金在内部不同项目之间的调剂金额。各项目应当根据"财政拨款结转"和"财政拨款结余"科目中的"单位内部调剂"及其所属明细科目的本年发生额填列。对单位内部调剂减少的财政拨款结转结余项目，以"-"号填列。

（5）"本年财政拨款收入"栏中的各项目，反映行政单位本年从同级财政部门取得的各类财政预算拨款金额。各项目应当根据"财政拨款收入"科目及其所属明细科目的本年发生额填列。

（6）"本年财政拨款支出"栏中的各项目，反映行政单位本年发生的财政拨款支出金额。各项目应当根据"经费支出"科目及其所属明细科目的本年发生额填列。

（7）"年末财政拨款结转结余"栏中的各项目，反映行政单位年末财政拨款结转结余的金额。各项目应当根据"财政拨款结转""财政拨款结余"科目及其所属明细科目的年末余额填列。

四、行政单位会计报表附注

行政单位的报表附注应当至少披露下列内容。

（1）遵循《行政单位会计制度》的声明。

（2）单位整体财务状况、预算执行情况的说明。

（3）会计报表中列示的重要项目的进一步说明，包括其主要构成、增减变动情况等。

（4）重要资产处置、资产重大损失情况的说明。

（5）以名义金额计量的资产名称、数量等情况，以及以名义金额计量理由的说明。

（6）或有负债情况的说明，1年以上到期负债预计偿还时间和数量的说明。

（7）以前年度结转结余调整情况的说明。

（8）有助于理解和分析会计报表的其他需要说明事项。

知识链接

行政单位会计
报表分析

复习思考题

一、单项选择题

1. 属于动态静态结合报表的是【　　】。

   A. 资产负债表   B. 经费支出明细表

   C. 往来款项明细表   D. 收入支出总表

2. 按月编报的会计报表是【　　】。

   A. 资产负债表   B. 收入支出总表

   C. 预算外资金收入明细表   D. 报表说明书

3. 年终结账工作的中心环节是【　　　】。

    A. 年终转账　　　B. 年终清理　　　　　　　C. 结清旧账　　　　　D. 记入新账

4. 反映行政单位一定时期单位预算执行情况的会计报表是【　　　】。

    A. 资产负债表　　B. 收入支出总表　　　　C. 经费支出明细表　　　D. 往来款项明细表

5. 反映行政单位在某一特定日期财务状况的会计报表是【　　　】。

    A. 收入支出总表　　　　　　　　　　　　B. 资产负债表

    C. 经费支出明细表　　　　　　　　　　　D. 其他收入明细表

6. 年终决算资产负债表的期末数，根据【　　　】填列。

    A. 年终转账前各总分类账户期末余额　　　B. 年终转账后各总分类账户期末余额

    C. 年终转账前各明细分类账户期末余额　　D. 年终转账后各明细类账户期末余额

二、多项选择题

1. 行政单位的会计报表是反映行政单位【　　　】的书面文件。

    A. 财务状况　　　B. 经营成果　　　　　　C. 预算执行情况

    D. 资金流动情况 E. 营运情况

2. 会计报表按其反映的经济内容可分成【　　　】。

    A. 资金报表　　　B. 支出报表　　　　　　C. 本级报表

    D. 汇总报表　　　E. 收入报表

3. 年终结账工作包括【　　　】。

    A. 年终结算　　　B. 年终转账　　　　　　C. 结清旧账

    D. 记入新账　　　E. 年终清理

三、简答题

1. 行政单位会计报表的作用是什么？

2. 行政单位会计报表的种类有哪些？

3. 行政单位会计报表的清理结算环节有哪些？

4. 行政单位资产负债表、收入支出表、财政拨款收入支出表的编制方法是什么？

关键术语

会计报表	accounting statement
资产负债表	balance sheet
收入支出表	income and expenditure statement
财政拨款收入支出表	finance appropriation income and expenditure statement

第四篇

事业单位会计

事业单位会计概述　第十四章

【学习目标】
1. 了解事业单位会计的适用范围；
2. 熟悉事业单位会计的特点；
3. 掌握事业单位预算管理办法；
4. 掌握事业单位会计账务处理程序。

第一节　事业单位会计的概念和特点

事业单位会计是非营利组织会计的重要组成部分，有其自身的特点。

一、事业单位会计的适用范围

事业单位是指国家或国有单位出资成立的，以提供社会公共利益为目的的组织，包括文化、教育、科研、文艺、医疗卫生、体育、出版、传媒、广播电视等科学文化事业单位，以及气象、水利、地震、环保社会福利等公益事业单位。

事业单位是我国特有的称谓，在国外，称为公立非营利组织。在我国，事业单位的资金来源渠道非常广泛，有来自政府的财政资金、事业单位自筹的资金，也有的来源于国有资产，等等。

事业单位会计是反映和监督事业单位业务资金活动情况和结果的一种管理活动。

我国现行的《事业单位财务规则》《事业单位会计准则》《事业单位会计制度》，适用于各级各类国有事业单位。为了更好地满足不同类型事业单位的会计核算，财政部还制定了《科学事业单位会计制度》《高等学校会计制度》《医院会计制度》等。

在我国，事业单位会计适用于所有的事业法人组织，包括科学、教育、文艺、传媒、信息服务、医疗卫生、体育、气象、地震、环保、计划生育、社会福利等各个行业的事业单位。同时，在一些规模较大的事业单位内部，还存在着不同程度上进行独立核算的非法人事业单位，这些单位都适用事业单位会计。

事业单位的附属企业，如高等学校的校办企业、科研单位的附属工厂等，具有明显的营利目的，一般实行企业化管理并独立核算。这类单位已经纳入企业会计核算体系，执行企业会计准则和有关会计制度，不属于事业单位的范围。

二、事业单位会计的特点

事业单位由于业务范围、资金来源和管理体制不同，它与政府财政会计和行政单位会计相比具有以下特点。

（一）收入来源的广泛性

事业单位的收入较政府财政机关和行政单位来讲具有广泛的来源性。财政预算收入主要来源于税收收入、非税收入、债务收入。行政单位收入主要来源于财政拨款收入和其他收入。事业单位收入的来源渠道比较广泛，主要有：财政对事业单位的补助收入、上级单位或主管部门给予的上级补助收入、事业单位在开展业务活动中所取得的事业收入和其他收入，也有来源于非专业活动的附属单位上缴收入、经营收入等。

（二）会计确认基础的多重性

会计确认基础主要有两种：收付实现制和权责发生制。政府财政会计除了年终个别业务以外，对其余业务主要以收付实现制为会计确认基础。行政单位会计也主要以收付实现制为会计确认基础。一部分事业单位全部以权责发生制为会计确认基础，另一部分事业单位一般业务以收付实现制为会计确认基础，但经营性业务必须以权责发生制为会计确认基础，以便考核盈亏，提高经济效益。

（三）对经营活动进行单独核算

事业单位不以盈利为目的，但是可以依法开展某些辅助性的商品生产和销售活动，以获得经营性的活动收入。事业单位进行经营活动，要依法纳税，追求经济效益。因此，事业单位对经营活动进行独立的财务管理和会计核算。

（四）专用基金设置的例外性

行政单位会计不设置专用基金。政府财政会计虽然也设置专用基金，但一般都是以直接安排预算支出的方式形成专用基金。事业单位可以设置各种专用基金，用于事业单位特定方面的活动支出。事业单位可以按规定从非财政补助结余中提取职工福利基金，从事业收入和经营收入中按照一定的比例提取修购基金等专用基金，并将未分配完毕的资金结余全部转为事业基金。

（五）成本核算方法的特殊性

政府财政会计、行政单位会计不进行成本核算。事业单位必须对部分经济业务进行成本核算。例如，医院需要进行医疗成本核算，科研单位需要进行科研项目成本核算，高等学校需要进行教育成本核算等。可见，事业单位不仅需要进行成本核算，而且成本核算方法与企业会计相比也有很大的差异。

（六）需要进行对外投资管理

事业单位可以参与市场经营活动和投资活动。事业单位可以利用自己暂时不用的资金或资产，进行对外投资。有些事业单位接受的捐赠资金本身就要求进行对外投资，同时，用投资所获取的投资收益作为事业单位的使用资金。因此，事业单位需要对对外投资进行管理，使投资安全可靠并尽可能多地获取投资收益。

第二节 事业单位预算管理办法

事业单位有其特定的会计核算规范体系和预算管理办法。

一、事业单位会计核算规范体系

事业单位会计核算规范体系主要有《中华人民共和国会计法》《事业单位会计准则》《事业单位财务规则》《事业单位会计制度》等。目前，《事业单位会计准则》和《事业单位会计制度》是指导一般事业单位会计核算的通用规范。为了更好地满足某些政府主管部门对本部门领域的事业单位会计信息的需求，财政部又陆续颁布了《科学事业单位会计制度》《高等学校会计制度》《中小学会计制度》《医院会计制度》《测绘事业单位会计制度》，等等。它们分别执行本行业的事业单位会计制度，其他行业的事业单位执行《事业单位会计制度》。

二、事业单位预算管理办法

事业单位预算管理办法，是指政府预算对事业单位财务收支所采取的管理方式。我国事业单位种类繁多，收支情况差别很大，收入来源渠道非常多样。有些单位除了取得财政拨款以外，要么没有其他收入，要么只有一些零星的、不稳定的收入；有些单位虽然有经常性、稳定性的收入，但收入不足以弥补支出，差额部分仍需要政府拨款予以补助；有些单位有收有支，完全可以做到收支平衡，甚至还有大结余。为了充分调动各个事业单位财务管理的积极性，促使它们合理组织收入，大力节约支出，必须根据事业单位的不同类型和收支情况，确定不同的预算管理办法。我国现行《事业单位财务规则》规定："国家对事业单位实行核定收支、定额或者定项补助、超支不补、结转和结余按规定使用的预算管理办法。"

（一）财政部门核定预算资金收支

在我国，有相当一部分事业单位的资金收入来源于财政拨款。核定收支就是事业单位要将全部收入，包括财政补助收入和各项非财政补助收入与各项支出统一编列预算，报经主管部门和财政部门核定；主管部门和财政部门根据事业单位特点、业务需要、财务收支状况以及国家财政政策和财力的可能，核定事业单位年度预算收支规模，其中包括财政补助的具体数额。对于财政资金拨款，事业单位可以通过财政直接支付方式和财政授权支付方式来使用资金。

（二）财政部门或主管部门定额或定项补助

在我国，事业单位也可以通过定额补助或定项补助的方式来获取财政资金。不论实行定额补助还是定项补助办法，补助标准要根据事业特点、事业发展目标和计划、事业单位收支及资产状况来确定。所谓"定额补助"，就是根据事业单位收支情况，并按相应标准确定总的补助数额，如对高等院校实行生均定额补助等。"定项补助"则是根据单位收支情况，确定对某些支出项目进行的补助，比如对某些事业单位工资支出项目进行补助，或是补助办公设备购置费、交通工具购置费等，具体项目因各单位情况不同而有所区别。不同的单位，补助的程度也各有不同。如果事业单位的非财政补助收入能够满足经常性支出，那么可以不进行财政的定额或者定项补助。

（三）结转和结余资金按规定使用

结转和结余留用是指事业单位预算在经主管部门和财政部门核定以后，预算资金收支由单位自求平衡。在年度预算使用过程中，事业单位增加的支出，非正常使用而增加的部门，主管部门和财政部门不再追加经费。因增收节支而形成的结余资金以及因事业进度问题而形成的结转资金，可以留归单位按规定继续使用，不需要重新缴回财政部门或主管单位。

（四）非财政补助形成的多余的收入上缴财政

《事业单位财务规则》指出："非财政补助收入大于支出较多的事业单位，可以实行收入上缴办法。"一般情况下，事业单位收入数额有限，而且很不稳定，可全部用于本单位事业发展，不实行收入上缴办法；少数事业单位因占有较多国家资源或国有资产，享受国家特殊政策，以及收支归集配比不清等原因而取得较多收入，超出其正常支出较多的，可以实行收入上缴的办法。

我国现行的预算管理办法，有利于全面加强事业单位收支管理，掌握和控制事业单位收支的总体规模，保证各项资金的合理使用；明确了国家与事业单位的财务关系，有利于改变国家包办事业单位的传统观念；强化了预算的约束性，进一步增强了事业单位的预算管理责任。

第三节 | 事业单位的会计核算方法

事业单位会计核算方法包括设置会计科目与账户、复式记账、填制与审核会计凭证、登记账簿等。

一、事业单位通用会计科目

（一）事业单位会计科目的内容

事业单位的会计科目，是按照会计要素的内容划分的，可以分为资产、负债、净资产、收入、支出五类。我国现行的《事业单位会计制度》规定了事业单位通用会计科目，所有事业单位都可以使用。但是，如果某些行业会计业务较为复杂，可以在不与《事业单位会计制度》相抵触的前提条件下，另行制定会计制度和设置会计科目。事业单位通用会计科目如表 14-1 所示。

表 14-1　　　　　　　　　　　　　　　事业单位会计科目表

序号	科目编号	科目名称
一、资产类		
1	1001	库存现金
2	1002	银行存款
3	1011	零余额账户用款额度
4	1101	短期投资
5	1201	财政应返还额度
	120101	财政直接支付
	120102	财政授权支付
6	1211	应收票据
7	1212	应收账款
8	1213	预付账款
9	1215	其他应收款
10	1301	存货
11	1401	长期投资
12	1501	固定资产
13	1502	累计折旧
14	1511	在建工程
15	1601	无形资产
16	1602	累计摊销
17	1701	待处置资产损溢
二、负债类		
18	2001	短期借款
19	2101	应缴税费
20	2102	应缴国库款
21	2103	应缴财政专户款
22	2201	应付职工薪酬
23	2301	应付票据
24	2302	应付账款
25	2303	预收账款
26	2305	其他应付款

序号	科目编号	科目名称
27	2401	长期借款
28	2402	长期应付款
三、净资产类		
29	3001	事业基金
30	3101	非流动资产基金
	310101	长期投资
	310102	固定资产
	310103	在建工程
	310104	无形资产
31	3201	专用基金
32	3301	财政补助结转
	330101	基本支出结转
	330102	项目支出结转
33	3302	财政补助结余
34	3401	非财政补助结转
35	3402	事业结余
36	3403	经营结余
37	3404	非财政补助结余分配
四、收入类		
38	4001	财政补助收入
39	4101	事业收入
40	4201	上级补助收入
41	4301	附属单位上缴收入
42	4401	经营收入
43	4501	其他收入
五、支出类		
44	5001	事业支出
45	5101	上缴上级支出
46	5201	对附属单位补助支出
47	5301	经营支出
48	5401	其他支出

（二）设置和使用事业单位通用会计科目的要求

各级各类事业单位在使用统一设置的事业单位通用会计科目时，应当遵循以下要求。

应当使用财政部统一规定的会计科目，不得擅自更改通用会计科目的名称，不需要的会计科目可以不用。在不影响会计处理和编制财务报告的前提下，可以根据实际情况自行增设、减少或合并某些明细科目。

在使用会计科目的编号时，应当同时使用会计科目的名称，不得只使用会计科目的编号而不使用会计科目的名称；对于统一设定的会计科目的编号，各事业单位只能使用，不得打乱重编。

表 14-1 列示的是总账科目，为了反映会计要素项目的具体情况，财政部门对部分总账科目规定了明细科目。事业单位应当按照财政部门的规定设置、使用明细科目。各个事业单位在不影响执行财政部门规定的明细科目的前提下，可根据本单位的需要，增设明细科目。

二、事业单位会计的明细账

事业单位的明细账主要有收入明细账、支出明细账、往来明细账。其中，收入明细账主要包括财政补助收入明细账、上级补助收入明细账、事业收入明细账、经营收入明细账、附属单位上缴收入明细账、其他收入明细账等；支出明细账主要包括基本事业支出明细账、项目事业支出明细账、经营支出明细账、上缴上级支出明细账、对附属单位补助支出明细账、其他支出明细账等；往来款项明细账主要包括应收账款明细账、其他应收款明细账、应付账款明细账、其他应付款明细账、长期应付款明细账、应付职工薪酬明细账等。

事业单位如果有成本计算账户、销售及管理费用账户，则与企业会计有关账户明细账的设置方法相同。

知识链接

科学事业单位
会计制度

复习思考题

一、单项选择题

1. 事业单位业务活动的特点是【 　 】。
　　A. 只有专业业务活动收入 　　　　　　B. 只有专业业务活动支出
　　C. 只有财政补助收入 　　　　　　　　D. 既有业务活动收入，又有专业活动支出
2. 在会计核算中既能采用权责发生制又能采用收付实现制结账基础的是【 　 】。
　　A. 财政会计 　　　B. 行政单位会计 　　　C. 事业单位会计 　　　D. 企业会计
3. 行政单位会计与事业单位会计核算内容不同的是【 　 】。
　　A. 预算资金收入 　　　　　　　　　　B. 预算资金支出
　　C. 预算资金结余 　　　　　　　　　　D. 实行项目成本核算，计算收益

二、多项选择题

1. 事业单位与行政单位相比，在会计核算上的不同点包括【 　 】。
　　A. 核算对象不同 B. 核算方法不同 　　　C. 记账符号不同
　　D. 核算内容不同 E. 会计科目设置不同
2. 与行政单位会计相比，事业单位会计的特点有【 　 】。
　　A. 以创收为主，主要核算经营收入 　　B. 进行内部成本核算
　　C. 核算预算资金收支及其结余 　　　　D. 核算经营资金收支及其结余
　　E. 采用权责发生制原则

三、简答题

1. 事业单位会计的概念是什么？
2. 事业单位会计的特点是什么？
3. 事业单位会计的预算管理办法有哪些？
4. 事业单位会计的账务处理程序是什么？

关键术语

事业单位会计	institution accounting
账务处理程序	accounting procedure
核算体系	accounting system

【学习目标】
1. 掌握事业单位流动资产的核算；
2. 掌握事业单位长期投资的核算；
3. 掌握事业单位固定资产的核算；
4. 掌握事业单位在建工程的核算；
5. 掌握事业单位无形资产的核算；
6. 掌握事业单位待处置资产损溢的核算。

第一节 事业单位流动资产的核算

资产是指事业单位占有或者使用的能以货币计量的各种经济资源，包括各种财产、债权和其他权利。事业单位资产按其流动性可以分为流动资产和非流动资产等。

流动资产是指可以在 1 年以内（含 1 年）变现或者耗用的资产，包括库存现金、银行存款、零余额账户用款额度、短期投资、财政应返还额度、应收及预付款项、存货等。

一、库存现金的核算

（一）库存现金的管理

库存现金是流动性最强的货币性资产，是可以立即投入流通的交换媒介。

事业单位应当严格按照国家有关现金管理的规定收支现金，并按照《事业单位会计制度》的规定核算现金的各项收支业务。同时，事业单位必须严格执行国家《现金管理暂行条例》的有关规定，加强对库存现金的管理，包括遵守现金的使用范围；遵守库存现金限额的规定；不得坐支现金；如实反映现金库存；加强现金业务的内部控制制度等。

（二）库存现金的核算

为了核算库存现金的增减变动情况，事业单位必须设置"库存现金"账户。"库存现金"账户，借方登记库存现金的增加数，贷方登记库存现金的减少数，期末借方余额表示库存现金的期末结余数。

（1）从银行等金融机构提取现金，按照实际提取的金额，借记"库存现金"科目，贷记"银行存款"等科目；将现金存入银行等金融机构，按照实际存入的金额，借记"银行存款"等科目，贷记"库存现金"科目。

（2）因内部职工出差等原因借出的现金，按照实际借出的现金金额，借记"其他应收款"科目，贷记"库存现金"科目；出差人员报销差旅费时，按照应报销的金额，借记有关科目，按照实际借出的现金金额，贷记"其他应收款"科目，按其差额，借记或贷记"库存现金"科目。

（3）因开展业务等其他事项收到现金，按照实际收到的金额，借记"库存现金"科目，贷记有关科目；因购买服务或商品等其他事项支出现金，按照实际支出的金额，借记有关科目，贷记"库存现金"科目。

（4）事业单位应当设置"现金日记账"，由出纳人员根据收付款凭证，按照业务发生顺序逐笔登记。每日终了，应当计算当日的现金收入合计数、现金支出合计数和结余数，并将结余数与实际库存数核对，做到账款相符。

每日账款核对中发现现金溢余或短缺的，应当及时处理。如发现现金溢余，属于应支付给有关人员或单位的部分，借记"库存现金"本科目，贷记"其他应付款"科目；属于无法查明原因的部分，借记"库存现金"科目，贷记"其他收入"科目。如发现现金短缺，属于应由责任人赔偿的部分，借记"其他应收款"科目，贷记"库存现金"科目；属于无法查明原因的部分，报经批准后，借记"其他支出"科目，贷记"库存现金"科目。

现金收入业务较多、单独设有收款部门的事业单位，收款部门的收款员应当将每天所收现金连同收款凭据等一并交财务部门核收记账；或者将每天所收现金直接送存开户银行后，将收款凭据及向银行送存现金的凭证等一并交财务部门核收记账。

（5）事业单位有外币现金的，应当分别按照人民币、各种外币设置"现金日记账"进行明细核算。

【例题】某高等学校2016年发生以下有关经济业务，据以编制会计分录。

【例15-1】从银行提取现金6 000元，以备零星开支之用。

借：库存现金	6 000	
贷：银行存款		6 000

【例15-2】总务处张某预借差旅费4 000元，签发现金支票付讫。

借：其他应收款——张某	4 000	
贷：银行存款		4 000

【例15-3】张某出差回校，应报销差旅费3 820元，余款交回现金。

借：事业支出	3 820	
库存现金	180	
贷：其他应收款——张某		4 000

二、银行存款的核算

（一）银行存款的管理

银行存款是指事业单位存入银行和其他金融机构的各种款项。事业单位对各种存款的管理，必须严格按照国家有关规定在银行开设账户，据以办理存款、取款和转账业务。在银行开户必须注意以下3个问题：第一，单位的各项收支，由单位财务部门统一管理。单位内部各部门取得的事业收入、经营收入等，都要纳入单位财务部门的统一监管之下，并且原则上应由财务部门开立账户，单位所属非独立核算部门不得另设账户。第二，单位要本着相对集中，利于管理的原则开立账户，防止和杜绝开立账户过多、过滥的现象出现。第三，单位必须在经国家有关部门正式批准的银行或非银行金融机构开立账户及办理有关存款、取款和转账结算业务。

对于收付款项的结算业务，除现金结算方式以外，事业单位与有关单位之间发生的结算业务必须采取银行转账结算方式。银行转账结算方式包括银行汇票、银行本票、商业汇票、支票、汇兑、托收承付、委托收款等。只要符合结算方式的适用范围，事业单位可以采用其中的任何一种结算方式。

每月月终，事业单位应编制"银行存款余额调节表"与开户银行核对账目。

（二）银行存款的核算

为了核算事业单位存入银行或其他金融机构的各种存款，事业单位必须设置"银行存款"账户。"银行存款"账户，借方登记银行存款的增加数，贷方登记银行存款的减少数，期末借方余额表示银行存款的期末结余数。

银行存款的主要账务处理如下。

（1）将款项存入银行或其他金融机构，借记"银行存款"科目，贷记"库存现金""事业收入""经营收入"等有关科目。

（2）提取和支出存款时，借记有关科目，贷记"银行存款"科目。

（3）事业单位发生外币业务的，应当按照业务发生当日（或当期期初，下同）的即期汇率，将外币金额折算为人民币记账，并登记外币金额和汇率。

期末，各种外币账户的外币余额应当按照期末的即期汇率折算为人民币，作为外币账户期末人民币余额。调整后的各种外币账户人民币余额与原账面人民币余额的差额，作为汇兑损益计入相关支出。

① 以外币购买物资、劳务等，按照购入当日的即期汇率将支付的外币或应支付的外币折算为人民币金额，借记有关科目，贷记"银行存款"科目、"应付账款"等科目的外币账户。

② 以外币收取相关款项等，按照收取款项或收入确认当日的即期汇率将收取的外币或应收取的外币折算为人民币金额，借记"银行存款"科目、"应收账款"等科目的外币账户，贷记有关科目。

③ 期末，根据各外币账户按期末汇率调整后的人民币余额与原账面人民币余额的差额，作为汇兑损益，借记或贷记"银行存款"科目、"应收账款""应付账款"等科目，贷记或借记"事业支出""经营支出"等科目。

（4）事业单位应当按开户银行或其他金融机构、存款种类及币种等，分别设置"银行存款日记账"，由出纳人员根据收付款凭证，按照业务的发生顺序逐笔登记，每日终了应结出余额。"银行存款日记账"应定期与"银行对账单"核对，至少每月核对一次。月度终了，事业单位银行存款账面余额与银行对账单余额之间如有差额，必须逐笔查明原因并进行处理，按月编制"银行存款余额调节表"，调节相符。

【例题】某高等学校2016年发生以下有关经济业务，据以编制会计分录。

【例15-4】新生开学，收到学费收入75 000 000元，新生凭银行卡已将款项交存银行。

借：银行存款　　　　　　　　　　　　　　　　　　　　75 000 000
　　贷：事业收入——学费收入　　　　　　　　　　　　　　75 000 000

【例15-5】高校非独立核算的印刷厂获取经营收入34 000元，存入银行。

借：银行存款　　　　　　　　　　　　　　　　　　　　34 000
　　贷：经营收入　　　　　　　　　　　　　　　　　　　　34 000

【例15-6】用银行存款账户购买维修材料4 800元，材料已验收入库。

借：存货——材料　　　　　　　　　　　　　　　　　　4 800
　　贷：银行存款　　　　　　　　　　　　　　　　　　　　4 800

三、零余额账户用款额度的核算

（一）零余额账户用款额度的概念

零余额账户用款额度是指实行国库集中支付的事业单位根据财政部门批复的用款计划收到和支用的零余额账户用款额度。

（二）零余额账户用款额度的核算

为了核算事业单位收到和支用的零余额账户用款额度，事业单位必须设置"零余额账户用款额度"账户。"零余额账户用款额度"账户，借方登记零余额账户用款额度的增加数，贷方登记零余额账户用款额度的减少数，期末借方余额表示零余额账户用款额度的期末结余数。

零余额账户用款额度的主要账务处理如下。

（1）在财政授权支付方式下，收到代理银行盖章的"授权支付到账通知书"时，根据通知书所列数额，借记"零余额账户用款额度"科目，贷记"财政补助收入"科目。

（2）按规定支用额度时，借记有关科目，贷记"零余额账户用款额度"科目。

（3）从零余额账户提取现金时，借记"库存现金"科目，贷记"零余额账户用款额度"科目。

（4）因购货退回等发生国库授权支付额度退回的，属于以前年度支付的款项，按照退回金额，借记"零余额账户用款额度"科目，贷记"财政补助结转""财政补助结余""存货"等有关科目；属于本年度支付的款项，按照退回金额，借记"零余额账户用款额度"科目，贷记"事业支出""存货"等有关科目。

（5）年度终了，依据代理银行提供的对账单做注销额度的相关账务处理，借记"财政应返还额度——财政授权支付"科目，贷记"零余额账户用款额度"科目。事业单位本年度财政授权支付预算指标数大于零余额账户用款额度下达数的，根据未下达的用款额度，借记"财政应返还额度——财政授权支付"科目，贷记"财政补助收入"科目。

下年年初，事业单位依据代理银行提供的额度恢复到账通知书做恢复额度的相关账务处理，借记"零余额账户用款额度"科目，贷记"财政应返还额度——财政授权支付"科目。事业单位收到财政部门批复的上年年末未下达零余额账户用款额度的，借记"零余额账户用款额度"科目，贷记"财政应返还额度——财政授权支付"科目。

【例题】某事业单位2016年发生以下有关经济业务，据以编制会计分录。

【例15-7】事业单位本月获得财政授权支付额度3 800 000元，用于事业支出。

借：零余额账户用款额度   3 800 000

  贷：财政补助收入   3 800 000

【例15-8】从零余额账户支付人员差旅费2 400元。

借：事业支出   2 400

  贷：零余额账户用款额度   2 400

【例15-9】从零余额账户提取现金3 000元备用。

借：库存现金   3 000

  贷：零余额账户用款额度   3 000

【例15-10】从零余额账户购买维修材料5 600元，材料已验收入库。

借：存货——材料   5 600

  贷：零余额账户用款额度   5 600

【例15-11】年末，注销尚未用完的零余额账户用款额度33 000元。

借：财政应返还额度——财政授权支付   33 000

  贷：零余额账户用款额度   33 000

【例15-12】购买一批图书，从零余额账户支付5 700元。

借：事业支出   5 700

  贷：零余额账户用款额度   5 700

借：固定资产   5 700

  贷：非流动资产基金   5 700

四、短期投资的核算

（一）短期投资的概念

短期投资是指事业单位依法取得的，持有时间不超过 1 年（含 1 年）的投资，主要是国债投资。

（二）短期投资的核算

为了核算事业单位持有时间不超过 1 年（含 1 年）的投资，事业单位必须设置"短期投资"账户。"短期投资"账户，借方登记短期投资的增加数，贷方登记短期投资的减少数，期末借方余额，反映事业单位持有的短期投资成本。

本科目应当按照国债投资的种类等进行明细核算。

短期投资的主要账务处理如下。

（1）短期投资在取得时，应当按照取得时的实际成本作为投资成本入账。实际成本是指短期国债的购买价款以及税金、手续费等相关税费。借记"短期投资"科目，贷记"银行存款"等科目。

（2）短期投资持有期间收到利息时，按实际收到的金额，借记"银行存款"科目，贷记"其他收入——投资收益"科目。出售短期投资或到期收回短期投资时，按实际收到的金额大于投资成本的差额列作"其他收入——投资收益"。按照实际收到的金额，借记"银行存款"科目，按照出售或收回短期国债的成本，贷记"短期投资"科目，按其差额，贷记或借记"其他收入——投资收益"科目。

【例题】某事业单位2016年发生以下有关经济业务，据以编制会计分录。

【例15-13】购入1年期国家重点建设债券445 000元，签发转账支票付清价款。

借：短期投资——国家重点建设债券 445 000

  贷：银行存款 445 000

【例15-14】按【例15-13】购入的国家重点建设债券445 000元到期兑付，利息收入50 000元，款项已收存银行。

借：银行存款 495 000

  贷：短期投资——国家重点建设债券 445 000

   其他收入——投资收益 50 000

五、财政应返还额度的核算

（一）财政应返还额度的概念

财政应返还额度是指实行国库集中支付的事业单位应收财政返还的资金额度。

（二）财政应返还额度的核算

为了核算实行国库集中支付的事业单位应收财政返还的资金额度，事业单位必须设置"财政应返还额度"账户。"财政应返还额度"账户，借方登记应收财政返还的资金额度的增加数，贷方登记应收财政返还的资金额度的减少数，期末借方余额，反映事业单位应收财政返还的资金额度。

本科目应当设置"财政直接支付""财政授权支付"两个明细科目，进行明细核算。

财政应返还额度的主要账务处理如下。

1. 财政直接支付

年度终了，事业单位根据本年度财政直接支付预算指标数与当年财政直接支付实际支出数的差额，借记"财政应返还额度"科目（财政直接支付），贷记"财政补助收入"科目。

下年度恢复财政直接支付额度后，事业单位以财政直接支付方式发生实际支出时，借记有关科目，贷记"财政应返还额度"科目（财政直接支付）。

2. 财政授权支付

年度终了，事业单位依据代理银行提供的对账单做注销额度的相关账务处理，借记"财政应返还额度"科目（财政授权支付），贷记"零余额账户用款额度"科目。事业单位本年度财政授权支付预算指标数大于零余额账户用款额度下达数的，根据未下达的用款额度，借记"财政应返还额度"科目（财政授权支付），贷记"财政补助收入"科目。

下年初，事业单位依据代理银行提供的额度恢复到账通知书做恢复额度的相关账务处理，借记"零余额账户用款额度"科目，贷记"财政应返还额度"科目（财政授权支付）。事业单位收到财政部门批复的上年末未下达零余额账户用款额度时，借记"零余额账户用款额度"科目，贷记"财政应返还额度"科目（财政授权支付）。

【例题】某事业单位2016年发生以下有关经济业务，据以编制会计分录。

【例15-15】某事业单位本年度基本支出直接支付预算指标为50 000 000元，本年度财政实际直接支付数为49 800 000元，财政应返还额度为200 000元。

借：财政应返还额度	200 000
贷：财政补助收入	200 000

【例15-16】某事业单位本年度采购复印机，财政直接支付360 000元，其中需要本单位动用上年结余120 000元。复印机已到，款项已付。

借：事业支出	360 000
贷：财政应返还额度	120 000
财政补助收入	240 000
借：固定资产	360 000
贷：非流动资产基金	360 000

【例15-17】年终，某事业单位尚未使用的财政零余额账户用款额度190 000元，已被代理银行注销。

借：财政应返还额度	190 000
贷：零余额账户用款额度	190 000

【例15-18】下年年初，某事业单位收到代理银行通知，恢复零余额账户用款额度190 000元。

借：零余额账户用款额度	190 000
贷：财政应返还额度	190 000

六、应收及预付款项的核算

事业单位在执行预算的过程中，必然会与其他单位或个人发生结算业务，结算过程中被往来单位占用的资金，称为应收及预付款项。应收及预付款项包括应收票据、应收账款、预付账款、其他应收款等。

（一）应收及预付款项核算设置的账户

为了核算各种应收及预付款项，事业单位应设置"应收票据""应收账款""预付账款""其他应收款"账户。

"应收票据"账户用来核算事业单位因开展经营活动销售产品,提供有偿服务而收到的商业汇票,包括商业承兑汇票和银行承兑汇票。该账户的借方登记应收票据的取得数,贷方登记应收票据的收回及转让或贴现数,期末借方余额反映尚未到期的应收票据数。事业单位可以设置"应收票据备查簿",逐笔登记每一应收票据的种类、票号和出票日期、票面金额、付款人、承兑人,以及背书人的姓名或单位名称、到期日、收款日和收回金额等详细资料。

"应收账款"账户用来核算事业单位因开展经营活动销售产品、提供有偿服务而应收取的款项。该账户的借方登记应收账款的发生数,贷方登记应收账款的收回数,期末借方余额反映待结算应收账款的累计数。该账户应按债务单位名称或个人姓名设置明细账。

"预付账款"账户用来核算事业单位按照购货、劳务合同规定预付给供应单位的款项。该账户的借方登记预付账款数,贷方登记收到所购物品或接受劳务后的冲销数,期末借方余额反映尚未结算的预付款项。本账户按供应单位名称设置明细账。

"其他应收款"账户用来核算事业单位除"财政应返还额度""应收票据""应收账款""预付账款"以外的其他应收及暂付款项,如职工预借的差旅费、拨付给内部有关部门的备用金、应向职工收取的各种垫付款项等。该账户的借方登记其他应收款的增加数、贷方登记结算数,期末借方余额反映尚未结算的其他应收款项。该账户按其他应收款的类别和债务人设置明细账。

(二)应收及预付款项的核算方法

1. 应收票据的主要账务处理

因销售产品、提供服务等收到商业汇票,按照商业汇票的票面金额,借记"应收票据"科目,按照确认的收入金额,贷记"经营收入"等科目,按照应缴增值税金额,贷记"应缴税费——应缴增值税"科目。

持未到期的商业汇票向银行贴现,按照实际收到的金额(即扣除贴现息后的净额),借记"银行存款"科目,按照贴现息,借记"经营支出"等科目,按照商业汇票的票面金额,贷记"应收票据"科目。

将持有的商业汇票背书转让以取得所需物资时,按照取得物资的成本,借记有关科目,按照商业汇票的票面金额,贷记"应收票据"科目,如有差额,借记或贷记"银行存款"等科目。

商业汇票到期时,应当分别按以下情况处理:收回应收票据,按照实际收到的商业汇票票面金额,借记"银行存款"科目,贷记"应收票据"科目。因付款人无力支付票款,收到银行退回的商业承兑汇票、委托收款凭证、未付票款通知书或拒付款证明等,按照商业汇票的票面金额,借记"应收账款"科目,贷记"应收票据"科目。

事业单位应当设置"应收票据备查簿",逐笔登记每一应收票据的种类、票号、出票日期、到期日、票面金额、交易合同号和付款人、承兑人、背书人姓名或单位名称、背书转让日、贴现日期、贴现率和贴现净额、收款日期、收回金额和退票情况等资料。应收票据到期结清票款或退票后,应当在备查簿内逐笔注销。

2. 应收账款的主要账务处理

发生应收账款时,按照应收未收金额,借记"应收账款"科目,按照确认的收入金额,贷记"经营收入"等科目,按照应缴增值税金额,贷记"应缴税费——应缴增值税"科目。

收回应收账款时,按照实际收到的金额,借记"银行存款"等科目,贷记"应收账款"科目。

逾期3年或以上,有确凿证据表明确实无法收回的应收账款,按规定报经批准后予以核销。核销的应收账款应在备查簿中保留登记。转入待处置资产时,按照待核销的应收账款金额,借记"待处置资产损溢"科目,贷记"应收账款"科目。报经批准予以核销时,借记"其他支出"科目,贷记"待处置资产损溢"科目。已核销应收账款在以后期间收回的,按照实际收回的金额,借记"银行存款"等科目，贷记"其他收入"科目。

3. 预付账款的主要账务处理

发生预付账款时，按照实际预付的金额，借记"预付账款"科目，贷记"零余额账户用款额度""财政补助收入""银行存款"等科目。

收到所购物资或劳务，按照购入物资或劳务的成本，借记有关科目，按照相应预付账款金额，贷记"预付账款"科目，按照补付的款项，贷记"零余额账户用款额度""财政补助收入""银行存款"等科目。收到所购固定资产、无形资产的，按照确定的资产成本，借记"固定资产""无形资产"科目，贷记"非流动资产基金——固定资产、无形资产"科目；同时，按资产购置支出，借记"事业支出""经营支出"等科目，按照相应预付账款金额，贷记"预付账款"科目，按照补付的款项，贷记"零余额账户用款额度""财政补助收入""银行存款"等科目。

逾期3年或以上，有确凿证据表明因供货单位破产、撤销等原因已无望再收到所购物资，且确实无法收回的预付账款，按规定报经批准后予以核销。核销的预付账款应在备查簿中保留登记。转入待处置资产时，按照待核销的预付账款金额，借记"待处置资产损溢"科目，贷记"预付账款"科目。报经批准予以核销时，借记"其他支出"科目，贷记"待处置资产损溢"科目。已核销预付账款在以后期间收回的，按照实际收回的金额，借记"银行存款"等科目，贷记"其他收入"科目。

4. 其他应收款的主要账务处理

发生其他各种应收及暂付款项时，借记"其他应收款"科目，贷记"银行存款""库存现金"等科目。

收回或转销其他各种应收及暂付款项时，借记"库存现金""银行存款"等科目，贷记"其他应收款"科目。

事业单位内部实行备用金制度的，有关部门使用备用金以后，应当及时到财务部门报销并补足备用金。财务部门核定并发放备用金时，借记"其他应收款"科目，贷记"库存现金"等科目。根据报销数用现金补足备用金定额时，借记有关科目，贷记"库存现金"等科目，报销数和拨补数都不再通过本科目核算。

逾期3年或以上，有确凿证据表明确实无法收回的其他应收款，按规定报经批准后予以核销。核销的其他应收款应在备查簿中保留登记。转入待处置资产时，按照待核销的其他应收款金额，借记"待处置资产损溢"科目，贷记"其他应收款"科目。报经批准予以核销时，借记"其他支出"科目，贷记"待处置资产损溢"科目。已核销其他应收款在以后期间收回的，按照实际收回的金额，借记"银行存款"等科目，贷记"其他收入"科目。

【例题】某事业单位2016年发生以下有关经济业务，据以编制会计分录。

【例15-19】销售给某企业一批产品，货款计20 000元，增值税销项税额3 400元。货已发出，款未收到。

　　借：应收账款——某企业　　　　　　　　　　　　　　　　　23 400
　　　　贷：经营收入　　　　　　　　　　　　　　　　　　　　　20 000
　　　　　　应交税费——应交增值税（销项税额）　　　　　　　 3 400

【例15-20】向某化工企业订购一批材料，用于开展经营活动，签发转账支票预付款项31 000元。

　　借：预付账款——某企业　　　　　　　　　　　　　　　　　31 000
　　　　贷：银行存款　　　　　　　　　　　　　　　　　　　　　31 000

【例15-21】为支付经营活动的有关费用，将尚未到期的商业汇票一张计金额37 000元向开户银行贴现。取得贴现款36 600元，支付银行贴现利息400元。

借：银行存款   36 600

  经营支出   400

  贷：应收票据   37 000

【例15-22】经研究，拨付给国际会议筹备组备用金9 000元，已签发现金支票付讫。

借：其他应收款   9 000

  贷：银行存款   9 000

七、存货的核算

存货是指事业单位在开展业务活动及其他活动中为耗用而储存的资产，包括材料、燃料、包装物和低值易耗品等。

（一）存货的分类

事业单位的存货按用途不同，可以分为两类。

（1）属于使用后立即消耗或逐渐消耗，不能复原的材料物资，如各种原材料、燃料、试验材料及安装或改造工程使用的原件、零配件等。

（2）属于达不到固定资产标准的低值易耗品、工具、器具、量具、一般用具以及价值较低的劳动防护用品等。

此外，从事产品生产的事业单位，完工入库的产成品以及处于生产过程中的在产品，也属于存货的组成部分。

（二）存货的计价

事业单位取得存货时，应当按照存货的实际取得成本入账。

事业单位从外部购入存货的一般计价方法是：以存货的采购价格和运杂费作为入账价格，采购和运输过程中发生的差旅费不计入存货采购成本，直接作为当期有关支出处理。具体计价方法是：购入用于公务性活动的存货，以购买存货的含税价格和支付的运杂费入账；属于小规模纳税人的事业单位，购入存货以含税价格和支付的运杂费入账；属于一般纳税人的事业单位，购入存货用于公务活动的，以支付的存货买价、增值税进项税额及运杂费入账。如果购入存货用于经营性业务，则按买价及运杂费入账，支付的增值税款项通过"应交税费——应缴增值税（进项税额）"账户处理。

自行加工的存货，其成本包括耗用的直接材料费用、发生的直接人工费用和按照一定方法分配的与存货加工有关的间接费用。

接受捐赠、无偿调入的存货，其成本按照有关凭证注明的金额加上相关税费、运输费等确定；没有相关凭证的，其成本比照同类或类似存货的市场价格加上相关税费、运输费等确定。

事业单位材料出库时，可以根据实际情况采用先进先出法、加权平均法或者个别计价法确定其实际成本。领用的低值易耗品可以采用一次摊销法、五五摊销法进行价值摊销。

（三）存货的核算

为了核算事业单位存货的增减变动情况，应当设置"存货"账户。该账户的借方登记存货取得数，贷方登记存货发出数，期末借方余额反映存货实际成本。事业单位应当按照存货的种类、规格、保管地点等进行明细分类核算。

事业单位随买随用的零星办公用品，可以在购进时直接列作支出，不通过"存货"账户核算。

1. 存货取得的核算

存货在取得时，应当按照其实际成本入账。

（1）购入的存货，其成本包括购买价款、相关税费、运输费、装卸费、保险费以及使存货达到目前场所和状态所发生的其他支出。事业单位按照税法规定属于增值税一般纳税人的，其购进非自用（如用于生产对外销售的产品）材料所支付的增值税款不计入材料成本。购入的存货验收入库，按确定的成本，借记"存货"科目，贷记"银行存款""应付账款""财政补助收入""零余额账户用款额度"等科目。属于增值税一般纳税人的事业单位购入非自用材料的，按确定的成本（不含增值税进项税额），借记"存货"科目，按增值税专用发票上注明的增值税额，借记"应交税费——应交增值税（进项税额）"科目，按实际支付或应付的金额，贷记"银行存款""应付账款"等科目。

（2）自行加工的存货，其成本包括耗用的直接材料费用、发生的直接人工费用和按照一定方法分配的与存货加工有关的间接费用。

自行加工的存货在加工过程中发生各种费用时，借记"存货（生产成本）"，贷记"存货（领用材料相关的明细科目）""应付职工薪酬""银行存款"等科目。

加工完成的存货验收入库，按照所发生的实际成本，借记"存货（产成品）"，贷记"存货（生产成本）"。

（3）接受捐赠、无偿调入的存货，其成本按照有关凭据注明的金额加上相关税费、运输费等确定；没有相关凭据的，其成本比照同类或类似存货的市场价格加上相关税费、运输费等确定；没有相关凭据、同类或类似存货的，市场价格也无法可靠取得的存货，按照名义金额（即人民币1元，下同）入账。接受捐赠、无偿调入的存货验收入库，按照确定的成本，借记"存货"科目，按照发生的相关税费、运输费等，贷记"银行存款"等科目，按照其差额，贷记"其他收入"科目。

按照名义金额入账的情况下，按照名义金额，借记"存货"科目，贷记"其他收入"科目；按照发生的相关税费、运输费等，借记"其他支出"科目，贷记"银行存款"等科目。

2. 存货发出的核算

存货在发出时，应当根据实际情况采用先进先出法、加权平均法或者个别计价法确定发出存货的实际成本。计价方法一经确定，不得随意变更。低值易耗品的成本于领用时一次摊销。

（1）开展业务活动等领用、发出存货，按领用、发出存货的实际成本，借记"事业支出""经营支出"等科目，贷记"存货"科目。

（2）对外捐赠、无偿调出存货，转入待处置资产时，按照存货的账面余额，借记"待处置资产损溢"科目，贷记"存货"科目。

属于增值税一般纳税人的事业单位对外捐赠、无偿调出购进的非自用材料，转入待处置资产时，按照存货的账面余额与相关增值税进项税额转出金额的合计金额，借记"待处置资产损溢"科目，按存货的账面余额，贷记"存货"科目，按转出的增值税进项税额，贷记"应交税费——应交增值税（进项税额转出）"科目。

实际捐出、调出存货时，按照"待处置资产损溢"科目的相应余额，借记"其他支出"科目，贷记"待处置资产损溢"科目。

3. 存货清查的核算

事业单位的存货应当定期进行清查盘点，每年至少盘点一次。对于发生的存货盘盈、盘亏或者报废、毁损，应当及时查明原因，按规定报经批准后进行账务处理。

（1）盘盈的存货，按照同类或类似存货的实际成本或市场价格确定入账价值；同类或类似存货的实际成本、市场价格均无法可靠取得的，按照名义金额入账。

盘盈的存货，按照确定的入账价值，借记"存货"科目，贷记"其他收入"科目。

（2）盘亏或者毁损、报废的存货，转入待处置资产时，按照待处置存货的账面余额，借记"待处置资产损溢"科目，贷记"存货"科目。

属于增值税一般纳税人的事业单位购进的非自用材料发生盘亏或者毁损、报废的，转入待处置资产时，按照存货的账面余额与相关增值税进项税额转出金额的合计金额，借记"待处置资产损溢"科目，按存货的账面余额，贷记"存货"科目，按转出的增值税进项税额，贷记"应交税费——应交增值税（进项税额转出）"科目。

报经批准予以处置时，按照"待处置资产损溢"科目的相应余额，借记"其他支出"科目，贷记"待处置资产损溢"科目。

【例题】某事业单位属于一般纳税人，实行国库集中收付制度，2016年发生以下有关经济业务，据以编制会计分录。

【例15-23】购入维修房屋用材料1 000千克，单价为20元，价款为20 000元，增值税款3 400元，对方代垫运费300元。材料验收入库，签发转账支票结清全部款项。

借：存货——材料 23 700
　　贷：银行存款 23 700

【例15-24】购入经营性生产产品用材料100千克，单价为400元，计价款为40 000元，增值税进项税额6 800元。材料已验收入库，签发商业承兑汇票付给供货方。

借：存货——材料 40 000
　　应交税费——应交增值税（进项税额） 6 800
　　贷：应付票据 46 800

【例15-25】后勤部职员王某拿来单位领导批准同意报销的发货票一张，计购买卫生清洁用品等相关开支1 400元直接用于事业活动。经财会部门审核，同意如数报销。

借：事业支出 1 400
　　贷：库存现金 1 400

【例15-26】采购人员李某报销用于经营活动的材料运输费用870元，该采购人员原先已预借材料运杂费1 000元，余款交回现金。

借：经营支出 870
　　库存现金 130
　　贷：其他应收款——李某 1000

【例15-27】附属生产车间完工一批产品，计生产成本9 320元，产品验收合格入库。

借：存货——产成品 9 320
　　贷：存货——生产成本 9 320

【例15-28】销售给某公司一批产品，售价6 500元，收到转账支票，货物已经发出。按个别认定法确定该批产品的生产成本6 200元。该产品不缴纳增值税。

借：银行存款 6 500
　　贷：经营收入 6 500
借：经营支出 6 200
　　贷：存货——产成品 6 200

第二节　事业单位非流动资产的核算

非流动资产是指可以在1年以上变现或者耗用的资产，包括长期投资、固定资产、在建工程、无形资产等。

一、长期投资的核算

（一）长期投资的定义

长期投资是指事业单位依法取得的，持有时间超过1年（不含1年）的股权和债权性质的投资。事业单位在遵循国家有关政策法规和不影响事业活动的前提下，可以利用货币资金、实物和无形资产等向其他单位进行投资。长期投资包括股权投资和债权投资两类。

股权投资是指除购买债券以外，以其他方式对有关单位进行的投资。股权投资可以与有关单位组成合资企业或者构成联营实体。股权投资较债券投资风险大，但在经营状况较好的情况下，可以取得丰厚的投资收益。债权投资是指事业单位以购买各种债券的形式而进行的长期投资，包括认购国库券、金融债券、企业债券等。进行债权投资，可以按期收回投资的本金，并收到事先规定的利息，投资风险较小。

与企业相比，事业单位的对外投资业务相对较少，而且，以谋求最大盈利或者控制其他单位经营活动与重大决策为目的的长期投资业务发生得更少。

（二）长期投资的入账价值

事业单位以货币资金购入的各种股票和债券形成的长期投资，按照实际成本入账。实际成本包括买价、税金、手续费等相关费用。

事业单位以固定资产、无形资产向其他单位投资，按照固定资产、无形资产的评估价值加上相关税费作为入账价值。

以未入账无形资产向其他单位进行长期股权投资，按照无形资产的评估价值加上相关税费作为入账价值。

（三）长期投资的核算

为了核算长期投资的形成和收回情况，事业单位应设置"长期投资"账户。该账户借方登记长期投资的增加数，贷方登记由于转让或到期收回长期投资的减少数，期末借方余额反映事业单位持有的长期投资成本。该账户应当按照长期投资的种类和被投资单位的名称进行明细核算。

在长期股权投资的持有期间，应当采用成本法核算。采用成本法核算的长期股权投资，除追加或收回投资以外，长期股权投资的账面价值一般保持不变。

1. 长期投资取得的核算

以货币资金取得的长期股权、债权投资，按照实际支付的全部价款（包括购买价款以及税金、手续费等相关税费）作为投资成本，借记"长期投资"科目，贷记"银行存款"等科目；同时，按照投资成本金额，借记"事业基金"科目，贷记"非流动资产基金——长期投资"科目。

以固定资产取得的长期股权、债权投资，按照评估价值加上相关税费作为投资成本，借记"长期投资"科目，贷记"非流动资产基金——长期投资"科目，按发生的相关税费，借记"其他支出"科目，贷记"银行存款""应交税费"等科目；同时，按照投出固定资产对应的非流动资产基金，借记"非流动资产基金——固定资产"科目，按照投出固定资产已计提折旧，借记"累计折旧"科目，按投出固定资产的账面余额，贷记"固定资产"科目。

以已入账无形资产取得的长期股权、债权投资，按照评估价值加上相关税费作为投资成本，借记"长期投资"科目，贷记"非流动资产基金——长期投资"科目，按发生的相关税费，借记"其他支出"科目，贷记"银行存款""应交税费"等科目；同时，按照投出无形资产对应的非流动资产基金，借记"非流动资产基金——无形资产"科目，按照投出无形资产已计提摊销，借记"累计摊销"科目，按照投出无形资产的账面余额，贷记"无形资产"科目。

以未入账无形资产取得的长期股权、债权投资，按照评估价值加上相关税费作为投资成本，借记"长期投资"科目，贷记"非流动资产基金——长期投资"科目，按发生的相关税费，借记"其他支出"科目，贷记"银行存款""应交税费"等科目。

2. 长期投资收益的核算

长期股权、债权投资持有期间，收到利润等投资收益时，按照实际收到的金额，借记"银行存款"等科目，贷记"其他收入——投资收益"科目。

3. 长期投资转让的核算

转让长期股权、债权投资，转入待处置资产时，按照待转让长期股权、债权投资的账面余额，借记"待处置资产损溢——处置资产价值"科目，贷记"长期投资"科目。

实际转让时，按照所转让长期股权、债权投资对应的非流动资产基金，借记"非流动资产基金——长期投资"科目，贷记"待处置资产损溢——处置资产价值"科目。

4. 长期投资核销的核算

因被投资单位破产清算等原因，有确凿证据表明长期股权、债权投资发生损失，按规定报经批准后予以核销。将待核销长期股权投资转入待处置资产时，按照待核销的长期股权投资账面余额，借记"待处置资产损溢"科目，贷记"长期投资"科目。

报经批准予以核销时，借记"非流动资产基金——长期投资"科目，贷记"待处置资产损溢"科目。

【例题】某事业单位2016年发生以下有关经济业务，据以编制会计分录。

【例15-29】购入某公司发行的一次性还本付息的三年期债券200 000元，年利率6%，购入价格及相关税费为203 000元，签发转账支票付讫。

借：长期投资——债权投资　　　　　　　　　　　　　　　　　　　203 000
　　贷：银行存款　　　　　　　　　　　　　　　　　　　　　　　　203 000
借：事业基金　　　　　　　　　　　　　　　　　　　　　　　　　203 000
　　贷：非流动资产基金——长期投资　　　　　　　　　　　　　　　203 000

【例15-30】经有关部门批准，购买甲公司股票8 000股，每股买价30元，相关税费10 000元，以银行存款支付全部价款250 000元。

借：长期投资——股权投资　　　　　　　　　　　　　　　　　　　250 000
　　贷：银行存款　　　　　　　　　　　　　　　　　　　　　　　　250 000
借：事业基金　　　　　　　　　　　　　　　　　　　　　　　　　250 000
　　贷：非流动资产基金——长期投资　　　　　　　　　　　　　　　250 000

【例15-31】向某公司投资一项固定资产，该固定资产账面原始价值130 000元，已提折旧30 000元，资产评估机构评估价为110 000元。

借：长期投资——股权投资　　　　　　　　　　　　　　　　　　　110 000
　　贷：非流动资产基金——长期投资　　　　　　　　　　　　　　　110 000
借：非流动资产基金——固定资产　　　　　　　　　　　　　　　　100 000
　　累计折旧　　　　　　　　　　　　　　　　　　　　　　　　　 30 000
　　贷：固定资产　　　　　　　　　　　　　　　　　　　　　　　　130 000

【例15-32】以一项专利权向乙公司进行投资。该专利权账面原价140 000元，累计摊销价值40 000元，资产评估价160 000元。

借：长期投资——股权投资　　　　　　　　　　　　　　　　　　　160 000

　　　　贷：非流动资产基金——长期投资　　　　　　　　　　　160 000
　　借：非流动资产基金——无形资产　　　　　　　　　100 000
　　　　累计摊销　　　　　　　　　　　　　　　　　40 000
　　　　贷：无形资产——专利权　　　　　　　　　　　　　140 000

【例15-33】 以前年度购买的债券已经到期，当时的购买成本为88 000元，现收回本金和利息共计99 000元，其中利息收入11 000元，款项已收存银行。

　　借：银行存款　　　　　　　　　　　　　　　　　99 000
　　　　贷：长期投资——债券投资　　　　　　　　　　　　88 000
　　　　　　其他收入——投资收益　　　　　　　　　　　　11 000
　　借：非流动资产基金——长期投资　　　　　　　　88 000
　　　　贷：事业基金　　　　　　　　　　　　　　　　　　88 000

【例15-34】 原购入丙公司的两年期债券成本38 000元，于未到期时转让，转让收入为29 000元，款项已收存银行。

　　借：银行存款　　　　　　　　　　　　　　　　　29 000
　　　　其他收入——投资收益　　　　　　　　　　　9 000
　　　　贷：长期投资——债权投资　　　　　　　　　　　　38 000
　　借：非流动资产基金——长期投资　　　　　　　　38 000
　　　　贷：事业基金　　　　　　　　　　　　　　　　　　38 000

【例15-35】 收到丁公司分派的现金股利123 000元，款项收存银行。

　　借：银行存款　　　　　　　　　　　　　　　　　123 000
　　　　贷：其他收入——投资收益　　　　　　　　　　　　123 000

二、固定资产的核算

（一）固定资产的确认标准与分类

固定资产是指事业单位持有的使用期限超过1年（不含1年），单位价值在规定标准以上（一般设备单位价值在1 000元以上，专业设备单位价值在1 500元以上），并在使用过程中基本保持原有物质形态的资产。对于家具、图书等单位价值虽未达到规定标准，但使用期限超过1年（不含1年）的大批同类物资，也应作为固定资产进行核算和管理。

对于构成相关硬件不可缺少的应用软件，应当将该软件价值包括在所属硬件价值中，一并作为固定资产进行核算；对于不构成相关硬件不可缺少的应用软件，应当将该软件单独作为无形资产核算。

事业单位固定资产一般分为6类：房屋及构筑物，专用设备，通用设备，文物和陈列品，图书、档案，家具、用具、装具及动植物。

（1）对于应用软件，如果其是相关硬件不可缺少的组成部分，应当将该软件价值包括在所属硬件价值中，一并作为固定资产进行核算；如果其不构成相关硬件不可缺少的组成部分，应当将该软件作为无形资产核算。

（2）事业单位以经营租赁租入的固定资产，不作为固定资产核算，应当另设备查簿进行登记。

（3）购入需要安装的固定资产，应当先通过"在建工程"科目核算，安装完毕交付使用时，再转入本科目核算。

（二）固定资产的计价

（1）以一笔款项购入多项没有单独标价的固定资产，按照各项固定资产同类或类似资产市场价格的比例对总成本进行分配，分别确定各项固定资产的入账成本。

（2）融资租入的固定资产，按照租赁协议或者合同确定的租赁价款、相关税费、运输费、途中保险费、安装调试费等确定入账成本。

（3）接受捐赠、无偿调入的固定资产，按照有关凭据注明的金额加上相关税费、运输费等确定入账成本；没有相关凭据的，比照同类或类似固定资产的市场价格加上相关税费、运输费等确定入账成本；相关凭据、同类或类似固定资产的市场价格都无法可靠取得的固定资产，按照名义金额入账。

（4）盘盈的固定资产，按照同类或类似固定资产的市场价格确定入账成本；同类或类似固定资产的市场价格无法可靠取得的，按照名义金额入账。

（三）固定资产的核算

为了核算固定资产的增减变动和结余情况，事业单位应设置"固定资产"账户，该账户借方登记固定资产原始价值增加数，贷方登记固定资产原始价值减少数，期末借方余额反映事业单位结存固定资产的原始价值。

1. 固定资产增加的核算

购入不需要安装的固定资产，按照确定的固定资产成本，借记"固定资产"科目，贷记"非流动资产基金——固定资产"科目；同时，按照支付金额，借记"事业支出""经营支出""专用基金——修购基金"等科目，贷记"财政补助收入""零余额账户用款额度""银行存款"等科目。

自行建造的固定资产，其成本包括建造该项资产至交付使用前所发生的全部必要支出。

工程完工交付使用时，按自行建造过程中发生的实际支出，借记"固定资产"科目，贷记"非流动资产基金——固定资产"科目；同时，借记"非流动资产基金——在建工程"科目，贷记"在建工程"科目。

已交付使用但尚未办理竣工决算手续的固定资产，按照估计价值入账，待确定实际成本后再调整。

在原有固定资产基础上进行改建、扩建、修缮后的固定资产，其成本按照原固定资产账面价值（"固定资产"科目账面余额减去"累计折旧"科目账面余额后的净值）加上改建、扩建、修缮发生的支出，再扣除固定资产拆除部分的账面价值后的金额确定。

将固定资产转入改建、扩建、修缮时，按固定资产的账面价值，借记"在建工程"科目，贷记"非流动资产基金——在建工程"科目；同时，按固定资产对应的非流动资产基金，借记"非流动资产基金——固定资产"科目，按固定资产已计提折旧，借记"累计折旧"科目，按固定资产的账面余额，贷记"固定资产"科目。

工程完工交付使用时，借记"固定资产"科目，贷记"非流动资产基金——固定资产"科目；同时，借记"非流动资产基金——在建工程"科目，贷记"在建工程"科目。

以融资租赁租入的固定资产，其成本按照租赁协议或者合同确定的租赁价款、相关税费以及固定资产交付使用前所发生的可归属于该项资产的运输费、途中保险费、安装调试费等确定。

融资租入的固定资产，按照确定的成本，借记"固定资产"科目（不需要安装）或"在建工程"科目（需安装），按照租赁协议或者合同确定的租赁价款，贷记"长期应付款"科目，按照其差额，贷记"非流动资产基金——固定资产、在建工程"科目。同时，按照实际支付的相关税费、运输费、途中保险费、安装调试费等，借记"事业支出""经营支出"等科目，贷记"财政补助收入""零余额账户用款额度""银行存款"等科目。

定期支付租金时，按照支付的租金金额，借记"事业支出""经营支出"等科目，贷记"财政补助收入""零余额账户用款额度""银行存款"等科目；同时，借记"长期应付款"科目，贷记"非流动资产基金——固定资产"科目。

接受捐赠、无偿调入的固定资产，其成本按照有关凭据注明的金额加上相关税费、运输费等确定；没有相关凭据的，其成本比照同类或类似固定资产的市场价格加上相关税费、运输费等确定；没有相关凭据、同类或类似固定资产的市场价格也无法可靠取得的，按照名义金额入账。

接受捐赠、无偿调入的固定资产，按照确定的固定资产成本，借记"固定资产"账户，贷记"非流动资产基金——固定资产"账户。

【例题】某事业单位2016年发生以下有关经济业务，据以编制会计分录。

【例15-36】购入办公桌一批，买价总计42 000元。签发转账支票从预算单位零余额账户付清货款，家具已交付使用。

```
借：固定资产——办公桌                        42 000
    贷：非流动资产基金——固定资产                    42 000
借：事业支出                                42 000
    贷：零余额账户用款额度                          42 000
```

【例15-37】以自有资金购买不需要安装的办公设备一台，买价30 000元，增值税进项税额5 100元，运杂费1 000元，签发转账支票从单位银行存款户头结算货款。

```
借：固定资产                                36 100
    贷：非流动资产基金——固定资产                    36 100
借：事业支出                                36 100
    贷：银行存款                                  36 100
```

2. 固定资产处置的核算

固定资产处置是事业单位对其占有、使用的固定资产进行产权转让或者注销的行为。处置方式包括出售、报废、损毁、无偿调出、对外捐赠等。

我国《事业单位国有资产管理暂行办法》规定："事业单位占有、使用的房屋建筑物、土地和车辆的处置，以及单位价值或者批量价值在规定限额以上资产的处置，经主管部门审核后报同级财政部门审批；规定限额以下资产的处置报主管部门审批，主管部门将审批结果定期报同级财政部门备案。"

事业单位国有资产处置收入属于国家所有，应当按照政府非税收入的管理规定，实行"收支两条线"管理，即用出售固定资产所得的收入，扣除相关费用后，作为"应缴国库款"处理。事业单位以自筹资金建造固定资产的处置收入可以留给单位作为修购基金使用。

为了对事业单位固定资产处置情况进行核算，应该设置"待处置资产损溢"账户。该账户借方登记转入处置的固定资产净值、处置过程中发生的各项清理费用以及结转的清理净收益；贷方登记出售固定资产的价款、残料收入、取得的赔偿收入，以及结转的处置净损失；固定资产处置完毕，将处置净收入转入"应缴国库款"或者"专用基金——修购基金"账户贷方；或者将处置净损失转入"应缴国库款"或者"专用基金——修购基金"账户借方。该账户如果有期末借方余额，表示有尚未处置完毕的各种资产价值及净损失；如果有贷方余额，表示有尚未处置完毕的各种资产净溢余。

【例题】某事业单位2016年发生以下有关经济业务，据以编制会计分录。

【例15-38】出售设备一台。该设备原始价值220 000元，已提折旧120 000元。设备出售价格110 000元，支付清理费用500元，应缴相关税费5 500元。经主管部门和财政部门审批，取得的收入应上缴国家财政。

（1）将固定资产净值转入"待处置资产损溢"账户：

```
借：待处置资产损溢——处置资产价值                 100 000
    累计折旧                                    120 000
```

贷：固定资产	220 000

（2）注销被处置资产"非流动资产基金——固定资产"：

借：非流动资产基金——固定资产	100 000
贷：待处置资产损溢——处置资产价值	100 000

（3）取得销售价款时：

借：银行存款	110 000
贷：待处置资产损溢——处置净收入	110 000

（4）结转应交相关税费时：

借：待处置资产损溢——处置净收入	5 500
贷：应交税费	5 500

（5）支付清理费时：

借：待处置资产损溢——处置净收入	500
贷：银行存款	500

（6）结转处置净收入104 000元：

清理净收入=110 000－（5 500＋500）=104 000元

借：待处置资产损溢——处置净收入	104 000
贷：应缴国库款	104 000

【例15-39】拆除以自有资金购建的家属宿舍楼一栋。该宿舍楼原始价值3 200 000元，已提折旧3 100 000元。销售残料获取收入20 000元存入银行。经主管部门和财政部门审批，取得的收入留归单位使用。

（1）将固定资产净值转入"待处置资产损溢——处置资产价值"账户：

借：待处置资产损溢——处置资产价值	100 000
累计折旧	3 100 000
贷：固定资产	3 200 000

（2）注销被处置资产"非流动资产基金——固定资产"：

借：非流动资产基金——固定资产	100 000
贷：待处置资产损溢——处置资产价值	100 000

（3）取得残值收入：

借：银行存款	20 000
贷：待处置资产损溢——处置净收入	20 000

（4）结转处置资产净收入20 000元：

借：待处置资产损溢——处置净收入	20 000
贷：专用基金——修购基金	20 000

3. 固定资产折旧的核算

（1）固定资产折旧的定义。折旧是在固定资产使用寿命内，按照确定的方法对应计折旧金额进行的系统分摊。为了如实反映固定资产的磨损价值和折余价值，为了使固定资产由于损耗而减少的价值通过收入得到及时补偿，为了使事业单位提高成本、费用意识，提高固定资产使用效率，事业单位应该对固定资产计提折旧。

根据固定资产的不同特点和管理要求，事业单位可以采取年限平均法或者工作量法计提折旧。对于房屋、构筑物及一般设备，可以采用年限平均法计提折旧；对于大型、精密贵重的仪器和设备等，可以采用工作量法计提折旧。

计算固定资产折旧时，应以固定资产原始价值、使用年限或者工作量为依据。事业单位固定资产的应折旧金额为其成本，计提固定资产折旧不考虑预计净残值。

事业单位应当按月计提固定资产折旧。当月增加的固定资产，当月不提折旧，从下月起计提折旧；当月减少的固定资产，当月照提折旧，从下月起不提折旧。固定资产提足折旧以后，无论能否继续使用，均不再计提折旧；提前报废的固定资产，也不再补提折旧。事业单位以下固定资产不计提折旧：文物、陈列品，动植物，图书、档案，以名义金额计量的固定资产。

（2）固定资产折旧的核算。为了正确核算固定资产折旧情况，事业单位应设置"累计折旧"账户。"累计折旧"账户的贷方登记计提折旧的增加数，借方登记由于处置固定资产等原因而注销的折旧数，期末贷方余额反映应计折旧固定资产的折旧累计数。

事业单位对固定资产计提折旧费用时，借记"非流动资产基金——固定资产"科目，贷记"累计折旧"科目；固定资产处置时，按照所处置固定资产的账面价值，借记"待处置资产损溢"科目，按照已计提折旧，借记"累计折旧"科目，按照固定资产的账面余额，贷记"固定资产"科目。

【例题】某事业单位2016年发生以下经济业务，据以编制会计分录。

【例15-40】某月初应计折旧固定资产原始价值1 000 000元，月折旧率7%，本月应计折旧额70 000元。

借：非流动资产基金——固定资产   70 000

  贷：累计折旧   70 000

【例15-41】经有关部门批准，一台柜式空调予以报废。该空调原始价值11 000元，已计提折旧额9 000元。该空调净残值为0。

借：非流动资产基金——固定资产   2 000

  累计折旧   9 000

  贷：固定资产   11 000

三、在建工程的核算

在建工程是指事业单位各种工程的成本。为了核算事业单位各种工程成本，开设"在建工程"账户。该账户借方发生额反映各种工程的实际支出，贷方发生额反映完工转出的各项工程的实际成本。期末余额在借方，反映事业单位尚未完工的在建工程实际成本。

本科目核算事业单位已经发生必要支出，但尚未完工交付使用的各种建筑（包括改建、扩建、修缮等）和设备安装工程的实际成本。本科目应当按照工程性质和具体工程项目等进行明细核算。

在建工程（非基本建设项目）的主要账务处理如下。

（一）建筑工程

（1）将固定资产转入改建、扩建或修缮等时，按照固定资产的账面价值，借记"在建工程"科目，贷记"非流动资产基金——在建工程"科目；同时，按照固定资产对应的非流动资产基金，借记"非流动资产基金——固定资产"科目，按照已计提折旧，借记"累计折旧"科目，按照固定资产的账面余额，贷记"固定资产"科目。

（2）根据工程价款结算账单与施工企业结算工程价款时，按照实际支付的工程价款，借记"在建工程"科目，贷记"非流动资产基金——在建工程"科目；同时，借记"事业支出"等科目，贷记"财政补助收入""零余额账户用款额度""银行存款"等科目。

（3）事业单位为建筑工程借入的专门借款的利息，属于建设期间发生的，计入在建工程成本，借记"在建工程"科目，贷记"非流动资产基金——在建工程"科目；同时，借记"其他支出"科目，贷记"银行存款"等科目。

（4）工程完工交付使用时，按照建筑工程所发生的实际成本，借记"固定资产"科目，贷记"非流动资产基金——固定资产"科目；同时，借记"非流动资产基金——在建工程"科目，贷记"在建工程"科目。

（二）设备安装

（1）购入需要安装的设备，按照确定的成本，借记"在建工程"科目，贷记"非流动资产基金——在建工程"科目；同时，按照实际支付金额，借记"事业支出""经营支出"等科目，贷记"财政补助收入""零余额账户用款额度""银行存款"等科目。

融资租入需要安装的设备，按照确定的成本，借记"在建工程"科目，按照租赁协议或者合同确定的租赁价款，贷记"长期应付款"科目，按照其差额，贷记"非流动资产基金——在建工程"科目。同时，按照实际支付的相关税费、运输费、途中保险费等，借记"事业支出""经营支出"等科目，贷记"财政补助收入""零余额账户用款额度""银行存款"等科目。

（2）发生安装费用，借记"在建工程"科目，贷记"非流动资产基金——在建工程"科目；同时，借记"事业支出""经营支出"等科目，贷记"财政补助收入""零余额账户用款额度""银行存款"等科目。

（3）设备安装完工交付使用时，借记"固定资产"科目，贷记"非流动资产基金——固定资产"科目；同时，借记"非流动资产基金——在建工程"科目，贷记"在建工程"科目。

【例题】某事业单位2016年发生以下经济业务，据以编制会计分录。

【例15-42】某事业单位与省建筑工程公司签订合同，建造一栋办公大楼。工程总价款56 000 000元，财政部门以直接支付方式预付工程款26 000 000元。

借：在建工程——办公大楼　　　　　　　　　　　　　　　26 000 000
　　贷：非流动资产基金——在建工程　　　　　　　　　　　　　26 000 000
借：事业支出　　　　　　　　　　　　　　　　　　　　　26 000 000
　　贷：财政补助收入　　　　　　　　　　　　　　　　　　　　26 000 000

【例15-43】由省建筑工程公司承办的办公大楼竣工，工程总价款56 000 000元。验收合格交付使用。原已预付工程款26 000 000元，余款30 000 000元全部以直接支付方式付清。

借：在建工程——办公大楼　　　　　　　　　　　　　　　30 000 000
　　贷：非流动资产基金——在建工程　　　　　　　　　　　　　30 000 000
借：事业支出　　　　　　　　　　　　　　　　　　　　　30 000 000
　　贷：财政补助收入　　　　　　　　　　　　　　　　　　　　30 000 000
借：固定资产　　　　　　　　　　　　　　　　　　　　　56 000 000
　　贷：非流动资产基金——固定资产　　　　　　　　　　　　　56 000 000
借：非流动资产基金——在建工程　　　　　　　　　　　　56 000 000
　　贷：在建工程——办公大楼　　　　　　　　　　　　　　　　56 000 000

四、无形资产的核算

（一）无形资产的内容

无形资产是事业单位持有的，没有实物形态的可辨认非货币性资产，包括专利权、商标权、著作权、土地使用权、非专利技术等。事业单位购入的不构成相关硬件不可缺少组成部分的应用软件，也作为无形资产核算。

（二）无形资产的计价

无形资产在取得时，应当按照实际成本入账。无形资产取得的渠道不同，实际成本的构成也不一样。

（1）外购的无形资产，按实际支付的购买价款、相关税费以及可归属于该项资产达到预定用途所发生的其他支出作为入账成本。

（2）自行开发并按法律程序申请取得的无形资产，按照依法取得时发生的注册费、聘请律师费等费用作为入账成本。依法取得前所发生的研究开发支出，应于发生时直接列作当期支出，不构成无形资产成本。

（3）接受捐赠、无偿调入的无形资产，按照有关凭据注明的金额加上相关税费等确定入账成本；没有相关凭据的，比照同类或类似无形资产的市场价格加上相关税费等确定入账成本；相关凭据、同类或类似无形资产的市场价格都无法可靠取得的，按照名义金额入账。

（三）无形资产的核算

为了反映各种无形资产的增减变动和结余情况，事业单位应设置"无形资产"账户。该账户的借方登记以不同方式取得的无形资产的原值，贷方登记以各种方式处置无形资产的原值，期末借方余额反映事业单位已入账无形资产的原值。该账户应按无形资产的类别、项目设置明细账。

1. 无形资产增加的核算

购入的无形资产，按照确定的无形资产成本，借记"无形资产"科目，贷记"非流动资产基金——无形资产"科目；同时，按照实际支付金额，借记"事业支出"等科目，贷记"财政补助收入""零余额账户用款额度""银行存款"等科目。

支付软件开发费时，按照实际支付金额，借记"事业支出"等科目，贷记"财政补助收入""零余额账户用款额度""银行存款"等科目。软件开发完成交付使用时，按照软件开发费总额，借记"无形资产"科目，贷记"非流动资产基金——无形资产"科目。

自行开发并按法律程序申请取得的无形资产，按照依法取得时发生的注册费、聘请律师费等费用，借记"无形资产"科目，贷记"非流动资产基金——无形资产"科目；同时，借记"事业支出"等科目，贷记"财政补助收入""零余额账户用款额度""银行存款"等科目。

依法取得前所发生的研究开发支出，应于发生时直接计入当期支出，借记"事业支出"等科目，贷记"银行存款"等科目。

接受捐赠、无偿调入的无形资产，按照确定的无形资产成本，借记"无形资产"科目，贷记"非流动资产基金——无形资产"科目；按照发生的相关税费等，借记"其他支出"科目，贷记"银行存款"等科目。

【例题】某科研单位2016年发生以下有关经济业务，据以编制会计分录。

【例15-44】从技术市场购入某项专项技术，价款47 000元，款项由财政直接支付。

```
借：无形资产                                          47 000
    贷：非流动资产基金——无形资产                          47 000
借：事业支出                                          47 000
    贷：财政补助收入                                      47 000
```

【例15-45】接受友好人士捐赠的应用软件一项，按照同类资产市场价格12 000元入账。

```
借：无形资产                                          12 000
    贷：非流动资产基金——无形资产                          12 000
```

【例15-46】购入一项土地使用权计价款870 000元，另向土地管理局等部门办理手续而支付费用30 000元。款项均已签发转账支票从单位零余额账户支付。

借：无形资产   900 000

 贷：非流动资产基金——无形资产   900 000

借：事业支出   900 000

 贷：零余额账户用款额度   900 000

2．无形资产摊销的核算

事业单位拥有的无形资产，应该从取得的当月起采用年限平均法摊销其价值。无形资产应摊销额为其实际成本。

无形资产的摊销年限按如下原则确定：法律规定了有效年限的，按照法律规定的有效年限作为摊销年限；法律没有规定有效年限的，按照相关合同或单位申请书中的受益年限作为摊销年限；法律没有规定有效年限，相关合同或单位申请书也没有规定受益年限的，按照不少于10年的期限摊销。

事业单位还要设置"累计摊销"账户，以反映无形资产计提的累计摊销额。该账户贷方登记计提的无形资产摊销价值，借方登记由于处置无形资产而冲转的已摊销价值，期末贷方余额反映无形资产的摊销累计数。

按月计提无形资产摊销时，按照应计提摊销金额，借记"非流动资产基金——无形资产"科目，贷记"累计摊销"科目。处置无形资产时，按照所处置无形资产的账面价值，借记"待处置资产损溢"科目，按照已计提摊销，借记"累计摊销"科目，按照无形资产的账面余额，贷记"无形资产"科目。

【例题】某科研单位2016年发生以下有关经济业务，据以编制会计分录。

【例15-47】购入的某专利技术法定使用年限10年，按月摊销价值1 500元。

借：非流动资产基金——无形资产   1 500

 贷：累计摊销   1 500

3．无形资产处置的核算

无形资产处置包括转让、无偿调出、对外捐赠无形资产。无形资产预期不能为事业单位带来服务潜力或经济利益的，应当按规定报经批准后，将该无形资产的账面价值予以核销。

（1）转让、无偿调出、对外捐赠无形资产，转入待处置资产时，按照待处置无形资产的账面价值，借记"待处置资产损溢"科目，按照已计提摊销，借记"累计摊销"科目，按照无形资产的账面余额，贷记"无形资产"科目。

实际转让、调出、捐出时，按照处置无形资产对应的非流动资产基金，借记"非流动资产基金——无形资产"科目，贷记"待处置资产损溢"科目。

（2）以已入账无形资产对外投资，按照评估价值加上相关税费作为投资成本，借记"长期投资"科目，贷记"非流动资产基金——长期投资"科目，按发生的相关税费，借记"其他支出"科目，贷记"银行存款""应交税费"等科目；同时，按照投出无形资产对应的非流动资产基金，借记"非流动资产基金——无形资产"科目；按照投出无形资产已计提摊销，借记"累计摊销"科目；按照投出无形资产的账面余额，贷记"无形资产"科目。

（3）无形资产预期不能为事业单位带来服务潜力或经济利益的，应当按规定报经批准后，将该无形资产的账面价值予以核销。

转入待处置资产时，按照待核销无形资产的账面价值，借记"待处置资产损溢"科目，按照已计提摊销，借记"累计摊销"科目，按照无形资产的账面余额，贷记"无形资产"科目。

报经批准予以核销时，按照核销无形资产对应的非流动资产基金，借记"非流动资产基金——无形资产"科目，贷记"待处置资产损溢"科目。

【例题】某事业单位2016年发生以下有关经济业务，据以编制会计分录。

【例15-48】某事业单位一项专利技术已无使用价值，原始价值33 000元，已计提摊销额25 000

元。现予以注销。

借：待处置资产损溢   8 000

  累计摊销   25 000

  贷：无形资产   33 000

借：非流动资产基金——无形资产   8 000

  贷：待处置资产损溢   8 000

【例15-49】某事业单位向外转让一项专利权，账面价值为88 400元，已计提摊销12 400元，经双方协商转让价格为87 000元（按规定上缴国库），款项已存入银行。

（1）无形资产转入待处置资产时：

借：待处置资产损溢   76 000

  累计摊销   12 400

  贷：无形资产   88 400

（2）无形资产实际转让时：

借：非流动资产基金——无形资产   76 000

  贷：待处置资产损溢   76 000

（3）收到转让收入时：

借：银行存款   87 000

  贷：待处置资产损溢   87 000

（4）结转无形资产转让收入时：

借：待处置资产损溢   87 000

  贷：应缴国库款   87 000

知识链接

高等学校会计制度

复习思考题

一、单项选择题

1. 事业单位的资产是指事业单位【 】能以货币计量的经济资源。

  A. 拥有或控制的 B. 拥有或使用的   C. 占有或使用的   D. 占有或控制的

2. 事业单位采用下列银行转账方式时，应借记"应收票据"账户。【 】

  A. 汇兑   B. 商业汇票   C. 托收承兑   D. 委托收款

3. 现金日记账的增加金额，应根据下列记账凭证登记【 】。

  A. 现金收款凭证   B. 现金付款凭证

  C. 银行存款收款凭证   D. 转账凭证

4. 事业单位收到上级转拨事业经费时，贷方应记入的会计科目是【 】。

  A. 银行存款   B. 财政补助收入

  C. 拨入经费   D. 拨入专款

5. 事业单位为内部各部门建立周转使用的备用金，应借记的会计科目是【 】。

  A. 现金   B. 银行存款

  C. 其他货币资金   D. 其他应收款

6. 应收及预付款项，不包括的内容是【 】。

  A. 应收票据 B. 应收账款   C. 预收账款   D. 预付账款

7. 下列不记入"材料"账户内容的是【　　】。

    A. 购买事业专用物资材料
    B. 不够固定资产标准的低值易耗品

    C. 随买随用的零星办公用品
    D. 教学单位购买数学实验用材料

8. 事业单位经营用材料盘盈，应作的会计分录是【　　】。

    A. 借：材料
    B. 借：材料

         贷：事业支出
         贷：经营支出

    C. 借：材料
    D. 借：材料

         贷：其他收入
         贷：经营收入

9. 事业单位收到债券投资的利息收入时，应记入的会计科目是【　　】。

    A. 事业收入
    B. 经营收入
    C. 其他收入
    D. 事业资金

10. 事业单位以无形资产对外投资时，双方确定的价值小于无形资产原账面价值的差额，应记入【　　】。

    A. "事业基金——一般基金"科目的借方
    B. "事业基金——一般基金"科目的贷方

    C. "事业基金——投资基金"科目的借方
    D. "事业基金——投资基金"科目的贷方

11. 事业单位盘亏固定资产，应作的会计分录是【　　】。

    A. 借：专用基金
    B. 借：固定基金

         贷：固定资产
         贷：固定资产

    C. 借：固定资产
    D. 借：事业基金

         贷：固定基金
         贷：固定资产

12. 事业单位出售固定资产的收入，应记入的会计科目是【　　】。

    A. 专用基金
    B. 其他收入
    C. 事业基金
    D. 经营收入

二、多项选择题

1. 事业单位货币资金核算的内容包括【　　】。

    A. 现金
    B. 银行存款
    C. 借入款项

    D. 其他货币资金
    E. 外埠存款

2. 下列只适用适于同城结算的银行转账结算方式有【　　】。

    A. 银行汇票
    B. 银行本票
    C. 支票

    D. 汇兑
    E. 委托收款

3. "应收账款"借方科目所对应的贷方科目可能有【　　】。

    A. 经营收入
    B. 事业收入
    C. 财政补助收入

    D. 上级补助收入
    E. 银行存款

4. 事业单位其他应收款核算的内容包括【　　】。

    A. 备用金
    B. 借出款

    C. 为职工垫付的水电费
    D. 提供专业咨询服务尚未收回的款项

    E. 对外销售商品，尚未收回款项

5. 事业单位购入材料的实际成本包括【　　】。

    A. 买价
    B. 运杂费

    C. 途中合理损耗
    D. 入库前加工、整理挑选等费用

    E. 关税

6. 事业单位材料入账价格中包括增值税进项税额，运用的情况是【　　】。

    A. 属于一般纳税人的事业单位购入自用材料

  B. 属于一般纳税人的事业单位购入非自用材料

  C. 属于小规模纳税人的事业单位购入自用材料

  D. 属于小规模纳税人的事业单位购入非自用材料

  E. 不论属于哪一种纳税人购入的非自用材料

7. 事业单位对外投资的资金来源是【 】。

  A. 事业结余   B. 经营结余

  C. 财政拨入事业经费   D. 上级主管部门拨入补助款

  E. 自有资金购入的设备

8. 某事业单位以自有房屋对外投资，账面价值为50万元，确认价值为55万元。对于这项业务，下列说法正确的是【 】。

  A. 对外投资成本是 50 万元

  B. 对外投资成本是 55 万元

  C. 固定基金减少 50 万元

  D. 固定基金减少 55 万元

  E. "事业基金——一般基金"账户应贷记 5 万元

三、业务题

1. 事业单位本月获得财政授权支付额度5 500 000元，用于事业支出。

2. 从零余额账户支付人员差旅费12 200元

3. 从零余额账户提取现金8 000元备用。

4. 从零余额账户购买维修材料13 600元，材料已验收入库。

5. 年末，注销尚未用完的零余额账户用款额度231 000元。

6. 购买一批图书，从零余额账户支付12 700元。

7. 购入1年期国家重点建设债券887 000元，签发转账支票付清价款。

8. 题7中购入的国家重点建设债券887 000元到期兑付，利息收入80 000元，款项已收存银行。

9. 某事业单位本年度基本支出直接支付预算指标为80 000 000元，本年度财政实际直接支付数为79 800 000元，财政应返还额度为200 000元。

10. 某事业单位本年度采购复印机，财政直接支付270 000元，其中需要本单位动用上年结余160 000元。复印机已到，款项已付。

11. 年终，某事业单位尚未使用的财政零余额账户用款额度190 000元，已被代理银行注销。

12. 销售给某企业一批产品，货款计20 000元，增值税销项税额3 400元。货已发出，款未收到。

13. 向某化工企业订购一批材料，用于开展经营活动，签发转账支票预付款项42 000元。

14. 为支付经营活动的有关费用，将尚未到期的商业汇票一张计金额78 000元向开户银行贴现。取得贴现款77 600元，支付银行贴现利息400元。

15. 经研究，拨付给国际会议筹备组备用金26 000元，已签发现金支票付讫。

16. 购入维修房屋用材料价款为30 000元，增值税款5 100元，对方代垫运费300元。材料验收入库，签发转账支票结清全部款项。

17. 购入经营性生产产品用材料价款为50 000 元，增值税进项税额8 500元。材料已验收入库，签发商业承兑汇票付给供货方。

18. 后勤部职员王某拿来单位领导批准同意报销的发票一张，计购买卫生清洁用品等相关开支2 200元直接用于事业活动。经财会部门审核，同意如数报销。

19. 采购人员李某报销用于经营活动的材料运输费用2 870元，该采购人员原先已预借材料运杂费3 000元，余款交回现金。

20. 附属生产车间完工一批产品，计生产成本29 000元，产品验收合格入库。

21. 销售给某公司一批产品，售价26 500元，收到转账支票，货物已经发出。按个别认定法确定该批产品的生产成本18 200元。该产品不缴纳增值税。

22. 购入某公司发行的一次性还本付息的三年期债券900 000元，年利率为6%，购入价格及相关税费为903 000元，签发转账支票付讫。

23. 向某公司投资一项固定资产，该固定资产账面原始价值330 000元，已提折旧200 000元，资产评估机构评估价为110 000元。

24. 以一项专利权向乙公司进行投资。该专利权账面原价340 000元，累计摊销价值240 000元，资产评估价130 000元。

25. 以前年度购买的债券已经到期，当时的购买成本为180 000元，现收回本金和利息共计209 000元，其中利息收入29 000元，款项已收存银行。

26. 以自有资金购买不需要安装的办公设备一台，买价20 000元，增值税进项税额3 400元，运杂费1 000元，签发转账支票从单位银行存款户头结算货款。

27. 出售设备一台。该设备原始价值120 000元，已提折旧110 000元。设备出售价格30 000元，支付清理费用500元，应缴相关税费6 000元。经主管部门和财政部门审批，取得的收入应上缴国家财政。

28. 某月初应计折旧固定资产原始价值500 000元，月折旧率为7%，本月应计折旧额35 000元。

29. 由省建筑工程公司承办的办公大楼竣工，工程总价款88 000 000元，验收合格交付使用。原已预付工程款28 000 000元，余款60 000 000元全部以直接支付方式付清。

30. 从技术市场购入某项专项技术，价款33 000元，款项由财政直接支付。

31. 接受友好人士捐赠的应用软件一项，按照同类资产市场价格38 000元入账。

32. 某事业单位向外转让一项专利权，账面价值为24 400元，已计提摊销 16 400元，经双方协商转让价格为10 000元（按规定上缴国库），款项已存入银行。

关键术语

财政直接支付	finance direct payment
财政授权支付	finance authorization payment
财政应返还额度	finance return　ration

第十六章 事业单位负债的核算

【学习目标】
1. 掌握事业单位短期借款的核算；
2. 掌握事业单位应缴税费的核算；
3. 掌握事业单位应缴国库款的核算；
4. 掌握事业单位应缴财政专户款的核算；
5. 掌握事业单位应付职工薪酬的核算；
6. 掌握事业单位应付及预收款项的核算；
7. 掌握事业单位长期借款的核算；
8. 掌握事业单位长期应付款的核算。

第一节 事业单位流动负债的核算

负债是指事业单位所承担的能以货币计量，需要以资产或者劳务偿还的债务，包括短期借款、应付及预收款项、应付职工薪酬、应缴款项、长期借款、长期应付款等。流动负债是指事业单位所承担的在1年内（包括1年）能以货币计量，需要以资产或者劳务偿还的债务，包括短期借款、应缴款项、应付职工薪酬、应付及预收款项等。

一、短期借款的核算

为了核算事业单位的短期借款业务，需要设置"短期借款"账户。"短期借款"属于负债类账户，贷方登记借入款项的本金，借方登记归还借款的本金，期末贷方余额反映尚未偿还的借款本金。该账户应当按照贷款金融机构和贷款种类进行明细核算。

借入各种短期借款时，按照实际借入的金额，借记"银行存款"科目，贷记"短期借款"科目。银行承兑汇票到期，本单位无力支付票款的，按照银行承兑汇票的票面金额，借记"应付票据"科目，贷记"短期借款"科目。支付短期借款利息时，借记"其他支出"科目，贷记"银行存款"科目。归还短期借款时，借记"短期借款"科目，贷记"银行存款"科目。

【例题】某事业单位2016年发生以下有关经济业务，据以编制会计分录。

【例16-1】经单位申请，从银行借入5 000 000元款项用于业务发展的临时周转金。期限1年，年利率为5%，到期一次性还本付息。已办理代转存手续。

借：银行存款   5 000 000

    贷：短期借款   5 000 000

【例16-2】到期归还经营活动周转金借款5 000 000元及利息费用250 000元。款项已划出。

借：短期借款   5 000 000

   其他支出   250 000

    贷：银行存款   5 250 000

二、应交税费的核算

应交税费是指事业单位按照税法等规定计算应缴纳的各种税费，包括增值税、城市维护建设税、教育费附加、车船税、房产税、城镇土地使用税、企业所得税等。

为了核算事业单位应缴纳的各种税费，需要设置"应交税费"账户。"应交税费"属于负债类账户，贷方登记应缴纳的各种税费，借方登记已缴纳的各种税费，本科目期末借方余额，反映事业单位多缴纳的税费金额；本科目期末贷方余额，反映事业单位应缴未缴的税费金额。事业单位代扣代缴的个人所得税，也通过本科目核算。

事业单位应缴纳的印花税不需要预提应交税费，直接通过支出等有关科目核算，不在本科目核算。本科目应当按照应缴纳的税费种类进行明细核算。属于增值税一般纳税人的事业单位，其"应交增值税"明细账中应设置"进项税额""已交税金""销项税额""进项税额转出"等明细科目。

应交税费的主要账务处理如下。

（1）发生城市维护建设税、教育费附加纳税义务的，按税法规定计算的应交税费金额，借记"待处置资产损溢——处置净收入"科目（出售不动产应交的税费）或有关支出科目，贷记"应交税费"科目。实际交纳时，借记"应交税费"科目，贷记"银行存款"科目。

（2）属于增值税一般纳税人的事业单位购入非自用材料的，按确定的成本（不含增值税进项税额），借记"存货"科目，按增值税专用发票上注明的增值税额，借记"应交税费"科目（应缴增值税——进项税额），按实际支付或应付的金额，贷记"银行存款""应付账款"等科目。

属于增值税一般纳税人的事业单位销售应税产品或提供应税服务，按包含增值税的价款总额，借记"银行存款""应收账款""应收票据"等科目，按扣除增值税销项税额后的价款金额，贷记"经营收入"等科目，按增值税专用发票上注明的增值税金额，贷记"应交税费——应交增值税（销项税额）"科目。

属于增值税一般纳税人的事业单位实际缴纳增值税时，借记"应交税费——应交增值税（已交税金）"科目，贷记"银行存款"科目。

属于增值税小规模纳税人的事业单位销售应税产品或提供应税服务，按实际收到或应收的价款，借记"银行存款""应收账款""应收票据"等科目，按实际收到或应收价款扣除增值税额后的金额，贷记"经营收入"等科目，按应缴增值税金额，贷记"应交税费——应交增值税"科目。实际缴纳增值税时，借记"应交税费——应交增值税"科目，贷记"银行存款"科目。

（3）发生房产税、城镇土地使用税、车船税纳税义务的，按税法规定计算的应缴税金数额，借记有关科目，贷记"应交税费"科目。实际缴纳时，借记"应交税费"科目，贷记"银行存款"科目。

（4）代扣代缴个人所得税的，按税法规定计算应代扣代缴的个人所得税金额，借记"应付职工薪酬"科目，贷记"应交税费"科目。实际缴纳时，借记"应交税费"科目，贷记"银行存款"科目。

（5）发生企业所得税纳税义务的，按税法规定计算的应缴税金数额，借记"非财政补助结余分配"科目，贷记"应交税费"科目。实际缴纳时，借记"应交税费"科目，贷记"银行存款"科目。

【例题】某事业单位属于一般纳税人，2016年发生以下有关经济业务，据以编制会计分录。

【例16-3】购入一批非自用A材料，买价4 000元，增值税680元，运费200元，已用银行存款支付，材料入库。

借：存货 4 200
　　应交税费——应交增值税（进项税额） 680
　　贷：银行存款 4 880

【例16-4】生产甲产品购入 B 材料，买价 10 000 元，增值税 1 700 元，运费 300 元，差旅费 500 元，货款尚未支付，差旅费已支付现金，材料已入库。

借：存货 10 300
　　应交税费——应交增值税（进项税额） 1 700
　　贷：应付账款 12 000
借：经营支出 500
　　贷：库存现金 500

【例16-5】销售经营活动生产的甲产品，售价 6 000 元，增值税为 17%，货已发出，收到一张承兑汇票。

借：应收票据 7 020
　　贷：经营收入 6 000
　　　　应交税费——应交增值税（销项税额） 1 020

【例16-6】事业单位缴纳本月应交增值税金 1 966 元（销项税额与进项税额的差额）。

借：应交税费——应交增值税（已缴税额） 1 966
　　贷：银行存款 1 966

【例16-7】未独立核算的经营单位购进一批生产用材料，增值税专用发票上注明材料价款 24 000 元，增值税进项税额 4 080 元。材料验收入库，货款已经支付。

借：存货——材料 24 000
　　应交税费——应交增值税（进项税额） 4 080
　　贷：银行存款 28 080

三、应缴国库款的核算

应缴国库款是指按规定应缴入国库的纳入财政预算的资金，主要包括事业单位代收的纳入财政预算管理的政府性基金、事业性收费收入、罚没收入、无主财产变价收入和其他按预算管理规定应上缴预算的款项。

为了核算应缴国库款，事业单位必须设置"应缴国库款"科目。按规定计算确定或者实际取得应缴国库款时，借记"银行存款"等科目，贷记本账户；上缴国库时，编制相反的会计分录。本账户贷方余额反映应缴未缴国库款。本账户应当按照应缴款项的类别进行明细分类核算。

应缴国库款的主要账务处理如下：按规定计算确定或实际取得应缴国库的款项时，借记有关科目，贷记"应缴国库款"科目。上缴款项时，借记"应缴国库款"科目，贷记"银行存款"等科目。

【例题】某事业单位 2016 年发生以下有关经济业务，据以编制会计分录。

【例16-8】收到无主财物变价收入 12 000 元，存入银行。

借：银行存款 12 000
　　贷：应缴国库款 12 000

【例16-9】收到事业性收费收入 700 元。

借：库存现金 700
　　贷：应缴国库款 700

【例16-10】上缴各项应缴预算款项 77 000 元，以银行存款支付。

借：应缴国库款 77 000
　　贷：银行存款 77 000

四、应缴财政专户款的核算

应缴财政专户款是指事业单位按规定应缴入财政专户的预算外资金收入，主要包括纳入预算外财政资金管理的事业性收费、实行收支两条线管理的国有资产处置收入等。政府要求将预算外资金缴入财政专户，是加强预算外资金管理的一种有效办法。国务院发布的《关于加强预算外资金管理的决定》中指出：“预算外资金是国家财政性资金，不是部门和单位自有资金，必须纳入财政管理。财政部门要在银行开设统一的专户，用于预算外资金收入和支出管理。部门和单位的预算外收入必须上缴同级财政专户，支出由同级财政按预算外资金收支计划和单位财务收支计划统筹安排，从财政专户中拨付，实行收支两条线管理。”所以，事业单位都必须对预算外资金采取上缴财政专户的管理和核算办法。

为了核算事业单位应缴的预算外资金，事业单位必须设置“应缴财政专户款”科目。取得应缴存财政专户的各项收入时，借记“银行存款”等科目，贷记本账户；上缴财政专户时，编制相反的会计分录。本账户贷方余额，反映应缴未缴财政专户款。本账户应当按照应缴预算外资金的类别以及《政府收支分类科目》设置明细账并进行明细分类核算。

【例题】某事业单位实行预算外资金全额上缴办法和资金划拨制度，2016年发生以下经济业务，据以编制会计分录。

【例16-11】收到应缴财政专户款的预算外资金收入33 000元存入银行。

借：银行存款 33 000
　　贷：应缴财政专户款 33 000

【例16-12】月末，将上述预算外资金33 000元全数缴入财政专户。

借：应缴财政专户款 33 000
　　贷：银行存款 33 000

【例16-13】经该事业单位申请，财政部门批准从预算外资金财政专户核拨返回预算外资金收入26 000元，单位已经收到款项。

借：银行存款 26 000
　　贷：事业收入 26 000

五、应付职工薪酬的核算

应付职工薪酬是指事业单位按照有关规定应付给职工以及为职工支付的各种薪酬，包括基本工资、绩效工资、国家统一规定的津贴补贴、社会保险费、住房公积金等。为了核算应付职工薪酬结转与发放情况，事业单位必须设置“应付职工薪酬”账户。该账户属于负债类账户，贷方登记应付职工薪酬的增加数，借方登记应付职工薪酬的减少数，期末贷方余额反映事业单位应付未付的职工薪酬。在“应付职工薪酬”总账账户下，应当根据国家有关规定设置“工资（离退休费）”“地方（部门）津贴补贴”“其他个人收入”以及“社会保险费”“住房公积金”等明细账户。

应付职工薪酬的主要账务处理如下。

计算当期应付职工薪酬，借记“事业支出”“经营支出”等科目，贷记“应付职工薪酬”科目。向职工支付工资、津贴补贴等薪酬，借记“应付职工薪酬”科目，贷记“财政补助收入”“零余额账户用款额度”“银行存款”等科目。按税法规定代扣代缴个人所得税，借记“应付职工薪酬”科目，贷记“应缴税费——应缴个人所得税”科目。按照国家有关规定缴纳职工社会保险费和住房公积金，借记“应付职工薪酬”科目，贷记“财政补助收入”“零余额账户用款额度”“银行存款”等科目。

从应付职工薪酬中支付其他款项，借记"应付职工薪酬"科目，贷记"财政补助收入""零余额账户用款额度""银行存款"等科目。

【例题】某事业单位 2016 年发生以下有关经济业务，据以编制会计分录。

【例16-14】从零余额账户支付离退休费 32 000 元。

（1）计提离退休费时：

借：事业支出   32 000

  贷：应付职工薪酬   32 000

（2）支付离退休费时：

借：应付职工薪酬   32 000

  贷：零余额账户用款额度   32 000

【例16-15】财政直接支付方式支付事业单位人员工资 450 000 元。

（1）计提工资时：

借：事业支出   450 000

  贷：应付职工薪酬   450 000

（2）支付工资时：

借：应付职工薪酬   450 000

  贷：财政补助收入   450 000

六、应付及预收款项的核算

应付及预收款项是指事业单位在开展各项业务活动中发生的各项债务，包括应付票据、应付账款、预收账款、其他应付款等。

（一）应付票据的核算

"应付票据"账户用于核算事业单位因购买材料、物资等而签发、承兑的商业汇票，包括商业承兑汇票和银行承兑汇票。该账户的贷方登记签发、承兑的商业汇票，借方登记已付款的商业汇票，贷方余额反映尚未到期的商业汇票。事业单位还应设置"应付票据备查簿"，详细记载每一应付票据的种类、票号、出票日期、到期日、票面金额、收款人姓名或单位名称，以及付款日期和金额等相关资料。应付票据到期结清票款后，应当在备查簿内逐笔注销。

应付票据的主要账务处理如下。

开出、承兑商业汇票时，借记"存货"等科目，贷记"应付票据"科目。以承兑商业汇票抵付应付账款时，借记"应付账款"科目，贷记"应付票据"科目。支付银行承兑汇票的手续费时，借记"事业支出""经营支出"等科目，贷记"银行存款"等科目。

商业汇票到期时，应当分别按以下情况处理：收到银行支付到期票据的付款通知时，借记"应付票据"科目，贷记"银行存款"科目；银行承兑汇票到期，本单位无力支付票款的，按照汇票票面金额，借记"应付票据"科目，贷记"短期借款"科目；商业承兑汇票到期，本单位无力支付票款的，按照汇票票面金额，借记"应付票据"科目，贷记"应付账款"科目。

（二）应付账款的核算

"应付账款"账户用于核算事业单位因购买材料、物资等而应付给供应单位款项的增减变动情况。该账户的贷方登记应付未付的款项，借方登记已支付或已转销的款项，贷方余额反映尚未支付的款项。事业单位需要按照材料或物资的供应单位或个人进行明细核算。

应付账款的主要账务处理如下。

购入材料、物资等已验收入库但货款尚未支付的，按照应付未付金额，借记"存货"等科目，贷记"应付账款"科目。

偿付应付账款时，按照实际支付的款项金额，借记"应付账款"科目，贷记"银行存款"等科目。

开出、承兑商业汇票抵付应付账款，借记"应付账款"科目，贷记"应付票据"科目。

无法偿付或债权人豁免偿还的应付账款，借记"应付账款"科目，贷记"其他收入"科目。

（三）预收账款的核算

事业单位向购货单位或接收劳务的单位及个人预收款项时，应设置"预收账款"账户。该账户的贷方登记已预收的款项，借方登记提供产品或劳务以后冲销和退还的预收款项，贷方余额反映已经预收但尚未提供商品或劳务的款项。该账户按预收款项的单位或个人进行明细核算。

预收账款的主要账务处理如下。

从付款方预收款项时，按照实际预收的金额，借记"银行存款"等科目，贷记"预收账款"科目。

确认有关收入时，借记"预收账款"科目，按照应确认的收入金额，贷记"经营收入"等科目，按照付款方补付或退回付款方的金额，借记或贷记"银行存款"等科目。

无法偿付或债权人豁免偿还的预收账款，借记"预收账款"科目，贷记"其他收入"科目。

（四）其他应付款的核算

为了核算事业单位应付、暂收其他单位或个人的各种款项，如租入固定资产的租金；存入保证金等，应设置"其他应付款"账户，并按债权人单位或姓名设置明细账。该账户的贷方登记应付和暂收款项的增加数，借方登记已经支付和暂收款项的减少数，余额反映应付和暂收款项的结余数。

其他应付款的主要账务处理如下。

发生其他各项应付及暂收款项时，借记"银行存款"等科目，贷记"其他应付款"科目；支付其他应付款项时，借记"其他应付款"科目，贷记"银行存款"等科目；无法偿付或债权人豁免偿还的其他应付款项，借记"其他应付款"科目，贷记"其他收入"科目。

【例题】某事业单位 2016 年发生以下有关经济业务，据以编制会计分录。

【例16-16】某学校购入教材一批，买价 33 000 元，签发 3 个月期限的商业承兑汇票一张给供货方。

借：事业支出   33 000
    贷：应付票据   33 000

【例16-17】上述商业汇票到期，接到开户银行转来的付款通知。款项已经从单位零余额账户付出。

借：应付票据   33 000
    贷：零余额账户用款额度   33 000

【例16-18】收到科研 A 项目的预收款 50 000 元，存入银行。

借：银行存款   50 000
    贷：预收账款   50 000

【例16-19】科研 A 项目完成，总收入 150 000 元，剩余的 100 000 元尚未收到。

借：应收账款   100 000
     预收账款   50 000
    贷：事业收入   150 000

【例16-20】学校出租一辆闲置小汽车，收取押金7 000元，存入银行。

借：银行存款   7 000

    贷：其他应付款   7 000

【例题】某市人民医院实行国库集中收付制度，2016年发生以下有关经济业务，据以编制会计分录。

【例16-21】从东方制药厂购入药品一批，批发价37 000元，签发3个月期限的商业承兑汇票一张交付供货方。药品已经验收合格，存入药品仓库。

借：存货——药品   37 000

    贷：应付票据   37 000

【例16-22】应付东方制药厂的商业汇票款到期，接到开户银行转来的付款通知。款项已经从单位零余额账户付出。

借：应付票据   37 000

    贷：零余额账户用款额度   37 000

【例16-23】向健达器械制品厂购入医疗设备1台，设备买价25 000元，增值税进项税额4 250元，运输费200元，安装费300元。设备交付使用，款项尚未支付。

借：固定资产   29 750

    贷：非流动资产基金——固定资产   29 750

借：事业支出   29 750

    贷：应付账款   29 750

【例16-24】接到财政零余额账户商业银行通知，上项业务所欠医疗设备款29 750元已由财政零余额账户直接支付。

借：应付账款   29 750

    贷：财政补助收入   29 750

第二节 事业单位长期负债的核算

事业单位的长期负债包括长期借款和长期应付款。

一、长期借款的核算

长期借款是指事业单位借入的期限超过1年（不含1年）的各种借款。为了核算事业单位的长期借款业务，需要设置"长期借款"账户。"长期借款"属于负债类账户，贷方登记借入款项的本金，借方登记归还借款的本金，期末贷方余额反映尚未归还的借款本金。该账户应当按照贷款金融机构和贷款种类设置明细账核算明细分类。

长期借款的主要账务处理如下。

借入各项长期借款时，按照实际借入的金额，借记"银行存款"科目，贷记"长期借款"科目。

为购建固定资产支付的专门借款利息，分别按以下情况处理：属于工程项目建设期间支付的，计入工程成本，按照支付的利息，借记"在建工程"科目，贷记"非流动资产基金——在建工程"科目；同时，借记"其他支出"科目，贷记"银行存款"科目。属于工程项目完工交付使用后支付的，计入当期支出但不计入工程成本，按照支付的利息，借记"其他支出"科目，贷记"银行存款"科目。

其他长期借款利息，按照支付的利息金额，借记"其他支出"科目，贷记"银行存款"科目。

归还长期借款时，借记"长期借款"科目，贷记"银行存款"科目。

【例题】某事业单位 2016 年发生以下有关经济业务，据以编制会计分录。

【例16-25】本单位事业活动资金不足，向开户银行借入款项 850 000 元，期限两年，年利率为 10%，届时一次还本付息。已办理贷转存手续。

借：银行存款　　　　　　　　　　　　　　　　　　　　　850 000

　　贷：长期借款　　　　　　　　　　　　　　　　　　　　　850 000

【例16-26】由于长期借款到期，归还本金 850 000 元及借款利息 170 000 元。

借：长期借款　　　　　　　　　　　　　　　　　　　　　850 000

　　其他支出　　　　　　　　　　　　　　　　　　　　　170 000

　　贷：银行存款　　　　　　　　　　　　　　　　　　　1 020 000

【例16-27】从银行取得长期借款 300 000 元用于食堂建设，年利率 6%，借款期限两年，每年支付利息一次。食堂建设期 1 年。

（1）取得借款时：

借：银行存款　　　　　　　　　　　　　　　　　　　　　300 000

　　贷：长期借款　　　　　　　　　　　　　　　　　　　　300 000

（2）支付第一年的利息时：

借：在建工程　　　　　　　　　　　　　　　　　　　　　18 000

　　贷：非流动资产基金——在建工程　　　　　　　　　　　18 000

同时：

借：其他支出　　　　　　　　　　　　　　　　　　　　　18 000

　　贷：银行存款　　　　　　　　　　　　　　　　　　　　18 000

（3）支付第二年的利息时：

借：其他支出　　　　　　　　　　　　　　　　　　　　　18 000

　　贷：银行存款　　　　　　　　　　　　　　　　　　　　18 000

（4）归还借款本金时：

借：长期借款　　　　　　　　　　　　　　　　　　　　　300 000

　　贷：银行存款　　　　　　　　　　　　　　　　　　　　300 000

二、长期应付款的核算

长期应付款是指事业单位发生的偿还期限超过 1 年（不含 1 年）的应付款项，如以融资租赁租入固定资产的租赁费、跨年度分期付款购入固定资产的价款等。

事业单位发生融资租入固定资产等业务而产生的付款期限在一年以上的应付款项，应该通过"长期应付款"账户核算。该账户贷方登记应付未付的款项，借方登记已经支付或转销的款项，贷方余额反映尚未支付的款项。事业单位应当按照长期应付款的种类及债权单位或个人进行明细核算。科目期末贷方余额，反映事业单位尚未支付的长期应付款。

长期应付款的主要账务处理如下。

发生长期应付款时，借记"固定资产""在建工程"等科目，贷记"长期应付款"科目。支付长期应付款时，借记"事业支出""经营支出"等科目，贷记"银行存款""财政补助收入""零余额账户用款额度"等科目；同时，借记"长期应付款"科目，贷记"非流动资产基金"科目。

无法偿付或债权人豁免偿还的长期应付款，借记"长期应付款"科目，贷记"其他收入"科目。

【例题】某事业单位2016年发生以下有关经济业务，据以编制会计分录。

【例16-28】单位融资租赁一条流水线，应付融资租赁费144 000元。租赁费将在5年内从财政零余额账户平均支付。

（1）融资租入流水线时：

借：固定资产　　　　　　　　　　　　　　　　　　144 000

　　贷：长期应付款　　　　　　　　　　　　　　　144 000

（2）支付每月租金时：

借：事业支出　　　　　　　　　　　　　　　　　　2 400

　　贷：财政补助收入　　　　　　　　　　　　　　2 400

借：长期应付款　　　　　　　　　　　　　　　　　2 400

　　贷：非流动资产基金——固定资产　　　　　　　2 400

知识链接

彩票机构会计
核算制度化

复习思考题

一、单项选择题

1. 事业单位为开展专业业务活动而借入款项所发生的利息，应借记的会计科目是【　　】。

　　A. 经营支出　　　　B. 事业支出　　　　C. 财务费用　　　　D. 专款支出

2. 某事业单位购进一批材料，价值10 000元，签发一张6个月到期、年利率为10%的商业汇票。该单位到期付款的金额是【　　】。

　　A. 10 000元　　　B. 9 500元　　　　C. 10 500元　　　D. 11 000元

3. 事业单位如不设"预收款项"科目，则可以把预收款项增加额计入【　　】。

　　A. 应收账款借方　　　　　　　　　　B. 应收账款贷方

　　C. 应付账款借方　　　　　　　　　　D. 应付账款贷方

4. 事业单位收到罚没收入，应记入的会计科目是【　　】。

　　A. 其他收入　　　B. 应缴财政专户款　　C. 应缴上级款　　D. 应缴预算款

二、多项选择题

1. 下列业务属于"应缴预算款"科目核算的内容有【　　】。

　　A. 代收本月份的行政性收费收入　　　B. 罚没收入

　　C. 代收预算外收入　　　　　　　　　D. 处理无主财务变价收入

　　E. 代收本月份纳入预算管理的基金

2. 事业单位计算出应交消费税、所得税时，与贷方"应缴税金"相对应的借方科目是【　　】。

　　A. 产品销售税金及附加　　　　　　　B. 销售税金　　　　　C. 所得税

　　D. 结余分配　　　　　　　　　　　　E. 利润分配

3. 事业单位应缴纳的下列税种应记入"销售税金"科目的有【　　】。

　　A. 增值税　　　B. 所得税　　　　C. 资源税　　　　D. 城市维护建设税

4. 下列属于事业单位负债的是【　　】。

　　A. 向银行借入3年期借款　　　　　　B. 赊购货物　　　　C. 赊销货物

　　D. 收到上缴财政的预算外资金　　　　E. 收到主管部门拨入专款

5. 下列负债必须以货币偿还的是【　　　】。

A. 应缴财政专户款　　　　　　B. 应付职工统筹退休金　C. 预收账款

D. 应交税金　　　　　　　　　E. 应缴预算款

三、业务题

1. 经单位申请，从银行借入8 000 000元款项用于业务发展的临时周转金。期限1年，年利率为7%，到期一次性还本付息。已办理代转存手续。

2. 到期归还经营活动周转金借款8 000 000元及利息费用560 000元。款项已划出。

3. 购入一批非自用A材料，买价10 000元，增值税1 700元，运费200元，已用银行存款支付，材料入库。

4. 生产甲产品购入B材料，买价30 000元，增值税5 100元，运费300元，差旅费500元，货款尚未支付，差旅费已支付现金，材料已入库。

5. 销售经营活动生产的甲产品，售价7 000元，增值税为17%，货已发出，收到一张承兑汇票。

6. 事业单位缴纳本月应缴增值税金3 762元（销项税额与进项税额的差额）。

7. 未独立核算的经营单位购进一批生产用材料，增值税专用发票上注明材料价款22 000元，增值税进项税额3 740元。材料验收入库，货款已经支付。

8. 收到无主财物变价收入6 000元，存入银行。

9. 收到事业性规费收入3 700元，存入银行。

10. 上缴各项应缴预算款项64 000元，以银行存款支付。

11. 收到应缴财政专户款的预算外资金收入51 000元存入银行。

12. 月末，将上述预算外资金51 000元全数缴入财政专户。

13. 经该事业单位申请，财政部门批准从预算外资金财政专户核拨返回预算外资金收入63 000元，单位已经收到款项。

14. 某学校购入教材一批，买价113 000元，签发3个月期限的商业承兑汇票一张给供货方。

15. 上述商业汇票113 000元到期，接到开户银行转来的付款通知。款项已经从单位零余额账户付出。

16. 收到科研A项目的预收款38 000元，存入银行。

17. 从大连制药厂购入药品一批，批发价83 000元，签发3个月期限的商业承兑汇票一张交付供货方。药品已经验收合格，存入药品仓库。

18. 应付大连制药厂的商业汇票款83 000元到期，接到开户银行转来的付款通知。款项已经从单位零余额账户付出。

19. 向东方机械厂购入一台设备，买价38 000元，增值税进项税额6 460元，运输费200元，安装费300元。设备交付使用，款项尚未支付。

20. 本单位事业活动资金不足，向开户银行借入款项700 000元，期限两年，年利率为10%，届时一次还本付息。已办理贷转存手续。

21. 由于长期借款到期，归还本金700 000元及借款利息70 000元。

22. 单位融资租赁一条流水线，应付融资租赁费330 000元。租赁费将在5年内从财政零余额账户平均支付。

关键术语

短期借款	short-term loan
长期借款	long-term loan
长期应付款	long-term payable

第十七章 事业单位净资产的核算

【学习目标】
1. 掌握事业单位财政补助结转资金的核算；
2. 掌握事业单位财政补助结余资金的核算；
3. 掌握事业单位非财政补助结转资金的核算；
4. 掌握事业单位事业结余和经营结余的核算；
5. 掌握事业单位非财政补助结余分配的核算；
6. 掌握事业单位事业基金的核算；
7. 掌握事业单位非流动资产基金的核算。

第一节 财政补助结转与财政补助结余的核算

净资产是指事业单位资产扣除负债后的余额。事业单位的净资产包括事业基金、非流动资产基金、专用基金、财政补助结转结余、非财政补助结转结余等。

一、财政补助结转资金的核算

（一）财政补助结转资金的概念

财政补助资金是事业单位主要的资金来源渠道之一。接收到财政补助资金，当年的预算任务已经开始执行，但是由于各种原因当年没有完成这些预算任务，需要将结余的财政补助资金结转下年继续使用。因此，财政补助结转资金是指结转到下一年度按原用途继续使用的财政补助资金。财政补助结转资金包括基本支出结转资金和项目支出结转资金两类。

（二）财政补助结转资金的核算

为了核算事业单位的财政补助结转资金，事业单位应当设置"财政补助结转"账户。该账户属于净资产类账户，贷方登记期末结转的财政补助收入数，借方登记期末结转的使用财政补助资金发生的支出数以及转入财政补助结余数，期末余额在贷方，反映事业单位财政补助结转资金数额。

本科目应当设置"基本支出结转""项目支出结转"两个明细科目，并在"基本支出结转"明细科目下按照"人员经费""日常公用经费"进行明细核算，在"项目支出结转"明细科目下按照具体项目进行明细核算。本科目还应按照《政府收支分类科目》中"支出功能分类科目"的相关科目进行明细核算。

财政补助结转的主要账务处理如下。

期末，将财政补助收入本期发生额结转入本科目，借记"财政补助收入——基本支出、项目支出"科目，贷记"财政补助结转（基本支出结转、项目支出结转）"科目；将事业支出（财政补助支出）本期发生额结转入本科目，借记"财政补助结转（基本支出结转、项目支出结转）"科目，贷记"事业支出——财政补助支出（基本支出、项目支出）"科目。

年末，应当对财政补助各明细项目执行情况进行分析，按照有关规定将符合财政补助结余性质的项目余额转入财政补助结余，借记或贷记"财政补助结转（项目支出结转——××项目）"科目，贷记或借记"财政补助结余"科目。

按规定上缴财政补助结转资金或注销财政补助结转额度的，按照实际上缴资金数额或注销的资金额度数额，借记"财政补助结转"科目，贷记"财政应返还额度""零余额账户用款额度""银行存款"等科目。取得主管部门归集调入财政补助结转资金或额度的，做相反会计分录。

事业单位发生需要调整以前年度财政补助结转的事项，也通过本科目核算。

【例题】某事业单位2016年发生以下有关经济业务，据以编制会计分录。

【例17-1】2016年12月，某事业单位"财政补助收入——基本支出"账户贷方发生额为480 000元，"事业支出——财政补助支出——基本支出"账户借方发生额为477 000元。进行月末基本支出结转的账务处理。

借：财政补助收入——基本支出 480 000
　　贷：财政补助结转——基本支出结转 480 000
借：财政补助结转——基本支出结转 477 000
　　贷：事业支出——财政补助支出——基本支出 477 000

【例17-2】2016年12月，某事业单位"财政补助收入——项目支出"账户贷方发生额为330 000元，"事业支出——财政补助支出——项目支出"账户借方发生额为322 000元。进行月末项目支出结转的处理。

借：财政补助收入——项目支出 330 000
　　贷：财政补助结转——项目支出结转 330 000
借：财政补助结转——项目支出结转 322 000
　　贷：事业支出——财政补助支出——项目支出 322 000

二、财政补助结余资金的核算

（一）财政补助结余资金的概念

财政补助结余资金是指事业单位滚存的财政补助项目支出结余资金，即预算工作目标已经完成或者受政策变化、计划调整等因素影响，工作终止当年剩余的财政补助资金。对于事业单位形成的财政补助结余资金，应当按照财政部门的规定进行管理。财政补助结余资金不参与事业单位的结余分配，不转入事业基金。

（二）财政补助结余资金的核算

为了核算事业单位滚存的财政补助项目结余资金，事业单位应设置"财政补助结余"账户。该账户属于净资产类账户，贷方登记财政补助结余转入数，借方登记财政补助结余上缴财政数或者注销资金额度数，期末余额在贷方，表示事业单位财政补助结余资金数额。本科目应当按照《政府收支分类科目》中"支出功能分类科目"的相关科目进行明细核算。

财政补助结余的主要账务处理如下。

年末，对财政补助各明细项目执行情况进行分析，按照有关规定将符合财政补助结余性质的项目余额转入财政补助结余，借记或贷记"财政补助结转——项目支出结转（××项目）"科目，贷记或借记"财政补助结余"科目。

按规定上缴财政补助结余资金或注销财政补助结余额度的，按照实际上缴资金数额或注销的资金额度数额，借记"财政补助结余"科目，贷记"财政应返还额度""零余额账户用款额度""银行存款"等科目。取得主管部门归集调入财政补助结余资金或额度的，做相反会计分录。

【例题】某事业单位2016年发生以下有关经济业务，据以编制会计分录。

【例17-3】2016年年末，某事业单位对财政补助项目执行情况进行分析，本年度财政补助的项目中，甲项目已经完成，项目当年剩余资金为55 000元；乙项目因故终止，当年剩余资金为38 000元。以上两项符合财政补助结余资金性质的数额为93 000元。

借：财政补助结转——项目支出结转——甲项目   55 000
       ——项目支出结转——乙项目   38 000
  贷：财政补助结余   93 000

【例17-4】2016年年末，某事业单位对财政补助结余资金进行处置。根据项目管理要求，已经完成的甲项目当年剩余资金55 000元予以注销，冲抵财政应返还的授权额度。因故终止的乙项目当年剩余资金38 000元需要上缴财政部门，已经通过零余额账户予以上缴。

借：财政补助结余   93 000
  贷：财政应返还额度——授权支付额度   55 000
    零余额账户用款额度   38 000

第二节 | 非财政补助结转的核算

与财政补助结转资金相对应的是非财政补助结转资金，本节主要介绍非财政补助结转资金的核算。

一、非财政补助结转资金的特点

事业单位的收入来源渠道比较多样，除了财政补助收入之外，还有事业收入、上级补助收入、附属单位上缴收入、其他收入等非财政性资金收入。非财政补助资金收入主要用于基本支出和项目支出。其中的项目支出必须按照规定用途使用，非财政补助的专项资金收入必须与专项资金支出进行收支相抵后形成的非财政补助结转资金，按照规定结转下一年度继续使用。因此，非财政补助结转资金是指事业单位除财政补助收支以外的各专项资金收入与其相关支出相抵后剩余滚存的、按规定用途使用的结转资金。非财政补助结转资金有两个特点：一是属于非财政补助资金，二是属于专项资金。

同时，非财政补助结转资金针对未完成项目和已经完成项目的处理方式不同。未完成项目的结转资金可以结转到下一年度继续使用；已完成项目的剩余资金按项目规定处理，一般是缴回原专项资金拨款单位，或者转作事业基金留归单位使用。

二、非财政补助结转资金的核算

为了核算事业单位除财政补助收支以外的各专项资金收入与其相关支出相抵后剩余滚存的，须按规定用途使用的结转资金，事业单位应设置"非财政补助结转"账户。本账户应当按照非财政专项资金的具体项目进行明细核算。本账户期末贷方余额，反映事业单位非财政补助专项结转资金数额。

非财政补助结转的主要账务处理如下。

期末，将事业收入、上级补助收入、附属单位上缴收入、其他收入本期发生额中的专项资金收入结转入本科目，借记"事业收入""上级补助收入""附属单位上缴收入""其他收入"科目下各专项资金收入明细科目，贷记"非财政补助结转"科目；将"事业支出""其他支出"本期发生额中的非财政专项资金支出结转入本科目，借记"非财政补助结转"科目，贷记"事业支出——非财政专项资金支出""其他支出"科目下各专项资金支出明细科目。

年末，应当对非财政补助专项结转资金各项目情况进行分析，将已完成项目的项目剩余资金分以下情况处理：缴回原专项资金拨入单位的，借记"非财政补助结转（××项目）"科目，贷记"银行存款"等科目；留归本单位使用的，借记"非财政补助结转（××项目）"科目，贷记"事业基金"科目。

【例题】某事业单位2016年发生以下有关经济业务，据以编制会计分录。

【例17-5】2016年6月，事业单位启动一项新产品研制项目。当年收到上级主管部门拨付的非财政专项资金400 000元，为该项目发生事业支出390 000元。项目完工，期末结转的会计分录为：

（1）结转上级补助收入中该科研专项资金收入时：

借：上级补助收入——专项资金收入——某新产品研制项目　　　　400 000

　　贷：非财政补助结转　　　　　　　　　　　　　　　　　　　　　　400 000

（2）结转事业支出中该新产品研制项目专项支出时：

借：非财政补助结转　　　　　　　　　　　　　　　　　　　　　　390 000

　　贷：事业支出——非财政专项资金支出——某新产品研制项目　　390 000

经以上账务处理以后，"非财政补助结转"账户贷方余额为10 000元。

【例17-6】2016年12月，述新产品研制项目结项，根据项目资金管理规定，该新产品研制项目剩余资金10 000元的50%缴回原拨款单位，50%留归单位使用。

借：非财政补助结转　　　　　　　　　　　　　　　　　　　　　　10 000

　　贷：银行存款　　　　　　　　　　　　　　　　　　　　　　　　5 000

　　　　事业基金　　　　　　　　　　　　　　　　　　　　　　　　5 000

第三节　基本业务收支结余及分配的核算

本节主要介绍事业结余、经营结余以及非财政补助结余分配的核算。

一、事业结余的核算

（一）事业结余的特点

事业结余是指事业单位一定期间除财政补助收支、非财政专项资金收支和经营收支以外的各项收支相抵后的余额。事业单位除了财政补助收支、非财政专项资金收支和经营收支以外的结余资金，应当转入事业结余中。事业结余一般在期末结转，它有两个特点：一是非财政补助性质的结余，二是非项目资金结余。年末，应当将本年度累计形成的事业结余转入非财政补助结余分配，并根据有关规定对实现的事业结余进行分配。

（二）事业结余的核算

为了核算一定期间除财政补助收支、非财政专项资金收支和经营收支以外各项收支相抵后的余额，事业单位应设置"事业结余"账户。本科目的贷方来源于事业收入、上级补助收入、附属单位上缴收入、其他收入本期发生额中的非专项资金收入数额，本科目的借方来源于事业支出、其他支出本月发生额中的非财政、非专项资金支出，以及对附属单位补助支出、上缴上级支出的本期发生额。本账户期末如为贷方余额，则反映事业单位自年初至报告期末累计实现的事业结余；如为借方余额，则反映事业单位自年初至报告期末累计发生的事业亏损。年末结账后，本账户应无余额。

事业结余的主要账务处理如下。

期末，将事业收入、上级补助收入、附属单位上缴收入、其他收入本期发生额中的非专项资金收入结转入本科目，借记"事业收入""上级补助收入""附属单位上缴收入""其他收入"科目下各非专项资金收入明细科目，贷记"事业结余"科目；将事业支出、其他支出本期发生额中的非财政、非专项资金支出，以及对附属单位补助支出、上缴上级支出的本期发生额结转入本科目，借记"事业结余"科目，贷记"事业支出——其他资金支出"或"事业支出——基本支出（其他资金支出）"科目、"其他支出"科目下各非专项资金支出明细科目、"对附属单位补助支出""上缴上级支出"科目。

年末，将本科目余额结转入"非财政补助结余分配"科目，借记或贷记"事业结余"科目，贷记或借记"非财政补助结余分配"科目。

【例题】某事业单位2016年发生以下有关经济业务，据以编制会计分录。

【例17-7】2016年12月，某事业单位各项收入本期发生额中的非专项资金收入如下："事业收入——非专项资金收入"336 000元，"上级补助收入——非专项资金收入"223 000元，"附属单位上缴收入——非专项资金收入"70 000元，"其他收入——非专项资金收入"31 000元。进行本月事业结余的账务处理。

借：事业收入——非专项资金收入　　　　　　　　　　　336 000
　　上级补助收入——非专项资金收入　　　　　　　　　223 000
　　附属单位上缴收入——非专项资金收入　　　　　　　 70 000
　　其他收入——非专项资金收入　　　　　　　　　　　 31 000
　　　贷：事业结余　　　　　　　　　　　　　　　　　　660 000

【例17-8】2016年12月，上述事业单位各项支出本月发生额中的非专项资金支出如下："事业支出——其他资金支出"322 000元，"对附属单位补助支出"63 000元，"上缴上级支出"212 000元，"其他支出——其他资金支出"11 000元。

借：事业结余　　　　　　　　　　　　　　　　　　　　608 000
　　贷：事业支出——其他资金支出　　　　　　　　　　　322 000
　　　　对附属单位补助支出　　　　　　　　　　　　　 63 000
　　　　上缴上级支出　　　　　　　　　　　　　　　　212 000
　　　　其他支出——其他资金支出　　　　　　　　　　　 11 000

进行以上账务处理以后，"事业结余"账户出现贷方余额52 000元，年末应转入"非财政补助结余分配"账户。

【例17-9】2016年年末，事业单位年末"事业结余"账户贷方余额为52 000元。将其转入"非财政补助结余分配"账户。

借：事业结余　　　　　　　　　　　　　　　　　　　　 52 000
　　贷：非财政补助结余分配　　　　　　　　　　　　　　 52 000

二、经营结余的核算

（一）经营结余的概念

经营结余是指事业单位一定期间各项经营收支相抵并弥补以前年度经营亏损后的余额。

（二）经营结余的核算

为了核算事业单位一定期间各项经营收支相抵后余额弥补以前年度经营亏损后的余额，事业单位应当设置"经营结余"账户。本科目期末如为贷方余额，则反映事业单位自年初至报告期末累计实现的经营结余弥补以前年度经营亏损后的经营结余；如为借方余额，则反映事业单位截至报告期末累计发生的经营亏损。年末结账后，本科目一般无余额。

经营结余的主要账务处理如下。

期末，将经营收入本期发生额结转入本科目，借记"经营收入"科目，贷记"经营结余"科目；将经营支出本期发生额结转入本科目，借记"经营结余"科目，贷记"经营支出"科目。

年末，如本科目为贷方余额，就将本科目余额结转入"非财政补助结余分配"科目，借记"经营结余"科目，贷记"非财政补助结余分配"科目；如本科目为借方余额，则为经营亏损，不予结转。

【例题】某事业单位2016年发生以下有关经济业务，据以编制会计分录。

【例17-10】2016年12月，某事业单位"经营收入"账户贷方发生额为63 000元，"经营支出"账户借方发生额为59 000元。进行本月经营结余的账务处理。

```
借：经营收入                                    63 000
    贷：经营结余                                      63 000
借：经营结余                                    59 000
    贷：经营支出                                      59 000
```

经过以上账务处理，"经营结余"账户为贷方余额4 000元，年末应将其转入"非财政补助结余分配"账户。

【例17-11】2016年年末，该事业单位"经营结余"账户贷方余额为4 000元，将其转入"非财政补助结余分配"账户。

```
借：经营结余                                    4 000
    贷：非财政补助结余分配                              4 000
```

三、非财政补助结余分配的核算

（一）非财政补助结余分配的内容

事业单位财政补助结转资金、财政补助结余资金、非财政补助结转资金不得进行分配，事业单位只能对年末取得的事业结余、经营结余进行分配。"事业结余"账户的借方余额，表示发生的事业经费的超支，也通过"非财政补助结余分配"账户核算。"经营结余"账户的借方余额，表明事业单位的经营活动发生了亏损，其仍然保留在"经营结余"账户，不结转到"非财政补助结余分配"账户，等到以后年度取得盈利时弥补亏损。因此，事业单位非财政补助结余分配来源于"事业结余"账户的借方余额或贷方余额、"经营结余"账户的贷方余额。

分配事业单位非财政补助结余的步骤如下。

（1）有企业所得税缴纳义务的事业单位应按适用税率计算和缴纳企业所得税。

（2）从税后非财政补助结余中按规定比例提取职工福利基金。

（3）将未分配完毕的事业和经营结余转入事业基金。

（二）非财政补助结余分配的核算

为了核算本年度非财政补助结余分配的情况和结果，事业单位应当设置"非财政补助结余分配"账户。该账户属于"事业结余""经营结余"账户的备抵账户。

非财政补助结余分配的主要账务处理如下。

年末，将"事业结余"科目余额结转入本科目，借记或贷记"事业结余"科目，贷记或借记"非财政补助结余分配"科目；将"经营结余"科目贷方余额结转入本科目，借记"经营结余"科目，贷记"非财政补助结余分配"科目。

有企业所得税缴纳义务的事业单位计算出应缴纳的企业所得税，借记"非财政补助结余分配"科目，贷记"应缴税费——应缴企业所得税"科目。

按照有关规定提取职工福利基金的，按提取的金额，借记"非财政补助结余分配"科目，贷记"专用基金——职工福利基金"科目。

年末，将本科目余额结转入事业基金，借记或贷记"非财政补助结余分配"科目，贷记或借记"事业基金"科目。

【例题】某事业单位2016年发生以下有关经济业务，据以编制会计分录。

【例17-12】2016年年终结账时，某事业单位当年"事业结余"账户的贷方余额为27 800元，"经营结余"账户的贷方余额为42 300元。该事业单位的适用所得税税率为15%，计提职工福利基金的比例为税后净结余的20%。

（1）结转事业结余时：

借：事业结余　　　　　　　　　　　　　　　　27 800
　　贷：非财政补助结余分配　　　　　　　　　　　　27 800

（2）结转经营结余时：

借：经营结余　　　　　　　　　　　　　　　　42 300
　　贷：非财政补助结余分配　　　　　　　　　　　　42 300

（3）计算确定应缴企业所得税：

应税所得=27 800+42 300=70 100（元）

应缴所得税=70 100×15%=10 515（元）

借：非财政补助结余分配　　　　　　　　　　　10 515
　　贷：应缴税费——应缴企业所得税　　　　　　　　10 515

（4）提取专用基金：

应提取专用基金=（70 100−10 515）×20%=11 917（元）

借：非财政补助结余分配　　　　　　　　　　　11 917
　　贷：专用基金——职工福利基金　　　　　　　　　11 917

（5）将"非财政补助结余分配"的余额结转至事业基金。

未分配结余=70 100−10 515−11 917=47 668（元）

借：非财政补助结余分配　　　　　　　　　　　47 668
　　贷：事业基金　　　　　　　　　　　　　　　　47 668

第四节　基金的核算

本节主要介绍事业基金、非流动资产基金和专用基金的核算。

一、事业基金的核算

（一）事业基金的构成

事业基金是指事业单位拥有的非限定用途的净资产。事业基金主要由两项内容构成：一是为非财政补助结余扣除结余分配后滚存的金额；二是已经完成项目的非财政补助结转专项资金若有剩余，按规定留归本单位使用的部分也形成事业基金。

事业基金是一项净资产，可以用于事业单位的日常事务活动和事业发展活动。如果本期专业业务活动收入、支出不平衡，发生了一定数额的事业亏损，也可以用事业基金弥补。

（二）事业基金的核算

为了核算事业基金，事业单位应当设置"事业基金"账户。该账户是净资产账户，贷方核算"非财政补助结余分配"的转入数，借方核算用事业基金弥补事业亏损数。事业基金账户期末贷方余额，反映事业单位历年滚存结余的非限定性净资产金额。

事业基金的主要账务处理如下。

年末，将"非财政补助结余分配"科目余额转入事业基金，借记或贷记"非财政补助结余分配"科目，贷记或借记"事业基金"科目。

年末，将留归本单位使用的非财政补助专项（项目已完成）剩余资金转入事业基金，借记"非财政补助结转——××项目"科目，贷记"事业基金"科目。

以货币资金取得长期股权投资、长期债券投资，按照实际支付的全部价款（包括购买价款以及税金、手续费等相关税费）作为投资成本，借记"长期投资"科目，贷记"银行存款"等科目；同时，按照投资成本金额，借记"事业基金"科目，贷记"非流动资产基金——长期投资"科目。

对外转让或到期收回长期债券投资本息，按照实际收到的金额，借记"银行存款"等科目，按照收回长期投资的成本，贷记"长期投资"科目，按照其差额，贷记或借记"其他收入——投资收益"科目；同时，按照收回长期投资对应的非流动资产基金，借记"非流动资产基金——长期投资"科目，贷记"事业基金"科目。

【例题】某事业单位2016年发生以下有关经济业务，据以编制会计分录。

【例17-13】年末，某事业单位按规定缴纳企业所得税，提取职工福利基金后，"非财政补助结余分配"账户贷方余额457 000元，按规定转入事业基金。

借：非财政补助结余分配 457 000

  贷：事业基金 457 000

【例17-14】年末，某事业单位对非财政专项资金项目执行情况进行了分析，某一新产品研制项目已经完成并结项，上级单位拨入的项目经费剩余11 200元，根据项目资金管理规定，剩余经费全部留归本单位使用。

借：非财政补助结转——新产品研制项目 11 200

  贷：事业基金 11 200

【例17-15】某事业单位以货币资金进行一项长期股权投资。根据投资协议，事业单位将银行存款390 000元转入被投资单位。

借：长期投资——长期股权投资 390 000

  贷：银行存款 390 000

借：事业基金 390 000

  贷：非流动资产基金——长期投资 390 000

二、非流动资产基金的核算

（一）非流动资产基金的概念

非流动资产基金是指事业单位非流动资产占用的金额。事业单位的非流动资产包括长期投资、固定资产、在建工程、无形资产等，非流动资产基金就是这些资产所对应的资产净额。

（二）非流动资产基金的核算

为了核算事业单位非流动资产对应的资产净额，应当设置"非流动资产基金"账户。该账户反映非流动资产增减变动引起的非流动资产基金增减变动情况。非流动资产基金应当在取得长期投资、固定资产、在建工程、无形资产等非流动资产或发生相关支出时予以确认。计提固定资产折旧、无形资产摊销时，应当冲减非流动资产基金。处置长期投资、固定资产、无形资产，以及以固定资产、无形资产对外投资时，应冲销该资产对应的非流动资产基金。

"非流动资产基金"账户应当设置"长期投资""固定资产""在建工程""无形资产"等明细账户进行明细分类核算，该账户期末贷方余额反映事业单位非流动资产占用的金额。

非流动资产基金的主要账务处理如下。

（1）非流动资产基金应当在取得长期投资、固定资产、在建工程、无形资产等非流动资产或发生相关支出时予以确认。取得相关资产或发生相关支出时，借记"长期投资""固定资产""在建工程""无形资产"等科目，贷记"非流动资产基金"科目等有关科目；同时或待以后发生相关支出时，借记"事业支出"等有关科目，贷记"财政补助收入""零余额账户用款额度""银行存款"等科目。

（2）计提固定资产折旧、无形资产摊销时，应当冲减非流动资产基金。计提固定资产折旧、无形资产摊销时，按照计提的折旧、摊销额，借记"非流动资产基金（固定资产、无形资产）"科目，贷记"累计折旧""累计摊销"科目。

（3）处置长期投资、固定资产、无形资产，以及以固定资产、无形资产对外投资时，应当冲销该资产对应的非流动资产基金。

① 以固定资产、无形资产对外投资，按照评估价值加上相关税费作为投资成本，借记"长期投资"科目，贷记"非流动资产基金（长期投资）"科目，按发生的相关税费，借记"其他支出"科目，贷记"银行存款"等科目；同时，按照投出固定资产、无形资产对应的非流动资产基金，借记"非流动资产基金（固定资产、无形资产）"科目，按照投出资产已提折旧、摊销，借记"累计折旧""累计摊销"科目，按照投出资产的账面余额，贷记"固定资产""无形资产"科目。

② 出售或以其他方式处置长期投资、固定资产、无形资产，转入待处置资产时，借记"待处置资产损溢""累计折旧（处置固定资产）"或"累计摊销（处置无形资产）"科目，贷记"长期投资""固定资产""无形资产"等科目。实际处置时，借记"非流动资产基金（有关资产明细科目）"科目，贷记"待处置资产损溢"科目。

【例题】某事业单位2016年发生以下有关经济业务，据以编制会计分录。

【例17-16】某事业单位收到国库支付执行机构委托代理银行转来的"财政直接支付入账通知书"及原始凭证，采用财政直接支付方式购入一台设备，设备价值共计229 000元，所附独立操作软件43 200元。

借：固定资产——检测设备　　　　　　　　　　　　　　　　　　229 000
　　　贷：非流动资产基金——固定资产　　　　　　　　　　　　　229 000
借：事业支出——财政补助支出——项目支出　　　　　　　　　　　229 000
　　　贷：财政补助收入——项目支出　　　　　　　　　　　　　　　229 000

【例17-17】某事业单位经过计算，本月应计提固定资产折旧45 500元，计提无形资产摊销21 700元。

借：非流动资产基金——固定资产　　　　　　　　　　　　　　　　45 500
　　　　　　　　　　——无形资产　　　　　　　　　　　　　　　21 700
　　　贷：累计折旧　　　　　　　　　　　　　　　　　　　　　　45 500
　　　　　累计摊销　　　　　　　　　　　　　　　　　　　　　　21 700

【例17-18】某事业单位报废一辆小汽车。小汽车的账面金额为160 000元，已计提折旧158 000元。将其转入待处置资产损溢进行处理。

借：待处置资产损溢——处置资产价值　　　　　　　　　　　　　　2 000
　　累计折旧　　　　　　　　　　　　　　　　　　　　　　　　158 000
　　　贷：固定资产——汽车　　　　　　　　　　　　　　　　　　　　　160 000
借：非流动资产基金——固定资产　　　　　　　　　　　　　　　　2 000
　　　贷：待处置资产损溢——处置资产价值　　　　　　　　　　　　　　　2 000

三、专用基金的核算

专用基金是指事业单位按规定提取或者设置的具有专门用途的净资产，主要包括修购基金、职工福利基金。

为了核算按规定提取或者设置的具有专门用途的净资产，事业单位应当设置"专用基金"账户。该账户是净资产账户，贷方登记提取的修购基金、职工福利基金等，借方登记实际使用的修购基金、职工福利基金等。一般情况下，期末余额会出现在贷方，反映事业单位专用基金的余额。

事业单位按规定提取修购基金时，按照提取金额，借记"事业支出""经营支出"科目，贷记"专用基金（修购基金）"科目。年末，按规定从本年度非财政补助结余中提取职工福利基金时，按照提取金额，借记"非财政补助结余分配"科目，贷记"专用基金（职工福利基金）"科目。

若有按规定提取的其他专用基金，按照提取金额，借记有关支出科目或"非财政补助结余分配"等科目，贷记"专用基金"科目。

若有按规定设置的其他专用基金，按照实际收到的基金金额，借记"银行存款"等科目，贷记"专用基金"科目。

按规定使用专用基金时，借记"专用基金"科目，贷记"银行存款"等科目；使用专用基金形成固定资产的，还应借记"固定资产"科目，贷记"非流动资产基金——固定资产"科目。

（一）修购基金的核算

事业单位的修购基金是限定用于固定资产维修和购置的资金。修购基金按照事业收入和经营收入的一定比例提取，提取的比例由财政部门、上级主管单位规定。实行固定资产折旧的事业单位不提取修购基金，事业收入和经营收入较少的事业单位也可以不提取修购基金。提取修购基金时，按照事业收入的一定比例提取的修购基金计入事业支出，按照经营收入的一定比例提取的修购基金计入经营支出。同时，在相应的购置费和修缮费科目中分别列支50%。事业单位也可以按规定从其他渠道转入修购基金。

【例题】某事业单位2016年发生以下有关经济业务，据以编制会计分录。

【例17-19】某事业单位没有建立固定资产折旧制度，按照事业收入和经营收入的5%提取修购基金。本期事业收入为660 000元，经营收入为180 000元。

借：事业支出　　　　　　　　　　　　　　　　　　　　　　　33 000
　　经营支出　　　　　　　　　　　　　　　　　　　　　　　　9 000
　　　贷：专用基金——修购基金　　　　　　　　　　　　　　　　　　　42 000

【例17-20】某事业单位用修购基金购入一台仪器，买价及增值税额117 000元。运输费、安装费共计19 000元。设备已交付使用，签发转账支票结清上述款项。

借：固定资产——仪器　　　　　　　　　　　　　　　　　　　136 000
　　　贷：非流动资产基金——固定资产　　　　　　　　　　　　　　　　136 000
借：专用基金——修购基金　　　　　　　　　　　　　　　　　136 000
　　　贷：银行存款　　　　　　　　　　　　　　　　　　　　　　　　136 000

（二）职工福利基金的核算

事业单位的职工福利基金是从本年度非财政补助结余中提取出来的，提取的比例由财政部门、上级主管单位规定。提取出来的职工福利基金限定于职工工作和生活条件改善方面的支出，如职工的集体福利设施建设支出、职工福利待遇支出等。

【例题】某事业单位2016年发生以下有关经济业务，据以编制会计分录。

【例17-21】年终，某事业单位年终非财政补助税后净结余为344 000元，按30%的比例提取职工福利基金103 200元。

> 借：非财政补助结余分配　　　　　　　　　　103 200
> 　　贷：专用基金——职工福利基金　　　　　　　　103 200

知识链接

【例17-22】某事业单位用职工福利基金支付职工福利待遇开支21 000元，款项以银行存款支付。

> 借：专用基金——职工福利基金　　　　　　　21 000
> 　　贷：银行存款　　　　　　　　　　　　　　21 000

中小学校会计制度

复习思考题

一、单项选择题

1. 下列按规定从结余中提取的专用基金是【　　　】。
   A. 修购基金　　　B. 职工福利基金　　　C. 医疗基金　　　D. 固定基金

2. 事业基金包括【　　　】。
   A. 固定基金　　　　　　　　　　　　B. 医疗基金
   C. 一般基金和医疗基金　　　　　　　D. 一般基金和投资基金

3. 下列属于非限定用途的基金是【　　　】。
   A. 事业基金　　　B. 固定基金　　　C. 修购基金　　　D. 住房基金

4. 事业单位当年末分配的结余，应全数转入【　　　】。
   A. "专用基金——投资基金"账户　　　B. "事业基金——一般基金"账户
   C. "专用基金——修购基金"账　　　　D. "专用基金——职工福利基金"账户

5. 事业单位接受捐赠设备，应增加【　　　】。
   A. 事业基金　　　B. 专用基金　　　C. 固定基金　　　D. 投资基金

6. 按结余余额一定比例提取的基金是【　　　】。
   A. 住房基金　　　B. 修购基金　　　C. 医疗基金　　　D. 职工福利基金

7. 事业单位计算出的应交所得税，应借记的会计科目是【　　　】。
   A. 事业结余　　　B. 经营结余　　　C. 所得税　　　D. 结余分配

8. 事业单位以材料对外投资，材料账面价值与合同、协议价之间的差额应记入【　　　】。
   A. "事业基金——一般基金"账户　　　B. "事业基金——投资基金"账户
   C. "专用基金"账户　　　　　　　　　D. "固定基金"账户

9. 与经营结余贷方相对应的借方科目是【　　　】。
   A. 经营收入　　　B. 事业收入　　　C. 预算外资金收入　　　D. 其他收入

二、多项选择题

1. 事业单位净资产包括【　　　】。
   A. 固定资产　　　B. 固定基金　　　C. 事业基金
   D. 专用基金　　　E. 事业结余和经营结余

2. 期末计算结余时，应将下列账户的余额转入"经营结余"的借方【　　】。

    A. 事业支出   B. 经营支出   C. 事业收入

    D. 经营收入   E. 销售税金

3. 期末计算结余时，应将下列账户的余额转入"事业结余"的贷方【　　】。

    A. 财政补助收入   B. 对附属单位补助   C. 附属单位上缴收入

    D. 拨出专款   E. 事业收入

4. 与借记"结余分配"相对应的贷方科目可能有【　　】。

    A. 专用基金   B. 事业基金   C. 固定基金

    D. 经营结余   E. 应缴税金

三、业务题

1. 2016年12月，某事业单位"财政补助收入——基本支出"账户贷方发生额为338 000元，"事业支出——财政补助支出——基本支出"账户借方发生额为329 000元。进行月末基本支出结转的账务处理。

2. 2016年12月，某事业单位"财政补助收入——项目支出"账户贷方发生额为881 000元，"事业支出——财政补助支出——项目支出"账户借方发生额为799 000元。进行月末项目支出结转的处理。

3. 2016年年末，某事业单位对财政补助项目执行情况进行分析，本年度财政补助的项目中，甲项目已经完成，项目当年剩余资金为27 000元；乙项目因故终止，当年剩余资金为42 000元。以上两项符合财政补助结余资金性质的数额为69 000元。

4. 2016年年末，某事业单位对财政补助结余资金进行处置。根据项目管理要求，已经完成的甲项目当年剩余资金27 000元予以注销，冲抵财政应返还的授权额度。因故终止的乙项目当年剩余资金42 000元需要上缴财政部门，已经通过零余额账户予以上缴。

5. 2016年6月，某事业单位启动一项新产品研制项目。当年收到上级主管部门拨付的非财政专项资金620 000元，为该项目发生事业支出592 000元。项目完工，进行期末结转。

6. 2016年12月，上述新产品研制项目结项，根据项目资金管理规定，该新产品研制项目剩余资金28 000元的50%缴回原拨款单位，50%留归单位使用。

7. 2016年12月，某事业单位各项收入本期发生额中的非专项资金收入如下："事业收入——非专项资金收入"533 000元，"上级补助收入——非专项资金收入"366 000元，"附属单位上缴收入——非专项资金收入"55 000元，"其他收入——非专项资金收入"21 000元。进行本月事业结余的账务处理。

8. 2016年12月，上述事业单位各项支出本月发生额中的非专项资金支出如下："事业支出——其他资金支出"522 000元，"对附属单位补助支出"53 000元，"上缴上级支出"312 000元，"其他支出——其他资金支出"11 000元。

9. 2016年年末，事业单位年末"事业结余"账户贷方余额为144 000元。将其转入"非财政补助结余分配"账户。

10. 2016年12月，某事业单位"经营收入"账户贷方发生额为86 000元，"经营支出"账户借方发生额为77 000元。进行本月经营结余的账务处理。

11. 2016年年末，该事业单位"经营结余"账户贷方余额为9 000元，将其转入"非财政补助结余分配"账户。

12. 2016年年终结账时，某事业单位当年"事业结余"账户的贷方余额为46 800元，"经营结余"账户的贷方余额为25 900元。该事业单位的适用所得税税率为15%，计提职工福利基金的比例为税后净结余的20%。

13. 年末，某事业单位按规定缴纳企业所得税、提取职工福利基金后，"非财政补助结余分配"

账户贷方余额123 000元，按规定转入事业基金。

14. 年末，某事业单位对非财政专项资金项目执行情况进行了分析，某一新产品研制项目已经完成并结项，上级单位拨入的项目经费剩余7 900元，根据项目资金管理规定，剩余经费全部留归本单位使用。

15. 某事业单位以货币资金进行一项长期股权投资。根据投资协议，事业单位将银行存款560 000元转入被投资单位。

16. 年终，某事业单位年终非财政补助税后净结余为588 000元，按30%的比例提取职工福利基金103 200元。

关键术语

事业结余	institution balance
经营结余	operation balance
事业基金	institution fund

【学习目标】

1. 掌握事业单位财政补助收入的核算；
2. 掌握事业单位上级补助收入的核算；
3. 掌握事业单位事业收入的核算；
4. 掌握事业单位经营收入的核算；
5. 掌握事业单位附属单位上缴收入的核算；
6. 掌握事业单位其他收入的核算。

第一节 | 财政或上级补助收入的核算

收入是指事业单位为开展业务活动及其他活动依法取得的非偿还性资金，包括财政补助收入、上级补助收入、事业收入、经营收入、附属单位上缴收入和其他收入等。

财政或上级补助收入是指事业单位从财政部门或主管单位取得的能够增加资产或者减少负债的资金。财政或上级补助收入包括财政补助收入、上级补助收入两项。

一、财政补助收入的核算

（一）财政补助收入的概念

财政补助收入是指事业单位按核定的预算和经费领拨关系从同级财政部门取得的各类财政拨款。

（二）财政补助收入的核算

为了核算事业单位收到的由同级财政部门拨入的各类事业经费，应设置"财政补助收入"总账账户。本账户核算事业单位从同级财政部门取得的各类财政拨款，包括基本支出补助和项目支出补助。该账户的贷方登记收到的拨款数，借方登记缴回拨款数和期末转销数，平时贷方余额反映累计拨款数。期末，转入"财政补助结转"账户后，该账户无余额。"财政补助收入"总账账户应设置"基本支出""项目支出"两个明细账户，两个明细科目下按照《政府收支分类科目》中"支出功能分类"的相关科目进行明细核算；同时在"基本支出"明细科目下按照"人员经费"和"日常公用经费"进行明细核算，在"项目支出"明细科目下按照具体项目进行明细核算。

财政补助收入的主要账务处理如下。

在财政直接支付方式下，对财政直接支付的支出，事业单位根据财政国库支付执行机构委托代理银行转来的《财政直接支付入账通知书》及原始凭证，按照通知书中的直接支付入账金额，借记有关科目，贷记"财政补助收入"科目。年度终了，根据本年度财政直接支付预算指标数与当年财政直接支付实际支出数的差额，借记"财政应返还额度——财政直接支付"科目，贷记"财政补助收入"科目。

在财政授权支付方式下，事业单位根据代理银行转来的《授权支付到账通知书》，按照通知书中的授权支付额度，借记"零余额账户用款额度"科目，贷记"财政补助收入"科目。年度终了，事业单位本年度财政授权支付预算指标数大于零余额账户用款额度下达数的,根据未下达的用款额度,借记"财政应返还额度——财政授权支付"科目,贷记"财政补助收入"科目。

在其他方式下,实际收到财政补助收入时,按照实际收到的金额,借记"银行存款"等科目,贷记"财政补助收入"科目。

期末,将本科目本期发生额转入财政补助结转,借记"财政补助收入"科目,贷记"财政补助结转"科目。

【例题】某事业单位2016年发生以下有关经济业务,据以编制会计分录。

【例18-1】财政国库支付中心转来的《财政直接支付入账通知书》及有关原始凭证表明:支付某事业单位图书购置费的相关支出8 000元。

借: 事业支出　　　　　　　　　　　　　　　　　　8 000
　　贷: 财政补助收入　　　　　　　　　　　　　　　　　8 000
借: 固定资产　　　　　　　　　　　　　　　　　　8 000
　　贷: 非流动资产基金　　　　　　　　　　　　　　　　8 000

【例18-2】财政国库支付中心的财政零余额账户代理银行转来《财政直接支付通知书》,支付事业单位维修用材料费23 000元,材料已入库。

借: 存货——材料　　　　　　　　　　　　　　　　23 000
　　贷: 财政补助收入　　　　　　　　　　　　　　　　　23 000

【例18-3】某事业单位根据财政国库支付中心的预算单位零余额账户代理银行盖章转来的《授权支付到账通知书》,与分月基本支出预算用款计划核对后,登记授权用款额度40 000元。

借: 零余额账户用款额度　　　　　　　　　　　　　40 000
　　贷: 财政补助收入　　　　　　　　　　　　　　　　　40 000

二、上级补助收入的核算

（一）上级补助收入的概念

上级补助收入是指事业单位从主管部门和上级单位取得的非财政补助收入。事业单位通过上级单位从财政部门取得的预算经费,是财政补助收入,不是上级补助收入。事业单位取得的补助款可以用于本单位的业务活动支出,也可以转拨给附属单位,以弥补其业务活动支出。

（二）上级补助收入的核算

为了核算事业单位从主管部门和上级单位取得的非财政补助收入,事业单位需要设置"上级补助收入"总账账户。该账户的贷方登记收到的补助款,借方登记缴回及转销数。平时贷方余额表示拨入补助款的累计数。

上级补助收入的主要账务处理如下。

收到上级补助收入时,按照实际收到的金额,借记"银行存款"等科目,贷记"上级补助收入"科目。

期末,将本科目本期发生额中的专项资金收入结转入非财政补助结转,借记本科目下各专项资金收入明细科目,贷记"非财政补助结转"科目;将本科目本期发生额中的非专项资金收入结转入事业结余,借记本科目下各非专项资金收入明细科目,贷记"事业结余"科目。

【例题】某事业单位实行资金划拨制度,2016年发生以下经济业务,据以编制会计分录。

【例18-4】接到开户银行通知,收到上级单位拨来的非专项资金补助款项53 000元。

借: 银行存款　　　　　　　　　　　　　　　　　　53 000
　　贷: 上级补助收入——非专项资金收入　　　　　　　　53 000

【例18-5】期末，将"上级补助收入"非专项资金补助款项账户贷方余额479 000元全部转入"事业结余"账户。

　　借：上级补助收入——非专项资金收入　　　　　　　　479 000
　　　　贷：事业结余　　　　　　　　　　　　　　　　　　　　　479 000

【例18-6】收到上级主管单位拨入专项资金183 000元，用于主办国际会议。

　　借：银行存款　　　　　　　　　　　　　　　　　　　183 000
　　　　贷：上级补助收入——专项资金收入　　　　　　　　　　183 000

【例18-7】期末，将上级单位拨入专项资金733 000元进行转账。

　　借：上级补助收入——专项资金收入　　　　　　　　　733 000
　　　　贷：非财政补助结转　　　　　　　　　　　　　　　　　733 000

第二节　基本业务收入的核算

基本业务收入包括事业收入和经营收入。

一、事业收入的核算

（一）事业收入的种类

事业收入是指事业单位开展专业业务活动及其辅助活动取得的收入。专业业务活动是指事业单位根据本单位专业特点所从事或开展的主要业务活动，也叫作"主营业务"，如文化事业单位的演出活动、教育事业单位的教学活动、科学事业单位的科研活动、卫生事业单位的医疗保健活动，等等。辅助活动是指与专业业务活动相关，直接为专业业务活动服务的行政管理活动、后勤管理活动以及其他有关活动。通过开展专业业务活动和辅助活动所取得的收入，都是事业单位的事业收入。

事业收入的种类因不同行业的事业单位从事不同的专业业务活动及其辅助活动而有所不同，如国家剧团的演出收入，医院的门诊收入，科研单位的科研课题收入，中小学学杂费、借读费、住宿费以及按照有关规定向学生收取的其他收入等。

（二）事业收入的核算方法

为了核算事业收入的取得和结转情况，应设置"事业收入"总账账户。该账户的贷方登记取得的事业收入，借方登记事业收入的退回及期末转账数，平时贷方余额反映事业收入的累计实现数。本科目应当按照事业收入类别、项目、《政府收支分类科目》中"支出功能分类"相关科目等进行明细核算。事业收入中如有专项资金收入，还应按具体项目进行明细核算。

事业收入的主要账务处理如下。

1. 采用财政专户返还方式管理的事业收入

财政专户返还收入是指事业单位按规定从预算外资金财政专户取得的预算外资金返还收入。财政专户也可称为财政专户储存，是政府规定的对事业单位预算外资金在所有权不变的前提下，所采取的由财政机关专户储存、计划管理、财政审批、银行监督的一种管理方式。

预算外资金实行收支两条线管理。所谓"收支两条线"管理，是指事业单位取得的预算外资金按财政部门规定全额上缴国库或预算外资金财政专户，支出按财政部门批准的计划统筹安排，从国库或预算外资金财政专户中核拨给执收单位使用。

事业单位收到应上缴财政专户的事业收入时，按照收到的款项金额，借记"银行存款""库存现金"等科目，贷记"应缴财政专户款"科目。向财政专户上缴款项时，按照实际上缴的款项金额，借记"应缴财政专户款"科目，贷记"银行存款"等科目。收到从财政专户返还的事业收入时，按照实际收到的返还金额，借记"银行存款"等科目，贷记"事业收入"科目。

2. 其他事业收入

收到事业收入时，按照收到的款项金额，借记"银行存款""库存现金"等科目，贷记"事业收入"科目。

期末，将本科目本期发生额中的专项资金收入结转入非财政补助结转，借记"事业收入"科目下各专项资金收入明细科目，贷记"非财政补助结转"科目；将本科目本期发生额中的非专项资金收入结转入事业结余，借记"事业收入"科目下各非专项资金收入明细科目，贷记"事业结余"科目。

【例题】某事业单位2016年发生以下经济业务，据以编制会计分录。

【例18-8】某事业单位实行资金划拨方式，有关的预算外收入实行全额上缴财政专户的办法。收到纳入预算外财政资金专户的事业性收费2 500元，存入银行。

借：银行存款	2 500	
贷：应缴财政专户款		2 500

【例18-9】将【例18-8】中的应缴财政专户款通过银行上缴2 500元。

借：应缴财政专户款	2 500	
贷：银行存款		2 500

【例18-10】事业单位收到财政部门从预算外资金专户拨回的预算外资金收入30000元。

借：银行存款	30 000	
贷：事业收入		30 000

【例18-11】某科研事业单位取得技术咨询费收入12 200元，款项已收存银行。

借：银行存款	12 200	
贷：事业收入——咨询费收入		12 200

【例18-12】某歌舞剧团演出某歌剧，与某剧场实行收入分成，分得收入180 000元，款项存入银行。

借：银行存款	180 000	
贷：事业收入——演出收入		180 000

【例18-13】某规划设计院承接政府的园林工程设计项目，项目总价款360 000元。该项目现已设计完工，原已预收160 000元，现已收取余款并存入银行。

借：银行存款	200 000	
预收账款	160 000	
贷：事业收入——工程设计收入		360 000

二、经营收入的核算

（一）经营收入的确认

经营收入是指事业单位在专业业务活动及其辅助活动之外开展非独立核算经营活动取得的收

入。经营收入的确认必须同时满足两个条件：第一，经营收入是经营活动取得的收入，而不是专业业务活动及辅助活动取得的收入。如果是营利性活动，则属于经营活动，其收入应当是经营收入。第二，经营收入是非独立核算的经营活动取得的收入，而不是独立核算的经营活动取得的收入。对于独立核算的附属单位上缴的款项，作为"附属单位上缴收入"处理，不作为经营收入核算。

事业单位对经营收入应当采用权责发生制基础的确认方式。

（二）经营收入的核算

为了核算事业单位的经营收入，应设置"经营收入"总账账户。该账户贷方登记取得的经营收入，借方登记销货退回以及期末转账的经营收入，平时贷方余额反映实现的经营收入。期末，将本账户的余额转入"经营结余"账户，结转后无余额。

经营收入的主要账务处理如下。

经营收入应当在提供服务或发出存货，收讫价款或者取得索取价款的凭据时，按照实际收到或应收的金额确认收入。实现经营收入时，按照确定的收入金额，借记"银行存款""应收账款""应收票据"等科目，贷记"经营收入"科目。

属于增值税小规模纳税人的事业单位实现经营收入，按实际出售价款，借记"银行存款""应收账款""应收票据"等科目，按出售价款扣除增值税额后的金额，贷记"经营收入"科目，按应缴增值税金额，贷记"应交税费——应交增值税"科目。

属于增值税一般纳税人的事业单位实现经营收入，按包含增值税的价款总额，借记"银行存款""应收账款""应收票据"等科目，按扣除增值税销项税额后的价款金额，贷记"经营收入"科目，按增值税专用发票上注明的增值税金额，贷记"应交税费——应交增值税（销项税额）"科目。

期末，将本科目本期发生额转入经营结余，借记"经营收入"科目，贷记"经营结余"科目。

【例题】 某科研事业单位下设的未独立核算经营单位2016年发生以下有关经济业务，据以编制会计分录。

【例18-14】 汽车队为外单位及个人提供运输服务项目，收到款项9 600元存入银行。

借：银行存款　　　　　　　　　　　　　　　　　　　9 600

　　贷：经营收入——汽车队运输收入　　　　　　　　　　　9 600

【例18-15】 科研事业单位为非独立核算的招待所取得住宿费收入33 000元，款项收存银行。

借：银行存款　　　　　　　　　　　　　　　　　　　33 000

　　贷：经营收入——招待所住宿费收入　　　　　　　　　33 000

【例18-16】 按规定的税率计算和结转应缴城市维护建设税350元，应交教育费附加150元。

借：经营支出　　　　　　　　　　　　　　　　　　　500

　　贷：应缴税费——城市建设维护税　　　　　　　　　　350

　　　　应缴税费——教育费附加　　　　　　　　　　　　150

【例18-17】 以银行存款缴纳城建税350元和教育费附加150元。

借：应缴税费——城市建设维护税　　　　　　　　　　350

　　应缴税费——教育费附加　　　　　　　　　　　　　150

　　贷：银行存款　　　　　　　　　　　　　　　　　　500

【例18-18】 期末，将"经营收入"账户余额558 000元进行转账。

借：经营收入　　　　　　　　　　　　　　　　　　　558 000

　　贷：经营结余　　　　　　　　　　　　　　　　　　558 000

第三节 | 附属单位上缴收入和其他收入的核算

事业单位除了财政拨款收入、事业收入和经营收入以外，还可以取得附属单位上缴收入和其他收入。

一、附属单位上缴收入的核算

（一）附属单位上缴收入的概念

附属单位上缴收入是指事业单位附属独立核算单位按照有关规定上缴的收入，包括附属事业单位上缴的收入和附属企业上缴的利润等。附属单位上缴收入的确认必须同时满足两个条件：第一，附属单位上缴收入是非专业业务活动及辅助活动取得的收入；第二，附属单位上缴收入是独立核算的经营活动取得的收入。附属单位补偿事业单位为其垫支的各种费用，应当冲减相应的事业支出，不能作为上缴收入处理。

（二）附属单位上缴收入的核算

为了核算事业单位收到附属单位按规定缴来的款项，应设置"附属单位上缴收入"账户。"附属单位上缴收入"账户的贷方登记实际收到的款项，借方登记退回的误缴或多缴款项，平时贷方余额反映累计收到的附属单位缴款。"附属单位上缴收入"按照附属单位名称、缴款项目、《政府收支分类科目》中"支出功能分类"相关科目等进行明细核算。附属单位上缴收入中如有专项资金收入，还应按具体项目进行明细核算。

收到附属单位缴来款项时，按照实际收到金额，借记"银行存款"等科目，贷记"附属单位上缴收入"科目。

期末，将本科目本期发生额中的专项资金收入结转入"非财政补助结转"，借记"附属单位上缴收入"科目下各专项资金收入明细科目，贷记"非财政补助结转"科目；将本科目本期发生额中的非专项资金收入结转入事业结余，借记"附属单位上缴收入"科目下各非专项资金收入明细科目，贷记"事业结余"科目。

【例题】某事业单位实行资金划拨制度，2016年发生以下收入业务，据以编制会计分录。

【例18-19】收到独立核算的附属单位按规定的净利润上缴比例缴来款项772 000元。

借：银行存款	772 000
贷：附属单位上缴收入——非专项资金收入	772 000

【例18-20】年终，将"附属单位上缴收入——非专项资金收入"账户余额331 000元转入"事业结余"账户，将"附属单位上缴收入——专项资金收入"账户余额289 000元转入"非财政补助结转"账户。

借：附属单位上缴收入——非专项资金收入	331 000
贷：事业结余	331 000
借：附属单位上缴收入——专项资金收入	289 000
贷：非财政补助结转	289 000

二、其他收入的核算

（一）其他收入的概念

其他收入是指除财政补助收入、上级补助收入、事业收入、经营收入、附属单位上缴收入以外的各项收入，包括投资收益、银行存款利息收入、租金收入、捐赠收入、现金盘盈收入、存货盘盈收入、收回已核销应收及预付款项、无法偿付的应付及预收款项等。

（二）其他收入的核算

为了核算事业单位的其他非业务性收入，应设置"其他收入"账户。该账户贷方登记实际取得的收入数额，借方登记收入退回以及期末转销数额。"其他收入"账户平时贷方余额反映事业单位收到的其他收入的累计数。

其他收入的主要账务处理如下。

对外投资持有期间收到利息、利润等时，按实际收到的金额，借记"银行存款"等科目，贷记"其他收入"（投资收益）科目。出售或到期收回国债投资本息，按照实际收到的金额，借记"银行存款"等科目，按照出售或收回国债投资的成本，贷记"短期投资""长期投资"科目，按其差额，贷记或借记"其他收入"（投资收益）科目。

收到银行存款利息、资产承租人支付的租金，按照实际收到的金额，借记"银行存款"等科目，贷记"其他收入"科目。

接受捐赠现金资产，按照实际收到的金额，借记"银行存款"等科目，贷记"其他收入"科目。接受捐赠的存货验收入库，按照确定的成本，借记"存货"科目，按照发生的相关税费、运输费等，贷记"银行存款"等科目，按照其差额，贷记"其他收入"科目。

每日现金账款核对中如发现现金溢余，属于无法查明原因的部分，借记"库存现金"科目，贷记"其他收入"科目。

盘盈的存货，按照确定的入账价值，借记"存货"科目，贷记"其他收入"科目。

已核销应收账款、预付账款、其他应收款在以后期间收回的，按照实际收回的金额，借记"银行存款"等科目，贷记"其他收入"科目。

无法偿付或债权人豁免偿还的应付账款、预收账款、其他应付款及长期应付款，借记"应付账款""预收账款""其他应付款""长期应付款"等科目，贷记"其他收入"科目。

期末，将本科目本期发生额中的专项资金收入结转入非财政补助结转，借记"其他收入"科目下各专项资金收入明细科目，贷记"非财政补助结转"科目；将本科目本期发生额中的非专项资金收入结转入"事业结余"，借记"其他收入"科目下各非专项资金收入明细科目，贷记"事业结余"科目。

【例题】某事业单位实行资金划拨制度，2016年发生以下非专项资金收入业务，据以编制会计分录。

【例18-21】收到银行存款的利息收入4 800元。

借：银行存款 4 800

　　贷：其他收入——非专项资金收入——利息收入 4 800

【例18-22】将闲置未用的小汽车出租，按月收取租金，本月收到租金2 000元，存入银行。

借：银行存款 2 000

　　贷：其他收入——非专项资金收入——租金收入 2 000

【例18-23】年终，将"其他收入——非专项资金收入"账户贷方余额38 200元转入"事业结余"账户。

借：其他收入——非专项资金收入 38 200

　　贷：事业结余 38 200

知识链接

公共事业单位

复习思考题

一、单项选择题

1. 上级补助收入是事业单位从主管部门和上级单位取得的【 　　 】。

    A. 基本建设拨款 　　　　　　　　　　　B. 各类事业经费

    C. 非财政补助收入 　　　　　　　　　　D. 附属单位缴款

2. 事业单位为取得经营收入而发生的折扣和折让，应当相应冲减【 　　 】。

    A. 事业收入 　　　B. 经营收入 　　　　C. 其他收入 　　　　　　D. 附属单位缴款

3. 下列属于经营收入的是【 　　 】。

    A. 出租固定资产收入 　　　　　　　　　B. 学校非独立核算的食堂收入

    C. 独立核算的车队收入 　　　　　　　　D. 学校的费用收入

4. 财政补助收入包括【 　　 】。

    A. 基本建设投资 　　　　　　　　　　　　　　　　B. 上级补助款

    C. 正常经费和专项资金 　　　　　　　　　　　　　D. 其他收入

二、多项选择题

1. 年终转账后下列账户应无余额【 　　 】。

    A. 财政补助收入 　B. 上级补助收入 　　　C. 其他收入 　　　　　　　D. 事业收入

2. 年终转入"事业结余"账户的是【 　　 】。

    A. 事业收入 　　　B. 经营收入 　　　　C. 拨入专款

    D. 财政补助收入 　　　　　　　　　　　E. 其他收入

3. 上级补助收入是事业单位的主管部门或上级单位【 　　 】。

    A. 用集中下级单位的收入拨给事业单位的资金

    B. 用自身组织的收入拨给受业单位的资金

    C. 应转拨给事业单位的事业经费

    D. 应转拨给事业单位的专项拨款

    E. 应转拨给事业单位的从财政专户的核拨的预算外资金

4. 下列收入应计入事业收入的是【 　　 】。

    A. 学校学杂费收入 　　　　　　　　　　B. 学校培训费收入

    C. 科研单位科技服务收入 　　　　　　　D. 科研单位所属独立核算饭店上缴收入

    E. 科研单位非独立核算的车队创收收入

三、业务题

1. 财政国库支付中心转来的《财政直接支付入账通知书》及有关原始凭证表明：支付某事业单位图书购置费的相关支出133 000元。

2. 财政国库支付中心的财政零余额账户代理银行转来《财政直接支付入账通知书》，支付事业单位维修用材料费41 000元，材料已入库。

3. 某事业单位根据财政国库支付中心的预算单位零余额账户代理银行盖章转来的《授权支付到账通知书》，与分月基本支出预算用款计划核对后，登记授权用款额度24 000元。

4. 接到开户银行通知，收到上级单位拨来的非专项资金补助款项48 000元。

5. 期末，将"上级补助收入"非专项资金补助款项账户贷方余额215 000元转入"事业结余"账户。

6. 事业单位实行资金划拨方式，有关的预算外收入实行全额上缴财政专户的办法。收到纳入预算外财政资金专户的事业性收费35 000元，存入银行。

7. 将上题的应缴财政专户款35 000元通过银行上缴。

8. 事业单位收到财政部门从预算外资金专户拨回的预算外资金收入28 000元。

9. 某科研事业单位取得技术咨询费收入30 000元，款项已收存银行。

10. 某学校汽车队为外单位及个人提供运输服务项目，收到款项12 200元存入银行。

11. 科研事业单位为非独立核算的招待所取得住宿费收入145 000元，款项收存银行。

12. 收到独立核算的附属单位按规定的净利润上缴比例缴来款项233 000元。

13. 年终，将"附属单位上缴收入——非专项资金收入"账户余额40 000元转入"事业结余"账户，将"附属单位上缴收入——专项资金收入"账户余额70 000元转入"非财政补助结转"账户。

14. 收到银行存款的利息收入21 500元。

15. 将闲置未用的设备出租，按月收取租金，本月收到租金4 500元，存入银行。

16. 年终，将"其他收入——非专项资金收入"账户贷方余额355 200元转入"事业结余"账户。

关键术语

事业收入	institution revenue
经营收入	operation revenue
财政补助收入	finance subsidy revenue

第十九章 事业单位支出的核算

【学习目标】
1. 掌握事业单位上缴上级支出的核算;
2. 掌握事业单位对附属单位补助支出的核算;
3. 掌握事业单位事业支出的核算;
4. 掌握事业单位经营支出的核算;
5. 掌握事业单位其他支出的核算。

第一节 缴拨款支出的核算

支出是指事业单位为开展业务活动及其他活动所发生的资金耗费和损失。《事业单位会计制度》将事业单位的支出按照发生支出的活动性质、支出的去向和支出报告的特殊要求分为上缴上级支出、对附属单位补助支出、事业支出、经营支出、其他支出等。其中,缴拨款支出包括上缴上级支出和对附属单位补助支出。

一、上缴上级支出的核算

(一)上缴上级支出的概念

上缴上级支出是指事业单位按照财政部门和主管部门的规定上缴上级单位的支出。实行收入部分上缴的事业单位,一般根据事先规定的比例或标准,将本年度取得收入的一部分上缴给主管单位。这类事业单位有剧团、科研单位、勘察勘测设计单位等。

(二)上缴上级支出的核算

为了核算上缴上级支出,事业单位应设置"上缴上级支出"账户。"上缴上级支出"账户的借方登记上缴数额,贷方登记年末转入"事业结余"账户数,平时借方余额反映累计上缴数,期末结转后无余额。该账户应当按照收缴款项的单位名称、缴款项目、《政府收支分类科目》中"支出功能分类"中的相关科目等进行明细核算。

上缴上级支出的主要账务处理如下。

按规定将款项上缴上级单位的,按照实际上缴的金额,借记"上缴上级支出"科目,贷记"银行存款"等科目。

期末,将本科目本期发生额转入事业结余,借记"事业结余"科目,贷记"上缴上级支出"科目。

【例题】某科研事业单位实行资金划拨制度,2016年发生以下有关经济业务,据以编制会计分录。

【例19-1】开出转账支票将本月实现的净收入70 000元按10%的比例上缴给上级主管单位7 000元。

借:上缴上级支出　　　　　　　　　　　　　　　　　　　　7 000
　　贷:银行存款　　　　　　　　　　　　　　　　　　　　　　7 000

【例19-2】年末,将"上缴上级支出"账户的借方余额38 000元转入"事业结余"账户。

借:事业结余　　　　　　　　　　　　　　　　　　　　　　38 000
　　贷:上缴上级支出　　　　　　　　　　　　　　　　　　　　38 000

二、对附属单位补助支出的核算

（一）对附属单位补助支出的概念

对附属单位补助支出是指事业单位用财政补助收入之外的收入对附属单位补助发生的支出。也就是使用事业收入、经营收入、其他收入以及往年形成的事业基金等非财政性资金对附属单位进行补助。

（二）对附属单位补助支出的核算

为了核算对附属单位补助支出的情况，事业单位应设置"对附属单位补助支出"账户。该账户借方登记对附属单位补助支出数，贷方登记年末转入"事业结余"账户数，平时借方余额反映累计对附属单位补助支出数，期末结转后无余额。该账户应当按照接收补助单位、补助项目、《政府收支分类科目》中"支出功能分类"中的相关科目等进行明细核算。

对附属单位补助支出的主要账务处理如下。

发生对附属单位补助支出的，按照实际支出的金额，借记"对附属单位补助支出"科目，贷记"银行存款"等科目。期末，将本科目本期发生额转入事业结余，借记"事业结余"科目，贷记"对附属单位补助支出"科目。

【例题】某事业单位实行资金划拨制度，2016年发生以下有关经济业务，据以编制会计分录。

【例19-3】事业单位开出转账支票，对下属独立核算的印刷厂补助12 000元。

借：对附属单位补助支出　　　　　　　　　　　　　　　12 000
　　贷：银行存款　　　　　　　　　　　　　　　　　　　　　12 000

【例19-4】年末，将"对附属单位补助支出"账户的借方余额133 000元转入"事业结余"账户。

借：事业结余　　　　　　　　　　　　　　　　　　　133 000
　　贷：对附属单位补助支出　　　　　　　　　　　　　　　133 000

第二节 | 基本业务支出的核算

基本业务支出是指事业单位开展业务活动而发生的各项支出，主要包括事业支出、经营支出两个方面的内容。

一、事业支出的核算

（一）事业支出的概念

事业支出是事业单位开展专业业务活动及其辅助活动发生的基本支出和项目支出。基本支出是指事业单位为了保障其正常运转，完成日常工作任务而发生的人员支出和公用支出。项目支出是指事业单位为了完成特定工作任务和事业发展目标，在基本支出之外所发生的支出。

（二）事业支出的核算

为了正确核算事业单位的支出业务，应设置"事业支出"总账账户，该账户的借方登记支出的发生数，贷方登记支出收回数以及期末转销数，平时借方余额反映事业支出的累计发生数。本科目应当按照"基本支出"和"项目支出""财政补助支出""非财政专项资金支出"和"其他资金支出"等层级进行明细核算，并按照《政府收支分类科目》中"支出功能分类"相关科目进行明细核算；"基本支出"和"项目支出"明细科目下应当按照《政府收支分类科目》中"支出经济分类"的款级科目进行明细核算；同时在"项目支出"明细科目下按照具体项目进行明细核算。

事业支出的主要账务处理如下。

为从事专业业务活动及其辅助活动人员计提的薪酬等，借记"事业支出"科目，贷记"应付职工薪酬"等科目。

开展专业业务活动及其辅助活动领用的存货，按领用存货的实际成本，借记"事业支出"科目，贷记"存货"科目。

开展专业业务活动及其辅助活动中发生的其他各项支出，借记"事业支出"科目，贷记"库存现金""银行存款""零余额账户用款额度""财政补助收入"等科目。

期末，将本科目（财政补助支出）本期发生额结转入"财政补助结转"科目，借记"财政补助结转——基本支出结转、项目支出结转"科目，贷记"事业支出"科目（财政补助支出——基本支出、项目支出）；将本科目（非财政专项资金支出）本期发生额结转入"非财政补助结转"科目，借记"非财政补助结转"科目，贷记"事业支出"科目（非财政专项资金支出）；将本科目（其他资金支出）本期发生额结转入"事业结余"科目，借记"事业结余"科目，贷记"事业支出"科目（其他资金支出）。

【例题】某勘探设计院实行资金划拨制度，2016年发生以下有关经济业务，据以编制会计分录。

【例19-5】用银行存款支付水电费1 230元。所用款项属于财政部门拨入的当年基本经费。

借：事业支出——财政补助支出——基本支出	1 230
贷：银行存款	1 230

【例19-6】职工李某出差回来，原预借差旅费3 000元，应报销差旅费2 360元，余款640元交回现金。所用款项属于财政部门拨入的当年基本经费。

借：事业支出——财政补助支出——基本支出	2 360
库存现金	640
贷：其他应收款——李某	3 000

【例19-7】签发转账支票，使用财政部门拨入的专门用于某项大型会议的资金5 000元支付会议专家的差旅费。

借：事业支出——财政补助支出——项目支出	5 000
贷：银行存款	5 000

【例19-8】签发转账支票，使用非财政部门拨入的经费购买一台电脑5 400元。

借：事业支出——非财政补助支出——基本支出	5 500
贷：银行存款	5 400
借：固定资产	5 400
贷：非流动资产基金	5 400

【例19-9】年终，将当年"事业支出——财政补助支出"中的基本支出770 000元、项目支出250 000元进行转账。

借：财政补助结转——基本支出结转	770 000
——项目支出结转	250 000
贷：事业支出——财政补助支出——基本支出	770 000
——财政补助支出——项目支出	250 000

【例19-10】年终，将当年"事业支出——非财政补助支出"中的基本支出633 000元、项目支出272 000元进行转账。

借：非财政补助结转——项目支出结转	272 000
贷：事业支出——非财政补助支出——项目支出	272 000
借：事业结余——基本支出结转	633 000
贷：事业支出——非财政补助支出——基本支出	633 000

二、经营支出的核算

（一）经营支出的概念

经营支出是指事业单位在专业业务活动及其辅助活动之外开展非独立核算经营活动发生的支出。事业单位的经营支出与经营收入配比。

（二）经营支出的核算

为了事业单位经营活动发生的各种消耗，应设置"经营支出"总账账户，并按照经营活动类别、项目以及《政府收支分类科目》中"支出功能分类"相关科目等设置明细账户进行明细核算。

经营支出的主要账务处理如下。

为在专业业务活动及其辅助活动之外开展非独立核算经营活动人员计提的薪酬等，借记"经营支出"科目，贷记"应付职工薪酬"等科目。

在专业业务活动及其辅助活动之外开展非独立核算经营活动领用、发出的存货，按领用、发出存货的实际成本，借记"经营支出"科目，贷记"存货"科目。

在专业业务活动及其辅助活动之外开展非独立核算经营活动中发生的其他各项支出，借记"经营支出"科目，贷记"库存现金""银行存款""应缴税费"等科目。

期末，将本科目本期发生额转入经营结余，借记"经营结余"科目，贷记"经营支出"科目

【例题】高等学校实行资金划拨制度，2016年发生以下经营支出业务，据以编制会计分录。

【例19-11】高等学校未独立核算的食堂本月发生电费5 300元，已用银行存款支付。

借：经营支出　　　　5 300
　　贷：银行存款　　　　5 300

【例19-12】用库存现金支付未独立核算的招待所临时工费用2 300元，当天提取现金直接予以支付。

借：经营支出　　　　2 300
　　贷：库存现金　　　　2 300

【例19-13】报销未独立核算招待所业务人员差旅费6 100元，以现金支票付讫。

借：经营支出　　　　6 100
　　贷：银行存款　　　　6 100

【例19-14】期末，将"经营支出"账户余额840 000元转入"经营结余"账户。

借：经营结余　　　　840 000
　　贷：经营支出　　　　840 000

第三节　其他支出的核算

除了上缴上级支出、对附属单位补助支出、事业支出、经营支出以外，事业单位还必须对其他支出进行核算。

一、其他支出的概念

其他支出是指事业单位除上缴上级支出、对附属单位补助支出、事业支出、经营支出以外的各项支出，包括利息支出、捐赠支出、现金盘亏损失、资产处置损失、接受捐赠或调入非流动资产时发生的税费支出等。

二、其他支出的核算

为了核算事业单位的其他非业务性支出，应设置"其他支出"账户。该账户借方登记其他支出的发生数，贷方登记其他支出的收回及转销数。其他支出中如果有专项资金支出，还应该按照具体项目进行明细核算。本账户应当按照其他支出的类别、《政府收支分类科目》中"支出功能分类"相关科目等进行明细核算。短期投资和长期投资发生的亏损不在其他支出中列支，而是冲减其他收入。

其他支出的主要账务处理如下。

支付银行借款利息时，借记"其他支出"科目，贷记"银行存款"科目。

对外捐赠现金资产，借记"其他支出"科目，贷记"银行存款"等科目。对外捐出存货，借记"其他支出"科目，贷记"待处置资产损溢"科目。对外捐赠固定资产、无形资产等非流动资产，不通过本科目核算。

每日现金账款核对中如发现现金短缺，属于无法查明原因的部分，报经批准后，借记"其他支出"科目，贷记"库存现金"科目。报经批准核销应收及预付款项、处置存货，借记"其他支出"科目，贷记"待处置资产损溢"科目。接受捐赠、无偿调入非流动资产发生的相关税费、运输费等，借记"其他支出"科目，贷记"银行存款"等科目。

期末，将本科目本期发生额中的专项资金支出结转入非财政补助结转，借记"非财政补助结转"科目，贷记"其他支出"科目下各专项资金支出明细科目；将本科目本期发生额中的非专项资金支出结转入事业结余，借记"事业结余"科目，贷记"其他支出"科目下各非专项资金支出明细科目。

【例题】某小学实行资金划拨制度，2016年发生以下非专项资金支出业务，据以编制会计分录。

【例19-15】经学校管理部门批准，为灾区捐款70 000元，签发转账支票予以支付。

```
借：其他支出——捐赠支出                          70 000
    贷：银行存款                                          70 000
```

【例19-16】经批准，将已记入"待处置资产损溢"账户的盘亏的维修材料340元转作其他支出核销。

```
借：其他支出——流动资产盘亏损失                   340
    贷：待处置资产损溢                                     340
```

【例19-17】期末，将"其他支出——基本资金支出"账户余额9 930元转入"事业结余"账户，将"其他支出——专项资金支出"账户余额31 000元转入"非财政补助结转"账户。

```
借：事业结余                                     9 930
    贷：其他支出——基本资金支出                           9 930
借：非财政补助结转                               31 000
    贷：其他支出——专项资金支出                           31 000
```

知识链接

医院会计制度

复习思考题

一、单项选择题

1. 事业单位基本业务支出包括【   】。

   A. 拨出经费和拨出专款　　　　　　B. 事业支出和经营支出

   C. 专款支出和对附属单位补助支出　　D. 上缴上级支出和事业支出

2. 购入固定资产列入事业支出的时间是【　　】。

    A. 付款时　　　　B. 入库时　　　　　　C. 验收后　　　　　D. 投入使用时

3. 购入各种材料列报支出的时间是【　　】。

    A. 领用时　　　　B. 使用时　　　　　　C. 购入付款后　　　D. 整理时

二、多项选择题

1. 下列属于公用经费支出的内容是【　　】。

    A. 基本工资　　　B. 社会保障费　　　　C. 业务费

    D. 修缮费　　　　E. 设备购置费

2. 事业单位内部成本核算的目的是【　　】。

    A. 严格成本核算　B. 正确确定盈亏　　　C. 加强单位的内部管理

    D. 提高单位的成本意识　　　　　　　E. 提高资金使用效益

3. 社会保障费主要用于【　　】。

    A. 公费医疗经费　B. 在职病休人员工资　C. 离退休人员退休金

    D. 缴纳养老、待业保险费　　　　　　E. 职工住房公积金的开支

三、业务题

1. 开出转账支票将本月实现的净收入324 000元按10%的比例上缴给上级主管单位32 400元。

2. 年末，将"上缴上级支出"账户的借方余额588 000元转入"事业结余"账户。

3. 事业单位开出转账支票，对下属独立核算的印刷厂补助148 000元。

4. 年末，将"对附属单位补助支出"账户的借方余额148 000元转入"事业结余"账户。

5. 用银行存款支付维修费2 310元，所用款项属于财政部门拨入的当年基本经费。

6. 职工李某出差回来，原预借差旅费5 000元，应报销差旅费4 770元，余款230元交回现金。所用款项属于财政部门拨入的当年基本经费。

7. 年终，将当年"事业支出——财政补助支出"中的基本支出440 000元、项目支出 510 000元进行转账。

8. 年终，将当年"事业支出——非财政补助支出"中的基本支出583 000元、项目支出612 000元进行转账。

9. 高等学校未独立核算的招待所本月发生电费4 890元，已用银行存款支付。

10. 期末，将"经营支出"账户余额4 890元转入"经营结余"账户。

11. 经学校管理部门批准，为灾区捐款200 000元，签发转账支票予以支付。

12. 经批准，将已记入"待处置资产损溢"账户的盘亏的维修材料138元转作其他支出核销。

13. 期末，将"其他支出——基本资金支出"账户余额14 500元转入"事业结余"账户，将"其他支出——专项资金支出"账户余额218 000元转入"非财政补助结转"账户。

关键术语

事业支出	institution expenditure
经营支出	operation expenditure
其他支出	other expenditure

第二十章 事业单位的财务报告

【学习目标】
1. 了解事业单位财务报告的作用；
2. 熟悉事业单位财务报告的种类；
3. 掌握事业单位资产负债表的编制；
4. 掌握事业单位收入支出表的编制。

第一节 事业单位财务报告的作用与分类

事业单位会计报表是各级事业会计核算工作的重点。

一、事业单位财务报告的作用

事业单位财务报告是根据日常的会计核算资料编制的，全面、系统反映事业单位某一特定日期财务状况和某一会计期间事业成果、预算执行等会计信息的书面报告。事业单位财务报告包括财务报表和其他应当在财务报告中披露的相关信息和资料。

事业单位利用会计报表，并借助其他有关会计资料，可以分析、检查单位预算的执行情况，并为编制下期计划，制定长期规划提供科学的依据；可以考核在执行政府预算的过程中，对有关财经政策、法令、制度、计划的执行情况。事业单位如果举借债务和接受投资，也便于债权人和投资者了解事业单位的财务状况和资金营运效果，以便他们做出正确决策。

财政机关利用各事业单位上报的会计报表，可以掌握各单位财政预算执行的进度，核算总预算支出，监督财经法规、政策的遵守情况，有效进行宏观调控。

二、事业单位财务报告的组成

事业单位的财务报告包括财务报表和财务情况说明书等。

（一）会计报表主表

事业单位的会计报表主表包括资产负债表和收入支出表。资产负债表反映事业单位在某一特定日期全部资产、负债和净资产的情况。收入支出表反映事业单位在某一会计期间内各项收入、支出和结转结余情况，以及年末非财政补助结余的分配情况。

（二）会计报表附表

会计报表附表主要包括财政补助收入支出表等。财政补助收入支出表反映事业单位某一会计年度财政补助收入、支出、结转及结余情况。

（三）会计报表附注

报表附注是为帮助理解会计报表的内容而对报表的有关项目等所作的解释，其主要内容包括：遵循《事业单位会计准则》《事业单位会计制度》的声明；单位整体财务状况、业务活动情况的说明；会计报表中列示的重要项目的进一步说明，包括其主要构成、增减变动情况等；重要资产处置情况的说明；重大投资、借款活动的说明；以名义金额计量的资产名称、数量等情况，以及以名义金额计量理由的说明；以前年度结转结余调整情况的说明；有助于理解和分析会计报表需要说明的其他事项。

（四）财务情况说明书

财务情况说明书是为了解和评价单位财务状况和收支情况所提供的书面资料。主要说明：事业单位的收入、支出、结余和结余分配情况；资金增减和周转情况；各项财产物资的变动情况；收支及资产负债发生重大变动的原因；对本期或者下期财务情况发生重大影响的事项；其他需要说明的事项。

三、事业单位会计报表的种类

（一）按照会计报表的内容分类

按照会计报表的内容分为资产负债表、收入支出表、财政补助收入支出表和附注等。资产负债表是反映事业单位在某一特定日期财务状况的报表。收入支出表是反映事业单位在某一会计期间全部预算收支执行结果的报表。财政补助收入支出表是反映事业单位在某一会计期间财政补助收入、支出、结转及结余情况的报表。附注是指对在会计报表中列示项目的文字描述或明细资料，以及对未能在会计报表中列示项目的说明等。

（二）按照编报的时间分类

会计报表按照编报时间分为月报、季报和年报。

月报表是反映截至报告月末资金活动和收入支出情况的报表，主要用于满足本单位财务管理的需要。月报表一般包括资产负债表、收入支出表。

季报表是反映事业单位季度财务预算执行情况和资金活动情况的报表，以分析、检查单位财务预算为重点。

年报表又称年度预算，是全面反映单位年度资金活动和收支情况及收支结果的报表。

（三）按照编报的单位划分

会计报表按照编报单位，可以分为单位会计报表和汇总会计报表。

单位会计报表是反映各事业单位预算执行情况和资金活动情况的报表；汇总会计报表是各主管部门对本单位和所属单位的报表进行汇总后编制的会计报表。

四、事业单位会计报表的编制程序

（一）年终清理结算

事业单位在年度终了前，应根据财政部门或主管部门的决算编审工作要求，对各项收支账目、往来款项、货币资金和财产物资进行全面的年终清理结算，在此基础上办理年度结账，编制决算会计报表。

1. 清理、核对各项预算收支和各项领拨款项

年终前，财政机关、上级单位和所属单位之间的全年预算数，以及应上缴、拨补的款项等，都要进行清理结算，保证上下级之间的年度预算数、领拨经费数和上缴、下拨数一致。事业单位应认真清理核对各项年度预算收支数字，确保上下级之间的年度预算数、实际领拨经费数相互一致。凡属本年的各项收入，都要及时入账。属于本年的各项支出，要按规定的支出渠道如实列报。年度单位支出决算，一律以基层用款单位截至 12 月 31 日的本年实际支出数为准。

2. 清理结算预算内外收支和应缴款项

属于本年各项应缴财政款项，在年终前全部上缴国库和财政专户。实行国库集中支付的事业单位，对期末尚未申请支付的财政直接支付用款，应按权责发生制确认为收入，对尚未支付的财政授权支付额度，应当转为财政应返还额度。

3. 清理结算各项往来款项

事业单位的往来款项，年终前应尽量清理完毕。按照有关规定应当转作各项收入和各项支出的往来款项要及时结转，并编入本年决算。主管会计单位收到的应当转拨所属单位的资金必须及时向所属单位转拨，不得作为暂存款挂账。各种代管经费在年终前如实编报决算，委托单位不得以拨作支，受托单位不得以领代报。

4. 清查核对各项货币资金和财产物资

年度终了，事业单位应及时与开户银行对账，银行存款账面余额应与银行对账单的余额核对相符，如果存在未达账项和记账差错，应该通过编制银行存款余额调节表调节平衡。零余额账户账面余额、银行存款账面余额要与银行对账单余额相符。注销零余额账户剩余的用款额度。现金账面余额要同库存现金核对相符。年终前，事业单位应对各项财产物资进行清查盘点。发生盘盈、盘亏的，应及时查明原因，按规定做出处理，调整账务，做到账实相符、账账相符。

（二）年终结账

事业单位在年终清理结算的基础上进行年终结账。年终结账包括年终转账、结清旧账和记入新账 3 个环节的工作。

1. 年终转账

年终转账是年末账项结束和结转工作，主要是将各支出科目余额与其对应的收入科目余额通过有关结转科目对冲计算出收支结余，并结转入有关基金科目。账目核对无误后，首先计算出各账户借方和贷方的 12 月合计数和全年累计数，结出 12 月末的余额，然后编制年终结账前"资产负债表"，试算平衡后，再将应对冲结转的各个收支账户的余额按年终冲转办法，编制 12 月 31 日的记账凭证办理结账冲转。

2. 结清旧账

将转账后无余额的账户结出全年总累计数，然后在下面画双红线，表示本账户全部结清。对年终有余额的账户，在"全年累计数"下行的摘要栏内注明"结转下年"字样，并在与余额相反方向的"借方"或"贷方"栏内登记与余额相等的金额以及在"余额"栏内注明"平"字，然后在下面画双红线，表示年终余额转入新账，旧账结束。

3. 记入新账

根据本年度各账户余额，编制年终决算的结账后"资产负债表"和有关明细表。然后，将表列各账户的年终余额直接记入新年度相应的各有关账户，并在"摘要"栏注明 "上年结转"字样，以区别新年度发生数。

第二节 事业单位财务报表的编制

事业单位会计报表的编制要满足规定的编制要求和编制流程。

一、事业单位资产负债表的编制

（一）资产负债表的概念及格式

资产负债表反映事业单位在某一特定日期全部资产、负债和净资产情况。资产负债表是反映事业单位在某一特定日期的财务状况的报表。它反映编报单位在某一时间点占有或使用的经济资源，以及负担的债务和拥有的净资产数额的情况。

事业单位资产负债表采用账户式结构，设计资产负债表所依据的会计等式是"资产=负债+净资产"。事业单位资产负债表包括表首和正表两个部分。表首概括说明报表名称、编表单位、编表日期、计量单位等。正表左边列示资产，右边列示负债和净资产。事业单位资产负债表的一般格式如表20-1所示。

表 20-1   资产负债表

会事业 01 表

编制单位：   年   月   日   单位：元

资产	期末余额	年初余额	负债和净资产	期末余额	年初余额
流动资产：			流动负债：		
货币资金			短期借款		
短期投资			应交税费		
财政应返还额度			应缴国库款		
应收票据			应缴财政专户款		
应收账款			应付职工薪酬		
预付账款			应付票据		
其他应收款			应付账款		
存货			预收账款		
其他流动资产			其他应付款		
流动资产合计			其他流动负债		
非流动资产：			流动负债合计		
长期投资			非流动负债：		
固定资产			长期借款		
固定资产原价			长期应付款		
减：累计折旧			非流动负债合计		
在建工程			负债合计		
无形资产			净资产：		
无形资产原价			事业基金		
减：累计摊销			非流动资产基金		
待处置资产损溢			专用基金		
非流动资产合计			财政补助结转		
			财政补助结余		
			非财政补助结转		
			非财政补助结余		
			1. 事业结余		
			2. 经营结余		
			净资产合计		
资产总计			负债和净资产总计		

（二）资产负债表的填列方法

1. "年初余额"的填列方法

本表"年初余额"栏内各项数字，应当根据上年年末资产负债表"期末余额"栏内数字填列。如果本年度资产负债表规定的各个项目的名称和内容同上年度不相一致，应对上年年末资产负债表各项目的名称和数字按照本年度的规定调整，填入本表"年初余额"栏内。

2. 本表"期末余额"栏各项目的内容和填列方法

（1）资产类项目。

"货币资金"项目，反映事业单位期末库存现金、银行存款和零余额账户用款额度的合计数。本项目应当根据"库存现金""银行存款""零余额账户用款额度"科目的期末余额合计填列。

"短期投资"项目，反映事业单位期末持有的短期投资成本。本项目应当根据"短期投资"科目的期末余额填列。

"财政应返还额度"项目，反映事业单位期末财政应返还额度的金额。本项目应当根据"财政应返还额度"科目的期末余额填列。

"应收票据"项目，反映事业单位期末持有的应收票据的票面金额。本项目应当根据"应收票据"科目的期末余额填列。

"应收账款"项目，反映事业单位期末尚未收回的应收账款余额。本项目应当根据"应收账款"科目的期末余额填列。

"预付账款"项目，反映事业单位预付给商品或者劳务供应单位的款项。本项目应当根据"预付账款"科目的期末余额填列。

"其他应收款"项目，反映事业单位期末尚未收回的其他应收款余额。本项目应当根据"其他应收款"科目的期末余额填列。

"存货"项目，反映事业单位期末为开展业务活动及其他活动耗用而储存的各种材料、燃料、包装物、低值易耗品及达不到固定资产标准的用具、装具、动植物等的实际成本。本项目应当根据"存货"科目的期末余额填列。

"其他流动资产"项目，反映事业单位除上述各项之外的其他流动资产，如将在 1 年内（含 1 年）到期的长期债券投资。本项目应当根据"长期投资"等科目的期末余额分析填列。

"长期投资"项目，反映事业单位持有时间超过 1 年（不含 1 年）的股权和债权性质的投资。本项目应当根据"长期投资"科目期末余额减去其中将于 1 年内（含 1 年）到期的长期债券投资余额后的金额填列。

"固定资产"项目，反映事业单位期末各项固定资产的账面价值。本项目应当根据"固定资产"科目期末余额减去"累计折旧"科目期末余额后的金额填列。

"固定资产原价"项目，反映事业单位期末各项固定资产的原价。本项目应当根据"固定资产"科目的期末余额填列。

"累计折旧"项目，反映事业单位期末各项固定资产的累计折旧。本项目应当根据"累计折旧"科目的期末余额填列。

"在建工程"项目，反映事业单位期末尚未完工交付使用的在建工程发生的实际成本。本项目应当根据"在建工程"科目的期末余额填列。

"无形资产"项目，反映事业单位期末持有的各项无形资产的账面价值。本项目应当根据"无形资产"科目期末余额减去"累计摊销"科目期末余额后的金额填列。

"无形资产原价"项目，反映事业单位期末持有的各项无形资产的原价。本项目应当根据"无形资产"科目的期末余额填列。

"累计摊销"项目，反映事业单位期末各项无形资产的累计摊销。本项目应当根据"累计摊销"科目的期末余额填列。

"待处置资产损溢"项目，反映事业单位期末待处置资产的价值及处置损溢。本项目应当根据"待处置资产损溢"科目的期末借方余额填列，如"待处置资产损溢"科目期末为贷方余额，则以"−"填列。

"非流动资产合计"项目，按照"长期投资""固定资产""在建工程""无形资产""待处置资产损溢"项目金额的合计数填列。

（2）负债类项目。

"短期借款"项目，反映事业单位借入的期限在1年内（含1年）的各种借款。本项目应当根据"短期借款"科目的期末余额填列。

"应交税费"项目，反映事业单位应缴未缴的各种税费。本项目应当根据"应交税费"科目的期末贷方余额填列，如"应交税费"科目期末为借方余额，则以"-"填列。

"应缴国库款"项目，反映事业单位按规定应缴入国库的款项（应缴税费除外）。本项目应当根据"应缴国库款"科目的期末余额填列。

"应缴财政专户款"项目，反映事业单位按规定应缴入财政专户的款项。本项目应当根据"应缴财政专户款"科目的期末余额填列。

"应付职工薪酬"项目，反映事业单位按有关规定应付给职工及为职工支付的各种薪酬。本项目应当根据"应付职工薪酬"科目的期末余额填列。

"应付票据"项目，反映事业单位期末应付票据的金额。本项目应当根据"应付票据"科目的期末余额填列。

"应付账款"项目，反映事业单位期末尚未支付的应付账款的金额。本项目应当根据"应付账款"科目的期末余额填列。

"预收账款"项目，反映事业单位期末按合同规定预收但尚未实际结算的款项。本项目应当根据"预收账款"科目的期末余额填列。

"其他应付款"项目，反映事业单位期末应付未付的其他各项应付及暂收款项。本项目应当根据"其他应付款"科目的期末余额填列。

"其他流动负债"项目，反映事业单位除上述各项之外的其他流动负债，如承担的将于1年内（含1年）偿还的长期负债。本项目应当根据"长期借款""长期应付款"等科目的期末余额分析填列。

"长期借款"项目，反映事业单位借入的期限超过1年（不含1年）的各项借款本金。本项目应当根据"长期借款"科目的期末余额减去其中将于1年内（含1年）到期的长期借款余额后的金额填列。

"长期应付款"项目，反映事业单位发生的偿还期限超过1年（不含1年）的各种应付款项。本项目应当根据"长期应付款"科目的期末余额减去其中将于1年内（含1年）到期的长期应付款余额后的金额填列。

（3）净资产类项目。

"事业基金"项目，反映事业单位期末拥有的非限定用途的净资产。本项目应当根据"事业基金"科目的期末余额填列。

"非流动资产基金"项目，反映事业单位期末非流动资产占用的金额。本项目应当根据"非流动资产基金"科目的期末余额填列。

"专用基金"项目，反映事业单位按规定设置或提取的具有专门用途的净资产。本项目应当根据"专用基金"科目的期末余额填列。

"财政补助结转"项目，反映事业单位滚存的财政补助结转资金。本项目应当根据"财政补助结转"科目的期末余额填列。

"财政补助结余"项目，反映事业单位滚存的财政补助项目支出结余资金。本项目应当根据"财政补助结余"科目的期末余额填列。

"非财政补助结转"项目，反映事业单位滚存的非财政补助专项结转资金。本项目应当根据"非财政补助结转"科目的期末余额填列。

"非财政补助结余"项目，反映事业单位自年初至报告期末累计实现的非财政补助结余弥补以前年度经营亏损后的余额。本项目应当根据"事业结余""经营结余"科目的期末余额合计填列；如"事业结余""经营结余"科目的期末余额合计为亏损数，则以"-"填列。在编制年度资产负债表时，本项目金额一般应为"0"；若不为"0"，本项目金额应为"经营结余"科目的期末借方余额（以"−"填列）。

"事业结余"项目，反映事业单位自年初至报告期末累计实现的事业结余。本项目应当根据"事业结余"科目的期末余额填列。如"事业结余"科目的期末余额为亏损数，则以"−"填列。在编制年度资产负债表时，本项目金额应为"0"。

"经营结余"项目，反映事业单位自年初至报告期末累计实现的经营结余弥补以前年度经营亏损后的余额。本项目应当根据"经营结余"科目的期末余额填列。如"经营结余"科目的期末余额为亏损数，则以"−"填列。在编制年度资产负债表时，本项目金额一般应为"0"；若不为"0"，本项目金额应为"经营结余"科目的期末借方余额以（以"−"填列）。

2013年1月1日开始实施的《事业单位会计制度》中规定，资产负债表应按月编报，它是在收入、支出类账户的当月发生额全部结平的基础上编制的。

二、事业单位收入支出表的编制

（一）收入支出表的概念及格式

收入支出表是反映事业单位在某一会计期间内各项收入、支出和结转结余情况，以及年末非财政补助结余分配情况的报表。收入支出表应当按照收入、支出或者费用的构成和非财政补助结余分配情况分项列示事业单位应当编制月度和年度收入支出表。收入支出表的基本格式如表20-2所示。

表20-2　　　　　　　　　　　　收入支出表

会事业02表

编制单位：　　　　　　　　　　　年　　月　　　　　　　　　　　　单位：元

项目	本月数	本年累计数
一、本期财政补助结转结余		
财政补助收入		
减：事业支出（财政补助支出）		
二、本期事业结转结余		
（一）事业类收入		
1. 事业收入		
2. 上级补助收入		
3. 附属单位上缴收入		
4. 其他收入		
其中：捐赠收入		
减：（二）事业类支出		
1. 事业支出（非财政补助支出）		
2. 上缴上级支出		
3. 对附属单位补助支出		
4. 其他支出		
三、本期经营结余		
经营收入		
减：经营支出		
四、弥补以前年度亏损后的经营结余		
五、本年非财政补助结转结余		
减：非财政补助结转		
六、本年非财政补助结余		
减：应缴企业所得税		
减：提取专用基金		
七、转入事业基金		

通过收入支出表，可以观察事业单位在一定期间内收入的来源、支出的用途以及结余的形成与分配情况等多方面的信息。财政部门、上级单位和其他有关方面通过阅读这些信息，可以了解事业单位的业务成果，掌握事业单位执行政策的情况，指导事业单位的预算执行；同时，事业单位本身也能够据以了解财务收支情况，加强财务管理，预测事业未来发展趋势，从而提高管理水平。

（二）收入支出表的填列方法

1. 本表"本年累计数"的填列方法

本表"本年累计数"栏反映各项目自年初起至报告期末止的累计实际发生数。编制年度收入支出表时，应当将本栏改为"本年数"。

2. 本表"本月数"的填列方法

本表"本月数"栏反映各项目的本月实际发生数。在编制年度收入支出表时，应当将本栏改为"上年数"栏，反映上年度各项目的实际发生数；如果本年度收入支出表规定的各个项目的名称和内容同上年度不一致，应对上年度收入支出表各项目的名称和数字按照本年度的规定调整，填入本年度收入支出表的"上年数"栏。

（1）本期财政补助结转结余。

"本期财政补助结转结余"项目，反映事业单位本期财政补助收入与财政补助支出相抵后的余额。本项目应当按照本表中"财政补助收入"项目金额减去"事业支出（财政补助支出）"项目金额后的余额填列。

"财政补助收入"项目，反映事业单位本期从同级财政部门取得的各类财政拨款。本项目应当根据"财政补助收入"科目的本期发生额填列。

"事业支出（财政补助支出）"项目，反映事业单位本期使用财政补助发生的各项事业支出。本项目应当根据"事业支出——财政补助支出"科目的本期发生额填列，或者根据"事业支出——基本支出（财政补助支出）""事业支出——项目支出（财政补助支出）"科目的本期发生额合计填列。

（2）本期事业结转结余。

"本期事业结转结余"项目，反映事业单位本期除财政补助收支、经营收支以外的各项收支相抵后的余额。本项目应当按照本表中"事业类收入"项目金额减去"事业类支出"项目金额后的余额填列；如为负数，以"-"填列。

"事业类收入"项目，反映事业单位本期事业收入、上级补助收入、附属单位上缴收入、其他收入的合计数。本项目应当按照本表中"事业收入""上级补助收入""附属单位上缴收入""其他收入"项目金额的合计数填列。

"事业收入"项目，反映事业单位开展专业业务活动及其辅助活动取得的收入。本项目应当根据"事业收入"科目的本期发生额填列。

"上级补助收入"项目，反映事业单位从主管部门和上级单位取得的非财政补助收入。本项目应当根据"上级补助收入"科目的本期发生额填列。

"附属单位上缴收入"项目，反映事业单位附属独立核算单位按照有关规定上缴的收入。本项目应当根据"附属单位上缴收入"科目的本期发生额填列。

"其他收入"项目，反映事业单位除财政补助收入、事业收入、上级补助收入、附属单位上缴收入、经营收入以外的其他收入。本项目应当根据"其他收入"科目的本期发生额填列。

"捐赠收入"项目，反映事业单位接受现金、存货捐赠取得的收入。本项目应当根据"其他收入"科目所属相关明细科目的本期发生额填列。

"事业类支出"项目，反映事业单位本期事业支出（非财政补助支出）、上缴上级支出、对附属单位补助支出、其他支出的合计数。本项目应当按照本表中"事业支出（非财政补助支出）""上缴上级支出""对附属单位补助支出""其他支出"项目金额的合计数填列。

"事业支出（非财政补助支出）"项目，反映事业单位使用财政补助以外的资金发生的各项事业支出。本项目应当根据"事业支出——非财政专项资金支出""事业支出——其他资金支出"科目的本期发生额合计填列，或者根据"事业支出——基本支出（其他资金支出）""事业支出——项目支出（非财政专项资金支出、其他资金支出）"科目的本期发生额合计填列。

"上缴上级支出"项目，反映事业单位按照财政部门和主管部门的规定上缴上级单位的支出。本项目应当根据"上缴上级支出"科目的本期发生额填列。

"对附属单位补助支出"项目，反映事业单位用财政补助收入之外的收入对附属单位补助发生的支出。本项目应当根据"对附属单位补助支出"科目的本期发生额填列。

"其他支出"项目，反映事业单位除事业支出、上缴上级支出、对附属单位补助支出、经营支出以外的其他支出。本项目应当根据"其他支出"科目的本期发生额填列。

（3）本期经营结余。

"本期经营结余"项目，反映事业单位本期经营收支相抵后的余额。本项目应当按照本表中"经营收入"项目金额减去"经营支出"项目金额后的余额填列；如为负数，则以"-"填列。

"经营收入"项目，反映事业单位在专业业务活动及其辅助活动之外开展非独立核算经营活动取得的收入。本项目应当根据"经营收入"科目的本期发生额填列。

"经营支出"项目，反映事业单位在专业业务活动及其辅助活动之外开展非独立核算经营活动发生的支出。本项目应当根据"经营支出"科目的本期发生额填列。

（4）弥补以前年度亏损后的经营结余。

"弥补以前年度亏损后的经营结余"项目，反映事业单位本年度实现的经营结余扣除本年初未弥补经营亏损后的余额。本项目应当根据"经营结余"科目年末转入"非财政补助结余分配"科目前的余额填列；如该年末余额为借方余额，则以"-"填列。

（5）本年非财政补助结转结余。

"本年非财政补助结转结余"项目，反映事业单位本年除财政补助结转结余之外的结转结余金额。如本表中"弥补以前年度亏损后的经营结余"项目为正数，本项目应当按照本表中"本期事业结转结余""弥补以前年度亏损后的经营结余"项目金额的合计数填列；如为负数，以"-"填列。如本表中"弥补以前年度亏损后的经营结余"项目为负数，本项目应当按照本表中"本期事业结转结余"项目金额填列；如为负数，则以"-"填列。

"非财政补助结转"项目，反映事业单位本年除财政补助收支外的各专项资金收入减去各专项资金支出后的余额。本项目应当根据"非财政补助结转"科目本年贷方发生额中专项资金收入转入金额合计数减去本年借方发生额中专项资金支出转入金额合计数后的余额填列。

（6）本年非财政补助结余。

"本年非财政补助结余"项目，反映事业单位本年除财政补助之外的其他结余金额。本项目应当按照本表中"本年非财政补助结转结余"项目金额减去"非财政补助结转"项目金额后的金额填列；如为负数，则以"-"填列。

"应缴企业所得税"项目，反映事业单位按照税法规定应缴纳的企业所得税金额。本项目应当根据"非财政补助结余分配"科目的本年发生额分析填列。

"提取专用基金"项目，反映事业单位本年按规定提取的专用基金金额。本项目应当根据"非财政补助结余分配"科目的本年发生额分析填列。

（7）转入事业基金。

"转入事业基金"项目，反映事业单位本年按规定转入事业基金的非财政补助结余资金。本项目应当按照本表中"本年非财政补助结余"项目金额减去"应缴企业所得税""提取专用基金"项目金额后的余额填列；如为负数，则以"－"填列。

三、财政补助收入支出表的编制

（一）财政补助收入支出表的概念及格式

财政补助收入支出表反映事业单位某一会计年度财政补助收入、支出、结转及结余情况的报表。财政补助收入支出表属于年报，其格式如表 20-3 所示。

表 20-3　　　　　　　　　　　财政补助收入支出表

会事业 03 表

编制单位：　　　　　　　　　　　　　年度　　　　　　　　　　　　　单位：元

项目	本年数	上年数
一、年初财政补助结转结余		
（一）基本支出结转		
1. 人员经费		
2. 日常公用经费		
（二）项目支出结转		
××项目		
（三）项目支出结余		
二、调整年初财政补助结转结余		
（一）基本支出结转		
1. 人员经费		
2. 日常公用经费		
（二）项目支出结转		
××项目		
（三）项目支出结余		
三、本年归集调入财政补助结转结余		
（一）基本支出结转		
1. 人员经费		
2. 日常公用经费		
（二）项目支出结转		
××项目		
（三）项目支出结余		
四、本年上缴财政补助结转结余		
（一）基本支出结转		
1. 人员经费		
2. 日常公用经费		
（二）项目支出结转		
××项目		
（三）项目支出结余		
五、本年财政补助收入		
（一）基本支出		
1. 人员经费		
2. 日常公用经费		
（二）项目支出		
××项目		

续表

项目	本年数	上年数
六、本年财政补助支出		
（一）基本支出		
1. 人员经费		
2. 日常公用经费		
（二）项目支出		
××项目		
七、年末财政补助结转结余		
（一）基本支出结转		
1. 人员经费		
2. 日常公用经费		
（二）项目支出结转		
××项目		
（三）项目支出结余		

（二）财政补助收入支出表的编制方法

1. 本表"上年数"填列方法

本表"上年数"栏内各项数字，应当根据上年度财政补助收入支出表"本年数"栏内数字填列。

2. 本表"本年数"栏各项目的内容和填列方法

（1）"年初财政补助结转结余"项目及其所属各明细项目，反映事业单位本年初财政补助结转和结余余额。各项目应当根据上年度财政补助收入支出表中"年末财政补助结转结余"项目及其所属各明细项目"本年数"栏的数字填列。

（2）"调整年初财政补助结转结余"项目及其所属各明细项目，反映事业单位因本年发生需要调整以前年度财政补助结转结余的事项，而对年初财政补助结转结余的调整金额。各项目应当根据"财政补助结转""财政补助结余"科目及其所属明细科目的本年发生额分析填列。如调整减少年初财政补助结转结余，则以"-"填列。

（3）"本年归集调入财政补助结转结余"项目及其所属各明细项目，反映事业单位本年度取得主管部门归集调入的财政补助结转结余资金或额度金额。各项目应当根据"财政补助结转""财政补助结余"科目及其所属明细科目的本年发生额分析填列。

（4）"本年上缴财政补助结转结余"项目及其所属各明细项目，反映事业单位本年度按规定实际上缴的财政补助结转结余资金或额度金额。各项目应当根据"财政补助结转""财政补助结余"科目及其所属明细科目的本年发生额分析填列。

（5）"本年财政补助收入"项目及其所属各明细项目，反映事业单位本年度从同级财政部门取得的各类财政拨款金额。各项目应当根据"财政补助收入"科目及其所属明细科目的本年发生额填列。

（6）"本年财政补助支出"项目及其所属各明细项目，反映事业单位本年度发生的财政补助支出金额。各项目应当根据"事业支出"科目所属明细科目本年发生额中的财政补助支出数填列。

（7）"年末财政补助结转结余"项目及其所属各明细项目，反映事业单位截至本年末的财政补助结转和结余余额。各项目应当根据"财政补助结转""财政补助结余"科目及其所属明细科目的年末余额填列。

知识链接

测绘事业单位
财务制度

复习思考题

一、单项选择题

1. 事业单位的资产负债表反映事业单位在某一特定日期的【　　】。

　　A. 经营情况　　　B. 财务状况　　　　　C. 结余及分配形成　　　D. 经营收支情况

2. 收入支出表是反映事业单位在【　　】收支结余及其分配情况的报表。

　　A. 某年度　　　　B. 某月份　　　　　　C. 一定期间　　　　　　D. 一定时点

3. 事业单位下列固定资产增加业务中，不能同时增加固定资产和固定基金的有【　　】。

　　A. 接受捐赠的固定资产　　　　　　　B. 融资租入的固定资产

　　C. 盘盈的固定资产　　　　　　　　　D. 购置的固定资产

4. 事业单位将未到期的应收票据向银行贴现，贴现息部分应计入【　　】。

　　A. 财务费用　　　B. 经营支出　　　　　C. 专项支出　　　　　　D. 净资产

二、多项选择题

1. 收入支出表提供下列项目【　　】。

　　A. 事业结余　　　B. 经营结余　　　　　C. 专款结余

　　D. 专用基金结余 E. 结余分配

2. 利用事业支出明细表提供的资料可以分析以下指标【　　】。

　　A. 经费自给率　　B. 人员支出比率　　　C. 公用支出比率

　　D. 资产负债率　　E. 资金周转率

3. 事业单位以货币对外投资时，可能会涉及下列哪些科目？【　　】

　　A. 长期投资　　　　　　　　　　　　B. 银行存款

　　C. 事业基金——一般基金　　　　　　D. 事业基金——投资基金

4. 下列哪些属于事业收入核算的内容？【　　】

　　A. 开展专业业务活动所取得的收入

　　B. 从财政专户核拨的预算外资金

　　C. 经财政专门核准不上缴财政专户管理的预算外资金

　　D. 从主管部门取得的非财政补助收入

5. 在事业单位以货币资金对外进行投资时，应该编制的会计分录有【　　】。

　　A. 借：对外投资　　　　　　　　　　B. 借：事业基金——一般基金

　　　　　贷：银行存款　　　　　　　　　　　贷：银行存款

　　C. 借：事业基金——一般基金　　　　D. 借：对外投资

　　　　　贷：事业基金——投资基金　　　　　贷：事业基金——投资基金

三、判断题

1. 在事业单位的资产负债表中，"固定资产"项目的金额一定等于"固定基金"项目的金额。

【　　】

2. 事业单位借入款项，一般不预计利息支出，实际支付利息，将其计入事业支出或经营支出。

【　　】

3. 事业单位的经营收入是指事业单位在专业业务活动及辅助活动之外开展独立核算经营活动的收入。【　　】

4. 事业单位资产负债表是反映事业单位在某一特定日期财务状况的报表，因此，在这一报表中不会反应事业单位的收入和支出项目。【　　】

5. 年度终了，事业结余和经营结余科目均不能有余额。【　　】

6. 罚没收入属于事业单位按规定应上缴的财政专户款。【　　】

7. 经营收入应在提供劳务或发出商品时予以确认。【　　】

8. 以购买债券的形式对外投资，在债券持有期间，预计利息收入时作为其他收入。【　　】

9. 事业单位应付票据的账务处理可以比照企业会计进行。【　　】

四、简答题

1. 事业单位财务报告的作用是什么？

2. 事业单位财务报告的种类有哪些？

3. 事业单位资产负债表的编制方法是什么？

4. 事业单位收入支出表的编制方法是什么？

关键术语

会计报表主表	the master list of accounting statements
会计报表附表	the attached list of accounting statements
会计报表附注	the notes of accounting statements

一、单项选择题（本大题共 20 小题，每小题 1 分，共 20 分）

1. 财政总预算会计 vh 中转移性收入不包括（　　）。
   A. 补助收入　　　B. 与上级往来　　　C. 上解收入　　　D. 调入资金

2. 财政结余不包括（　　）。
   A. 一般公共预算结转结余　　　　　B. 政府性基金预算结转结余
   C. 专用基金结余　　　　　　　　　D. 预算周转金结余

3. 财政总预算会计的年终结账工作一般不包括如下环节（　　）。
   A. 年终转账　　　B. 结清旧账　　　C. 记入新账　　　D. 年终清理

4. 行政单位计入材料价格的项目包括（　　）。
   A. 差旅费　　　B. 运杂费　　　C. 进项税额　　　D. 入库前的挑选整理费

5. 对已入账的固定资产账面价值不可进行调整的有（　　）。
   A. 在原有固定资产基础上进行维修　　　B. 增加补充设备和改良装置的
   C. 将固定资产一部分拆除的　　　　　　D. 根据实际价值调整原来暂估价值的

6. 财政总预算会计核算财政性存款的专门账户有（　　）。
   A. 国库存款　　　B. 银行存款　　　C. 预算周转金存款　　　D. 预算外专户存款

7. 下列各项不属于负债的账户有（　　）。
   A. 暂存款　　　B. 暂付款　　　C. 应缴预算款　　　D. 应缴财政专户款

8. 实行按结余上缴财政专户的行政单位，收到预算外资金时，应贷记（　　）。
   A. 应缴预算款　　　B. 暂付款　　　C. 预算外资金收入　　　D. 暂存款

9. 资产负债表的"年初数"的填列按照（　　）。
   A. 上年结算前的各账户上年转入数　　　B. 上年转账前资产负债表的期末数
   C. 上年转账后资产负债表的期末数　　　D. 上年转账前的总账账户及有关明细账账户余额

10. 下列项目中行政单位会计报表分析的内容不包括（　　）。
    A. 预算编制情况分析　　　　　　B. 预算执行情况分析
    C. 收支情况分析　　　　　　　　D. 财务状况分析

11. 行政单位"固定资产"与"固定基金"两个账户余额的关系是（　　）。
    A. 方向相同　金额相同　　　　　B. 方向相同　金额不同
    C. 方向相反　金额相同　　　　　D. 方向相反　金额不同

12. 行政单位的"结转自筹基建"属于（　　）。
    A. 资产　　　B. 净资产　　　C. 收入　　　D. 支出

13. 事业单位购买固定资产，借记固定资产时，贷记（　　）。
    A. 事业支出　　　B. 银行存款　　　C. 固定基金　　　D. 非流动资产基金

14. 行政单位被往来单位占用的资金是（　　）。
    A. 应收账款　　　B. 其他应收款　　　C. 暂付款　　　D. 暂存款

15. 政府财政会计不需要设置的账户是（　　）。
    A. 收入明细账　　　B. 支出明细账　　　C. 往来明细账　　　D. 银行存款日记账

16. 财政部门借给所属单位临时急需的款项是（　　）。
    A. 与上级往来　　　B. 与下级往来　　　C. 暂存款　　　D. 借出款项

17. 事业单位开展非专业非独立核算的经营活动所获取的收入是（　　）。
    A. 经营收入　　　B. 事业收入　　　C. 财政补助收入　　　D. 上级补助收入

18. 属于国库集中收付制度的核心账户是（　　）。

    A. 财政零余额账户   B. 单位零余额账户

    C. 国库单一账户   D. 财政专户

19. 财政会计中不能在"国库存款"中核算的收入是（　　）。

    A. 一般公共预算本级收入   B. 政府性基金预算本级收入

    C. 补助收入   D. 专用基金收入

20. 政府与事业单位会计的组成体系不包括（　　）。

    A. 金融企业会计   B. 政府财政会计

    C. 行政单位会计   D. 事业单位会计

二、辨析题（判断正误，并说明理由。共 5 小题，每小题 4 分，共 20 分）

1. 年终转账和记入新账，均需要编制记账凭证。   （　　）

2. 财政部门、行政单位和事业单位的职责任务不同，因而会计账簿的使用要求也不同。 （　　）

3. 各种应由财政部门掌管的资金，都应纳入财政总预算会计存款账户。   （　　）

4. 财政总预算会计凡是预拨以后各期的经费，可直接按预拨数列作本期支出处理。 （　　）

5. 主管会计单位应按计划控制用款，可以根据需要改变资金用途。   （　　）

三、简答题（共 2 小题，每小题 5 分，共 10 分）

1. 财政总预算会计中转移性收入包括哪些内容？

2. 行政单位的经费支出如何进行分类？

四、业务题（共 2 小题，每小题 15 分，共 30 分）

1. 某市财政实行国库单一账户制度，发生如下业务：

（1）财政总预算会计收到国库报来一般公共预算本级收入日报表，列示当日一般公共预算本级收入 92 300 元。

（2）财政总预算会计收到国库转来有关结算凭证，当日收到上级预算补助 621 000 元。

（3）财政总预算会计根据预算用政府性基金预算资金拨付教育附加费 33 500 元。

（4）财政总预算会计收到上级财政拨入专用基金 67 000 元。

（5）财政总预算会计以前年度用一般预算结余购入的有价证券到期，兑付本金 400 000 元，取得利息 40 000 元。

（6）财政总预算会计为了平衡一般预算收支，从政府性基金预算结余中调入 3200 000 元。

（7）财政总预算会计决算清理期中，收到应属上年度的一般公共预算本级收入 5 400 元。

（8）财政总预算会计在年终体制结算中，所属某县财政应上缴预算款项 55 000 元。

（9）财政总预算会计从预算结余中补充预算周转 289 000 元。

要求：根据以上经济业务编制会计分录。

2. 某行政单位发生如下经济业务：

（1）行政单位会计到期兑付国库券，本金 600 000 元，利息 60 000 元，本息存入银行。

（2）行政单位会计购买办公用 A 材料，价款 57 000 元，通过银行存款支付，材料已验收入库，另以现金 600 元支付运输费用。

（3）行政单位会计盘盈 A 材料 5 千克，计 210 元；盘亏 B 材料 30 千克，计 110 元，经查，盘亏 B 材料属仓库保管员责任问题，责令其赔偿。

（4）行政单位会计收到应上缴国家的罚没款 7 300 元，存入银行。

（5）行政单位会计收到财政部门核拨的预算外资金 65 000 元。

（6）购入计算机 5 台，共计 20 000 元，从零余额账户支付货款，计算机已安装使用。

要求：根据以上经济业务编制会计分录。

五、综合题（共 20 分）

某事业单位某年 12 月 31 日有关资料如下。

1. 资产负债表及有关收入、支出账户发生额

某年 12 月 31 日，在没有进行事业结余、经营结余期末转账及分配之前，资产负债表有关资料如下表所示。

不属于财政补助结余，也不属于非财政专项资金的有关收入、支出类账户的发生额是：事业收入 280 000 元、上级补助收入 140 000 元、经营收入 20 000 元、其他收入 30 000 元、事业支出 270 000 元、经营支出 12 000 元。

资产负债表

20××年 12 月 31 日

资产部类	年初数	期末数	负债部类	年初数	期末数
流动资产：			流动负债：		
货币资金		500 000	短期借款		100 000
短期投资		100 000	应缴税费		60 000
……			……		
流动资产合计		1 300 000	流动负债合计		648 000
非流动资产：			非流动负债：		
长期投资		7 000	长期借款		31 000
固定资产		101 000	长期应付款		2 000
……					
非流动资产合计		150 000	非流动负债合计		50 000
			负债合计		698 000
			净资产：		
			事业基金		103 000
			非流动资产基金		110 000
			专用基金		351 000
			净资产合计		564 000
资产总计		1 450 000	负债和净资产总集		1 262 000

2. 其他资料

（1）根据有关规定，事业活动免交税费，经营活动按 25%缴纳所得税。

（2）年末按照事业结余和经营结余的 40%计提职工福利基金，将余额转入事业基金。

要求：完成下列任务。

（1）编制年终转账会计分录。

（2）编制结转结余和结余分配会计分录。

（3）完成结账后资产负债表的编制，将结果写在下表带标号的横线上。

资产负债表

20××年 12 月 31 日

资产部类	年初数	期末数	负债部类	年初数	期末数
流动资产：			流动负债：		
货币资金		500 000	短期借款		100 000
短期投资		100 000	应缴税费		①_____
……			……		
流动资产合计		1 300 000	流动负债合计		②_____
非流动资产：			非流动负债：		
长期投资		7 000	长期借款		31 000
固定资产		101 000	长期应付款		2 000
……					
非流动资产合计		150 000	非流动负债合计		50 000
			负债合计		③_____
			净资产：		
			事业基金		④_____
			非流动资产基金		110 000
			专用基金		⑤_____
			净资产合计		⑥_____
资产总计		1 450 000	负债和净资产总集		1 450 000

参 考 文 献

[1] 王庆成，王彦. 政府与事业单位会计（第三版）[M]. 北京：中国人民大学出版社，2009.

[2] 王合喜. 政府与事业单位会计[M]. 北京：中国财政经济出版社，2013.

[3] 财政部. 行政单位会计制度（2014 版）[S].

[4] 财政部. 行政单位财务规则（2013 版）[S].

[5] 财政部. 事业单位会计制度（2013 版）[S].

[6] 财政部. 事业单位财务规则（2012 版）[S].

[7] 财政部. 事业单位会计准则（2013 版）[S].

[8] 财政部. 财政总预算会计制度（2015 版）[S].